U0927977

走进文化景观遗产的世界

守正创新·思辨文博

单霁翔文化遗产保护丛书

单霁翔　著

天津大学出版社

图书在版编目(CIP)数据

走进文化景观遗产的世界 / 单霁翔著. — 天津：天津大学出版社, 2019.12
（守正创新　思辨文博）
ISBN 978-7-5618-6548-4

Ⅰ. ①走… Ⅱ. ①单… Ⅲ. ①文化遗产—研究—世界 Ⅳ. ①K103

中国版本图书馆CIP数据核字(2019)第215405号

Zoujin Wenhua Jingguan Yichan de Shijie

策划编辑　金　磊　韩振平　苗　淼
责任编辑　李金花　郝永丽
装帧设计　王建泽　谷英卉

出版发行　天津大学出版社
地　　址　天津市卫津路92号天津大学内(邮编：300072)
电　　话　发行部：022-27403647
网　　址　www.tjupress.com.cn
印　　刷　廊坊市海涛印刷有限公司
经　　销　全国各地新华书店
开　　本　185mm×260mm
印　　张　24
字　　数　415千
版　　次　2019年12月第1版
印　　次　2019年12月第1次
印　　数　1—2000
定　　价　89.00元

目 录

第一章 文化景观遗产的提出与定义

长期以来，在经济、文化、社会等因素的驱动下，人类与自然之间产生了持续的交互影响，创造出延性的关联状态。文化景观即是这一状态的表征与载体。不同类型的文化景观，依托所处的自然环境，深刻地反映出人类与自然之间和谐进化的历程。文化景观遗产的提出和相关保护理论的进步，涉及文化遗产保护学科的重大发展。在这一探索过程中，随着保护对象从文物、建筑群和遗址等向文化景观遗产延伸和扩展，文化遗产保护也必然呈现出新的气象。

1.1 文化景观概念的形成与社会基础

神州大地是中华民族世代繁衍生息的地方。5000 多年来，我们的祖先建设了无数的城市和乡村，创造了丰富多彩的文化景观，形成了非凡的环境理念，这些都是我国传统文化的重要组成部分。其中，关于自然地理与人文景观方面的研究具有悠久的历史。商周时期的《周易》就曾提出“观乎天文，以察时变；观乎人文，以化成天下”以及“仰以观于天文，俯以察于地理”等观点。成书于战国时期的《尚书·禹贡》，是我国第一部带有方志雏形的区域地理著作。它以山脉、河流等为标志，根据地理环境各要素的内在联系与差异，将全国划分为“九州”[①]，并对各州的

① “九州”即冀州、兖州、青州、徐州、扬州、荆州、豫州、梁州和雍州。

方域、植被、土壤等自然形态以及物产、田赋、民族、交通等人文景象作出了简要的描述。同样成书于战国时期的《管子·地员》是我国最早的土地分类专篇，总结了我国远古时期农业生产的实践经验，把土地分为5类，即渎田、坟延、丘陵、山林和川泽，然后详细论述了各类土地与植物的关系，并根据各种土壤的生产能力划分等级，认为“地者政之本也，辨于土而民可富”，已具有因地制宜的思想。《管子·地图》则是我国最早的地图专篇，主要论述军事统帅在作战之前必须了解的诸如“名山、通谷、经川、陵陆、丘阜之所在，苴草、林木、蒲苇之所茂，道里之远近，城郭之大小，名邑、废邑、困殖之地”等各种情况。

先秦古籍《山海经》，包括《山经》和《海经》两部分，内容庞杂，自然方面有山、川、泽、林、野、动物、植物、矿物、天象等，人文方面有邦国、民族、民俗、物产、信仰、服饰、疾病医药、帝王世系、葬地、发明制作等，几乎无所不包，其

北京北海（2009年6月30日）

中所述地域、地望以及山水的走向大多可考，对于古代历史、地理等方面的研究具有重要价值。汉代关于自然地理与人文景观的研究著作颇丰。西汉学者司马迁所著的《史记》一书是我国第一部通史，其中《货殖列传》一文可称为我国最早的经济地理论著。他根据自己游历黄河流域和长江中下游流域的见闻，从发展的观点观察社会经济活动，并根据各地的山川、物产、风俗民情等将国土划分为“龙门碣石以北”“山东”“山西”“江南”4大经济区域，进而将其细分为12个小区，分别描述各地的自然与人文特点。同时，他以城市作为地区的中心，对30余个城市的地理、风俗、交通、物产和贸易情况进行分析。东汉学者班固撰写的《汉书·地理志》是我国最早以疆域、政区为主体的地理著作，对汉代郡县、封国的建制以及各地的山川、户口、物产、风俗、文化等均作出综述。部分郡条记述了一些重要的自然和经济情况；在县条中，根据不同地区的特点，分别记录有关山川、水利、特产、官营工矿，著名的关塞、祠庙、古迹等情况。

北魏农学家贾思勰的《齐民要术》，介绍了丰富的农牧渔猎知识，记述了朴素的生态学观点，其中“顺天时，量地利，则用力少而成功多。任情返道，劳而无获”的观点，包含提醒人类对自然应该合理利用的思想。北魏地理学家郦道元所著的《水经注》，以河川为纲，记述了自然地理与人文地理的各个方面，例如在自然地理方面有水文地理、地貌和生物地理；在人文地理方面有城市地理、民族地理、文化地理、农业地理等。此外，还有较多地理和地名沿革方面的珍贵资料。唐代地理学家李吉甫所著的《元和郡县图志》，南宋学者赵汝适所著的《诸蕃志》，明代地理学家徐霞客的《徐霞客游记》，明末清初学者顾炎武的《肇域志》《天下郡国利病书》以及《历代宅京记》等著作，涉及了自然地理与人文景观的各个方面，为今天研究文化景观遗产提供了不可多得的宝贵文献。同时，从五代开始，我国地方志的编撰逐渐盛行，1000多年来，全国各地先后刊行的地方志达到上万种，其内容包括行政区沿革、地貌、地质、水系、气候、植物、动物、交通、社会、聚落、物产、贡赋、灾异、民俗等，其中涉及的文化景观包罗万象，为今天开展文化景观遗产的研究提供了极其丰富的资料。

我国众多古代文献不仅介绍了各个时代、各个区域的自然地理与人文地理方面的内容，而且记载了基于山水文化的环境设计理念，描绘了各具特色的环境意境及所形成的具有不同类别与特征的文化景观。我国先民在选择定居地点时，出于对生存环境和防御需要的考虑，往往对周边的山水地貌格外关注。例如西汉时期的晁错，就曾建议在“移民实边”时，必须考虑良好的生态环境，指出“臣闻古之徙远方以实广虚也，相其阴阳之和，尝其水泉之味，审其土地之宜，观其草木之饶，然后营邑立城，制里割宅，通田作之道，正阡陌之界，先为筑室，家有一堂二内，门户之闭，量器物焉，民至有所居，作有所用，此民所以轻去故乡而劝之新邑也”。可见古人在考虑新的居住环境时，会选择那些水质甘美、土地肥沃、草林茂盛的地方，继而加以规划，开辟道路，建造房屋，合理安排居室结构，这体现出农业社会人居环境建设的基本要求和特点。此外，我国先民在长期的农牧渔猎生产中，还积累了朴素的生态知识，例如在《国语·周语》中就有“古之长民者，不堕山（不毁坏山林），不崇薮（不填埋沼泽），不防川（不障阻川流），不窦泽（不决开湖泊）”的论述，体现出难能可贵的生态环境保护理念。

古代城市选址则对自然环境提出更高的要求，不但涉及地形、地质、气象、水文、资源、交通等多种因素，还要考虑政治、经济、军事、文化等诸多方面的影响。我国古代的城邑分为都城、府城、州城、县城等多种等级，城市又有商业都会、军事重镇、手工业城市等多种类型，因此选址时考虑的因素各不相同，对环境的要求也不一样。尽管如此，人们在处理人与自然的关系方面，始终遵循一定的规则，体现一定的规律，从而形成我国特有的城市景观和山水文化，将自然环境的特征与优势通过特定的文化景观突出地表现出来。例如《管子·乘马》曰：“凡立国都，非于大山之下，必于广川之上。高毋近旱，而水用足；下毋近水，而沟防省。因天材，就地利，故城郭不必中规矩，道路不必中准绳。”这既反映了古人在城市选址中对自然环境和山水格局的严格要求，又强调了城市选址应充分结合地利条件，视地形的实际情况而定，不必强求形式上的规整。这种重地利、讲实效的城市建设理念，对于摒弃单一的城市格局、突出城市个性特色、形成风格各异的文化景观具有积极的意义。同时，我国古代“以农立国”，强调根植于富足农业基础之上，对土壤、水源条件格外重视。例如周、秦、汉、唐各朝先后在关中建都，皆因当地土壤肥沃，水源充足。

自从人类出现以来，就一直在为自己的“生存、更好的生存和更有保障的生存”而与自然界发生关系。因此，人与自然的关系是人类生存与活动中最基本的、最重要的、最具决定性意义的关系，它贯穿人类社会发展的全过程。生态观念在我国传统文化中占有重要地位，中华民族之所以能持续发展与生存，与其对自然的理解以及恰当处理人与自然的关系密切相关。道家思想是我国土生土长的正统思想，主张“自然无为、顺应天道”。老子曾说“人法地，地法天，天法道，道法自然”，他认为道是本性，是天然，是自然而然；认为天、地、人是不可分的，人来源于自然，依赖自然而生存，必须遵循自然规律才能持续发展。道家反对以人类为中心，认为“道大，天大，地大，人亦大。域中有四大，而人居其一焉”，意即人与自然是平等的、相依而存的，那种过分追求物质财富、不顾自然环境承受能力的发展模式是不能持续的。《庄子》提倡“少私寡欲”，由此演化出“节俭”的美德，包括减少资源的浪费，限制过度的贪欲[①]。佛教虽然是从印度传入的，但是在与我国儒道结合后，反倒成为信徒最多、地域最广的宗教。佛教“普渡众生”“众生平等”和“大慈大悲”的理念影响广泛，引导人们珍惜他人生命，关爱各种生物，保护生态环境。

我国古代也留下了大量记载周边国家和地区自然地理与人文景观的文献。例如公元前 139（一说 138）年，西汉张骞出使西域，历时 13 年，途经匈奴、大宛、康

① 胡冬香，邓其生：《中国传统建筑孕育着“生态优化”理论》，载《建筑师》，2007（6），95 页。

居、大月氏、大夏等国，其主要见闻被录于《史记·大宛列传》；公元416年，东晋高僧法显根据自己历时15年远赴天竺的经过，写成《佛国记》一书，对所经中亚、印度、南洋约30国的地理、交通、宗教、文化、物产、风俗、社会、经济等都有所述及；公元627年，唐代高僧玄奘只身西游，跋山涉水，行程5万里，历尽艰险，携回梵文经典，所著的《大唐西域记》生动地记录了当时中亚地区的国家以及阿富汗、巴基斯坦、印度、孟加拉等共138国的地理形势、人口疆域、国都城邑、政治历史、物产气候、风土习俗、语言文字、民族宗教等情况；公元1405年始，明代航海家郑和7次远航“西洋”，前后共历28年，随航人员著有《瀛涯胜览》《星槎胜览》《西洋番国志》等，记载了所历亚非30余国的山川地理和风土人情。这些著作不仅是反映我国历史上国际交流的重要史料，而且是研究各国文化景观的珍贵文献，是我国对世界文化的独特贡献。

文化景观作为人类文明的产物，是一定历史时期经济、政治和社会发展的结晶。地理、气候、生态等自然条件的不同，加之文化方面的差异，造就了东西方不尽相同的文化景观理念。在古代的希腊、罗马，曾有不少关于人地关系的论述。例如古罗马历史学家斯特拉波（Strabo）著有《地理学》（17卷），该书描述了当时欧洲人所了解的世界各地区的自然特征、物产、居民风俗习惯等，可以说是西方最早的人文地理著作。但是自从进入中世纪黑暗时代以后，神学代替了一切。14—17世纪，欧洲先后发生了文艺复兴，科学从神权统治下解放出来，得到了较大的发展，许多科学家通过科学考察积累了不少宏观生态学资料。实际上，西方社会在17世纪才开始欣赏自然之美。在此之前，自然、荒野往往被看作可怕的禁地，被视为凶残的土著人和野生动物的领地。随后，欧洲出现了工业大生产的萌芽和世界地理大发现，欧洲航海者开辟了新航路，发现了新大陆，促使各国居民纷纷移居海外，扩大了世界市场，开始了殖民掠夺，同时促进了人们对世界各地的地理环境、人文景观、资源分布、商业中心等情况的广泛调查研究。

对景观进行辨别、描述和解释，在西方长期以来一直是地理学的一个主要工作。德国地理学家 A. 洪堡（A. Humboldt）在 19 世纪初曾提出应把景观作为地理学的中心问题，探讨由原始的自然景观变成文化景观的过程。另一位德国地理学家 C. 李特尔（C. Ritter）则是在近代地理学中最早阐述了人地关系和地理学的综合性、统一性，奠定了人文地理学的基础。他主张地理学的研究对象是布满人的地表空间，人是整个地理研究的核心。他认为："地球上，人类的每一个物质成就，不论是一间房屋、一个农庄或一个城镇，都代表着自然和人文因素的综合"；在组成地区特征的复合统一体中，自然和人文是不能分开的[①]。C. 李特尔在具体研究中偏重人文现象，把自然作为人文的基本因素，主张地理学必须与历史学携手前进。他的学术巨著《地学通论》，又名《地球科学与自然和人类历史》，探讨了世界各地区自然现象与人文现象，认为自然决定人类历史的发展。1859 年，英国生物学家 C. R. 达尔文（C. R. Darwin）的《物种起源》一书出版，书中详细介绍了他 20 年来收集到的丰富证据，充分论证了生物的进化过程，提出生物通过自然选择以适应生存环境的生物演化论观点，在国际社会引起极大反响。1865 年，英国学者 G. P. 马什（G. P. Marsh）在《人与自然：被人类活动改变的自然地理》一书中，从生态学的观点认识到人对自然的影响会带来生态平衡的失调。

由此看到，文化景观是从零星的知识积累逐渐发展成为一门系统的科学的。"直到 19 世纪，美国才逐步认识到荒野是人类社区的组成部分。美国联邦政府把一些迷人的自然景观划定为不准人们永久居住的保护区，1872 年建立的黄石公园就是其中的首例。这是发展区域文化的一件大事，它第一次公开确认原始荒野是文明生活的摇篮，不能不顾后果地把自然环境仅仅用于经济开发，因为风景也是一种社会文化资源，也是一种生态资源。"[②]在城市景观方面，1858 年，有"美国景观之父"之称的 F. L. 奥姆斯特德（F. L. Olmsted）和 C. 沃克斯（C. Vaux）在曼哈顿的核心地区设计了长 2 英里（约 3.2 km）、宽 0.5 英里（约 0.8 km）的城市公园，在全美掀起了城

---

① 李旭旦：《人文地理学概说》，北京，科学出版社，1985。
② 吴良镛：《人居环境科学导论》，北京，中国建筑工业出版社，2001。

市公园运动。从19世纪60年代开始，一批景观设计师从生态的高度，在美国各城市实施将自然引入城市的设计。其中，波士顿公园系统设计以河流、泥滩、荒草地所限定的自然空间为依据，在城市滨河地带形成2000 km^2 的绿色空间，以线性空间连接城市公园，意在重构城市自然景观系统。奥姆斯特德在《公园与城市扩建》一文中，认为城市要有足够的呼吸空间，要不断更新和为全体居民服务，并且归纳出城市绿地系统规划的主要原则，以城市自然脉络为依托，使城市公园实现有机的联系[①]。

19世纪中叶，文化人类学被确立为一门独立的学科。文化人类学是以人们自己创造，又受它濡染、规束的文化为研究对象，探讨人类文化的起源和演变规律。广义的文化人类学包含考古学、语言学和民族学3个分支学科。在文化人类学属下，考古学的主要任务是通过发掘、研究古代人类的物质遗存来复原各个历史时期的社会文化面貌。语言学主要研究语言与社会环境、人们的思维方式、民族心理和宗教信仰的关系。民族学则主要研究各民族和各地区、社区的文化，比较其异同，分析产生这种异同的原因，认识这种异同存在的意义，揭示人类文化的本质，探讨文化的起源和演变规律。

进化学派认为人类的心智在本质上是相同的，因此各民族能够创造出相似的文化，并能够将其推向大致相似的发展阶段。至19世纪末，随着研究的深入发展，围绕着文化的起源和演进问题，人们开始对进化学派进行批判。德奥传播学派认为，与自然现象不同，文化历史现象不会重复出现，人们不可能在不同的地方、不同的年代创造出相同的文化，存在于不同地区、不同民族中的相似的文化现象是由文化传播造成的。传播学派批判进化学派忽视各民族文化自身的发展历史、“单靠思辨拼凑人类文化进化图像”的做法，提倡对各民族的历史和文化进行深入细致的实地调查。

人们逐渐认识到文化景观的形成是一个长期的过程，在每一个历史时期，人类都按照其文化标准对自然环境施加影响，并把它们加工成文化景观。19世纪下半叶，

① 叶玉瑶，张虹鸥，周春山，等:《“生态导向”的城市空间结构研究综述》，载《城市规划》，2008 (5)，69页。

德国地理学家 F. 拉采尔（F. Ratzel）最先系统地阐明文化景观的概念，他称之为历史景观。他在《人类地理学》一书中强调了种族、语言和宗教景观的研究以及文化传播的意义，并认为人的活动、发展和抱负受到地理环境的严格限制。F. 拉采尔指出历史景观是人类活动所造成的景观，它反映出文化体系的特征和一个地区的地理特征；他主张对田地、村落、城镇及道路等进行分类，以便了解其分布、相互联系和历史起源。1885 年，J. 温默（J. Wimmer）在其《历史景观学》一书中提议，要把注意力集中于“景观”的全貌，提倡景观内涵的自然与人文意义的兼容并蓄。事实上，“文化景观”一词自 20 世纪初已经开始应用，主要是指自然风光、田野、建筑、村落、厂矿、城市、交通工具和道路以及人物和服饰等所构成的文化现象的复合体。乔丹（Jordan）指出，“文化景观是文化集团在其居住地域上所创造的人为景观”。H. J. 布利季（H. J. Blij）则认为“文化景观包括人类对自然景观所有可辨认的改变，包括地球表面及生物圈的种种改变”[①]。

20 世纪初，生物学家和哲学家 P. 盖迪斯（P. Geddes）从生态学研究转向人类生态学研究，他系统研究了人与环境的关系，研究了现代城市成长和变化的动力以及人类、居住地与地区的关系，成为现代城市规划的奠基人之一。他积极倡导综合规划的概念，在 1909 年出版的《城市之演进》一书中，用哲学、社会学与生物学的观点，揭示城市在空间与时间发展中所展示的生物与社会方面的复杂性，指出在规划中要把不同部门和工作统一起来考虑。他把环境看成多种元素的一种构成物，是在不同地址上人类进行多种活动的场合。P. 盖迪斯提倡“区域观念”，即周密分析地域环境的潜力和限度对居住地布局形式与地方经济体的影响，突破城市常规范围，强调把自然地区作为规划的基本框架。此后，著名学者 L. 芒福德（L. Mumford）提出影响深远的区域观和自然观。他认为城市与区域不仅是地域的范畴，而且是地理要素、经济要素、人文要素的综合体，主张复兴城市和地区的历史文化遗产，使其成为优良传统观念和生活理想的重要载体。他指出“城市和乡村是一回事，而不是两

① 吴必虎，刘筱娟：《中国景观史》，上海，上海人民出版社，2004。

回事，如果说一个比另一个更重要，那就是自然环境，而不是人工在它上面的堆砌”；“在区域范围内保持一个绿化环境，这对城市文化来说是极其重要的，一旦这个环境被损坏、被掠夺、被消灭，那么城市也随之而衰退，因为这两者的关系是共存共亡的”。他强调以人为中心，提倡要“创造性地利用景观，使城市环境变得自然而适于居住”。

20 世纪上半叶，许多德国地理学家都认为，研究原始景观向文化景观变化的过程，是研究人员的中心任务。德国地理学家 O. 施吕特尔（O. Schluter）提出文化景观论，认为景观可以分为两类：一类是原始景观，即在经历人类活动重大改变以前存在的景观；另一类是文化景观，即原始景观经由人类活动改变以后的景观。他认为文化景观是地面上可以感觉到的人文现象的形态，人文地理学应该研究这种人

德国科隆王宫奥古斯都堡（2012 年 10 月 17 日）

类及其劳动所创造的、能反映人类群体的文化和经济的景观。他于 1906 年提出"文化景观形态"这一概念，强调景观有它的外貌，在它背后又有社会、经济和精神的力量，并指出文化景观与自然景观的区别，要求把文化景观当作从自然景观演化来的现象进行研究。O. 施吕特尔还把文化景观分为可移动的和不可移动的两种形态，前者指人以及随人移动的物品等，后者则通过文化作用于自然景观的全部效果来反映。

对文化景观理论贡献最大的是美国地理学家 C. O. 索尔（C. O. Sauer），他继承和发展了德国学者的文化景观论。C. O. 索尔强调"景观"一词使自然与人文兼容并蓄，体现了地理学的整体性，认为景观是"由包括自然的和文化的显著联系形式而构成的一个地区"，重新评述了地理学研究领域中景观的内容、形态学方法的应用以及各种景观的形式和功能。1923 年，C. O. 索尔在就任伯克莱大学地理系主任的演说中指出，"人类按照其文化的标准，对其天然环境中的自然和生物现象施加影响，并把它们改变成文化景观"。在 1925 年发表的著作《景观的形态》中，C. O. 索尔认为文化景观是人类文化作用于自然景观的结果，而在 1927 年发表的《文化地理的新近发展》一文中，他首次明确定义了文化景观，即"附加在自然景观上的人类活动形态"。由于人类对地球表面已施加了几千年的影响，按照他的观点，地表的所有景观都已经成为文化景观。因此他提出地理学者应该开创先河，将对自然景观的研究转入到追溯当地文化景观的研究中去。在 C. O. 索尔看来，文化景观是特定时间内形成、具有区域基本特征、在自然与人文因素综合作用下形成的复合体。他认为人文地理学的核心是解释文化景观，主张用实际观察地面景色来研究地理特征，通过文化景观来研究人文地理。C. O. 索尔开创了"伯克莱学派"。这一学派引导人们用发生学方法研究历史文化，认为景观因人类的作用而不断变化，文化景观是人类文化与自然景观相互影响、相互作用的结果，"就像历史事实是时间事实，它们之间的关系产生出时代概念一样，地理事实可以看作是地点事实，它们之间的关系可以用景观概念来表达”。C. O. 索尔认为“如果不从时间关系和空间关系来考虑，我们就无法形成地理景观的概念。它处于不断发展、消亡、替换的过程之中”。他在农业起源与扩散方面的研究论著和人在改变环境中的作用方面的研究论著被视为经典之作。

C. O. 索尔之后，地理学家对人文景观的研究主要集中在人类对土地的利用上。英国学者 A. 利奥波特（A. Leopold）在 1933 年出版的《大地伦理学》中，主张把良心、权利等概念扩大到自然界，提倡“完整形态的尊重存在的伦理学”，反对以人类为中心的“人类沙文主义”；提出“生态价值”概念，主张以伦理学为基础，研究生态的伦理价值和人类对待生态的行为规范，即承认生物和一切自然物存在的道德权利，形成人与自然之间联系的新的价值观念。由于民族的迁徙，一个地区的文化景观往往是在不同时期由各个民族、各种文化叠置而成的。因此，美国地理学家 D. S. 惠特尔西（D. S. Whittlesey）在 1929 年提出“相继占用”的概念，认为文化景观是人类活动相继叠加的结果，表现出一定的阶段序列。他认为，地理学应研究一个地区内人类社会占用的历史演变过程，主张用一个地区在历史上所遗留下来的不同文化特征来说明地区文化景观的历史演变。他列举了在新英格兰地区的研究实例：对于印第安人居住时用于采集的原始森林，从欧洲迁移来的农民把低地开发为农田，在山坡草场饲养牲口，后来因经济转型又把草场转变为森林（次生林）并养殖牲畜。他预言第四阶段将以林业为主开展活动。在他看来，每一个阶段或人类占用的时代，都与人类的祖先和后代联系在一起，阶段演化是内因作用的结果，类似于一个活细胞的发展和死亡；一个地区的居民在其态度、目标或技术上如有任何重大改变，则自然资源基础对他们的意义就需要重新估价。

由于文化景观主要形成于人类活动的影响，所以文化景观的变化也主要取决于人类活动。早在 1939 年，生物地理学家 C. 特罗尔（C. Troll）就曾提出“景观生态学”的概念。1945 年以后，对于文化景观的研究，更加注重人类活动不断改变文化景观的格局和过程。德国地理学家把重视研究社会文化的新地理学叫作“社会地理学”，认为社会地理学的目的在于解释文化景观，明确主张景观变迁的主要力量是人类集团的“态度、目的和技能”。法国地理学家 J. 戈特曼（J. Gottmann）提出要通过一个区域的景象来辨识区域，而这种景象除去有形的文化景观外，还应包括无形的文化景观。H. J. 布利季则给出了文化景观的广义定义：“文化景观包括人类对自然景观所有可辨认的改变，包括地球表面及生物圈的种种改变。”由于景观构成的复杂性，划分文化景观类型的方法很多。例如：根据可视性，文化景观可以分为物质文化景观和非物质文化景观；根据所处背景环境、自然景观所占比重以及人口密集程度、就业构成、建筑物密集程度等，文化景观可分为乡村景观、城镇景观、大都市景观等；还有农业景观、牧业景观、工业景观、建筑景观、宗教景观等其他文化景观类别。此外，还可以将文化景观分为人口景观、政治景观、语言景观、流行文化景观等比较具体的类型。

1.2 文化景观理念的深化认识与研究

19 世纪以前的城市和乡村，都是以农业文明为背景的。一方面，人类与自然的关系主要表现为尊从与顺应，在依附于自然的本能以及原始的自然崇拜等思想支配下，人们形成朴素的生态观念，在生存的空间结构与布局上，较多地考虑到生态平衡，较好地遵循了生态原则；另一方面，此时人类还没有足够的力量改变自然，人们的世界观和价值观对自然界的影响尚无足轻重，而自然界原有的生态环境和山水格局，对人类的生存与发展依然起着至关重要的作用，因此在强烈的生存意识控制下，形成人类与自然相安无事、悠然共处的状态。19 世纪以后，工业文明使社会生产力有了质的飞跃，人类利用自然的能力得到极大提高，人类对自然的态度也发生了根本性的改变，“征服”的思想占据了统治地位。特别是在西方文明中，长期以来强调以人为中心，强调人的内在价值，强调人的个性张扬，强调“人是自然的主宰”，这些与东方文明将人类自身视为自然的组成部分的理念截然不同，然而西方社会自恃的傲慢与优越却往往以牺牲自然为代价。在这种思想支配下，凭借科学技术的发展，人类开始对自然施加越来越大规模的干预，对自然的征服和统治变成了对自然的掠夺和破坏，对自然资源无节制的大规模消耗，带来污染物的大量排放，最终造成自然资源枯竭、生态环境恶化、地区差异加大等各类社会问题。

第二次世界大战后，随着世界经济的复苏和城市化的迅猛发展，能源危机、环境污染、水资源短缺、气候变暖、荒漠化、动植物物种大量灭绝等各类相互联系的危机日趋严重，直接威胁到人类的生存与发展，人与自然的和谐也面临着有史以来最严峻的挑战。20世纪50年代前后，不断爆发的环境污染危机以及世界闻名的“八大公害事件”，敲响了环境保护的警钟，人类开始重新审视自己与自然的关系。1953年，美国人类学家J. H. 斯图尔德（J. H. Steward）在《进化和过程》一书中率先提出“文化生态学”的概念，他指出文化生态学以人类在创造文化的过程中与天然环境及人造环境的相互关系为研究对象，把握文化生成与文化环境的调适及内在联系。这一时期，一些从事文化与自然遗产保护与研究的国际组织相继成立，其中1948年成立的世界自然保护联盟（IUCN）[①]、1956年成立的国际文物保护与修复研究中心（ICCROM）[②]、1965年成立的国际古迹遗址理事会（ICOMOS）[③]等逐渐在相关领域发挥重要影响[④]。20世纪60年代以来，在地理学的理论方面，自然与人文的统一性已经在全世界得到确认。在人地关系方面，形成了人与环境之间的“和谐论”，从而奠定了现代地理学的统一性与综合性。和谐论主张分析人与环境的关系，以谋求自然环境与人类生活间的协调，例如日本学者石田宽就曾提出“预防破坏景观，建设一个和谐的景观”的主张。

1948年，因二氯二苯三氯乙烷（DDT）的剧毒能有效地杀死害虫，DDT发明人瑞士化学家P. H. 穆勒（P. H. Muller）获得该年度的诺贝尔奖，但是时隔14年后，美国海洋生态学家R. 卡森（R. Carson）于1962年出版了《寂静的春天》一书，她指出DDT既能杀死害虫，也能杀死害虫的天敌，破坏了生态的平衡，导致动物畸

① IUCN前身是国际自然和自然资源保护联盟，其使命在于为各国政府、非政府组织和科学工作者在世界范围内的合作提供机会，影响、鼓励和协调世界各团体保护自然生态环境的完整性和多样性，并确保任何对自然资源的使用都是公正的并符合生态可持续发展的要求。

② ICCROM由联合国教科文组织创建，是一个政府间组织，其职能是开展调查研究，编撰文献资料，提供技术援助，培训和实施提升公众意识的项目，以加强对可移动和不可移动文化遗产的保护。

③ ICOMOS是非政府组织，其作用在于推广建筑和考古遗产保护理论、方法和科学技术的应用。

④ 吴必虎，刘筱娟:《中国景观史》，上海，上海人民出版社，2004。

形、性别失调以及人与动物的免疫力下降。她在书中呼唤人们关注自然环境，并提醒人们注意这样的事实，人类再不节制，未来的春天将不再鸟语花香、热闹缤纷，而是一片死寂与肃静。由于对环境脆弱本质和相互依赖的特点认识不足，人类正在以惊人的速度破坏着自然环境。20世纪60年代，美国经济学家K. E. 博尔丁（K. E. Boulding）发表题为《一门科学——生态经济学》的论文，第一次提出“生态经济学”的概念，形成以生态经济效益（即生态系统和经济体系相互作用的经济效益）为研究对象的学科，主张在人口、工业迅速增长，自然资源消耗加剧，生态环境遭到破坏，大工业和现代农业所造成的环境污染日趋严重的情况下，把经济发展同环境、资源、生态结合起来研究其经济效益。此时，原有的东方文明中人类与自然和谐相处的文化价值观和生活方式重新引起人们的关注，越来越多的人意识到文化景观和自然环境保护的重要性，并主张将其作为国家的重要职责。1969年，L. 麦克哈格（L. McHarg）在《设计结合自然》一书中，从自然、历史、人文的角度探讨了环境问题，描述了自然过程如何引导土地开发。规划设计结合自然理念的提出不仅是理论上的重大突破，而且标志着生态学方法第一次被完整地引入城市规划。

20世纪60年代以后，与景观和环境相关的概念开始出现在有关国际文件中，引起国际社会的普遍关注。1962年12月，联合国教科文组织第12届会议在巴黎通过的《关于保护景观和遗址的风貌与特性的建议》，第一次提出了保护景观的目的，即“保护景观和遗址的风貌与特性系指保存并在可能的情况下修复无论是自然的或人工的，具有文化或艺术价值，或构成典型自然景观的自然、乡村及城市景观和遗址的任何部分”[①]。1964年5月，第2届历史古迹建筑师及技师国际会议在威尼斯通过的《关于古迹遗址保护与修复的国际宪章》（即《威尼斯宪章》），第一次在文物古迹的保护中引入了“环境”的概念，指出：“历史古迹的要领不仅包括单个建筑物，而且包括能从中找出一种独特的文明，一种有意义的发展或一个历史事件见证的城市或乡村环境”[①]。

---

① 国家文物局，等：《国际文化遗产保护文件选编》，北京，文物出版社，2007。

随着社会经济和现代工业的高速发展，自然资源、人口、粮食、环境等一系列影响社会生产和生活的问题日益突出。同时，人类活动范围日益扩大，正在直接和间接地影响着生物圈。1971 年，联合国教科文组织第 16 届会议确定的“关于人类聚居地的生态综合研究”计划，首次提出“生态城市”的概念。1972 年，联合国教科文组织设立了人与生物圈计划（MAB）国际组织，开展有关森林、草原、海洋、湖泊等生态系统与人类活动的关系以及农业、城市、污染等的科学研究。同年 11 月，联合国教科文组织第 17 届会议在巴黎通过的《保护世界文化和自然遗产公约》（即《世界遗产公约》），第一次明确了“文化和自然遗产”的定义。其中“文化遗产”包括文物、建筑群和遗址，而遗址则指“从历史、审美、人种学或人类学角度看具有突出的普遍价值的人类工程或自然与人类联合工程以及考古地址等地方”；“自然遗产”则包括“从审美或科学角度看具有突出的普遍价值的由物质和生物结构或这类结构群组成的自然面貌；从科学或保护角度看具有突出的普遍价值的地质和自然地理结构以及明确划为受威胁的动物和植物生境区；从科学、保护或自然美角度看具有突出的普遍价值的天然名胜或明确划分的自然区域”[①]。“文化遗产”是随着社会发展产生的一个新的观念，它引发了一场声势浩大、影响广泛的国际文化运动。它的产生反映了人类认识和对待自身文化的包容性不断扩大，例如“文化遗产”中的“自然与人类联合工程”，就引起人们日益深入的思考。

1976 年 11 月，联合国教科文组织第 19 届会议在内罗毕通过的《关于历史地区的保护及其当代作用的建议》（即《内罗毕建议》），第一次提出了“历史和建筑地区”的概念，指出：“‘历史和建筑（包括本地的）地区’系指包含考古和古生物遗址的任何建筑群、结构和空旷地，它们构成城乡环境中的人类居住地，从考古、建筑、史前史、历史、艺术和社会文化的角度看，其凝聚力和价值已得到认可。这些性质各异的地区可特别划分为以下各类：史前遗址、历史城镇、老城区、老村庄、老村落以及相似的古迹群。”同时明确了“环境”和“保护”的定义，即“‘环境’

① 国家文物局，等：《国际文化遗产保护文件选编》，北京，文物出版社，2007。

系指影响观察这些地区的动态、静态方法的，自然或人工的环境”。在这层意义上，定义不仅涉及趋于静态的文物、建筑物与遗址，还考虑到社会文化进程中的动态性以及历史和建筑地区环境要素的延续性，而“‘保护’系指对历史或传统地区及其环境的鉴定、保护、修复、修缮、维修和复原”[①]。之后，人类环境和文化遗产保护问题更加引起世界范围内的重视。

1977 年 12 月，一些国家的著名建筑师、规划师、学者和教授，在秘鲁马丘比丘山的古文化遗址，签署了具有宣言性质的《马丘比丘宪章》。其中“文物和历史遗产的保存和保护”部分指出：“城市的个性和特性取决于城市的体型结构和社会特征。因此不仅要保存和维护好城市的历史遗址和古迹，而且要继承一般的文化传统。”在该宪章的结束语中写道：“古代秘鲁的农业梯田受到全世界的赞赏，是由于它的尺度和宏伟，也由于它明显地表现出对自然环境的尊重。它那外表的和精神的表现形式是一座对生活的不可磨灭的纪念碑，在同样的思想鼓舞下，我们淳朴地提出这份宪章。”[①]这一在文化景观遗产地诞生的庄严宪章，无论对城市规划领域的观念更新，还是对文化遗产保护范围的扩展都产生了深远的影响。恰好也在 1977 年，《实施世界遗产公约的操作指南》（简称为《操作指南》）作为《世界遗产公约》的实施细则予以公布，明确提出了评价世界文化遗产和自然遗产突出的普遍价值的标准及其真实性、完整性和相关管理要求。在理论界，J. D. 西蒙兹（J. D. Simonds）在《大地景观》（1978 年）中全面阐述了生态要素分析方法、环境保护、生活环境质量提高，乃至于生态美学的内涵，从而把生态景观研究推向了“研究人类居住空间与视觉总体的高度”。

1980 年 8 月，在东京召开的第 24 届国际地理大会上，大会主席、伦敦大学教授 M. J. 怀斯（M. J. Wise）在开幕词中指出：“在今日世界人口日增、环境急剧恶化、资源匮乏和自然灾害频仍的处境中，如何协调自然环境和人类文化生活的关系，已成为国际地理学界所面临的主要研究任务。”美国未来学者 A. 托夫勒（A. Toffler）于

① 国家文物局，等：《国际文化遗产保护文件选编》，北京，文物出版社，2007。

秘鲁库斯科省印加铁路沿线景色（2007 年 4 月 16 日）

1980 年出版了《第三次浪潮》，他认为人类已经经历了两次巨大的变革浪潮，第一次是农业革命，第二次是工业革命，而电脑的发明标志着人类进入了第三次浪潮，即信息革命时代，并将从根本上影响人们的生产方式、政治准则、生活方式、社会传统及意识形态等。美国经济学家 J. 奈斯比特（J. Naisbitt）于 1982 年出版了《大趋势——改变我们生活的十个新方向》，提出了未来社会的十个发展方向。在诸多学派中，人文主义学派强调城市空间秩序最终是生态秩序的产物，人类社会在生物学和文化的两个层面上被组织，从而发生着类似于生物界的竞争、淘汰、演替等过程。生态主义学派强调城市是一种生态系统，而人类只是自然界的一个组成部分，人类必须放弃那种认为科学和技术能够解决所有问题的错误想法，变得谦虚、温和与适度。这些思想反映了人与自然的关系从尊重顺应，到控制征服，到保护利用，直至上升到和谐共处的演进过程，启发人类在获得改造世界的巨大能力的同时，应谋求更加理想的人居环境。1984 年，M. 荷夫（M. Hough）在《城市形态和自然过程》中重点论述了城市的自然演进过程与城市空间营造的关系问题。

以上国际文件中的定义、理念和相关学者的研究成果、思想，成为文化景观概念形成与发展的理论基础，在文化景观遗产保护中起到了重要作用。1984 年召开的第 8 届世界遗产委员会会议上，关于文化景观的概念已经被提出并讨论。会议指出"纯粹的自然地已经十分稀少，更多的是在人为影响之下的自然地，即人与自然共存的区域，这些区域中有相当大一部分具有重要的价值"；"应将'文化'与'自然'同等看待，力求避免两级化；《世界遗产公约》目的不是'选定'景观，而是在一个动态的和演变的框架中保护遗产地的和谐与稳定，更深层次的含义就是使人们逐步意识到文化与自然之间的相互依赖关系"。1987 年 10 月，国际古迹遗址理事会第 8 届全体会议在华盛顿通过了《保护历史城镇与城区宪章》(即《华盛顿宪章》)，该宪章"涉及历史城区，不论大小，其中包括城市、城镇以及历史中心或居住区，也包括其自然的和人造的环境。除了它们的历史文献作用之外，这些地区体现着传统的城市文化的价值"。《华盛顿宪章》列举了历史地段应该保护的内容，其中包括：地段和街道的格局和空间形式；建筑物和绿化、旷地的空间关系；地段与周围环境的关系，包括与自然和人工环境的关系等涉及文化景观的内容。从这些内容看，历史地段保护更关心的是整体环境，强调保护和延续其中人们的生活。该宪章还归纳了保护历史地段共同性的问题，指出"今天，由于社会到处实行工业化而导致城镇发展的结果，许多这类地区正面临着威胁，遭到物理退化、破坏甚至毁灭"[①]。

在我国，近代人文地理学和经济地理学是在 20 世纪 20 年代通过外国传教士和我国派往国外的留学生而陆续传入国内的。1926 年以后至 1949 年，在先后成立的 10 多所大学地理系内系统地进行讲授，其中以法国人文地理学家 J. 白吕纳（J. Brunhes）为代表的人地相关论和以英国经济地理学家 L. D. 斯坦普（L. D. Stamp）为代表的经济地理思想具有广泛的影响。前者认为人对人地关系的形成具有选择的可

① 国家文物局，等:《国际文化遗产保护文件选编》，北京，文物出版社，2007。

能和自由，而后者倡导将经济地理应用于城乡规划。这一时期在我国的理论刊物上发表的一些有关人口分布、土地利用、农业分区、城市地理、边疆勘察、地区综合考察以及人文景观等方面的著作表明，人文地理和经济地理研究工作相互交错。但是，此后的一些年代里“除经济地理学、人口地理学、城市地理学和历史地理学以外的人文地理学其他的分支均被视为唯心主义学术思想而一概摈弃”[①]。特别是随着经济建设高潮和大规模基础设施建设，要求摸清各地区生产布局、流域区划、铁路选线、区域规划、农业区划以及建设条件、资源储量、生态环境等方面情况，为经济地理学的发展开拓了更为广阔的道路，提供了前所未有的有利条件。于是就出现了人文地理学和经济地理学一衰一盛迥然不同的局面，这种现象一直延续到“文化大革命”结束。

20 世纪 80 年代以来，“景观”和“文化景观”的概念在人文地理学、经济地理学、历史地理学、人口地理学、区域地理学等学科中被广泛应用，人们对其定义与内涵也进行了系统的考证与阐释。谭其骧先生推动了我国沿草地理和历史地理学的发展，对我国民族迁徙和文化作了大量的研究。他主编的《中国历史地图集》，以历史文献资料为主，吸取了考古等方面的研究成果。他提出“不能笼统地、简单地谈论中国文化，而在任何时代，都不存在一种全国共同的文化，文化的地区差异应予以足够的注意”。李旭旦先生是我国现代人文地理学奠基人，同时致力于区域地理学等方面的研究，他强调人文地理学的理论基础是“人地关系论”，研究的目的是谋求人地关系的协调。他认为“文化景观是地球表面文化现象的复合体，它反映了一个地区的地理特征”，主张通过研究文化景观来分析人地关系。李旭旦先生在《人文地理学导论》中指出，“长期以来，地理学科总是分成自然地理和人文地理两大互相密切联系的组成部门。但近 30 余年来，我国一直按照 20 世纪 50 年代苏联一部分地理学者的片面论述，把地理学分裂成自然地理和经济地理两门各自独立的学科，不仅割裂了自然与人文现象的客观联系，还把人文现象的研究局限于经济上的生产配置

① 吴传钧:《经济地理学》，见李旭旦《人文地理学概说》，北京，科学出版社，1985。

这一狭隘的范畴之内”。今天“人文地理学正和新兴的环境科学、生态科学、区域科学与行为科学相结合，力求在解决世界性资源短缺、人口危机、自然灾害、环境污染与生态平衡等重大社会问题上作出贡献，从而促进了人文地理学在方向、内容与方法上的创新”[1]。

上述众多学者的学术研究成果皆成为文化景观遗产概念的思想基础。同时，我国关于区域社会和历史文化的研究成果也颇为丰富，早在20世纪30年代，冀朝鼎先生就在《中国历史上的基本经济区与水利事业的发展》中提出了“基本经济区”的概念，探讨了历史上各个时期的基本经济区分布情况，并认为它们是我国历史上统一与分裂的经济基础和地方区划的地理基础，实际上也与文化发展演变的区域特性是基本一致的。从1983年起，钱学森先生倡议要以“从定性到定量的综合集成方法”研究人地关系的巨系统及其结构与功能，并强调这是地理学重要的基础研究。侯仁之先生倡导以现代地理学的方法研究中国历史地理。几十年来，他孜孜不倦地探索北京城市起源、城址变迁、园林营建、水源开发利用、地下古河道复原及城市平面布局特点等，为北京城市规划建设不断提供科学的依据。早在1950年，侯仁之先生就曾建议将大学历史课中的“中国沿革地理”改名为“中国历史地理”，认为历史地理学的任务是探讨一个地理环境在“过去”和“现在”之间发展演变的规律。1962年，他发表了《历史地理学刍议》一文，进一步阐明了现代历史地理学的学科性质、研究方法及其与传统沿革地理的重要区别，使其发展成为一个新的学科。在以后的数十年间，他先后出版了《历史地理学的理论与实践》《历史地理学概述》等专著，为这一学科的建立、发展作出了杰出的贡献。侯仁之先生这一理论体系的阐述，从一个侧面表明了我国现代文化景观遗产研究的独立探索[2]。

人文地理学家吴传钧先生，开拓了我国当代地理学一系列重要的研究领域。他从土地利用入手，将人地关系作为区域研究的核心课题，认为“人地关系不仅仅表现为空间关系，还有很多非空间关系的客观存在，比如人地关系的思维形式、人地

① 李旭旦：《人文地理学导论》，北京，科学出版社，1985。
② 徐征：《侯仁之的历史地理学情结》，载《纵横》，2007（5），42页。

关系的时间演变、人地关系的系统结构等，都是非空间关系。与此同时，涉及人地关系综合研究的学科不仅限于地理学，还有其他地球科学、人文社会科学和哲学等学科领域”。1991年他在《经济地理》上发表学术论文《论地理学的研究核心——人地关系地域系统》，提出“人”和“地”两要素按照一定的规律相互交织在一起构成的复杂开放的巨系统内部具有一定的结构和功能机制，在空间上具有一定地域范围，便构成了人地关系的地域系统[①]。他还指出，“地理环境是对应主体而言的，主体是人类社会。所谓地理环境有广、狭两义，狭义的地理环境即自然综合体，广义的地理环境则是指由岩石、土、水、大气和生物等无机和有机的自然要素和人类及其活动所派生的社会、政治、经济、文化、科技、艺术、风土习俗和道德观等物质或意识的人文要素，按照一定的规律相互交织、紧密结合而构成的一个整体。它在空间上存在着地域差异，在时间上不断发展变化”[①]。

无论是在自然方面，还是在文化方面，人们均试图根据一定的标准和特征进行类别或性质的划分。在自然方面，有自然区的概念，即指各种自然地理要素相对一致的区域，将其看作地球表面的单元地区，它是自然环境地域分异规律综合作用的结果。例如根据自然环境的主要差异，我国可以划分为3大自然区，即东部季风区、西北干旱区和青藏高原区。在各大自然区内，又根据不同的地理构造、地形、气候、土壤、植被等要素，按区域等级的从属关系划分为不同等级的自然区，不同等级单位各有其相应的一致性标准。在文化方面，有文化区的概念，即指在文化发展的过程中，由多种或特种文化事项和文化体系覆盖的地区，例如农业文化区、工业文化区、宗教文化区等。上述文化区与自然区不一定重合，其范围有大有小，边界有实有虚。但是，文化区的划分比自然区的划分要复杂得多，划分标准更加不易确定。司徒尚纪先生在《广东文化地理》一书中，讨论了文化区划的基本原则、区划体系，并划分出4个具体的文化区，具有开创意义。周振鹤先生在《中国历史文化区域》一书中，对历史时期的“语言文化区”“宗教文化区”“风俗文化区”等作出具体划

① 顾朝林:《吴传钧先生区域与城市研究学术思想》，载《城市与区域规划研究》，2008（1），211页。

分，总结出具有参考价值的文化区划分方法。此外，在文化方面还有文化系统的概念。文化系统是指由许许多多简单的文化事物或文化现象构成的文化有机整体，也称文化综合体，例如由语言、习俗、服装、文学、艺术、饮食、生产方式、生产技术等文化要素构成的位于黄河上游的齐家文化、中游的仰韶文化、下游的大汶口文化，位于长江下游的河姆渡文化等，它们是我国黄河、长江流域的文化系统，具有文化结构完整、文化特征明显等特点。

文化景观研究是文化地理学的主要研究领域之一，而文化地理学的研究成果为今天文化景观的研究提供了学术方面的支撑。王恩涌先生较早在《文化地理学》中引入"文化景观"研究的理论与方法，相继出版了多部著作和教材。赵世瑜、周尚意先生的《中国文化地理概说》，较早地对中国文化的趋异到趋同、文化的分异和扩散等论题进行了探索性的研究。王会昌先生的《中国文化地理》，对中国文化形成与地理环境特征之间的关系进行剖析，并阐述了中国文化区域的形成过程和规律性。同时，金其铭、董新、汤茂林等学者对文化景观，特别是乡村文化景观，开展了较多的研究，取得了明显的成果。谢凝高、武弘麟、吴必虎、肖笃宁等学者更为关注聚落文化景观问题。特别是赵荣、李同升先生的《陕西文化景观研究》，以陕西地域文化景观为例，从文化地理学的角度探讨了文化景观的判识原则和研究方法。此外，《黄河文化》《巴蜀文化》《吴越文化》《台湾文化》等一大批区域、地域文化著作，展现了区域上文化的诸多特征，促进了我国文化景观研究的进展。

随着一系列文化地理专著的相继问世，加上大量研究成果的发表，文化景观的研究内容逐渐深入，研究范围不断拓宽，研究成果不断增多。许静波先生针对文化景观的特性，提出文化景观具有时代性、继承性、叠加性、区域性和民族性等 5 大特性，即：文化景观具有时代性，文化景观的产生在时间上存在先后顺序，不同历史时期的文化景观，都是不同时代人地关系相互作用的产物，通过对文化景观进行研究，可以发现很多历史上的证据；文化景观具有继承性，文化景观产生后，具有继续和保持下去的惯性作用，正是这种文化惯性作用，使得文化景观得以不断继承、发扬，每个时代的文化景观都是继承和发展前一时期文化景观的结果；文化景观具有叠加性，每个时代的文化景观都是当时人们价值观的体现，不仅反映了之前时代人们的价值观，而且反映出此后时代人们对该文化景观的态度，即反映了前后时代人们的共同价值观；文化景观具有区域性，文化景观的存在以区域为依托，任何文化景观都存在于一定的区域，物质文化景观因为其实体性而占有特定的区域，非物质文化景观也要以区域为载体才能显示出它的存在；文化景观具有民族性，不同民族在不同的自然地理环境中，逐渐形成具有自己民族风格的生产生活方式和思想价值观念，从而塑造出各种形式的民族文化景观，深刻地体现出民族性的特征。通过对文化景观5大特性及其相互关系的阐述，可以对文化景观的特性进行科学界定和详细解释，也可以在文化景观的应用上产生积极效果[①]。

赵荣、李同升先生认为，文化景观具有以下显著特征。一是要素复杂性。文化景观不仅指人类所创造的物质和非物质文化，还应包含作为人类文化载体并给人类文化形成带来重大影响的自然要素。因此，文化景观的构成要素具有显著的复杂性。二是类型多样性。由于受各地地理环境、人口、历史、经济诸多因素影响，世界各地从人种、人口、语言、民族、风情到技术、产业、政治体制等都存在着千差万别的特色，这必然使文化景观类型具有复杂的多样性。三是动态与相变性。文化作为一种十分活跃的景观因子，其在营造文化景观的过程中，既体现了一定景观的特色，同时又在不断地更新、发展、流传，发生着变化，从而使文化景观形态也处在一个不断相变过程中[②]。他们还提出了“文化地域综合体”的概念，认为一个文化地域综合体由3个层面组成：一是作为基础的自然地理因素；二是受自然地理因素强烈制约的可视的物质文化和民俗文化；三是弥漫于整个地域的可悟的文化气象和精神心态，这是文化地域综合体内在的灵魂。第二个层面叠加在第一个层面之上，而第三个层面则穿插并渗透于前两个层面，把3个层面紧紧联结为一个有机整体。这个由

① 许静波：《论文化景观的特性》，载《云南地理环境研究》，2007（7）。
② 赵荣，李同升：《陕西文化景观研究》，西安，西北大学出版社，1999。

3 个层面组成的文化地域综合体一旦生成，即彼此影响并彼此加强，使其整体特征日趋明显和成熟[①]。

在考古学研究方面，经过几代考古学家的努力，自 20 世纪 80 年代以来，我国考古学的年代谱系在全国各地就已经基本建立并逐步得到完善和细化。长期以来，人们称黄河为中华民族的母亲河，视黄河流域为中华文明的发祥地，将中原地区作为中华文明的核心。最近 30 年的一系列考古发现，大大拓展了人们的视野，面对各地不断涌现的史前时代的城址、祭坛、大墓、大型夯土建筑基址，精美的玉器、陶器和漆器，人们看到了中华远古文化的多源和多彩，看到了中国文明起源过程的新层面，也了解到中华民族大家庭的形成之久远，成分之复杂。“多元一体”是我国文明起源、发展的重要特征，地域之间的差异以及千丝万缕的联系，无疑是认识区域文化的一个重要思路，也是区域文化遗产保护和发展的重要支撑。基于“多元一体”的文明进程以及与此密切相关的复杂多样的自然地理单元，考古学家、历史学家、地理学家们对我国丰富多彩的地域文化开展了深入的考察和研究工作。除了宏观的地域文化研究之外，还有不少着眼于具体文化现象的历时性或共时性区域研究，其成果为深入了解我国文化遗产的区域特性以及发展演变的时空背景打下了坚实的学术基础，也成为我国文化景观研究的重要方法。

“20 世纪的 70—80 年代是中国考古学发展走向成熟的转折期，经过 60 年代的摸索和解悟，终于找到一条中国特色的考古学发展道路，一个带根本性的学科理论，这就是中国考古学文化区系类型学说”[②]。考古学家苏秉琦先生着眼于各地的文化渊源、特征和发展道路，从全国范围将中国史前考古学文化分为 6 大区系，即：以燕山南北长城地带为重点的北方；以山东为中心的东方；以关中（陕西）、晋南、豫西为中心的中原；以环太湖为中心的东南部；以环洞庭湖与四川盆地为中心的西南部；以鄱阳湖—珠江三角洲一线为中轴的南方。在此基础之上，他提出了著名的“考古文化区系类型说”，即“区是块块，系是条条，类型是分支”，既指明了文化的区域

① 赵荣，李同升：《陕西文化景观研究》，西安，西北大学出版社，1999。
② 苏秉琦：《中国文明起源新探》，北京，生活·读书·新知三联书店，1999。

差异，也阐述了文化的历史传承。这一学术思想在考古学界产生了重大影响，并带动了国内区域考古学的深入发展。严文明先生曾论及中国史前文化的统一性与多样性，将中国考古学文化划分为中原、甘肃、山东、燕辽、江浙和长江中游6大文化区。张光植先生也曾将龙山时期文化划分为相互关联的山东、良渚、黄河中游、齐家河、清龙泉5个区。郭大顺先生将中国划分为3大文化区，即以彩陶、尖底锅和粟作农业为主要特征的中原文化区，以鼎和稻作农业为主要特征的东南沿海及南方文化区，以筒形陶罐和渔业为主要特征的东北文化区。这些都是基于史前考古学文化特征而进行的区划研究，在某种程度上也反映了文化的区域性。上述考古学文化的划分，本身就说明了中华文化内涵丰富多彩，正如苏秉琦先生言简意赅地概述为“满天星斗”。同时，“匈奴、鲜卑、高句丽、渤海、契丹、女真、粟特、西夏、吐蕃、回鹘、南诏、夜郎等古代民族文化遗存的发现和研究，使多元一体的中华文化和我国多民族统一国家的形成和发展的过程逐渐清晰”[①]。

20世纪80年代以来，环境考古学和景观考古学的发展对文化景观遗产的保护产生了重要影响。环境考古学是揭示人类及其文化形成的环境和人类与自然界相互影响的考古学分支学科，是环境科学与考古学相结合的产物。环境考古的概念于20世纪30年代提出，60年代它形成一门学科。环境考古学的研究对象包括人类形成以来整个第四纪时期同人类有关的环境问题，研究的重点为新石器时代及历史时代初期人类文化与自然环境间的关系。随着环境考古的发展和技术手段的完善，许多重大考古学课题的解

甘肃北石窟寺（2005年7月20日）

① 王巍：《三十年中国考古学研究硕果累累》，载《光明日报》，2009-02-03（12）。

决，都有赖于环境考古学的支持。例如通过遗址生态环境的复原，研究环境与人类起源和演化的关系，确定遗址各文化层的年代，了解古代人类生活的自然环境及其变迁历史，探知古代环境和气候的变化对人类文化的影响。20 世纪 80 年代以来，文化人类学界开始对环境和人的互动关系进行讨论，强调环境是由人来创造的，它是有意义的，且是有争议的。在这一背景下，“景观考古”成为考古学界讨论的新概念，并促进了景观考古学的产生。景观考古学不是传统意义上的环境考古学，它更强调人对周围环境的理解和认识。这里所指的景观不是静态的、被动的自然物体，而是人为的景观。随着人类认识的变化，景观的含义也发生变化。有关专家认为，景观考古学的核心有 3 点：一是利用自然科学的多种技术手段来认真地研究自然环境，但探讨的课题是关于社会科学的；二是承认人与环境的互动关系是具有历史随机性的、动态的和不断变化的，这种关系受制于文化观念和过去人类的行为；三是认识到人类环境本身的相当大一部分是人类行为动态地与自然互动的结果。

1.3 文化景观遗产的探索与国际共识

人们对文化遗产内涵和价值的认识逐步深化，促使人们从更广阔的视野、更深入的角度去分析和梳理文化遗产之间的内在联系，探索和建立新的文化遗产类型和相应的保护方式、手段、体系，受到关注与保护的文化遗产类型也在不断扩充，例如“历史城镇”“传统村落”“运河遗产”“文化线路”等。这些新型文化遗产的共同特点，都体现出文化与自然两者的密切关联和相互结合，文化遗产开始呈现出多元化的价值，并拥有了更为深刻的含义。1987 年，世界自然保护联盟考察我国申报项目——泰山时，发现泰山不同于一般世界遗产项目的独特价值，即它不仅符合世界自然遗产的标准，同时还符合世界文化遗产的标准，促使了在世界遗产类别中“世界文化与自然混合遗产”这一新类别被认可。1992 年 10 月，世界遗产中心会同国际古迹遗址理事会与世界自然保护联盟在法国召开关于将文化景观纳入《世界遗产名录》的专题研讨会。这是文化景观遗产在迈向世界文化遗产道路上具有重要意义的会议。来自各成员国的专家分别对《操作指南》提出修改意见，讨论了新修订的文化遗产评估标准以及有关文化景观遗产的定义、分类和提名等方面的规定，建议将杰出的文化景观遗产纳入《世界遗产名录》的体系之中。

1992 年 12 月，在美国圣菲召开的第 16 届世界遗产委员会会议，决定将具有突出的普遍价值的文化景观遗产纳入《世界遗产名录》。至此，在《世界遗产公约》公布 20 年后，世界文化遗产的体系中增加了“文化景观遗产”这一新的类型。文化景观遗产的确立意义重大，使人类和自然相互依存、相互影响的关系在文化遗产中得到具体的体现。其背景是城市化发展进程不断加快，人们的生存环境日益遭到破坏，人类需要保存土地利用的历史和遗迹，维持生物的多样性，实现人类与自然和谐健康的发展。根据《世界遗产公约》第一条的内容，文化景观遗产代表着“自然与人类联合工程”，它具有多种多样的形式，兼具文化遗产与自然遗产保护的要求与特性。长期以来，世界遗产始终在“文化”与“自然”两个支点之间寻求平衡，而文化景观遗产将文化与自然两种因素联系起来，促进了它们之间的平衡与稳定。文化景观是指自然与人类创造力的共同结晶，反映区域的独特文化内涵，特别是出于社会、文化、宗教上的要求，并受环境影响与环境共同构成的独特景观。文化景观也是从较大的范围、较充分的规模去发现和认识在某种特定环境中人的创造和生存状态。

自 1992 年文化景观遗产正式被确定为世界文化遗产中的特殊类型以来，人们的认识发生了许多变化，人类与自然的关联被明显重视起来，衡量世界遗产突出的普遍价值的评估标准也经历了多次改变与调整。其中，许多实质性的进展与文化景观遗产类别的纳入以及对其不断深入的思考直接相关。文化景观遗产的确立使世界遗产更具平衡性和代表性，也使世界遗产所代表的自然与文化、人类与环境、物质与非物质遗产之间的关系更加全面和深刻。在《实施世界遗产公约的操作指南》的附录中，文化景观被分为“由人类有意设计和建筑的景观”“有机进化的景观”和“关联性文化景观”3种类型。“由人类有意设计和建筑的景观”包括出于美学原因建造的园林和公园景观，它们经常（但并不总是）与宗教或其他纪念性建筑物或建筑群有联系。“有机进化的景观”产生于最初始的社会、经济、行政以及宗教需要，并通过与周围自然环境的相联系或相适应而发展到目前的形式[①]。“关联性文化景观”以其与自然因素、宗教、艺术或文化相联系为特征，而不是以缺失文化的物证为特征。文化景观遗产作为连接文化与自然的纽带，更加体现出“人类长期的生产、生活与大自然所达成的一种和谐与平衡，与以往的单纯层面的遗产相比，它更强调人与环境共荣共存、可持续发展的理念”[②]。

1993年10月，联合国教科文组织在德国首都柏林举行“有关具有突出世界价值的文化景观的专家会议”，提出了“未来行动计划（文化景观）”。该行动计划总结了有关提供成员国在确认、评价、提名和管理文化景观进入《世界遗产名录》的资格方面的指导以及准备对文化景观进行专题研究的建议。1994年，第18届世界遗产委员会会议提出建立具有代表性与平衡性的《世界遗产名录》的“全球战略”，并认为主题研究可以作为建立具有代表性的《世界遗产名录》的有效方法。人们意识到，欧洲建筑与宏伟、壮观的人造景观等古迹在《世界遗产名录》中占据优势地位，而具有深度、复杂度和与环境建立多样化联系的传统文化却鲜有代表。而这种不平衡性正是由于过去将“文化”与“自然”遗产过于简单地一分为二所造成的，新纳入的文化景观遗产显然可以作为调整失衡的杠杆。同时，《实施世界遗产公约的操作指南》本身也在根据《世界遗产公约》的精神和文化遗产保护的实践进行不断调整和完善，逐步扩充世界遗产的类型及其所代表的普遍价值。1977—2005年间，《操作指南》先后修改达17次。在文化遗产的保护要素方面，从重视单一文化要素的保护，向同时重视由文化要素与自然要素相互作用而形成的综合要素的保护的方向

① “有机进化的景观”又包括两种次类别。(a)残遗物（或化石）景观，代表一种过去某时段已经完结的进化过程，不管是突发的或是渐进的。它之所以具有突出的普遍价值，还在于其显著特点依然体现在实物上。(b)持续性景观，它在当今与传统生活方式相联系的社会中，保持一种积极的社会作用，而且其自身演变过程仍在进行之中，同时又展示了历史上其演变发展的物证。

② 刘红婴，王健民：《世界遗产概论》，北京，中国旅游出版社，2003。

发展。例如兼具文化和自然复合特征的文化与自然混合遗产、由文化要素与自然要素相互作用而形成的文化景观遗产，均成为国际社会探讨加大保护力度的对象。

另一方面，这一时期在国际景观生态学会（IALE）与美国地理学家协会（AAG）举办的大型学术活动中，都有景观与文化的专题讨论会。1994 年在美国地理学家协会第 90 届年会上有“文化研究在地理学中的应用：神话、景观、通信”专题报告会；1994 年世界自然保护联盟（IUCN）大会提出，要利用景观生态学原理来规划和管理土地资源，促进文化景观持续发展战略的实施；1995 年国际景观生态学会大会对景观类型与人类活动特征、景观建设的量化因子、21 世纪的文化景观、持续发展与文化景观等命题都有所涉及。1999 年，美国学者霍纳蔡夫斯基（Honachefsky）提出“生态导向”的概念，他认为美国城市的无序蔓延及其对生态环境的破坏等问题的出现，是因为将土地的潜在经济价值置于生态过程之前，因此提出“生态优化”的思想。这一思想迅速在全球范围内得到积极响应，并开始从“生态优化”所强调的单纯“保护”，向利用生态来引导区域开发的“生态导向”思想的方向发展①。在这一思想推动下，美国在区域开发中开始推行“精明增长”计划，提出了控制城市蔓延、保护农地、保护生态与社会人文环境、繁荣经济、提高民众生活水平的精明增长目标。精明增长作为一种旨在平衡发展与保护关系的区域发展模式，同样获得了世界范围内的普遍认可。

在此期间，一系列相关问题的国际公约和文件相继问世，成为人们步入 21 世纪的共同行动纲领，标志着实现人类与自然和谐发展成为全球共识。例如 1996 年联合国第二次“人类住区”会议，发表了各国政府承诺致力于改善全球特别是不发达国家人居环境的《伊斯坦布尔宣言》；2001 年联合国教科文组织第 31 届会议通过了《世界文化多样性宣言》，这份文件表明国际社会有史以来第一次承认文化多样性是“人类的共同财产”，并就一个在文化表现形式上更丰富多彩的世界对所有的民族都

① 叶玉瑶，张虹鸥，周春山，等：《“生态导向”的城市空间结构研究综述》，载《城市规划》，2008（5），69 页。

更为有益达成共识。我国也制定并公布了《中国21世纪议程——中国21世纪人口、环境与发展白皮书》，将可持续发展作为基本国策之一。21世纪人类进入“生态时代”，生态思想成为人们解决所有与生命现象有关问题的具有普遍意义的指导思想，在这一背景下，强调人类与自然和谐相处的文化价值观和生活方式极为重要。同时，在21世纪，国际上已将生物多样性的3个层次，即基因、物种和生态系统，拓展为包含“景观”在内的4个层次，景观生态学、景观建筑学、景观规划学等学科均引入了“景观”的概念，虽然内涵接近，但又各有不同的角度与外延。到目前为止，文化景观被放在重要位置，并赋予崇高的使命，文化景观既是“生物多样性的最后储藏所”，也是文化遗产保护不可或缺的内容，既是反映过去人类土地利用的历史和遗迹的证据，也应该成为人类土地持续利用的样板，并为人类提供享受美和愉快以及自然与文化多样性的机会。

随着文化景观遗产进入世界遗产范畴，对其进行有效管理逐渐引起人们的关注。事实上，经过几十年的探索，各国将文化遗存的区域保护与国家和地方的文化和生态建设、社会发展等结合起来，带有预见性地划定相关文化遗产保护区，为城市规划、政府管理、土地利用等密切相关的部门预先提供科学决策的依据以及新的保护和管理思路，为区域整体协调发展战略提供有力支撑，取得了许多成功的经验。例如美国最早通过设立“国家公园”（national park）制度，坚持文化景观遗产保护的公益性、完整性、科学性，将重要的文化景观遗产地收归国有，完整地保留了大面积的、类型丰富的国家财富；意大利强调不改变文化遗址现状，尤其重视环境要素的保护，这在庞贝遗址的保护中得以充分体现；在英国，约克郡曾通过“地下古迹分布图”的编制为保护对策提供了科学的依据，从而免遭大规模城市建设的破坏；在日本，通过国家、地方立法，由中央、地方政府保护实施，京都和奈良等地作为历史史迹保护区被整体保护下来；德国结合现代航空测量、遥感技术，频繁对国土范围内的文化遗存进行普查。

澳大利亚于1979年制定的《保护具有文化意义地方的宪章》(即《巴拉宪章》)是近年来受到较多关注的文化遗产领域专业文件。该宪章以“地方”(这里“地方”的定义是“场所、地区、土地、景观、建筑物(群)或其他作品，同时可能包括构成元素、内容、空间和景致”)的概念诠释文化遗产，而不是沿用以往国际文化遗产文件采用的文物、建筑群和遗址等文化遗产概念，并鼓励更广泛的诠释，将具有文化重要性的“地方”均视为文化遗产的组成部分。其中，文化重要性既包括历史、美学、科学价值，也包括社会和精神价值。在《巴拉宪章》中，文化遗产保护的目的在于维持“地方”的文化重要性，并强调维持一种地方感，因为具有文化重要性的“地方”，既是历史记录，也是国家认同和经验的有形表现。上述定义涵盖了各种类型的文化遗产形式，并且将有形和无形的元素涵盖其中。早在20世纪50年代，人文地理学家就开始研究“地方”概念。在人文地理学中，将“地方”作为“有意义的区位”，成为一种观察、认识和理解世界的方式。而《巴拉宪章》中的“地方”，用一种更为宽泛的概念来诠释文化遗产，将诸多活态元素纳入其中，有助于通过文化遗产保护来维持或培育地方感，使“地方”更具有文化特色，使当地民众增强自豪感和归属感，并通过文化遗产保护促进不同族群之间的理解和认同①。

世纪之交，在奥地利联邦科研艺术部的倡议下，联邦总理府、科研艺术部、农林部和环保部共同推出了一项有关人类环境和发展问题的“文化景观”研究计划。奥地利联邦总理F.弗拉尼茨基(F. Vranitzky)在该计划的序言中指出:“为了保护我们生存空间的生态功能，为了保障经济框架条件和当地居民的生活质量，必须力求在充分考虑生活空间不同功能、人对空间的不同要求以及与生态框架条件之间相互关系的情况下，加强利用空间的计划编制。因此文化景观研究的任务是，在可持续利用生态空间的意义上，针对存在的问题，选择奥地利文化景观的发展方向，制定实施相宜战略的基础。”该计划提出了3个纲领性的目标：一是从根本上减少人为物流；二是优化生物多样性与生活质量间的关系；三是在具有活力的景观内促进生存

① 黄明玉:《文化遗产与“地方”》，载《中国文物报》，2009-01-16(8)。

和发展的选择。奥地利政府把文化景观这一概念与可持续发展和地球环境保护科学联系在一起，把人的行为与地球自然的关系用文化景观的概念巧妙地融为一体，并形象地表达出来，把可持续发展和环境保护建设提升到文化的高度来认识，把文化景观的可持续发展研究作为国家研究的重点计划，这些是奥地利跟踪世界潮流的重要措施和对世界文化景观研究的积极贡献。

文化景观遗产保护理论和方法的形成经历了较为复杂的过程，进入 21 世纪后逐渐达成共识。2001 年 2 月，来自南亚、东亚和东南亚的考古、建筑、城市规划及遗产地管理等领域的专家相聚越南会安，参加联合国教科文组织发起的研讨会，探讨建立和颁布最佳保护范例的区域性标准，以确保亚洲遗产地的内在价值得到应有的保护。会议强调了遗产在可持续发展中的重要作用，认为"在亚洲，天然和人造遗产不仅与其自然地理和文化环境有着不解的联系和渊源，同时还是更多非物质性文化传统的表现背景。因此，与会专家尤其强调了自然遗产地、非物质遗产和文化景观的保护规范间的相互关联性"。针对文化景观，会议认为"文化景观是指与历史事件、活动、人物相关或展示出了其他的文化或美学价值的地理区域，包括其中的文化和自然资源以及野生动物或家禽家畜"。与会专家认为"文化景观反映了不同文化的有机哲理和观点，必须得到了解和保护"。同时，"文化景观并非静态的。保护文化景观的目的，并不是要保护其现有的状态，而更多的是要以一种负责任的、可持续的方式来识别、了解和管理形成这些文化景观的动态演变过程"。2005 年 12 月，联合国教科文组织在会

奥地利维也纳美景宫（2005 年 5 月 11 日）

安通过了《会安草案——亚洲最佳保护范例》。

2003 年 7 月，在巴黎召开的第 27 届世界遗产委员会会议期间，曾就拟在维也纳“中央车站项目”场址建造 3 栋高层塔楼的问题以及就世界各地历史性城市，包括世界遗产城市及其附近出现的高层建筑建设这一常见问题展开了辩论。经过辩论，世界遗产委员会要求世界遗产中心就这一问题召开专题会议进行研究。2005 年 5 月，主题为“世界遗产与当代建筑——管理具有历史意义的城市景观”的国际会议在维也纳召开。会议实地考察了维也纳历史城市景观的保护状况。维也纳的历史城市景观以中、低层公寓楼为特点，普遍 4~6 层，整个城市的屋顶采用 19 世纪古典主义建筑风格，形成协调的城市文化景观。教堂和其他宗教建筑的穹顶和尖顶，从城市的各个角度清晰可见，发挥着地标性建筑的作用。而建造于 20 世纪 50—70 年代的几栋高层办公建筑，由于位于历史中心的边缘地带，当时并没有被视为对城市文化景观的侵扰。2001 年，维也纳历史中心被列入《世界遗产名录》，提高了市民对城市文化景观价值的认识，他们对新的高层建筑可能对城市轮廓线和文化景观遗产产生的影响提出质疑，由此引起了世界遗产委员会的关注。维也纳会议还讨论了有关北京、加德满都、科隆、里加、波茨坦、阿维拉、危地马拉城等世界遗产城市的高层或当代建筑的案例，这些城市一直在不断投资兴建新的基础设施、住房和办公场所，且这种现象会持续下去，进而对城市文化景观构成长期威胁。

维也纳会议讨论的焦点包括：如何协调历史文化名城或历史地区与现代化建设的关系；如何在满足持久投资需要的同时不破坏城市的历史特点和文化特征；如何确定文化景观可以接受的变化限度；如何建立适用的评估和评价标准等问题。会议形成了《保护具有历史意义的城市景观备忘录》(即《维也纳备忘录》)，并提交第 29 届世界遗产委员会会议通过。《维也纳备忘录》是一份具有历史意义的文件，它侧重于当代发展对具有文化遗产意义的城市整体景观的影响，其“历史城市景观”

的概念超出了以往国际宪章和相关建议中通常使用的“历史中心”“整体”或“环境”等传统术语的范围，涵盖的区域背景和景观背景更为广泛，综合考虑了当代建筑、城市可持续发展和文化景观完整性之间的关系，被视为提倡采取综合方法维护城市景观的重要声明，并作为《内罗毕建议》的补充性区域级指南。在此基础上，2005 年 10 月，联合国教科文组织第 15 届《世界遗产公约》缔约国大会在巴黎通过了《保护具有历史意义的城市景观宣言》，该宣言“强调将当代建筑恰当地融入历史城市景观中的必要性，并强调在计划进行当代干预时开展文化或观赏影响研究的重要性”，还要求各缔约国“将《维也纳备忘录》中确定的原则纳入各自的遗产保护政策”[①]。

2005 年版的《实施世界遗产公约的操作指南》，对一直以来沿用的文化遗产和自然遗产的相关标准进行了合并，规定：“如果遗产符合下列一项或多项标准，世界遗产委员会将会认为该遗产具有突出的普遍价值：1. 代表人类创造精神的杰作；2. 体现了在一段时期内或世界某一文化区域内重要的价值观交流，对建筑、技术、古迹、艺术、城镇规划或景观设计的发展产生过重大影响；3. 能为现存的或已消逝的文明或文化传统提供独特的或至少是特殊的见证；4. 是一种建筑、建筑群、技术整体或景观的杰出范例，展现历史上一个（或几个）重要发展阶段；5. 是传统人类聚居、土地使用或海洋开发的杰出范例，代表一种（或几种）文化或者人类与环境的相互作用，特别是由于不可扭转的变化的影响而脆弱易损；6. 与具有突出的普遍意义的事件、文化传统、观点、信仰、艺术作品或文学作品有直接或实质的联系；7. 是绝妙的自然现象或具有罕见自然美和美学价值的地区；8. 是地球演化史中重要阶段的突出例证，包括生命记载和地貌演变中的地质发展过程或显著的地质或地貌特征；9. 突出代表了陆地、淡水、海岸和海洋生态系统及动植物群落演变、发展的生态和生理过程；10. 是生物多样性原地保护的最重要的自然栖息地，包括从科学或保护角度具有突出的普遍价值的濒危物种栖息地。”

应中国古迹遗址保护协会的邀请，2005 年 10 月，国际古迹遗址理事会第 15 届

① 国家文物局，等：《国际文化遗产保护文件选编》，北京，文物出版社，2007。

大会在我国西安召开。在大会期间召开的“古迹遗址及其周边环境——在不断变化的城镇和自然景观中的文化遗产保护”国际科学研讨会上，各国代表所交流的众多案例和反思促使大会形成并通过了“保护历史建筑、古遗址和历史地区环境”的《西安宣言》。它“强调有必要采取适当措施应对由于生活方式、农业、发展、旅游或大规模天灾人祸所造成的城市、景观和遗产路线急剧或累积的改变，有必要承认、保护和延续遗产建筑物或遗址及其周围环境的有意义的存在，以减少上述进程对文化遗产的真实性、意义、价值、整体性和多样性所构成的威胁”。它认为“古建筑、古遗址和历史区域的周边环境指的是紧靠古建筑、古遗址和历史区域的和延伸的、影响其重要性和独特性或是其重要性和独特性组成部分的周围环境”。“除了实体和视觉方面的含义之外，周边环境还包括与自然环境之间的相互关系；所有过去和现在的人类社会和精神实践、习俗、传统的认知或活动、创造并形成了周边环境空间中的其他形式的非物质文化遗产，以及当前活跃发展的文化、社会、经济氛围”[①]。

《西安宣言》是具有里程碑意义的国际性文化遗产保护文件，其重要性在于国际社会第一次在行业共识性文件中提出如下观点，即文化遗产是历史信息的载体，离开了环境，就将成为孤零零的标本。单体的文物固然重要，有着文化生态意义的环境同样重要，整体性的历史环境提供给人的精神记忆更加强烈，因此，“环境”应被认为是体现文化遗产真实性的重要部分。2008 年 6 月，我国第 3 个“文化遗产日”前夕，“世界遗产保护 · 杭州论坛”在西子湖畔召开，来自 15 个国家的 80 多位文化遗产专家和遗产地管理者齐聚一堂，共同探讨文化景观遗产保护所面临的现实挑战和应采取的相关措施。与会专家和代表就文化景观遗产保护与利益相关者、文化景观遗产突出的普遍价值的认定、文化景观遗产的管理和监测、文化景观的可持续发展等热点问题，结合各国生动的保护案例展开讨论，并结合本国文化景观遗产保护实践进行交流，共同分享相关研究成果。与会代表一致认为，虽然各国的文化景观遗产各具特色，但是均面临着诸如城市建设的冲击、自然灾害的破坏等类似问题和

① 国家文物局，等：《国际文化遗产保护文件选编》，北京，文物出版社，2007。

威胁，保护刻不容缓。因此，应确立正确的文化景观遗产保护理念，科学认定其内涵，准确评估其价值，完善保护的专项法规，制定有效的保护规划，并将保护目标的实现与民众日常生活的改善相结合，实现文化景观遗产的可持续保护。

我国拥有辽阔的疆域，文化景观遗产资源丰富、类型多样，无论是众多国家历史文化名城、名镇、名村，还是全国重点文物保护单位、国家重点风景名胜区、国家级自然保护区，都是人类与自然共同的杰作，人们应该对其开展深入研究，积极予以保护。2006 年 12 月，在中国世界文化遗产专家委员会考察、评估和推荐工作的基础上，国家文物局审议通过了重新设定的《中国世界文化遗产预备名单》。该名单共包括 35 个项目，体现了我国文化遗产的丰富性和多样性，也显示出国际社会对于文化遗产内涵和外延新的认识和拓展。经过分析，其中可以作为文化景观遗产的约占 1/3。由此可见，我国在文化景观遗产申报方面具备较大潜力。这些文化景观遗产的申报成功，必将对国际文化景观遗产保护与研究作出重要贡献。

第二章 文化景观遗产保护的理论探索

迄今为止，国际社会关于文化景观遗产的定义、价值、功能、分类、保护和管理等方面的研究已经颇为丰富，一系列有关文化景观遗产研究的专题成果亦已问世，并受到越来越多的相关学科的关注。但是不得不承认，文化景观遗产目前还不是一个完全成熟的概念，许多关键性的概念和相关思考仍处于发展与深化的阶段，随着越来越多实例的纳入及其自身理念的发展演变，在文化景观遗产的认定、突出的普遍价值的评估以及保护方法的应用实践等方面，还存在广泛的争议和讨论。

2.1“文化”“景观”与“文化景观”

文化（culture），是由各种元素组成的一个复杂的整体，是人类社会实践过程中所创造的物质财富和精神财富的总和，是一定的历史阶段、一定的地域环境、一定的人类种群的生存状态、生活习惯、思维方式的反映，反过来又深刻地影响着经济的发展节律、社会的道德风范和民众的生活品位。文化不是人类头脑中固有的，是人类进化过程中衍生或创造出来的，并有赖于人类生活和社会活动而存在。文化的创造是人类最重要的创造。人类没有干预过的自然存在物，不论良莠好坏，都不能称为文化，只有经过人类有意或无意加工制作出来的内容才是文化。从这个意义上说，地质地貌、自然山水形成的景观，如果纯粹天然造就，即使人类强加于其高低优劣之别，也难以用文化来加以诠释。然而，一种具有自然属性的事物，经过人类的创造性劳动，它的自然属性就与文化属性融为一体。文化是人类全部思想和行为的总记录，体现了人类存在的主要价值。人类的活动产生文化，也产生文化区。文化区是指具有某种共同文化属性的人群所占据的地区，它是一个在经济、政治、社会方面具有独特的统一体功能的空间单位。同一个文化区域，虽然在自然地理特征方面具有明显的差异，但是在文化特征方面仍然具有共同的空间属性，具有相似的文化特质和文化共性。

文化经历了日积月累、潜移默化的缓慢发展过程，逐渐形成了“文化积淀”和“文化底蕴”。每个社会都有与其相适应的文化，这种文化随着社会物质生产的发展而发展；每一代人都生活在一定的文化环境之中，自然地从上一代人那里继承传统文化；每一代人也都根据自己的经验和需要对传统文化加以改造，在传统文化中注入新的内容。因此，“文化本身是不断形成的，发展的，动态的，永远在延续、创新的过程之中”[①]。实际上，研究文化就是在研究人的生存状态，研究人的过去和未来。“文化是历史的积淀，它存留于建筑间，融汇在生活里，对城市的营造和市民的行为起着潜移默化的影响，是城市和建筑的灵魂”[②]。文化系统中的各部分在功能上互相依存，在结构上互相联系，共同发挥社会整合和社会导向的功能。“文化关系一个民族的素质，渗透在社会生活的各个方面，它的教育、启迪、审美等功能，更多的是发生在潜移默化之中。文化如水，滋润万物，悄然无声”[③]。人是文化的消费者，更是文化的创造者。不只是精心雕琢的事物才是文化，朴实的生活积累更是文化，“文化”对于当代人来说更多的是一种生活方式的体现。在人们的日常生活中，从一杯茶、一首歌，到一次聚会、一段旅程，无不渗透着文化的痕迹。

景观（landscape），是指人类和自然与事物之间形成的所有可视现象，是人类所

① 吴良镛:《广义建筑学》，台北，地景企业股份有限公司，1994。
② 吴良镛:《国际建协〈北京宪章〉——建筑学的未来》，北京，清华大学出版社，2002。
③ 孙家正:《追求与梦想》，北京，文化艺术出版社，2007。

能看到的视觉环境，即在现实生活中不但包含狭义的“景”，还包含人们对景的“观”以及人们在“景”中实现“观”的体验过程。“景观”一词在古代欧洲最早是指可证明由个人或集团所拥有的一块面积有限的土地。在希伯来文本的《圣经·旧约全书》中，它被用来描写所罗门皇城①的瑰丽景色，成为视觉美学意义上的概念，后来受荷兰画家的影响，景观被赋予更现代的含义，称为风景画②。但是，在地理学中景观则被赋予特殊的学术含义，指地球表面各种地理现象的自然综合体，即由地貌、大气、水、土壤和生物等要素构成的各种物体和现象，完整而有规律地组合在一起的地表地段。人们对景观的一般理解没有明确的空间界限，主要是一种综合的、直观的视觉感受。但是，随着人们认识的深化，景观的概念也有了新的发展，更加强调景观的文化意义。实际上，景观是一个内涵丰富的用语，不仅在地理学③中，而且在建筑学、园林学和城市规划、文化遗产保护以及日常生活中均得到广泛使用。随着人类利用环境的范围不断扩大，特别是人类按照某种文化标准，主动对地理环境和自然景观施加广泛的影响，地理现象被分为两大类，一类是自然地理现象，另一类是人文地理现象，于是景观一般也分成两类，即自然景观和人文景观。

自然景观是指自然界原有的事物，较少受到人类的直接影响或未受人类影响。人文景观是指人类为了满足某种实际需要，利用自然界所能提供的材料，在自然景观的基础上，叠加人类活动的结果而形成的景观。远古时代，自然景观统治全球，人类很少能改变自然环境。新石器时代后期，农业的发展使地球上越来越多的区域打上文化的印记，尤其是20世纪以来，人类大大扩充其在地球上占有的领域，至今除了两极和沙漠、部分高山、热带雨林以外，几乎无不为人文景观所覆盖，而且这种人文景观随着时代的进步与变迁，愈来愈复杂多样。人文景观产生于人与自然环境之间长期持续的相互作用。长期以来，由于人类活动的广泛性，自然景观的人文

① 即耶路撒冷。

② 英文的landscape源自德文的landschaft，而德文又源自荷兰语，其原意是陆地上由一些住房、围绕着住房的一片田地和草场以及作为背景的一片原野森林组成的集合。当人们以审美的眼光欣赏这样的风光和景色时，便出现了对于风景的理解，随之出现了风景画。

③ 景观在地理学方面的内涵：一是指地理学的整体概念兼容自然与人文景观；二是指一般概念，泛指地表自然景色；三是指特定区域概念，专指自然地理区划中起始的或基本的区域单位，是发生上相对一致和形态结构同一的区域，即自然地理区；四是指类型概念，即类型单位的通称，指相互隔离的地段，按其外部特征的相似性，归为同一单位，如荒漠景观、草原景观。转引自辞海编辑委员会:《辞海》，上海，上海辞书出版社，1999。

化程度不断加深，特别是现代社会和经济发展以前所未有的规模和速度影响着地理环境和自然景观，致使所有自然和生物现象都或多或少地受到人为作用影响，完全纯粹的自然现象的综合体越来越少。因此，在许多情况下使用“景观”一词，几乎都植根于人文景观概念，即从广义上说，一切景观都与文化有关。从生态角度到人文角度，从人们感官的直接体验到人们理性的认识升华，人文景观具有融合文化与自然价值的双重意义，指引着未来人类与环境关系的发展方向。

文化景观（cultural landscape），是文化在空间上的反映，是一种落实于地球表层的文化地理创造物。“任何一个有特定文化的民族都会通过建造房屋、开辟道路、耕种土地、修筑水利工程、繁衍或限制人口、传播宗教等活动改变其生存空间内的环境。这种人所创造的物质或精神劳动的总和成果，在地球表层的系统形态就被称为‘文化景观’”[①]。文化是催化剂，自然是媒介，文化景观是结果。“文化景观反映了

甘肃定西农业景观（2008 年 5 月 22 日）

① 吴必虎，刘筱娟:《中国景观史》，上海，上海人民出版社，2004。

在持续发展的社会、经济、文化力量的影响下，在自然环境形成的制约条件和机会的影响下，人类社会和居住地点经过历史的岁月而获得的价值”。因此，文化景观是人类文化与自然景观相互影响、相互作用的结果，是自然和人文因素的复合体。“文化景观反映了人类和自然环境共同作用所展示出的多样性”[①]。文化景观既包括平面的，也包括立体的；既包括自然的，也包括人为的；既包括静态的，也包括动态的；既包括物质的，也包括非物质的；等等。它们既是历史的产物，又是历史的载体，反映的是政治经济、文化艺术、科学技术、宗教信仰、风俗民情等社会各方面的情况，而它们在存在的过程中，又记载了历史发展进化中的各种信息。今天倡导文化景观遗产保护，对于生态的维系、文化的延续、经济的发展、社会的进步都具有十分重要的意义。

文化景观作为人类文明的产物，经过漫长的发展演变，与周边自然、人文环境之间往往存在着无法割裂的共生关系，所以既要重视文化遗产本体的保护，也要重视周边环境的保护；既要营造良好的文化遗产环境氛围，也要考虑到当地居民生产、生活条件的提升。文化景观遗产兼具人类文化与自然环境各自不同的特征与要素，但同时却又不以这两者的单体方面的价值为本质与核心。同时，文化景观概念的确立，扩展了人们关于生物多样性与文化多样性相互交叉关系的思考。文化景观遗产作为文化与自然创造力的共同结晶，跳出了一个或一组人工创造物的独特价值，而从较大的范围和规模去发现和认识大自然的造化以及在某种特定自然环境中人类生存状态和文化创造，从而记录和保留下人类在进步历程中形成的具有不同特色的片段。因此，只有把文化景观遗产放在历史时空的宏阔背景之下和文化演进的跌宕起伏之中，才能生动地还原文化景观遗产的本质要素；才能正确地认识文化景观遗产的系统内容；才能充分地反映每一处文化景观遗产的个性特征；才能科学地表述文化景观遗产的整体价值；也才能体现出其他文化遗产类别难以比拟的独特魅力。事实证明，只有实现区域生态环境和社会文化环境的协调发展，才能实现文化景观遗

① 吕舟:《第六批国保单位公布后的思考》，载《中国文物报》，2006-08-18（18）。

产保护的可持续发展。

文化与景观的关系是相互的。人类文化发展历尽沧桑，不断地作用于环境，而景观正是这种作用的产物，是人类在大地上的记忆。文化通过景观来反映，同时又改变着景观。人类对景观的任何改造都会将自身的文化渗透到景观当中，于是景观便储存和传播着这种文化，这种文化的渗透又必然会影响或改变原来的景观。在文化景观的研究中，“文化被看成是生存于地球表层的人类，在特定的地理环境和历史时期内，所进行的一切能对地球表层中的自然环境和社会环境，产生改变或影响的物质活动和精神活动的过程及其结果的积累”[①]。对千姿百态的文化景观进行分类，目的在于探索它们形成发展规律的共同性和差异性，不同类别的文化景观，往往既有相似点，又有极其不同的演化历程，因而对它们进行分析和预测，可以为文化景观遗产的保护提供依据。对文化景观进行分类，既可以按照文化景观的形态来划分，也可以按照文化景观的功能来划分。形态相近的文化景观，尽管职能各不相同，但是在发展演变规律、与周围环境关系、当前存在问题、保护应对措施等方面，往往具有共同之处；功能相近的文化景观，尽管规模有大小，形态有差异，但其起源、特点、内部功能结构、今后发展方向等方面，往往具有类似特点。

由于“文化”一词概念的广博和界定差异，有关文化景观遗产的判识和研究就必然见仁见智。关于文化景观要素，《中国大百科全书·地理学》指出，它是“自然风光、田野、建筑、村落、厂矿、城市、交通工具和道路以及人物和服饰等所构成的文化现象的复合体”。诸如地块的形态、建筑的风格、色彩的缤纷以及服装的式样、食物的风味等，还有社会关系、意识形态、思想状况等，都可以是文化景观遗产的重要特征。由于文化景观形象地反映了人类衣、食、住、行、娱乐等最基本的经济、文化生活状况，对某一地区的文化景观进行观察和研究，对于全面系统地研究区域文化历史发展规律、正确认识区域文化资源、合理调整行政区划、科学制定

① 吴必虎，刘筱娟:《中国景观史》，上海，上海人民出版社，2004。

区域发展规划等，都具有重要的科学意义和实践价值。同时，我国是由56个民族组成的统一的多民族国家，各少数民族分布地域广泛，占国土面积的50%~60%，大多数少数民族集中分布在西南、西北和东北地区，在空间分布上具有相对分散和相互交错的特点。少数民族聚居地区的众多城市与乡村聚落具有鲜明的民族特征，所拥有的文化景观博大精深，成为汇聚到中华文化巨川中的涓涓细流。因此，我国的文化景观遗产保护相对于其他传统类型的文化遗产而言，更具综合性。同时，文化景观反映一定地域的生活方式，聚焦当地民众的文化信仰，所以文化景观遗产保护不仅应体现历史的真实性、风貌的完整性，还应体现生活的连续性。

文化景观体现文化与自然的共同创造。文化景观与自然景观是相互对应的概念。自然景观又称原始景观，是自然环境原来的地理事物，是一种自然综合体，例如高山、河流、彩云、瀑布、沼泽、草原、沙漠等。文化景观是指人们对自然物质加以创造，并附加在自然景观上各种人类活动形态而使自然面貌发生明显变化的景观，也称人文景观，例如城市、村庄、园林、寺庙、农田、工厂、道路等。长期以来，文化遗产与自然遗产的概念相对独立，自然遗产强调人为干预越少越好，文化遗产的重点在于人类的文化创造，内容包括文物、建筑群和遗址等孤立的保护对象，较少考虑整体结构与景观本身。实际上，文化与自然密不可分，在经济、社会等因素的驱动下，产生持续的交替影响，创造出两者延续性的关联状态，文化景观即是这一状态的外在表征与载体。自然因素为文化景观的建立和发展提供了各种条件，自然环境往往具有地域特点，使文化景观的许多人文因素形成明显的地域特色。构成文化景观基底的自然因素包括地貌、动植物、水文、气候、土壤等，各种因素在文化景观中的作用各不相同，其中地貌因素常常对文化景观的宏观特征产生巨大作用，影响景观的人文化程度。同样，即使在森林景观、草原景观、沙漠景观、江河景观、海洋景观中，生物因素仍然是文化景观中的鲜明要素。

文化景观体现时间与空间的相互作用。文化景观的发生、发展，既离不开时间，也离不开空间。在时间方面，同一地区的“人群共同体”，因生活环境的变化和文化自身运动规律的不同，在不同的历史阶段形成了不同形态的文化景观；在空间方面，不同地区的“人群共同体”，在不同的生存环境中，逐渐形成各具风格的生产方式和生活方式，培育了各种类型的文化景观。文化景观的这种特性可以明显反映于区域特征中。文化景观的分布特征就是在历史发展过程中，在时间上不断出现、演化、替换、消长，在空间上不断产生、交流、扩散、整合的结果。因此，必须回溯漫长的历史，探究不同历史时期人们在某一地区的文化贡献，以明确该地区文化景观的发展过程；也必须放眼广阔的地域，探究不同地理环境中人们在某一时代的文化贡献，以明确该时代文化景观的历史创造。上述时间过程和空间过程相互作用的结果，使文化景观在一定区域范围内产生具有不同功能的文化景观类型，这些不同类型的文化景观相互联系，构成总的文化景观体系。文化景观充分体现出在一定时期里，在物质条件限制和自然环境提供的机会的影响下，在内部和外部连续的社会、经济和文化力量的作用下，人类社会及住区的演变过程以及各种文化现象与文化成就。

文化景观体现物质与非物质的联合互动。文化景观构成元素复杂，不仅包括形象生动的物质实体，还往往包含着文化的起源、扩散和发展等方面的非物质的文明成就。因此，构成文化景观的人文因素可以分成两类，即物质因素和非物质因素。物质因素主要包括聚落、街道、房屋、人物、服饰以及交通工具、植物栽培、动物驯化等有形的人文因素。非物质因素主要包括思想意识、生活方式、风俗习惯、宗教信仰、审美观念、道德标准、生产关系等无形的人文因素。“文化景观也可分为技术体系的景观和价值体系的景观两大组成部分。技术体系的景观（具象景观）是指人类加工自然而产生的技术的、器物的、非人格的、客观的东西在地球表层形成的地理实体，如聚落、农业、工业、公共事业等；而价值体系的景观（非具象景观）则是指人类在加工自然、塑造自我的过程中形成的规范的、精神的、人格的、主观的东西在地表构成的具有地域分异的意象事物，如民俗、语言、宗教等。但二者并没有绝对的界限”[①]。文化景观通常具有一定的空间性、时代性和功能性，传统、艺术、宗教的积淀，赋予了文化景观丰富的文化内涵。因此，文化景观不但是人类物质创造经过时间和空间的积淀而形成的一种文化成果，而且是能够集中反映民族特色、信仰传承、文化融合等非物质现象的物质载体。

文化景观体现系统与整体的综合价值。文化景观反映不同区域独特的文化内涵，往往出于社会、文化、宗教的要求，并受环境影响，与环境共同形成独特的系统，特别是与文化多样性相联系，越来越显现出丰富多彩的内涵和博大精深的底蕴。文化景观区别于其他文化遗产类别之处，在于其能够充分代表和反映其所体现的文化区域所特有的文化要素的整体。文化景观作为一个完整的系统，体现一种整体性，它超越“各组成部分之和”，这就意味着文化景观中的每一要素，由于它的场所位置以及与其他要素的相互关系，而被整体有意义地接受。即使其中每一处景观要素并不出众，但是加以系统性、整体性创造，就是一处无与伦比的文化景观。因此，对于文化景观的考察和评价，不能就某一地点论某一地点，就具体景观论具体景观，只有从系统的、整体的角度来看待和认识文化景观，才能使其经典的地位和突出的价值彰显出来。同样，文化景观中的某一地点或具体景观，一旦脱离了系统和整体，也就会大大降低其价值。系统性与整体性也并不意味着完全相同或相似，文化景观系统的复杂构成必然表现出局部微观的多样性，系统性与整体性应该和多样性与协调性相统一，共同展示文化景观特征的主旋律。

文化景观体现连续与互动的长期结合。由于不同人群具有不同的文化背景和社会需求，因此其所创造的文化景观各有明显的特征。纵观每一部文化景观的历史，都是一部和人类活动相伴相生的漫长历史。文化景观的概念将过去、现在及可以预见的未来联系在一起。文化景观的价值在人类与自然的不断协调、呼应和互动中得到体现，成为不断变化的、始终鲜活的文化形态。文化景观虽在一定状态下保持一定的平衡和稳定状态，但是由于所研究的局部区域以及具体事物大都属于开放性系

① 吴必虎，刘筱娟：《中国景观史》，上海，上海人民出版社，2004。

统，在这样的系统中，物质和能量能进能出，在不断地发生变化，随着旧的平衡被打破，又出现新的平衡，即处于动态平衡之中，因此，不能把文化景观看作静止的、固定的，它们有着自己的形成发展过程，受到种种外界力量的干扰。文化景观所赖以维系的这种互动的关系，不仅在过去发挥重大作用，而且现在和未来仍应发挥重大作用。文化景观是在一定的文化理念指导下，在自然环境中发现、提炼、创造而成的，反映出文化的进程和人类对自然的态度，是文化的起源、传播和发展以及存在价值的证据，同时它也是一面镜子，折射出一个国家、地区和民族的发展历程和文明水平。随着历史演进，文化景观体现出不同的时代特征，对于前人文化创造的业绩和所作出的贡献，后人应怀有感恩之心与敬畏之情，悉心加以保护，使历史与现代之间具有世代传承性。

2.2“生态”“环境”与“人居环境”

生态（ecology），是指生物在一定的自然环境下生存和发展的状态，也指生物的生理特性和生活习性。构成生态环境的物质种类很多，既包括空气、水、土壤、岩石矿物、太阳辐射等，也包括植物、动物等，这是人类赖以生存的物质基础。这些物质在地球上的分布是有规律的，在不同的地域、空间，各种物质在数量上有一定的比例，它们之间相互影响和相互制约，构成不同的生态系统。生态系统是生物圈的基本功能单元，总是时刻不断地进行物质循环和能量交换，因此系统内的各个因素都处于动的状态。在长期的进化过程中，各因素或各成分之间建立起了相互协调、相互制约与相互补偿的关系，使整个自然界保持一定限度的稳定状态。一个生态系统在较长时间内保持相对协调的稳定状态，即通常所说的生态平衡。自然界物质运动是永恒的，生态平衡是动态的。如果一个生态系统受到的外界干扰、破坏超过了它本身的自动调节能力，就会导致该系统生物种类和数量发生变化，生产力衰退，结构和功能失调，物质循环和能量交换受到阻碍，造成该系统生态平衡的破坏。

在漫长的历史进程中，地球环境的不可逆变化和生物进化是驱动生态系统进化的基本因素。之后，生态系统的进化又加入了人类活动的因素。目前，人类活动范围的日益扩大正在直接和间接地影响着生态环境，改变着适于人类和生物生存的生态系统。未来，生态系统的进化趋势将主要取决于人类活动。长期以来，人类活动导致了一些地区环境的恶化和生物的灭绝，引起了生态系统的不可逆转的改变，关系到人类的命运。因此，对地球生态系统进化历史及其规律的了解，有助于人们掌握和控制生态系统的未来的进化。文化生态学作为一门社会科学和自然科学相结合的学科，着重研究人类群体与周围环境的关系，将人类社会和文化视为适应特定环境条件的产物。近代生态环境问题研究的范围，除生物个体、种群和生物群落外，已扩大到包括人类社会在内的多种类型生态环境的复合系统。近年来，人们在研究城市生态保护中，将自然生态系统作为城市复合生态系统的一部分，从而提出了生态基础设施的概念。生态基础设施从本质上讲是城市的可持续发展所依赖的自然系统与生态网络，是城市及其居民能持续地获得自然服务的基础，包括提供新鲜空气、食物、体育、游憩、安全庇护以及审美和教育等，更广泛地包括一切能提供上述自然服务的城市绿地系统、林业及农业系统、自然保护地系统，并进一步可以扩展到以自然为背景的文化遗产网络[①]。

环境（environment），是指围绕着人们生活的空间以及其中可以直接、间接影响人类生活和发展的各种自然因素和社会因素的总体。“环境”与“景观”的概念有很大不同，“景观”一词内含主体感受的成分，是美学的一个研究对象，是一个与观察者相对的对象，是一个观察对象，“而环境不可能成为一个观察对象，因为我们无论如何都不可能从环境中超越出来，站到环境的对面去观察环境。我们始终在环境之中；如果我们要将环境作为环境来感受，我们就只能在环境之中。环境中的许多要素是看不见的，只有我们身处环境之中才能感受得到”[①]。长期以来，人类活动把天

① 《中国大百科全书（简明版）》，修订本，北京，中国大百科全书出版社，2004。

然的荒野改变为更适于人类居住的环境，例如：从地面上清除野生植物，引进各类植物，平整土地，改造农田；或者建房修路，形成居住环境；或者开山采矿、砍伐森林，形成生产设施。这些活动也包括消灭野兽、豢养家畜，还包括所有休闲娱乐和美化环境。虽然其中许多行为从人类生存的角度来看，具有建设性和合理性，但是日积月累的改造持续不断地将越来越多的自然景观转化成为人文景观。“当人类向着他所宣告的征服大自然的目标前进时，他已写下了一部令人痛心的破坏大自然的记录。这种破坏不仅仅直接危害了人们所居住的大地，而且也危害了与人类共享大自然的其他生命”①。

18 世纪末，伴随工业革命的扩展，环境污染与生态破坏渐趋严重。作为人地关系论的一种理论，环境决定论认为人类的身心特征、民族特性、社会组织、文化发

山东蓬莱水城（2004 年 8 月 17 日）

① 史蒂文·C. 布拉萨：《景观美学》，彭锋译，北京，北京大学出版社，2008。

展等人文现象受自然环境，特别是气候条件的支配。19世纪，人类改变地球面貌的作用几乎未受到注意。进入20世纪以后，人们逐渐认识到，在人类与环境的关系中，人类是主动的，是环境变化的作用者。一方面，随着科学技术的发展，人类活动的范围向下已进入地壳深处，向上已进入近地空间；另一方面，鉴于人类社会自然支持系统的有限性和全球的整体化，人类面临着人口膨胀、资源匮乏、环境污染、生态恶化，以及温室效应、臭氧层破坏、酸雨、森林锐减、物种消失、土地退化、淡水资源短缺、海洋环境恶化等一系列全球性的生态与环境问题。人们开始发现环境污染造成的损害是全面的、长期的，同时也认识到，“不同民族、地区、经济水平、文化程度以及不同群体的人对环境的要求也不同。建筑、城市乃至区域，作为容器，都是人们多种多样活动的载体，在空间上是相互联系的，必然要适应多种多样的发展变化的需求。生活的发展影响到环境质量，这有时是正面的，有时可能是负面的。对于正面的影响，我们要及时地抓住时机，用以推动环境质量的提高；对于负面的影响则要加以防范与弥补，力求减少影响”[①]。

人居环境（human settlements），顾名思义，是人类聚居生活的地方，是与人类生存活动密切相关的地表空间，是人类在大自然中赖以生存的基地，是人类利用自然、改造自然的主要场所。人居环境系统是以人为中心的生存环境系统。20世纪50年代，希腊建筑师C. A. 道萨迪亚斯（C. A. Doxiadis）创立了“人类集聚学”，着重研究人与环境之间的相互关系。他认为“面对现实的问题和人们无所适从的状况，专家们却躲进了各自的小角落里，或想通过各个分门别类的科学研究来解决问题，如经济学、社会学、行政科学、技术和文化等学科，或仅仅去处理聚居问题的某一个侧面，如交通问题、住宅问题或是公共设施等方面的问题。这样整体的问题事实上已被忽视了”[①]。他强调人类的聚居是一个综合体，由自然、人、社会、建筑、支撑网络等5项元素组成，涉及人类聚居问题的学科可归纳为5个基本方面，即经济学、社会学、政治行政学、技术学科和文化学科。因

① 雷切尔·卡森：《寂静的春天》，吕瑞兰，李长生译，73页，长春，吉林人民出版社，1992。

此，应把包括乡村、集镇、城市等在内的所有人类聚居地作为一个整体，全面、系统、综合地进行广义的系统研究，拓展研究的领域，以便更好地掌握人居环境发生、发展的客观规律，调控人们的社会、经济和文化行为，建设符合人类理想的聚居环境。

1972 年 6 月，联合国在斯德哥尔摩召开人类环境大会，第一次将人居环境问题纳入世界各国政府和国际政治议程，会议最终就人类必须保护环境达成一定共识，发表了《人类环境宣言》，宣布“保护和改善人类环境已经成为人类的一个迫切任务”，“由于无知或不关心，我们可能给我们的生活和幸福所依靠的地球环境造成巨大的无法挽回的损害”。此后，环境科学在解决社会需要的推动下形成并迅速发展，但是也产生了环境与经济社会发展不可兼得的分歧。1976 年 5 月，联合国在温哥华召开了第一次人类住区大会。会议所形成的《人类住区温哥华宣言》指出：“一个人类住区不仅仅是一伙人、一群房屋和一批工作场所。必须尊重和鼓励反映文化和美学价值的人类住区的特征多样性，必须为子孙后代保存历史、宗教和考古地区以及具有特殊意义的自然区域。”此后，可持续发展、人居环境和文化多样性等成为人们普遍关注的社会主题。人类的活动，包括生产、生活和社会活动，最终都在他们所居住的地域的外部景观上得到体现，协调人类社会经济发展与环境之间的关系成为世界各国面临的重要课题。1992 年，联合国世界环境与发展大会通过了《里约热内卢宣言》和《21 世纪议程》两个纲领性文件，使可持续发展思想首次得到了世界最广泛的认可，并逐渐成为人类社会的共同追求。

在这一背景下，1993 年，吴良镛、周干峙等学者在分析当时建设事业的形势和问题的基础上，正式提出建立“人居环境科学”理论。人居环境科学是一门以人类聚居（包括乡村、集镇、城市）为研究对象，着重探讨人与环境之间的相互关系的科学。人居环境科学针对城乡建设中的实际问题，尝试建立一种以人与自然的协调为中心、以居住环境为研究对象的新的学科群。“建立人居环境科学还有重要的社会

① 吴良镛：《人居环境科学导论》，北京，中国建筑工业出版社，2001。

意义。过去，城乡之间在经济上相互依赖，现在更主要的则是在生态上互相保护，城市的‘肺’已不再是公园，而是城乡之间广阔的生态绿地，在巨型城市形态中，要保护好生态绿地空间”[①]。吴良镛先生认为“区域差异是永远存在的，在全球化、信息化时代，城市与地区既要有意识地吸取世界先进的科学技术文化，又要注重基于地域的不同的自然地理、历史、经济、社会、文化条件下，探索科学的地域发展道路，自觉地对城市特色和地区特色加以继承、保护和创新，建设具有地区特色的人居环境”。人居环境科学的提出和发展，是人类对生态与环境认识的一次飞跃。在此背景下，作为研究人居环境质量及其保护和改善的科学，人居环境科学的概念和内涵，随着理论研究和实践活动的开展，日益丰富和完善，更加具有区域性、综合性、整体性和系统性。

人居环境科学认为人居环境包括 5 大层次，不同层次的人居环境单元，不仅在于量的不同，还带来了内容与质的变化。根据存在的实际问题和研究的实际内容，将人居环境科学的研究范围简化为全球、区域、城市、社区、建筑等 5 大层次。在全球层面，必须着眼于全球的环境改善与发展，特别是直接影响全球的共同问题，例如考虑人类共同面临的全球气候变暖、温室效应、能源和水资源短缺、热带雨林的破坏、环境污染、土地沙漠化、生物多样性的丧失等问题，抓住重点问题，寻求可持续发展的道路。在区域层面，必须着眼于各地具体的自然条件和人文环境，例如山地与平原、干旱与湿润、温暖与寒冷等自然条件，历史文化背景、经济发展水平等人文环境，它们均存在着明显的不平衡性，因此必须扩大区域研究视野。在城市层面，必须着眼于土地利用与生态环境的保护，这一层次涉及的内容较多，问题也最为集中，因此必须抓住整体性。在社区层面，必须着眼于保持社区健康肌理和邻里和谐关系，社区作为城市与建筑之间重要的中间层次，作用包括建造宜居住宅、创造就业机会、提高环境质量等各个方面，需要开展统筹研究。在建筑层面，必须着眼于技术与艺术的创造，既包括物质的内容，也包括精神的内容，反映出人类文

① 吴良镛:《人居环境科学导论》，北京，中国建筑工业出版社，2001。

明的不断进步。

吴良镛先生认为，“地球上的所有生命一起构成一个整体，这个整体能够使得地球的生物圈满足她的全部需要，而且赋予她远远大于其他部分之和的功能，同样，一个良好的人居环境的取得，不能只着眼于它各个部分的存在和建设，还要达到整体的完满；既达到作为‘生物的人’在这个生物圈内存在的多种条件的满足，即生态环境的满足，又达到作为‘社会的人’在社会文化环境中需要的多种条件的满足，即人文环境的满足”[①]。人居环境科学是包括自然科学、技术科学与人文科学在内的新的学科体系，其涉及领域广泛，是多学科的结合。人居环境科学研究基于以下最基本的前提：一是人居环境的核心是“人”，人居环境研究以满足“人类居住”需要为目的；二是大自然是人居环境的基础，人的生产、生活以及具体的人居环境建设活动都离不开更为广阔的自然背景；三是人居环境是人类与自然之间发生联系和作用的中介，人居环境建设本身就是人与自然相联系和作用的一种形式，理想的人居环境是人与自然的和谐统一，或如古语所云“天人合一”；四是人居环境内容复杂，人在人居环境中结成社会，进行各种各样的社会活动，努力创造宜人的居住地，并进一步形成更大规模、更为复杂的支撑网络；五是人创造人居环境，人居环境又对人的行为产生影响。

人居环境科学是一个开放的系统，是由多个学科组成的学科群，永远处于一个动态的过程之中。人居环境科学特别强调“建筑—地景—城市规划”三位一体，三者通过城市设计整合起来，作为人居环境科学的核心。三者有着共同的研究对象，即共同研究如何科学地进行土地利用，合理利用自然资源，共同从事环境艺术的创造以及实现文化与自然遗产的保护等。但是，在不同情况下，三者也各有侧重点和扩展方向，即在尺度上、方法上、内容上各有不同。例如建筑学要融合环境、技术理念的发展，从单幢建筑物的设计走向建筑群落的规划与设计；城市规划要融合经济、社会、地理等，从城市走向城乡区域的整体协调；地景学要融合生态学等观念

① 吴良镛：《人居环境科学导论》，北京，中国建筑工业出版社，2001。

的发展，从咫尺天地走向“大地园林”，为人居环境创造可持续景观。总之，强调“建筑—地景—城市规划”的融合，主要目的在于：一是提醒人们正确处理人、自然、城市、建筑的关系；二是将对良好人居环境的追求落实到物质的建设上，以创造舒适宜人的居住环境；三是使有关人居环境的各个学科、各个方面的研究落实在空间布局上，寻求城市与自然的融合。人居环境科学的融合与发展离不开多种相关学科成果的运用，特别要借重各自相邻学科的渗透和拓展，创造性地解决繁杂的实践问题，因此它们与经济、社会、地理、环境等外围学科共同构成开放的人居环境科学学科体系。

今天，人居环境建设必须把握好5项原则。一是正视生态困境，增强生态意识。人类需要与自然相互依存，人们从大自然的报复和生命财产的丧失中，逐渐认识到“自然不属于人类，但人类属于自然”。因此，人类保护生物多样性，保持生态环境不被破坏，归根到底，就是保护自己。二是人居环境建设与经济发展良性互动。当今城乡建设速度之快、规模之大、耗资之巨，已远非生产力低下时期所及，使人居环境建设的资源矛盾比以往任何时候都更加尖锐。因此，必须努力节约各种资源，以实现经济、人居环境建设的可持续发展。三是发展科学技术，推动经济发展和社会繁荣。今天一些发展中的难题，仍然寄期望于科学技术的进步予以解决，因此需要从社会、文化和哲学等方面，综合考虑科学技术成果的运用，促进人居环境建设。四是关怀广大民众，重视社会发展整体利益。当前人类面临发展观的改变，即从以经济增长为核心，向以社会全面发展为核心转变，走向“以人为本”。因此，人类将更多地关注经济增长过程中的自身发展，重视生活质量的提升。五是科学的追求与艺术的创造相结合。人居环境的灵魂在于它能够调动人们的积极主动性，在客观的物质世界里创造更加深邃的精神世界，因此，在进行人居环境建设时，必须努力做到科学追求与艺术创造相结合，使人居环境拥有长远的感召力。

2.3 文化景观遗产的保护与全球战略

自 1992 年世界遗产的体系中增加了文化景观遗产以来，与其相关的讨论与研究一直持续不断，议题不但涉及文化景观遗产的界定方法、分类与价值阐述、全球战略等理论层面的问题，而且涉及文化景观遗产的申报程序、评估标准、保护利用管理等操作层面的问题。1993 年 12 月，第 17 届世界遗产委员会会议正式通过了关于文化景观的行动计划，积极开展对文化景观遗产的主题研究，同时，将新西兰的汤加里罗国家公园列入《世界遗产名录》。汤加里罗山区原来归属新西兰的毛利族部落，毛利族原住民视汤加里罗火山为圣地。1887 年 9 月，毛利族原住民为了使这块圣地免于被移民开发，维护原本的神圣面貌，就将半径大约为 1.6 km 的绮丽且丰饶的火山区领地献给国家。1894 年，新西兰政府将这 3 座火山连同周围地区正式辟为汤加里罗国家公园，面积由原来的 2640 km^2 逐渐扩大为 79598 km^2。公园里有活火山、死活山和不同层次的生态系统，涵盖由火山高原中心向四周延伸的山丘与纵谷平原等美丽的风景。1990 年，汤加里罗国家公园被列入《世界遗产名录》。随着人们对该处世界遗产认识的深化和对世界遗产类别的完善，经过重新评估，重新认识以前被忽略的文化价值，汤加里罗国家公园实现了更加准确的定位，成为《世界遗产名录》中第一处文化景观遗产。

汤加里罗国家公园中心位置的火山区对毛利族原住民具有文化和宗教意义，象征着毛利人社会与外界环境的精神联系。所以说，该国家公园不但在自然方面拥有特殊的自然景观资源、丰富多样的生态体系，而且兼具毛利文化的精神与信仰中心的作用，是原住民的生活领域与精神家园。因此，如果将汤加里罗国家公园仅仅作为自然遗产类别加以保护，将削弱对人类与自然之间关系保护的力度，不符合其特点与保护要求。随后，1994 年澳大利亚的乌卢鲁国家公园、1995 年菲律宾的科迪勒拉山的水稻梯田和葡萄牙的辛特拉文化风景区也分别被认定为文化景观遗产，列入《世界遗产名录》。此后，关于文化景观遗产的专家会议和专题研讨会先后举行了 20

多场，覆盖了亚太地区、欧洲、非洲、北美洲、南美洲和阿拉伯等地区的众多成员国，研究内容包括文化景观遗产组成、演变、类型、感知、解释、生态、保护和规划等各个方面。例如：1995 年在菲律宾召开的“亚洲与太平洋地区稻作梯田文化景观”专家会议；1995 年 4 月在澳大利亚召开的“亚太地区‘关联性文化景观’”工作组会议；1996 年 4 月在维也纳召开的以“欧洲文化景观”为主题的专家会议；1999 年 3 月在肯尼亚举行的“非洲文化景观”专家会议以及 1999 年 10 月在波兰召开的“东欧文化景观”专家会议。通过这一系列努力，深入研究文化景观遗产保护的有效途径。

《世界遗产公约》的各缔约国在综合应用相关研讨会成果的基础上，指导本国文化景观遗产的提名、申报与研究。通过这些会议及相关文献成果，可以清晰地整理出文化景观遗产理念逐渐成熟的路径。进入 21 世纪，面对瞬息万变的经济社会发展形势，体验思想文化领域各种思潮的相互激荡，人们不断总结文化遗产保护工作实践的成果，使文化遗产保护的范围不断扩大，保护理念不断深化。今天，文化遗产保护已经不再是单纯的物质文化遗产的保护，而是更多地立足于对自然生态环境、历史变迁轨迹、人的内心世界的尊重。社会各界对文化遗产的认知理念日臻成熟，更加鼓励多样化地理解文化遗产的概念、评价文化遗产的价值、完善文化遗产保护的理念。因此，重新认识人类社会复合系统中的现有资源，不断丰富文化遗产的内涵和外延，是新的时代文化遗产保护的重要任务。在这一背景下，人们认识到，保护文化景观遗产有助于保护文化多样性和生物多样性，提高文化遗产和自然遗产的综合价值。文化景观遗产的选择应基于它们自身突出的普遍价值，基于明确划定的地理与文化区域的代表性以及此类区域所具有的表达文化要素的能力。对文化景观遗产的保护也超出了人们原有成熟的保护方式和技术手段，是一项新的挑战。

文化景观研究的丰硕成果促进了文化景观遗产保护的发展，为文化遗产事业带来新的视野与展望。近 20 年来，有关文化景观遗产的专家会议和专题研讨会更加频繁地召开，仅 2001 年，就包括 7 月在匈牙利的托卡伊举行的“葡萄园文化景观”专题会议，7 月在苏里南的帕拉马里博举行的“加勒比地区种植园系统”专家会议，9 月在日本的和歌山举行的“亚太地区圣山”专家会议，9 月在埃及的哈里杰绿洲举行的“沙漠景观与绿洲系统”专家会议。虽然在文化遗产体系中文化景观遗产类别出现不久，但是已经成为保护领域中的热点。2002 年，在文化景观遗产诞生 10 周年之际，联合国教科文组织世界遗产中心发表了总结性的专题研究成果，回顾了文化景观遗产保护的理念与实践，为世界遗产发展所带来的创新和贡献。鉴于日趋丰富的遗产类型和复杂的构成状况，应运而生的文化景观遗产使人们对世界遗产的认识发生了质的飞跃，其所倡导的价值和理念与世界遗产的评审标准之间形成了良性的互动，相互促进，不断深化，逐步形成具有平衡性和代表性、体现文化与自然多样性的《世界遗产名录》，并为文化景观遗产未来的发展与研究方向提供了有益的思考与见解。

在文化景观遗产是属于文化遗产类型还是属于“文化遗产、自然遗产、文化与自然混合遗产之外的另一种遗产类型”，以及“文化景观遗产”与“文化与自然混合遗产”之间如何界定等基本问题上，始终存在着分歧和争论。笔者认为，文化景观遗产从本质意义上说，属于文化遗产。文化景观遗产与其他类型的文化遗产以及自然遗产相比较，最突出的特点是强调文化与自然的互动关系，人类与环境之间的相互影响，可持续土地利用的特殊方式以及整体保护的理念。由于文化景观遗产具有文化与自然两方面的

日本京都二条城（2004 年 9 月 26 日）

典型特征，因此，人们在对其进行评估时，往往要求其在文化和自然方面都具有突出的普遍价值，这是认识上的误区。对已经列入《世界遗产名录》的文化景观遗产项目进行分析就会发现，其中大多数项目，如果仅按“自然遗产”的单方面价值标准进行评估，它们往往不具备“突出的普遍价值”，因此不符合纳入《世界遗产名录》的条件；而已经列入《世界遗产名录》的“文化与自然混合遗产”项目，却无论在文化遗产价值，还是在自然遗产价值的任何方面，都具备“突出的普遍价值”，因此符合纳入《世界遗产名录》的条件。由此可以看出，“文化景观遗产”与“文化与自然混合遗产”，无论在遗产的内涵方面，还是在评估的标准方面，均具有明显的区别。同时也反映出，文化景观遗产的价值，并不在于其单方面文化或自然价值分别达到世界文化遗产和世界自然遗产的“突出的普遍价值”的程度，人类与自然的相互关系和综合作用才是其价值的核心所在。

目前，《世界遗产名录》中关于文化景观类别的世界遗产现状较为复杂，包括以下几种情况：一是世界遗产委员会决议中有关于将某处遗产以文化景观类别列入《世界遗产名录》的情况，其中，2006—2009 年共计新增 5 项，包括南非希特斯韦特文化与植物景观（2007 年）、瑞士拉沃葡萄园梯田（2007 年）、毛里求斯莫纳山丘文化景观（2008 年）、巴布亚新几内亚库克早期农业遗址（2008 年）、瓦努阿图罗伊－马塔酋长领地（2008 年）等；二是世界遗产委员会决议中没有前述明确表述，但项目名称中包括文化景观内容的情况，包括日本石见银山遗迹及其文化景观（2007 年）、阿塞拜疆戈布斯坦岩石艺术文化景观（2007 年）、加蓬洛佩－奥坎德生态系统和遗物文化景观（2007 年）等；三是世界遗产委员会决议中没有前述明确表述，项目名称中也不包括文化景观内容，但世界遗产委员会建议将其作为文化景观加以保护的情况，包括英国康沃尔和西德文矿区景观（2006 年）、中国开平碉楼和村寨（2007 年）、克罗地亚史塔瑞格雷德平原（2008 年）、中国五台山（2009 年）等。造成上述情况出现的原因主要有两个方面：首先，由于文化景观是新型的文化遗产类别，在其概念内涵、判定标准、自然与文化组成部分的关系以及保护和管理等方面存在较大争议；其次，由于文化景观类世界遗产的保护和管理要求非常严格，因此很多国家在申报世界遗产时，将具备文化景观特性或价值的遗产以文化遗产名义申报。

尽管如此，世界各国按照文化景观是“自然与人类联合工程”这一理念，积极认证和推荐各具特色的文化景观，列入《世界遗产名录》的文化景观遗产也逐渐增多，其中包括城市文化景观、乡村文化景观、稻作农业景观、玉米耕作景观、葡萄园景观、风车景观、宗教文化景观、土著人群聚落景观、大型考古遗址景观以及山脉景观、河谷景观和园艺景观等。总之，随着文化景观遗产保护理论与实践的进步，其保护范围越来越广泛，保护内容越来越丰富，保护行动与经济社会的关联度越来越高。这些文化景观遗产各具特色，个案所展现的景观差异较大，而共性在于“自然与人类联合工程”。截至2009年，《世界遗产名录》中的文化景观遗产共有59处。仅2004年在苏州召开的第28届世界遗产委员会会议上，就通过了12项文化景观遗产项目。它们被列入世界文化遗产的依据，往往在于明确界定的地理文化区域方面的代表性以及体现这些区域基本的、鲜明的文化要素的能力。2007年4月18日“国际古迹遗址日”的主题就是“文化景观与自然纪念物”。文化景观遗产在文化遗产保护领域中所具有的特殊性，日益受到国际社会的重视。由此，人们也可以看到跨越文化和自然界限、物质和非物质界限的广义的文化遗产保护时代已经到来，文化景观遗产保护正在发挥着保护和发展人类的生存环境、传承和塑造人类精神家园的重要作用。

根据《实施世界遗产公约的操作指南》所述，文化景观遗产是指那些反映了人类创造与自然天成相互结合而形成的文化财富。文化景观遗产的保护与考古遗址、历史建筑等文化遗产类别的保护，既具有共同点，也具有差异性，与自然遗产保护也不甚相同。因此，在进行文化景观遗产的价值研究时，着眼点应落在其所反映的资源可持续利用的特殊技术以及人类适应与改造自然环境的实践结果等方面。多年来，虽然人们从地理学、生态学、社会学、历史学等角度对文化景观的概念和内涵进行了大量的研究和探讨，丰富和深化了文化景观理论，但是由于人类影响环境方式的多样化，对文化景观进行准确定义更加困难。根据不同的分类原则可以划分出不同的文化景观类型。对于文化景观的分类，曾有部分地理学家提出过复杂的景观分类命名体系，对应于不同的分类等级单元。德国地理学家S.帕萨尔格（S. Passarge）认为景观类型是相关要素的复合体，他系统地提出了全球范围内景观分类、分级的原理和方法，把区域、人、文化和历史看作解释自然景观变化的4种"空间动力"。1930年以后，S.帕萨尔格重点研究文化地理和文化景观，并创立了城市景观概念。

文化景观遗产保护是20世纪90年代提出的一个新的问题。这一问题的提出反映了人类对文化遗产认识的发展和深化。近年来，文化景观遗产突破了单体层面的文化遗产保护，向整体环境保护以及非物质文化遗产保护层面延续与发展。文化景观遗产保护经过多年来的演变，呈现出不断发展的趋势，在这一理论研究与实践探索的征途上，人们逐渐达成共识。但是，由于具有不同的研究侧重点和管理着眼点，各国对于文化景观遗产的认识各有不同的表述方式。例如美国国家公园管理署将文化景观遗产定义为联系着一个历史事件、活动、人物或展示其他的文化或美学价值的一个地理区域。加拿大国家公园管理署认为一处土著的文化景观遗产，是土著居民同土地长期和复杂的相互作用而体现出价值的地方，它体现了自然与精神环境的一致，体现了地方精神、土地利用和生态学的传统知识。事实上，对于大多数文化景观遗产来说，它们往往既是一个应该整体保护的文化遗产资源，又是一个拥有相当大规模的生产、生活的社区，有些还是重要的公共休闲娱乐场所。因此，保护文化景观遗产的同时，必须注重保持相关地域的生活氛围和人文环境，应该关注与之相伴的生活群体，考虑他们的生存方式和生活态度，将他们作为文化景观遗产保护的重要因素和积极力量给予整体考虑。

文化景观遗产的形成和变迁受到多种因素的影响，找出并分析这些因素，然后对文化景观进行正确分类，有助于文化景观遗产的深入研究和可持续保护。总体来说，长期以来由于对文化景观内涵的理解不同，人们对其的分类难以达成一致。有的按照自然和农业状况将文化景观分为自然景观、半自然景观、半农业景观和农业景观；有的按照人类居住和建设状况，将文化景观分为乡村景观、城郊景观、城市景观、工业景观和交通景观；有的按照受人类活动影响程度，将文化景观分为自然景观、经营景观和人工景观。其间，不同文化景观类型的研究也不断取得进展，例如社会地形（1954 年）、经济景观（1954 年）、神权宗教景观（1967 年）、军事景观（1976 年）等。美国国家公园管理署就将文化景观分为 4 大类：一是历史遗址景观，即一处与某一历史事件、活动或人物有重要关系景观；二是历史设计景观，即一处由景观设计师、建筑师或园艺师依据设计原则有意识地设计或规划的景观，或者是由造园师以已被认定的风格建造的景观；三是历史乡土景观，即一处由于人类活动或占有演化而形成的景观；四是人种史景观，即一处包含与人类有关的、可以被定义为遗产的自然与文化资源的景观。同时，文化景观是由不同土地单元镶嵌组成，具有明显视觉特征的地理实体，兼具经济、生态和美学价值。

我国的文化景观遗产经历了几千年连续不断的演进，具有鲜明的历史特征。广袤的领土又为丰富多彩的文化景观的产生和融合提供了广阔的空间舞台。文化景观遗产的产生和发展与其所在的自然环境密不可分。我国自古即有“天人合一”的思想，崇尚人类与自然的和谐共处，许多名山大川更是人文胜景荟萃之处，形成了我国文化遗产与自然遗产相互交融的重要特性。由于世界遗产中文化景观遗产类别出现较晚，其判别和划分应遵循的基本原则尚未取得一致意见。但是，事实上一些原有的文化遗产、自然遗产和文化与自然混合遗产也具有文化景观遗产的特征。例如我国的承德避暑山庄及周围寺庙（1994 年）、武当山古建筑群（1994 年）、苏州古典园林（1997 年）、颐和园（1998 年）、青城山和都江堰（2000 年）等多处世界文化遗产如果现在予以提名，或者在将来重新归类的话，也可以被纳入文化景观遗产之中。尤其应重新审视文化与自然混合遗产类别中的世界遗产，例如泰山（1987 年）、黄山（1990 年）、峨眉山（1996 年）、武夷山（1999 年）等，均可以被视为文化景观遗产。再有一些世界自然遗产，例如九寨沟、三清山等，也可以归为文化景观遗产。2009 年 6 月，在西班牙塞维利亚召开的第 33 届世界遗产委员会会议，审议通过了我国申报的五台山项目，使五台山成为继庐山之后我国第二个以文化景观遗产名义进入《世界遗产名录》的项目。最初，我国将五台山作为文化与自然混合遗产申报世界遗产，但是在世界遗产委员会会议审议过程中，五台山的自然遗产部分被否决，遂将其改作文化景观遗产申报，并获得了成功。

虽然我国长期的统一使文化景观在总体上具有相对一致性，但是另一方面，我国民族众多，地域辽阔，环境复杂，经济生活方式多样，因而在不同地区形成了不同的文化特征，尤其是在不同民族之间，地域差异更为明显。即使在同一民族之间，尤其是在分布极广的汉族地区之间，文化的分异同样显著。今天，文化遗产与当今社会的关联程度更高，被视为社会可持续发展的宝贵战略资源，也是保持民族特色、推动中华民族伟大复兴的战略选择。人们认识到，保持文化多样性，保护文化景观遗产的独立性、完整性、连续性，首先是为了保护我们自己，同时也是对世界文化的贡献。2005 年 12 月《国务院关于加强文化遗产保护的通知》的发布，加快了我国从“文物保护”走向“文化遗产保护”的发展进程，使文化遗产保护呈现出新的发展趋势。文化遗产事业的内涵逐渐深化，在全球化背景下，人们更加注重其在保持文化多样性和民族独立性方面的重要作用，注重其世代传承性和公众参与性；文化遗产事业的领域不断扩大，并由此引发了其在要素、类型、空间、时间、性质、形态等各方面的深刻变革。在这一新形势下，深刻理解文化景观遗产保护理念，准确把握其发展趋势，通过开展文化遗产资源普查，将更多的文化景观遗产及时纳入保护范畴，是关系到我国文化遗产事业发展全局的重大课题。

第三章 文化景观遗产的类别与特征

人类在长期的历史进程中，根据不同的自然生态条件，创造和发展出不同类型的文化景观。这些文化景观突破了以往文化遗产的范畴，以更具生机的要素组合和更为复杂的文化内涵在更大尺度的自然地理环境背景中进行拓展和延伸。文化景观具有一定的空间性和功能性。概括起来，在空间形态方面，包括城市类文化景观、乡村类文化景观、山水类文化景观和遗址类文化景观等；在功能性质方面，包括宗教类文化景观、民俗类文化景观、产业类文化景观和军事类文化景观等。这些不同类型的文化景观，为人类文明世代传承并不断发展，保持生物多样性和文化多样性作出了独特的贡献。

3.1 维护持续发展演变的城市类文化景观

城市类文化景观，往往是经过几个世纪，甚至更长的历史时期发展变迁逐步形成的景观；往往是具有明显地域特征、为广大民众所熟悉的景观；往往是反映文化与自然和谐关系、具有重要美学价值的景观。法国于 1983 年提出“建筑、城市、风景遗产保护区”的概念，把城市中具有文化特色的历史地区和具有历史意义的自然景观列为保护对象。随后，与城市类文化景观保护有关的实践逐渐在各国展开。城市类文化景观的保护对象，既包括被列入各类保护名录的文物古迹单体，也包括具有传统特色、地域特色和民族特色的集合体及其在功能和视觉方面十分重要的相连部分。正如《马丘比丘宪章》所指出：不应该把城市当作一系列孤立的组成部分拼凑在一起，不应着眼于孤立的建筑，而是追求环境的连续性；每一座建筑不是孤立的，而是连续统一的整体中的一个单元，它需要通过一定的空间结构、网络与整体中的其他单元进行对话，从而使其自身的形象得以完善。因此，每一座历史性城市或城市中的特定区域，都可以作为城市类文化景观的整体，其所辖的历史街区成为

上海世界博览会园区夜景（2010 年 4 月 30 日）

基本的构成单元。《维也纳备忘录》则认为“历史城市景观”因一个区域在相关时期内，通过城市化进程逐渐演变和有计划地发展而获得其既独特又普遍的意义，它将环境条件与地形条件融合在一起，体现了与社会有关的经济和文化价值观。

自古以来，我国就有大量关于城市建设思想的论述，尤其是《周礼·考工记》，它提出了较详细的城市建设技术规章，被认为是古典城市建设的基本规范。实际上，我国历代政治体制、农耕制度、城市功能、文化观念、地理环境和建设方法等，都会对城市空间结构产生不同的影响，因此所形成的城市类文化景观也必然千差万别。但是，《周礼·考工记》作为我国早期城市营建中最完整的思想体系，对汉代以后传统城市礼制风格的发展，尤其是对元大都及以后都城的建设产生了重大影响。同时，我国古代一些重要的文化观念，也对传统城市空间结构的形成和发展具有重要影响。例如“相土”“形胜”是从我国古代文化尊重天地山川环境的传统出发，而逐步形成和发展起来的关于城市选址及其布局的一系列思想和学说。“相土”思想的渊源久远，反映出我国古代城邑营筑上具有审视周围环境在先的重要传统。“形胜”思想也是我国古代城市重要的立地观。《荀子·强国》曰“其固塞险，形势便，山林川谷美，天材之利多，是形胜也”，即将“形胜”环境特征归结为地势险要便利，林水资源充沛，山川优美壮丽等。与“相土”思想相比，“形胜”思想已将其对地理环境的考察进一步扩大到宏观的山川形势，并强调形与意的契合境界，对我国传统城市的选址和发展有着重要的影响。

在我国古代，若干个相对独立的国家，在其一定的疆域范围内，“审地度势”，选择建都地点；或者从战争攻防的要求出发，在一定的区域范围内，选择筑城要地。这些都是城市地理学思想的早期实践。商、周都城的定点和迁徙，秦、汉建都地点的选择和考证，都是成功地运用人文地理学思想的杰出例证。唐、宋时期已经出现了不少大城市，城市功能更趋复杂，城市内部规划严谨有序。在城市规划与建设实践的基础上，不少关于城市建设的著作比较系统地描述了城市与生态环境、城市的社会经济生活、城市区域的山川形胜、城市居民的生活习俗等，其中城市志就是当时人文地理学思想的总汇。从中不难看出，城市不仅仅是一个地理实体，其发展也是一个历史动态过程。城市历史的继承性不仅表现在城市形态、城市空间结构特征等方面，而且鲜明地反映在城市社会经济发展的许多方面。由于我国大多数历史性城市都有悠久的发展历史，一般都具有严谨的规划格局，独特的建筑风格和地方特色，善于把雄伟俊秀的山川形胜和巧夺天工的人工构筑融为一体，成为“自然与人类联合工程”的典范，因此对于我国城市类文化景观开展深入挖掘与研究，具有十分突出的历史价值和现实意义。

在古代城市的形成和发展中，文化观念的影响极为广泛而显著，成为独具特色的基本因素，揭示出历史性城市的哲学与美学价值。例如福州古城，建城于公元前200年，晋代选择越王山南小阜建子城，开凿东、西二湖；唐末至五代，在子城外环筑罗城，后又筑南、北夹城，谓之月城；明代北跨越王山，东、西、南绕九仙、乌石之麓而围之；清代增建水关，引水入城，水流萦回曲折，逐渐形成福州“左鼓右旗、三狮对五虎、三山两塔一条江”的城市与自然地貌完美结合的空间格局。古都南京，自公元229年建都，营造建业城于鸡笼山南，背倚玄武湖，面朝秦淮河，以长江及石头城为藩屏，并开城东渠以通秦淮，四周山丘环抱，河湖萦绕散布，城市与自然地形巧妙结合，表现出因地筑城的高超技法。明代南京城市与自然环境的结合更为突出，城墙与外郭城垣形态顺应山峦、湖泊、水系等地形，蜿蜒于山水之间，在继承我国历代平原城池的方正传统基础上，吸取自然精华，做到人文与自然的完美结合。古都杭州，自公元591年建城以来，先置城垣东临盐桥河，西濒西湖，南达凤凰山，北抵钱塘门；继而东划胥山于城外，西包金山、万松岭于城中；经过历代持续发展，逐渐将西湖及周边山川纳入城市，在西湖区域修堤建桥、设庙布塔，形成“三面云山一面城”的城市文化景观和从城市西望“两山、三塔、三岛、十八桥”的西湖美景。

从上述历史性城市的选址建设可以看出，千百年来人们在选择自然地貌进行城市规划建设时，十分注意与自然的结合，将人居环境建设合理地组织到自然环境之中，为城市未来的发展奠定了良好的物质基础。例如古城苏州东临大海，北倚长江，西面和南面接太湖和水网地带，使之通过长江可与我国中、西部经济腹地联系，通过海洋可与世界各地交往，这一优越的地理条件使城市数千年兴盛不衰。苏州城区地势平坦，既无水患之虞，又具水陆皆便的优势。千百年来，人们在此持续开展城市文化创造活动。如今苏州古城的文化景观就详细地篆刻在南宋《平江图》碑刻上，水陆并行"双棋盘式"的历史城区，包括城墙、街道、河流、桥梁、官府、寺观、佛塔、园林、书院、商铺、宅第、楼阁、牌坊等，尽在其中。从碑刻上还可以看出，城内河道有南北向 6 条，东西向 14 条，并行的河街上共有桥梁 395 座，寺观 50 余座。这座"回"字形的棋盘式历史城区，独具水乡特色的文化景观，如诗如画。由此可见，一个有品质的城市，可以让人诗意地栖居，既有视觉的享受，更有心灵的愉悦；一个宜居的城市应该既有城市的宏伟气魄和壮丽图景，更有居住者与自然的身心契合。这样，城市品质才能得到真正的提升。

《世界遗产名录》中的文化景观遗产不乏城市类文化景观的实例。例如法国的卢瓦尔河流域所拥有的杰出文化景观遗产，见证了 2000 年来人类价值观念的更替，人类与自然之间的相互作用与和睦发展。卢瓦尔河沿岸拥有布卢瓦、希农、奥尔良、索米尔和图尔等众多历史城镇，这些历史城镇背山面水，古老的村镇点缀其间，中世纪的城墙若隐若现，增加了文化景观的魅力与风采，使人们从中能够感受到历史的真实气息。而尚博尔和舍农索城堡以及城堡内构思精巧的人工花园等，则清楚阐释了文艺复兴和西欧启蒙运动时期的思想潮流和建筑设计理念。另一个实例是意大利的阿马尔菲海岸地区，复杂的自然地形与独特的文化发展历程，使该地区成为一处重要的中世纪城市类文化景观。公元 4 世纪这里建立了阿马尔菲城，从 9 世纪开始成为海上商业活动中心。这座城市的强盛与中东地区的贸易紧密相关，繁荣的贸易增加了城市人口，带来航海领域包括罗盘在内的一系列发明。如今这里由西西里、阿拉伯与诺曼底风格建筑构成了完美的混合建筑景观，众多的小城镇内拥有不少重要的建筑和艺术作品，形成一座座典型的中世纪民居博物馆。世界遗产委员会认为，阿马尔菲海岸地区是地中海文化景观的杰出例证，拥有美丽的自然景观和杰出的文化特色。

城市类文化景观主要通过城市性质、城市规模、城市布局的不同，以及建筑物、构筑物、街道、广场、绿化等文化特色来表现，涉及文化与自然因素的各个方面，是城市空间活动高度集中的结果，而城市多样化的类型奠定了城市类文化景观的多样性基础。贡德尔位于埃塞俄比亚国境西北部海拔 2300 m 的高原上，是著名的历史文化名城和世界文化遗产地。最初，贡德尔只是一处名不见经传的小村落。17 世纪，埃塞俄比亚皇帝法西利达斯将国都迁于此，贡德尔才逐渐发展成为城市。直至 1868 年，这里一直是埃塞俄比亚的首都所在地。公元 17—19 世纪，贡德尔是埃塞俄比亚的宗教和艺术中心，城内有古代宫殿建筑群，教堂多达 44 座，还有众多城堡、宅邸以及雕刻精美、装饰丰富的拱桥和多层塔。其中位于城内的宫殿建筑群是古代阿克苏姆王国传统的体现，同时也反映出与近代阿拉伯建筑风格的融合。位于古城南端的法西尔盖比要塞城堡，由 900 m 城墙环绕，城内有几代皇帝的宅邸，还有大量宫殿、教堂、修道院和独特的公共及私用住宅，这些建筑有明显受印度和阿拉伯影响的痕迹，而后耶稣会会士把巴克罗式的艺术风格带入了贡德尔，改变了这里原有的风貌。如今从城堡的顶部可以观看古城壮丽的文化景观以及碧蓝的纳塔湖和岛上著名的修道院。

从发展的观点来看，城市类文化景观是长期演变的结果，同时文化载体和所处环境的差异使此类文化景观的构成具有多种不同的文化要素。但是，在城市中诸要素之间存在着一定的内在机理，表现出较强的整体性。例如自然景观与文化景观常被视为对立的两种景观类型，然而，在城市中自然景观与文化景观之间表现出更为密切的关系，文化景观是叠加在自然景观之上的文化创造，自然景观是文化景观的依托与载体。城市是一个构造复杂的物质实体，其产生和发展建立在一定的自然条件的基础之上，地势、地形、气象和气候要素、流经城市的河流、水文特征以及地下水分布状况、城市的地质基础条件、城市生物特征和城市所在区域的生态环境等，都对城市的产生、形成和发展，城市物质生产要素和生活居住环境等产生深刻的影响。同时，城市不仅是一个构造复杂的物质实体，而且是内涵丰富的文化载体，而文化景观是城市特色的重要体现。研究城市一般从分析其地理条件，追溯其历史发展起源开始，主要内容包括城市的形成与成长过程、城市的功能与文化特征、城市的结构与空间布局、城市的经济与贸易范围、城市的人口与民族构成、城市的类型与规划沿革等。

美国人文地理学家 A. 拉帕波特（A. Rapoport）在其《居住形式与文化》一书中曾大量列举了“在许多‘前工业时期的文明’中，城镇布局形式对不同文化体系内人们所认识的‘自然’的寄托与附会关系”。西班牙的阿兰胡埃斯城市景观体现了这一复杂的关系，包括人类活动与自然生态的关系、蜿蜒水道与呈现几何形态的景观设计之间的关系、乡村和城市之间的关系以及森林环境和当地精美建筑之间的关系。数百年来，人们为此倾注了大量精力，使城市得以展示出持续而奇妙的变化，从中不仅可以领略到 18 世纪建造的法国巴洛克式花园文化特色，而且可以感受到伴随着植物种植和牲畜饲养所发展起来的城市生活方式。与之相比，葡萄牙的辛特拉则是 19 世纪第一块云集欧洲浪漫主义建筑的地区。由教堂改建成的城堡集中了哥特式、埃及式、摩尔式和文艺复兴时期的建筑特点。同时在建造公园的过程中，又引进了许多国外树种，与本地树木混合栽种，而豪华住宅被统一安排在道路的同侧，使城堡、公园和住宅形成的景观交相辉映，多元文化既兼收并蓄又和谐统一。在这一由人类创造的优雅与实用并存的文化景观中，建筑与植物处于和谐的状态，体现了浪漫主义景观手法，对欧洲其他地区城市文化景观设计产生重大影响，并成为外来文化占领特定地区的独特范例。

1997 年 12 月，在意大利那不勒斯召开的第 22 届世界遗产委员会会议上，我国平遥古城和丽江古城双双被列入《世界遗产名录》，成功填补了世界文化遗产中缺少我国历史文化名城的空白。平遥古城是我国保留至今最为完整的明清古城，古城内完整地保留了古寺庙、古衙署、古街巷、古店铺、古民居等各类历史遗存，至今 600 余年来基本格局未变，并从语言、艺术、生活习俗、伦理关系、生存智慧等各个角度集中呈现出我国北方的传统文化特征，同时完整保存着晋商文化兴起和衰落的珍贵历史遗迹。从平遥古城的整体布局，到历史城区的街巷肌理；从外围的城墙，到内部的传统建筑；从现存的 3797 处民居，到遗留的 220 多处古店铺，它们作为平遥古城的基本单元和古城完整风貌的具体体现，处处以儒教的“礼制”为本，严格讲求方正端庄，泾渭分明，等级森严，呈现出封闭自足的生活方式特征。平遥古城文化景观中蕴含了丰富的传统文化，是古代政治、经济、哲学、伦理、艺术、传统习俗、日常生活特征的凝结，多层次地反映出当时的生活理念。世界遗产委员会对平遥古城的评价为“平遥古城是中国汉民族城市在明清时期的杰出范例，平遥古城保存了其所有特征，而且在中国历史发展中为人们展示了一幅非同寻常的文化、社会、经济及宗教发展的完整画卷”。

与平遥古城形成鲜明对照的丽江古城，是我国南方民族地区城市的杰出代表，是具有较高综合价值和整体价值的文化景观，集中体现了地方历史文化和民族风俗风情，体现了当时社会进步的本质特征。丽江古城坐落在温暖湿润的丽江坝子上，选址充分利用自然山水格局，城址北依象山、金虹山，西枕狮子山，东、南两面开朗辽阔；秋冬季时，狮子山成为古城屏障，挡住西北寒风，但春季的东风、夏季的南风则畅通无阻，冬暖夏凉。古城依山傍水，河道穿城而过，小桥流水人家，被誉为“高原姑苏”。玉龙雪山作为古城的背景，也是各处城镇村寨主要道路的对景，构成丽江城乡雪山、田野、村落交相辉映的独特景观。丽江古城建设崇自然、求实效、尚率直、善兼容的可贵特质，更体现出特定自然环境中城市文化景观设计与建造所特有的创造精神与进步意义。流动变化的城市空间、充满生命力的水系、风格统一的居住建筑、尺度适宜的广场街巷、亲切宜人的空间环境以及独具风格的民间艺术等，使古城具有鲜明的地域和民族特色。世界遗产委员会对丽江古城的评价为“保持浓郁的地方民族特色，与自然美妙结合的典型，具有特殊价值；历经1996年‘2·3’七级大地震，基本格局不变，核心建筑依存，恢复重建如旧，保存了历史的真实性”。

神州大地是中华民族世世代代衍生栖息的地方，数千年来，尽管自然灾害、战争动乱频仍，但是我们的祖先建设了无数的城市，也使人与自然环境和谐共生的理念深深根植于中华民族的文化传统之中。我国的城市类文化景观遗产承载着这一悠久历史和深厚传统，诉说着中华民族的辉煌创造和卓越贡献，其积淀之丰厚，形态

云南丽江黑龙潭（2010年12月29日）

之多样，内涵之深刻，集中体现了国家和民族的历史成就、文明素质和综合国力。生态意识始终影响着我国传统城市格局，大到城市，小到建筑，都十分讲究选址、布局与周边山水环境的联系。通过对城市自然环境、地势、土质、水文、战略位置等进行多方面审慎和周密的考察，形成了我国传统城市的选址、筑城以及城市空间结构布局的理论体系，体现出尊重自然环境的基本思想，并通过对山川大势的阐发，形成追求崇高精神境界的城市类文化景观。J. 李约瑟（J. Needham）在论及中国传统城市空间设计时，就特别强调文化因素对中国城市的深刻影响，他认为“再没有其他地方表现得像中国人那样热心体现他们伟大的宇宙观”了。钱学森先生认为，要提高城市的综合效益，就必须重视城市环境质量、城市景观的多样性和多层次选择的可能性。“普遍联系、整体把握”，这便是我国传统城市空间设计的精髓所在。

北京旧城是我国历史性城市的典范，是都市计划的无比杰作。其中 7.8 km 长的明清北京城中轴线，始终处于驾驭全城的至尊地位，众多重要建筑、广场和道路，或有序安排于轴线之上，或对称布置于轴线之侧，形成空间的韵律与高潮，中轴线两侧的街巷胡同亦相向布局，保持着特有的格局和肌理。整个城市如此大面积的对称，产生无与伦比的超然气度，独具特色的壮美和秩序由此而得以建立，平缓开阔的城市空间由此而得以控制。经过长时间的营造，明清北京城中轴线成为城市构图的核心，成为城市格局的脊梁，使城市空间序列严谨、主次明确、层级递进、收放有度，使宏大的城市具有了强烈的向心力和归属感。紫禁城在皇城、内城、外城的重重护卫下，坐落于明清北京城中轴线的核心位置，而城市中轴线重叠着紫禁城中轴线，体现出“地中”的思想。“人类社会一直面临着三个基本的矛盾：人与自然的矛盾、人类社会内部的矛盾、人自身的矛盾。化矛盾为和谐，始终是中国也是人类的梦想和追求”。“故宫的核心建筑三大殿的名称，集中反映了这一中国传统的哲学思想。太和殿：天地祥瑞，喻人与自然和谐；中和殿：中庸平和，喻人世和谐；保和殿：心态和顺，身体安适，喻人的身心和谐。这三个殿的名称反映了中国传统文化的价值取向，就是追求和谐”[①]。

然而，北京旧城的文化魅力，不仅于此，更在于它所具有的一系列变化万千的文化空间和丰富多样的文化景观，通过空间的转换与景观的展现，达到其所追求的目标与效果，建立起人文与自然和谐共生的空间体系，体现出我国传统文化的独特理念。例如什刹海、北海、中南海的湖沼岛屿所产生的不规则布局，琼华岛白塔和妙应寺白塔所产生的天际线景观以及众多坛庙园林的错落有致，都增强了规则布局和不规则布局的变化与对应。这种总体布局的方正严谨与局部不规整的自然形态，巧妙配合，相得益彰，既加强了总体的秩序感和庄重感，也寓自然美于人工安排之中，使人工规划的雄伟与自然环境的柔美和谐地相伴相生，并包容了历史城区最具代表性的人文活动以及多样性的文化空间。“北京是在全盘的处理上，完整地表现出伟大的中华民族建筑的传统手法和在都市计划方面的智慧与气魄。这整个的体形环境增强了我们对于伟大的祖先的景仰，对于中华民族文化的骄傲，对于祖国的热爱。北京对我们证明了我们的民族在适应自然，控制自然，改变自然的实践中有着多么光辉的成就。这样一个城市是一个举世无匹的杰作”[②]。

城市类文化景观是城市独有的文化特色、精神特质、性质特征、区位特点的综合反映，是城市重要的无形资产，体现着城市的价值。城市特色与文化景观之间存在着密切联系。城市特色是城市的内容和形式明显区别于其他城市的个性特征。城市一旦有了自己的特色和风格，就有了一种属于自己的生命的光彩和魅力。城市特色不仅能够在物质空间形象上给人们以特有的美感，而且能够在精神层面上给人们以高层次的愉悦，使人们对城市的历史人文沉积产生深深的认同感。城市像一本打开的书，人们每天都在阅读。美国著名建筑师 E. 沙里宁（E. Saarinen）曾说过：“让我看看你的城市，我就能说出这个城市的居民在文化上的追求。”城市特色是文化景观稳定性、继承性、持久性的支撑力量，文化景观则是城市文化的载体，是城市特

① 孙家正：《追求与梦想》，北京，文化艺术出版社，2007。
② 朱祖希：《对“人文北京”的感悟》，载《北京晚报》，2008-11-28（43）。

色形成并对外辐射的核心依托，反映出城市特色的品质。当前，文化景观的价值和地位不断提升，不仅是影响城市生存空间质量的重要因素，而且是影响城市综合竞争力的直接因素。文化景观作为城市文化的载体，能够对城市环境产生积极的综合效应，赋予生存空间浓厚的人文气息。城市文化的扩散与渗透不仅能从外部层面美化环境，还能从精神与道德层面提高环境品质。对生存空间精神与道德层面的追求，潜移默化地影响着人们对于城市类文化景观的体验与感受。

城镇是城市与乡村的过渡形态和联系纽带，也是介于两者之间的一种聚落。城镇聚落规模、分布和类型，深受自然环境、人口、社会、经济、历史条件等制约，地区差异很大。一般来讲，城镇内非农业人口规模，从一万到几十万人不等。其中集镇是等级最低、规模最小的一类城镇，它的数量最多，广泛分布于乡村地区，实质上是乡村地区的商品交换中心。因此，城镇聚落的文化景观，兼有城市类文化景观和乡村类文化景观的特点。从城镇的职能分析，可将城镇分为专业性城镇和综合性城镇两大类。综合性城镇，往往是当地行政和经济管理机构所在地，它们在一定区域内起着经济、政治、文化中心的作用。专业性城镇，职能相对单一，相互间差异较大，兴起和发展的历史较短，但是对外联系范围较广，根据各专业性城镇的产业结构、职能特点，可以划分出不同类型的专业性城镇。同时，城镇又与乡村有着千丝万缕的联系。城镇不像城市那样远离乡村，因此定期集市和大型公众活动都在这里举行，甚至许多城镇的边缘地区与乡村连在一起，没有明显的区域边界[①]。

早在明清时期，我国就已经出现了从封建自然经济转向近代商品经济的萌芽。在这一过程中，北方的“晋商”和南方的“徽商”发挥了重要作用。但是，就在晋商、徽商活跃的年代，在我国西南一隅，位于湖南西部的洪江，由于地处“五溪”区域中心，拥有得天独厚的水路交通优势，出现了重要的发展契机。长江、洞庭、沅水连接云贵茶马古道，是明清时期人流、物流的重要交通线路，通过民族融合以

① 柳进忠:《耻辱的记忆：烟台山近代建筑群》，载《中国文物报》，2008-08-15（4）。

及商旅汇聚，构建出一个经济繁盛、社会和谐、民族团结、文化丰富的洪江古商城。明初修建皇宫和郑和下西洋需要的大量木材和桐油，均是从云南、贵州及湘西各地汇聚洪江。经过数代经营，洪江成为以集散桐油、木材、白蜡等而闻名的地区经济中心。作为大西南的门户，当年洪江古商城中的会馆之多，几乎涵盖国内绝大部分省份和湖南省内所有地区。洪江古商城的形成得益于四方汇聚带来的商业繁荣，商业繁荣得益于民族融合。当地苗族、侗族、瑶族以及汉族民众从事桐树的栽培、木材的砍伐、桐油的加工工作。安徽、江西等地商人利用各自的经营贸易优势，收购桐油、木材等转销湖北、江苏、浙江等地，又将食盐、布匹、百货等运来洪江，然后用苗船转往五溪流域及云贵各地。历经500多年风雨的洪江古商城，今天犹如一座集经济、政治、军事、宗教、文化遗存于一体的活态博物馆，是我国近代商业发展的标本。

历史文脉在城市自然生态和文化内涵的长期演变中形成与发展，代表着这些城市不可复制的历史，体现着其他城市难以模仿的品位。洪江古商城的城镇布局和房屋建筑独具特色，以山为骨架，以水为血脉，依山傍水就势而建，与自然山水和谐共存，保存了较为完整的天人合一的文化景观。如今，洪江古商城较完好地保存着历史原貌，遗存有380余栋明清时期的古老“窨子屋”，总建筑面积达30余万 m^2。这些传统建筑设计精巧，特色鲜明，呈现出青瓦灰墙、阁楼飞檐的地域文化景观。洪江古建筑群多按井字形排列，规模之大、气势之雄、建筑之奇、保存之好，实为国内罕见。

这些传统建筑或构筑于高坡，或坐落于深巷，或吊悬于河边，通过曲折回环的青石板路与高低错落的青石码头彼此相连。窨子屋是四壁无窗、天顶采光的徽式民居风格，而在洪江古商城已发展为商住两用型，但是在使用方面比徽式民居有一些重大改进：一是修建晒楼，它不仅可供晒晾衣物，而且可供眺望、纳凉、种植花草、晾制干菜等；二是天井下面“四水归堂”的水缸，在窨子屋内是用青石板砌成的

"太平缸"，平时蓄水，如遇火险可作救火之用。一般人家在缸内饲养金鱼，并配置假山盆景以点缀室内景观。

城市类文化景观，不仅是人们所创造的可视形态，而且集中反映了人们鲜活的生活状态和难以忘怀的生活经历。烟台自1861年被确定为通商口岸，西方列强即乘机而入，纷纷涉足古老而美丽的海滨。英国人依仗在烟台开埠的特殊作用和最先来到烟台的有利条件，抢占烟台山上最好的地段盖起了领事馆。此后，法国、美国、挪威、瑞典、德国、日本等国先后在烟台山上设立领事馆、洋行等办事机构，至20世纪30年代，烟台山及其周围已经形成了较大规模的近代建筑群。"在中国近代历史上，没有哪一个城市与一座山的关系，像烟台与烟台山这么紧密"①。今天，烟台山以17个国家领事馆为主体的47组近代建筑群，逾3万 m^2 的中西合璧式建筑，成为烟台与烟台山的凝固记忆，也成为中国半殖民地半封建社会的缩影和见证。每当人们看到这些风格迥异的外国领事馆建筑，就会想起那段苦难的历史，激发民族复兴的志气。在上海，为了保留城市一段珍贵记忆，设立了虹口区提篮桥的犹太人历史风貌保护区。在举办"犹太人在上海"的纪念活动时，已经92岁的前美国国家银行行长，不用别人指路，就找到了旧居的原址。他告诉大家："瞧，这间房是我们家的，爸爸妈妈睡大床，这边是姐姐的床，那边是我的小床。"说着眼泪就掉了下来，"我真的感谢上海，在我们犹太人被全世界赶尽杀绝时，这里收留了我们。"他的话语中充满了感情，充满了感恩。这就是城市的文化景观，生动地记载着我国和世界人民的珍贵友情②。

民众的文化观念对文化景观遗产的保持和维护具有深层次影响，特别是在城市类文化景观中具有重要表现。波兰的华沙建城于公元13世纪，16世纪末城市得到迅速发展。虽然1656年和1702年华沙两次被瑞典人所摧毁，但是经过两度重建，至18世纪末仍然是欧洲最大的城市之一。第二次世界大战末期，华沙举行反纳粹占领者起义，起义失败后，希特勒下令把华沙从地球上抹掉。纳粹专门部队野蛮地爆破

---

① 黄玮:《给城市留条"回家的路"》，载《解放周末》，2008-07-11（17）。
② 吴良镛:《广义建筑学》，台北，地景企业股份有限公司，1994。

了古老建筑、纪念碑、文化古迹，历史中心85%的传统建筑被毁。战后，波兰民众急切地展开了重建工作，严格按照保存下来的设计图纸，经过长期的艰苦努力，重新修建了王宫和旧城的纪念建筑，十几万人参加修复工作，其中义务劳动量达数十万工时。华沙王宫是波兰千年国家历史传统的文化象征，也是民族兴衰史的见证。1984年9月1日11点15分，即45年前王宫奇格蒙特塔的大钟停摆的时刻，隆重举行了王宫修复竣工仪式。如今，俯瞰全城，哥特式、文艺复兴式、巴洛克式等各种风格的纪念建筑，与色彩艳丽的成片传统房屋融为一体，共同构成和谐的城市文化主题，呈现给人们赏心悦目的城市文化景观。华沙历史中心的重建，对欧洲国家的历史城区保护理论产生了极大影响。对此，世界遗产委员会评价道："华沙的重生是13—20世纪建筑史上不可抹灭的一笔。"

吴良镛教授早在20世纪90年代初就指出了景观遗产保护的重要性，"对原有城

波兰克拉科夫古城王宫（2007年11月3日）

市在历史上已经形成的不仅具有文化价值，而且具有整体美的精华地区，需要千方百计设法加以保护。对历史地段保护的意义，不仅在于保护文物建筑、雕塑等本身（‘实体’部分）不被破坏，或对已经被损坏的地区进行科学的整理修复工作；还要保护其淳朴的‘虚’的外在空间，具备整体美的环境，使城市的‘景观遗产’（townscape heritage）不轻易地遭受破坏”。如今，城市景观规划和城市设计已经成为城市规划的一项重要内容。“朝阜干道”，是指北京旧城朝阳门至阜成门之间的历史街道，被誉为北京最美丽的文化街道，沿途拥有丰富的建筑天际线和祥和的文化环境氛围，汇集了众多古老与近现代文明的优秀作品，例如历代帝王庙、广济寺、故宫、大高玄殿等古代建筑群，鲁迅故居、北平图书馆、北大红楼、中国美术馆等近现代建筑，妙应寺白塔、北海、中南海、景山等文化景观以及众多成片的历史文化街区，共同构成了鲜明的文化特征。如今在城市规划设计中，通过对朝阜干道实施整体保护，使其不但成为北京800年建都历史的缩影，而且成为皇家文化与民间文化、宗教文化与世俗文化、古代文化与现代文化相互交融、共放异彩的文化景观走廊。

在北京历史城区的东北角，有一条耸立着4座彩绘牌楼的格外宁静的古老街巷。街中用6种文字镌刻“官员人等，至此下马”的下马石，隐于街巷内的布局规整、气势恢宏的古建筑群，世代流传于街巷、四合院的鲜活故事，都向世人昭示着这条街巷不平凡的经历。国子监街，有着700多年悠久历史，因孔庙和国子监在此而得名。孔庙和国子监是两组彼此相邻的建筑，总占地面积5万 m^2，按照“左庙右学”的规制，组成完整、庄严、宏伟、壮丽的古建筑群，既有皇家的气势，又有学府的典雅。东西贯通的国子监街全长669 m，平均宽度11 m，浓缩了我国传统文化精华，乾隆皇帝称赞说：“京师为首善之区，而国子监为首善之地。”国子监街以其幽雅、宁静、神秘的环境和丰富的历史、人文内涵成为古都北京一处独具特色的文化景观。国子监街虽然是国学圣地，但是除了国子监和孔庙两座标志性建筑以外，依旧保持着历史文化街区的传统风貌，街道两边多为低矮整洁、青砖灰瓦的四合院民居。同时，街巷两旁浓荫蔽日，槐树成行，绿树、红墙与4座彩绘牌楼相映生辉，整条街巷弥漫着古朴、儒雅、闲适的文化气息，这种浓郁的传统文化气息“是那些树小墙新、大路宽阔的仿古一条街所无法比拟的”[①]。

历史文化街区是城市之魂。人们走进一座城市，如果希望感受它最真实的气质，就必须访问它最具代表性的历史文化街区，因为那里沉淀着城市的历史，蕴藏着浓郁的风情。营口是东北最早对外开放的滨海城市，市内现存近现代建筑69处，其中34处坐落于东西长约1.3 km的西大街上。西大街历史文化街区的价值主要体现在以下几个方面。首先，它是我国北方早期港口文化的象征。1861年营口开港后，沿河有27座码头，西大街为航运服务的“大屋子”、店铺鳞次栉比，成为客商云集、店铺林立的繁华街市，沿街的近现代建筑则集中反映了这一时期港口文化景观的历史变迁。其次，它是东北近代民族工商业兴衰的见证。近代营口是东三省的商贸中心，截至1931年，营口的商号发展到2588家，规模较大、赢利较丰的就有20余家，其中一些著名的商号都在西大街及其附近。这些商号建筑，历经清代、民国、伪满时期，几易其主，饱经沧桑，见证了民族工商业的兴衰史。最后，它是近代建筑的“博物馆”。在西大街可以领略各国的建筑风格，其保存下来的19世纪末、20世纪初的近代建筑相对集中，在全国也属少见。与我国其他后来发展较快的城市，如广州、上海、天津等相比较，营口西大街的近现代建筑属于开创时期的第一代建筑。

海南，虽然是我国最年轻的省份，但是它的自然与文化遗产资源却十分丰富。在自然遗产资源方面，海南属于最南端的亚热带原始雨林，动植物种群独特而多样。在文化遗产资源方面，独树一帜的地域文化与南洋文化相互交融，形成开放、兼容的移民文化。从唐宋起，海口与南洋就有交通往来，由于商业活动频繁和航海运输业不断发展，海口商民不满足于原地经营，纷纷走向更远的南洋。20世纪初，早年

① 《国子监街：七百岁老街延续两千年文脉》，载《中国文化报》，2009-03-24（5）。

去南洋谋生的海南华侨，在外面闯荡经商，做生意挣钱后又陆续回到海南。特别是20世纪20年代，海南热情邀请海外华侨回乡投资建房。一批批琼籍归国华侨，或衣锦荣归，或落叶归根，纷纷在海口建立自己的基业。他们效仿南洋建筑风格的特色，建成一幢幢柱廊骑楼式的建筑，用于商用和居住。海南本地人称海口的骑楼老街为“南洋街”，海口最早的骑楼是建于1849年的“四牌楼”，之后家家户户所建骑楼逐渐连接形成街道，成为“店铺的公共走廊”，逐渐形成永乐街、光大街、新兴街、得胜沙路、沿海的长堤路等，构成大片繁华的骑楼街区。据《海口文史资料》载，“仅二年，争相修建有骑楼的新式楼房计800多幢，使海口面貌焕然一新”。

海口骑楼老街，是现今国内骑楼建筑保留规模最大、保存基本完好、极富中西特色的历史文化街区。十几条街道两侧均为有着近百年历史的充满南洋建筑风情的骑楼，串联起海口变迁的历史，是几个世纪以来海外华侨和海南民众集体记忆的共同载体。骑楼作为一种特色建筑形式，适合阳光强烈、风雨即来的天气。骑楼一层过道既可以遮蔽阳光，又可以遮挡风雨，同时有效地扩大了楼上的建筑面积。海口骑楼建筑立面多为横向三段对称式，细部雕饰精致优美，顶部檐口天际线多有波浪形、涡卷形和几何形雕饰，女儿墙多设一个或多个孔洞，既可以预防台风袭击，减少对建筑物的风负荷，又因此形成了独特的建筑艺术形式。同时，弧线优美的窗户拱券，以及临街外墙、门窗上的装饰构件式样繁多，鲜见重复。这些骑楼老街与内陆和南洋有着诸多文化、地缘、习俗等方面的联系，曾汇聚了土产出口业、书籍文具业、中西医药业、茶楼酒店业等的众多老字号。一幢幢饱含岁月沧桑的骑楼，镌刻着百年以来的历史印迹，凝聚着普通民众的思想和情感，向人们展示了海口民众善良、坚韧、执着的精神和气质，这种精神带有博大和宽阔之意，这种气质充满传奇和神秘之感。今天，骑楼老街历史文化街区受到保护而免于拆毁，对海口来说是城市中心区最后保留下来的具有文化意义的传统商业空间，是海口市民共同拥有的引以为自豪的文化财富，今后也必将成为海口城市建设的重要文化地标。

在城市中，不同时代的建筑映射着不同时代的文化特色，优秀的城市建筑群更是体现出完整和谐的文化景观，例如南京中山陵作为纪念性建筑群，从布局、色彩、空间、轴线、体形、节奏，无不形成完整的艺术形象，直到今天仍然是古都南京城市的标志。拉萨布达拉宫建筑群，高耸、雄伟、壮丽、神圣，亦是文化与环境唯美的范例。“要看中国的两千年，请到西安；要看中国的五百年，请到北京；要看中国的一百年，请到上海；要看中国的近十年，请到广东。”这首流行于20世纪80年代的民谣，再形象不过地概括了中国几座城市的历史与文化特点[①]。文化景观遗产并不意味着死气沉沉或者静止不变，它们完全可能是动态的、发展变化的、充满活力的和具有生活气息的。许多文化遗产仍然在人们的生产生活中发挥着重要的作用，甚至不断地吸纳更多的新鲜元素，充满着生机与活力。上海外滩之所以一直让人陶醉，成为上海最激动人心的文化景观，关键是这里既有充满历史感的外滩万国建筑，又有与之协调的环境氛围，更有黄浦江对岸五彩斑斓的东方明珠、直插云霄的金茂大厦等，传统与现代在这里得到了有机和谐的互补与互动。目前，上海正在越长越高、越变越新。与此同时，如何保护好五方杂处、中西交融的城市类文化景观特色，在新与旧之间寻求最佳平衡点，显然是必须长期面对的重要课题。

3.2 反映土地合理利用的乡村类文化景观

乡村类文化景观，包含了人类与自然环境之间交互作用的多种表现形式，通常反映了在特定的环境条件制约下可持续利用土地的先进理念和具体技术，同时折射出这些文化景观所处的自然环境的特点和限制。乡村类文化景观不仅具有观赏与研究价值，而且对于人类的现在和未来具有深刻的启示和指导意义。乡村类文化景观所形成的特殊的精神与自然的关联，对促进现代可持续的土地利用方式和技术具有重要借鉴意义，能够维护或增强自然环境方面的价值，保证世界许多地区的生物多样性和文化多样性。因此，对乡村类文化景观遗产的保护，也是对保持生物多样性

① 燕舞：《读吧，纸上的城市》，载《北京日报》，2008-10-20（15）。

和文化多样性的贡献。世界各地民众在长期的历史发展过程中，根据各地的自然生态条件，创造、发展出各具特色的传统农业生产系统，这些特殊的农业系统为当地民众世代传承并不断发展，产生了具有独创性的管理实践与技术的结合，深刻反映了人与自然的和谐进化，持续不断地提供丰富多样的产品和服务，保障了食物安全，提高了生活质量。这些特殊的农业系统，既具有显著的生态效益、经济效益和社会效益，又具有重要的文化价值、景观价值，特别是对于当今人类社会协调人与自然的关系，促进经济社会可持续发展，显得更加弥足珍贵。

在早期的乡村类文化景观的研究中，侧重于农村聚落方面的内容较多。早在1841年，德国地理学家J. G. 柯尔（J. G. Kohl）在《人类交通居住与地形的关系》一书中，已注意到对从城市到乡村的不同种类的聚落进行比较研究。而较早对农村聚落与环境关系进行全面研究的著作，是法国人文地理学家J. 白吕纳（J. Brunhes）的《人地学原理》一书。他以房屋、道路、耕种、畜牧、伐林、采矿为六目，分述人地关系原理。他认为房屋是一个小型地理现象，与人关系非常密切，但最能反映房屋对地理环境依赖的是农村房屋。他认为房屋形式引人入胜不仅在于其具体的构造，更在于其所用的建筑材料对房屋形式的影响以及房屋的轮廓，由此可以探索房屋对地理环境的适应。"美洲爱斯基摩人（即因纽特人——编辑注）的雪屋、中亚游牧民族鄂斯克人夏日和冬季的灰色氈毯天幕，塔希提岛或刚果河流域的树叶草秆筑成的小屋，阿比西尼亚高原下赫雷地方的圆形茅舍，玻利维亚东部以树叶为顶四周无墙的房屋，这些形式显然完全是地理环境的产物。从中欧和地中海各国的房屋形式也可看到地理环境和渊古历史的种种影响"①。J. 白吕纳认为村落形式本身也是一件地理事实，它一方面表示整个区域的风光，同时其外貌和位置又视局部地理环境而定。他以埃及村落的形式为例，分析了房屋和聚落的地理位置，包括阳光、水文、地形等，认为不但房屋位置受种种自然环境的影响，村落和集镇的位置也同样受这些环境的影响。

① 金其铭：《农村聚落地理学》，见李旭旦《人文地理学概说》，北京，科学出版社，1985。

20世纪30年代，费孝通先生从我国农村地区的一个普通村庄——江村的“消费、生产、分配、交换”等环节入手，细致地解剖这个面临饥荒的小村庄，以小见大，探讨中国基层社区的一般结构和变迁，展现出“从具体社会里提炼出的一些概念”，对当时我国农村的“社会变迁”过程作了最早的图解。江村经济虽然“是‘个案’，却在人们面前打开了一个有着美好前景的大千世界，把握的是‘全貌’”。这一探寻得出的结论是，“中国人要改变贫穷命运，从乡土文明走向工业文明，只能独辟蹊径，而不能重复西方发达国家的模式”。1939年，费孝通先生发表了博士论文《江村经济》，被其导师马林诺夫斯基称为社会学“实地调查和理论工作发展中的一个里程碑”，也被国内学者誉为“中国社会学派”的开山之作。由此，费孝通先生开拓了一条社会学中国化的重要途径，在很大程度上扭转了当时基本照搬照抄西方的局面。1948年，费孝通先生又完成了另一部经典著作《乡土中国》[①]。这是在社区研究的基础上，从宏观角度探讨中国社会结构的著作，分别从乡村社区、文化传递、家族制度、道德观念、权力结构、社会变迁等各方面分析、解剖中国乡土社会的结构及其本色。可贵的是，1981—1985年，费孝通先生又多次组织江村调研组，对江村半个世纪来的变化进行系统、全面、深入的跟踪调查，取得了大量有价值的成果[②]。

国际社会关于乡村类文化景观的研究，始于20世纪50—60年代，研究起步较早的主要是欧洲经济发达国家。几十年来，保护理论与规划方法体系逐渐形成并不断完善，对世界农业经济发展与乡村类文化景观遗产保护起到了积极的推动作用。例如1963年英国地理学家J. E. 斯潘塞（J. E. Spencer）和R. J. 霍华兹（R. J. Howarth）在比较了3个近代农业区（即美国的玉米带、菲律宾的椰棕区和马来西亚的橡胶园）的农业和文化演变后，得出了形成这些农业文化景观的6个要素，即：心理要素，指对环境的感应和反应；政治要素，指对土地的配置和区划；历史要素，指民族、语言、宗教和习俗；技术要素，指利用土地的工具和能力；农艺要素，指品种和耕作方法的改良等；经济要素，指供求规律、利润等。对这些要素进行综合分析，划

① 王乾荣：《乡土费孝通》，载《北京晚报》，2009-07-15（62）。
② 费孝通：《社会学中国风格的奠基人》，载《北京日报》，2009-09-14（18）。

分出农业文化区域。这些农业文化区域是指具有某种共同文化属性的族群所占据的地区，是在政治、社会或经济方面具有独特的统一功能的空间单位。1993—1997 年，欧盟环境学、社会学和地理学等各领域的专家学者，对乡村类文化景观的可持续性进行讨论，最后确定生物环境质量、社会环境质量和文化环境质量等 3 大类指标，试图建立起乡村类文化景观可持续发展的评估体系。

根据文化景观要素的特性，一般把乡村类文化景观分为自然基底、硬质要素、软质要素 3 个组成部分。乡村类文化景观中的自然基底，即指自然环境为人类物质文化的建立和发展提供的基础条件，包括地貌、生物、水文、气候和土壤等自然因素，各种因素在文化景观中的作用各不相同。同时，森林、草原、田园、河流、湖泊等自然因素也是乡村类文化景观中最鲜明的组成元素。有时自然因素本身的独特

菲律宾圣地亚哥堡（2006 年 4 月 9 日）

组合就形成了奇特的景观，并在此基础上构建特色显著的乡村类文化景观。虽然在与自然环境的接触过程中，人类战胜自然的能力不断增强，但是不可能摆脱大自然的束缚。因此，乡村类文化景观在很大程度上必然受到自然环境的限制。乡村类文化景观中的硬质要素，是指具有色彩和形态、可以被人们肉眼感觉到的有形的人文因素，包括聚落、街道、建筑、人物、服饰、交通工具、栽培植物等。硬质要素是从历史到目前的人工干扰过程中，在自然环境景观的基底上塑造和建设的可视景观要素，其类型、强度和景观结构反映出区域发展过程中人类对自然环境景观的干预强度和干预方式。硬质要素又可以划分为相对稳定的和处于活动状态的两种类型，前者如乡村建筑、道路、公共设置等，后者如人物、交通工具、驯化动物等。由于不同硬质要素在区域的数量、质量、组合方式以及比重不同，因此所构成的乡村类文化景观特征千差万别，与环境协调一致就能增强文化景观的美感，与环境相冲突就会破坏文化景观的和谐。

乡村类文化景观中的软质要素，是指在长期与自然环境相互作用的过程中，人类在了解、感受、利用、改造自然和创造生活的实践中形成的诸如乡村环境观、乡村生活观、乡村道德观、乡村土地所有形式、乡村财富分配方式等涉及乡村社会、经济、宗教、政治、乡村组织形式等方面的社会价值观，它们是乡村类文化景观要素中重要的文化特征。软质要素与硬质要素交相呼应，从而产生乡村类文化景观的“虚实相生”“情景交融”的效果。因此，乡村类文化景观应当被认为是活态的、动态的文化遗产。保护乡村类文化景观，实际上就是保护一个文化空间，一个活态的文化肌体，在时代的前行中，其变化也是必然的、常态的，这种正常流动的过程正是乡村类文化景观具有活力和生命力的表现。只有融合了自然基底、软质要素和硬质要素的景观，才是真实的乡村类文化景观。同时，人们对于乡村不仅仅满足于能够生存下去的简单条件，还要求有一个舒适的生活生产环境，让生活更加美好。居住在乡村中的人们，由于生产和生活的需要，有目的地作用于乡村周围的环境，如垦荒、伐木、开矿、采石、打井等，这些活动与环境本身的发展规律之间，不可避免地存在一定矛盾。而在当代，对于乡村类文化景观的保护，要始终关注自然环境与社会发展的关系。

事实上，制约乡村类文化景观形成与发展的主要因素有自然环境、经济环境和社会文化环境。首先是自然环境，包括气候、水源、植物等要素，例如降雨量的大小，直接影响各地房屋的建筑形式。山区村落一般比较分散，村落的规模也较小，因为山区地形起伏，平地狭窄，缺乏建造较大村落的地形条件，更主要的是山区耕地零星分散，村落过于集中则到劳动地点的距离太远，不便于生产。平原地区的村落分布，常常要考虑洪水的威胁，在一些易涝地区，房屋建筑比较简陋。其次是经济环境，任何聚落都有它的活动范围，也就是它的腹地。在农村，集镇则表现为商业的集散范围、工业的原料范围和产品的供应范围等。范围越大，则集镇的活力越大。对于以农业生产为主的村落，腹地的大小就是耕地所达的范围，牧区、林区和渔区则是草场、林地、渔业水面的大小，因而农业用地的多寡与村落的兴旺发达密切相关。最后是社会文化环境，主要指影响农村聚落形成与发展的各种非物质因素。例如各民族均在长期的历史发展过程中，形成自己特有的生产生活习惯，这些不同的生产传统和风俗，又影响到农村聚落的分布与文化景观的特色，构成不同的聚落类型。同时，传统的道德观念和公认的社会生活准则，有时对农村聚落的形成与发展也产生重要影响。

乡村类文化景观的形成，是从自然物态向文化生态演进的过程，这一过程往往不能中止于某一历史阶段，而是不断地适应着时代的变化而向前演进，是一代又一代民众创造性的劳动累积，是物质领域和精神世界高度复合的产物。乡村类文化景观往往反映出永续的土地使用模式，并在此基础上衍生出独特的地域文化，具有非常明显的文化多样性与生物多样性的相互交叉关系。由于研究视角的不同，学者们对乡村类文化景观组成要素的认识也有所不同。乡村与周围环境的关系较之城市尤为密切，不同地区农村的房屋结构形式、村落形态都有明显差异，存在着各种不同的乡村类文化景观类型。例如有从事土地耕种的农业村落景观、从事果树栽培的林果业村落景观、从事牲畜放养的牧业村落景观、从事海洋捕捞的渔业村落景观、从事产品加工的手工业村落景观、从事资源开采的矿业村落景观、从事观光接待的旅游业村落景观等。这些村落规模有大小，分布地域有差异，职能和特点也有所不同，只有对比进行分级分类，阐述其间相互关系，才能对乡村的规模、建设与结构布局，对山、水、林、田、路进行统筹安排。随着科学技术的进步，乡村以及活动在乡村里的人，对于周围环境的作用力，包括建设力和破坏力都明显加剧，而环境的反作用力也随之增加。因此，更需要特别注意乡村经济社会发展与环境的相互关系。

在世界的许多区域，传统的土地使用方式的持续存在维护了生物多样性和文化多样性。菲律宾著名的伊富高稻米梯田景观，位于菲律宾北部的安第斯山上，海拔 700 m 至 1500 m 之间，是当地土著部落村民为了谋生在裸露的山地上开垦出来的土地。由于山坡陡峭，最大的梯田面积只有 0.25 hm^2，最小的不到 4 m^2。为了防止土壤流失，村民们完全凭借肩扛手抬，用一块块的岩石垒成一道道梯田的外壁，总长度达 1.9 万 km，宛如“通往天堂的天梯”。梯田建造过程具有严谨的程序，由水坝、水闸、水渠、竹管等组成极其复杂的系统，显示出高超的建造技术与丰富的水利工程方面的知识。2000 多年来，当地部落村民以口述的形式、代代相传的能力、神圣的传统和微妙的社会平衡，展现出基于谨慎地使用自然资源而有机发展形成的可持续农业系统，兼具美学魅力以及人类与环境之间的征服与融合。另一处世界文化景观遗产，古巴东南第一座咖啡种植园，代表了历史上杰出的农业经济遗存，在极短的时间内兴起于一片丘陵间鲜有人至的森林之中。考古研究证明，咖啡种植园建立于 19 世纪，传统生产方式的诸多遗迹至今犹存，而这种生产方式在世界各地已经消失。因此可以说，这一咖啡种植园是在森林中进行农业开发的独特和有力的证明，是在一片大面积的区域上进行新作物种植尝试的范例，创造出一片独特的乡村类文化景观，展现了加勒比海地区和拉丁美洲地区经济、社会和技术发展的历史。

一般来说，乡村类文化景观之所以被列入《世界遗产名录》，是因为它们在社会变迁过程中，通过历史空间和存量建筑的文化累积，创造出和谐的整体景观，对人类文化发展具有突出的普遍价值。瑞典的南厄兰岛是岛屿乡村景观的代表。该岛总面积 1145 km^2，是瑞典的第二大岛屿和最小的省份。岛的南部是一片广阔的石灰岩高地，人们已经在此居住了数千年，他们逐渐适应了岛上恶劣的自然环境，留下了丰富的历史遗迹，成为人类定居方式的一个突出例证，表明人类会在不同的地区、不同的地理环境下，选择最适合自己的生活方式。南厄兰岛上曾经拥有 2000 多架风车，现存 400 多架，仍然保持了以风车为重要标志的传统农业景观。意大利的维得斯卡景观，是西耶那农业腹地的一部分，灰白色的平原上耸立着点点突起的圆锥形小山峰，上面散布着一些定居点，村镇中修道院、旅馆、农舍、桥梁等形成与大自然和谐共处的与众不同的田园生活般景致。这一文化景观的形成，是文艺复兴时期人们为了反映美好的生活愿望重新规划设计的杰出实例，反映出资本主义萌芽时期有计划的耕地拓殖、创新的土地管理制度以及当时人们的理想追求，被认为是文艺复兴的代表，并深远地影响了景观学思想的发展。

乡村类文化景观是文化的外在表现形式和特定地域人地关系的反映，地理环境对文化的影响必然要通过文化景观反映出来，任何文化景观本身也都必然反映出所处地域的自然环境的影响。目前，在列入《世界遗产名录》的乡村类文化景观中，与葡萄酒景观有关的项目数量最多。例如奥地利的瓦豪文化景观、法国的圣艾米伦区、葡萄牙的皮克岛葡萄园文化景观、瑞士的拉沃梯田葡萄园景观等，反映出在欧洲文化语境主导下世界文化遗产不平衡的状况。匈牙利的托考伊位于布达佩斯东北部，良好的自然生态条件，使这里自 16 世纪中叶起就成为世界上最卓越的甜白葡萄酒的产区。当地独特的葡萄栽培传统世代延续，依旧保持着原汁原味，没有丝毫变化，生动地表现了该地区低山河谷地带历史悠久的葡萄酒酿造传统。葡萄园体系繁杂庞大，包括葡萄园、农场、村庄、小城镇，还有历史遗留下来的网络般的地下酒窖，完整地呈现出托考伊葡萄酒的每个酿造环节，其质量都在严格的管理和控制之下。作为一处乡村类文化景观，托考伊既包括了葡萄园美丽的自然景色，也充分展示了葡萄酒生产的悠久历史和灿烂文化，还包括了周围风格独特的民居以及当地特殊的土地使用传统。如今在这里，从种植园、农舍、酒窖到教堂，全部被列入了乡村类文化景观的保护对象。

岐阜县位于日本本州岛中部，自然环境优越，北部为海拔逾 3000 m 的连绵山脉；南部则有广阔的浓尾平原以及被称为“木曾三川”的木曾川、长良川、揖斐川。自古就有“飞山浓水之地”的美誉。白川村位于该县西北部山区，村内共有 5 个拥有合掌民居建筑的自然村，其中以拥有 114 栋合掌民居建筑的荻町最为壮观。在约 1 km 长的河滨谷地上，大小不一、高矮不等的合掌民居建筑，星星点点，散落在山谷之中，展现出一种宁静而强烈的质朴美，情景蔚为壮观。合掌民居建筑的屋顶外形犹如两只手掌合拢作揖，其厚厚的蒲苇草顶更像是一本打开后倒扣的硬皮书。这是 300~400 年前当地居民为了适应山谷环境创造的居住建筑形式。合掌民居建筑夏天可以通风蔽日，冬天可以抵挡寒风冰雪，建筑一般为 2~4 层，屋顶设计成 60 度锐角的近似正三角形，这个角度可使屋顶最大限度地承载厚重的积雪，同时让过高的积雪自然滑落，并利用就地取材的蒲苇草厚厚地覆盖屋顶。民居建成南北朝向，错落有致地排列开来，与山脉走向垂直，借此阻挡顺着地势刮下来的寒风，并调节日照量，从而达到冬暖夏凉的效果。1995 年 12 月，在第 19 届世界遗产委员会会议上，保存着日本传统建筑技术和聚落文化风格的合掌民居建筑村落被列入《世界遗产名录》[①]。

在乡村类文化景观研究中，必须透过外在物质表现，深入内部分析其发展与变

① 丁红：《罕见的传统庶民建筑——日本白川乡合掌村》，载《光明日报》，2008-12-20（8）。

迁，只有这样才能针对每一处乡村类文化景观遗产的特色，制定整体有效的保护方案和措施，而不顾此失彼。乡村类文化景观的保护涉及诸多领域。例如在传统土地利用方式的保护方面，包括保护自然生态系统、保护野生动植物、保护野生物种基因多样性、创造有利于维持生物多样性的生活方式等；在传统农业系统的保护方面，包括发展和保护家禽的种类、发展和保护耕种作物的种类等；在土地利用实践的保护方面，包括尊重土地的产出能力、保护土壤的质量和数量、管理与保持水质、保持地表植被、恢复土壤和水源等；在杰出的美学价值的保护方面，通过自然与人工要素之间的对比与联系，加强自然要素本身所具有的美学价值。乡村类文化景观，深受自然景观的制约和影响，如生产的方式、作物的种类、民居的形式、房屋的结构、聚落的布局、庭园的绿化等，这与传统意义上的文化遗产或自然遗产均有明显的不同，体现出人类与环境之间更深刻的联系与更积极的互动，因而具有更为丰富和全面的历史信息内涵。一般来说，乡村类文化景观具有较强的延续性特征，富有人类生产生活的气息。无论是传统定居点、村庄、产业，还是延续的生活方式、本土文化等，都可能成为乡村类文化景观中不可忽视的要素。

“聚落”一词起源很早，《史记·五帝本纪》中就有“一年而所居成聚，二年成邑，三年成都”。其中注释称“聚，谓村落也”。《汉书·沟洫志》曰“或久无害，稍筑室宅，遂成聚落”。因而，狭义地理解，聚落指的是有别于都邑的农村居民点。民居是聚落的基本单元，聚落是民居的综合表现。在某种意义上，理想的聚落文化景观能够为居民提供满意的生活环境，从而使人们身心愉悦，始终怀有美好的心境和理想面对未来的生活。正是这种精神因素，使得民间对于聚落和宅基选址慎之又慎。明清以来，我国乡村具有村庄密度小、分布不平衡、村庄规模相差较大、结构简单、与外界联系较少等特点。乡村包括房屋建筑物，街道或聚落内部的道路，民众活动和游憩的场地，供民众饮用和洗涤的池塘、河沟、井泉，以及聚落内部的空闲地、蔬菜地、果园、林地等，而乡村房屋与耕地一样，往往也是人们进行农副业生产、饲养动物、从事家庭副业的基地。今天，乡村不再是孤立、封闭的生产生活场所，而被纳入整个区域的生产、流通、消费的网络，农业生产专业化、社会化、商品化的出现，城乡关系、工农关系的加强，使我国城乡逐渐形成有序的整体。

开平碉楼与村落是我国乡村本土文化与外来文化在土地利用、规划建设、景观设计等方面完美结合的成功范例以及独特的乡村类文化景观的杰出代表。自明代以来，为避洪涝、御盗贼而修建碉楼成为广东开平地区的传统，由分布于世界各地的华侨吸取各自侨居国家的建筑风格，结合南方稻作文明的建筑传统而设计建造，大致可以分为夯土楼、青砖楼、钢筋水泥楼，其建筑形式具有丰富的本土文化内涵和浓郁的异国风情，中西融合、风格迥异，既反映了世界各地多种建筑艺术特色，又反映了侨乡文化的创新性，在我国乡村建筑史上堪称奇迹，也因此被称为区域性的

澳大利亚悉尼城市景观（2009 年 10 月 28 日）

"近代建筑博物馆"。现存的1833幢碉楼，反映了19世纪晚期到20世纪初期，开平侨民在南亚、澳洲和北美洲各国发展中所扮演的重要角色以及海外开平华侨同故里的密切联系。这种以建筑为主要表征大规模发生在乡村的多元文化交融现象，在世界范围内极其罕见。

世界遗产委员会认为，开平碉楼与村落是"在乡村本土传统建筑文化的基础上，融合西方建筑元素，在没有任何外来压力的情况下，兴建的与当地地理环境相融合的建筑群"，具有极高的文化价值。同时，开平碉楼的建造布局与自然环境之间具有密切的相关性，因此国际古迹遗址理事会建议"该遗产地在保护与管理时应充分考虑其作为文化景观的特性"。

随着经济和社会不断发展，国际社会逐步认识到文化遗产不仅仅局限于名胜古迹、宗教设施和纪念性建筑，乡土建筑的研究和保护在国际文化遗产保护领域日趋活跃。国际古迹遗址理事会专门成立了乡土建筑科学委员会（CIAV），其成员遍布40多个国家，在乡土建筑的研究和保护领域发挥着日益重要的影响。1999年10月，在墨西哥召开的国际古迹遗址理事会第12届大会通过了《关于乡土建筑遗产的宪章》，该宪章认为在全球化趋势下，乡土建筑具有表达地方文化多样性的意义和价值，是依然保持着活力和现实生活功能的社会历史演变的例证。同时强调乡土建筑的保护获得成效的关键在于社区对于这项保护的理解、支持和参与。该宪章提出了乡土建筑保护的基本原则和行动指南，成为乡土建筑保护的国际性纲领文件。急速的现代化进程对传统文化的消解作用，促使人们对承载民族历史和文明的本土文化遗产的关注度不断提升。日本于1996年在文物保护的法律中增加了"登录建筑"的概念，将按原《文化财保护法》不够保护标准的乡土建筑列入其中，只要地方政府提出，经文部省批准即可作为文化遗产加以保护。在全球范围内保持文化多样性的呼声不断高涨的情况下，研究和保护乡土建筑这一文化多样性的重要物质表现形式，已经成为国际文化遗产保护发展的潮流。

2007 年 4 月，国家文物局在无锡召开“中国文化遗产保护无锡论坛——乡土建筑保护”会议，来自全国文化遗产保护领域和相关专业的全体代表提出“关于保护乡土建筑的倡议”，呼吁各级政府积极行动起来，动员并依靠全社会的力量，加强乡土建筑的保护，使新农村建设与乡土建筑保护和谐共进，使我们民族的智慧与品格永远传承。近年来，国家财政安排资金对全国重点文物保护单位中的乡土建筑进行了维修保护，各级地方政府也利用财政资金和吸引社会资金维修乡土建筑。2008 年 4 月，国务院公布了《历史文化名城名镇名村保护条例》，确立了历史文化村镇和乡土建筑保护的法律地位，赋予国家建设部门和文物部门履行保护管理的重要职责。各级地方政府陆续将一大批具有重要历史、文化、科学价值的乡土建筑和历史村镇，公布为相应级别的文物保护单位和历史文化名村、名镇，为乡土建筑的有效保护提供了重要的法律保障。同时，在世界遗产委员会日益注重世界遗产类别平衡性的背景下，乡土建筑这一新兴类别成为我国申报世界文化遗产项目的重点，特别是具有鲜明地方特色的大量乡土建筑，反映了我国源远流长的历史和丰富多彩的民族、民间、民俗文化。

在乡村类文化景观中，各地民居建筑所代表的地域文化尤为突出，是反映不同区域文化景观差异的显著标志。这些民居建筑不仅反映了各地的环境特征，而且反映了不同地域的文化特征，呈现出多种多样的形式和各具特色的风格，是各种因素长期以来交错影响的结果。西递和宏村是安徽南部民居中最具代表性的两座古村落，有着近千年的历史，它们在很大程度上仍然保持着 20 世纪的乡村面貌，其历史街道的格局、乡土建筑的特色、供水系统的完善，都是独特的文化遗存。西递整个村落四面环山，布局呈船形，村落以一条纵向的街道和两条沿溪的道路为主要骨架，村内保存有完整的古民居 122 幢，传统巷道和乡土建筑布局协调。村落空间变化灵活，建筑色调朴素淡雅，木雕、石雕、砖雕丰富多彩。宏村整个村落从高处看，宛若一头斜卧山前溪边的青牛，别出心裁的村落水系设计，不仅为村民生产、生活用水和消防用水提供了方便，而且调节了气温和环境，是实用与美学相结合的水利工程典范，深刻体现出人类利用自然的卓越智慧。村内现存明清时期古建筑 137 幢，均为粉墙青瓦，排列规整。西递、宏村的村落选址布局和建筑形态，都体现出人们对大自然的向往与尊重，典雅的明清民居建筑群与大自然紧密相融，创造出富有情趣的生活居住环境，是徽派乡土建筑的典型代表，也是我国传统民居的精髓。

永定客家土楼的历史源远流长，最初产生于公元 8 世纪以前，公元 13 世纪以后已经相当普遍，并开始进入成熟期。今天，数以万计的永定客家土楼，构成了一部完整的我国生土建筑艺术史和客家人创业史。永定区现存 23000 多座土楼，建于清朝以前的有 8000 多座。永定客家土楼承载着厚重的客家文化，其产生、发展与客家民系的源流发展息息相关。一方面，永定客家土楼在建造方法上沿袭了中原先祖的建筑形式与技术，与黄河流域传统民居有着明显的渊源关系；另一方面，永定客家土楼又融合了土著民族的文化，其中崇文重教、敦亲睦族等理念，在永定客家土楼的建筑结构中都有明显的体现。永定客家土楼至今保留着传统格局，无论是每一座单体土楼，还是每一个村落的土楼建筑群，都有一种乡村类文化景观的美感，体现了独特的画境美和意境美。层层叠叠的梯田，潺潺淙淙的小溪，特别是数以千计的土楼建筑群，在狭长的山谷间绵延十几公里，依山就势、错落有致，千姿百态、气势恢宏，体现出人与自然的完美融合、和谐相处，具有浓郁的地域文化特色，构成了神奇、古朴、壮观、美丽的画卷①。

同样作为生土民居建筑，我国西北地区的窑洞，呈现出与福建土楼截然不同的乡土类文化景观。窑洞是黄土高原最主要的住宅形式，当地黄土所具有的良好特性使黄土窑洞民居的建造成为可能。以窑洞作为住宅，不仅建筑费用低，施工方便，而且具有少占耕地的优点，体现出创造特殊居住功能、节约能源、尊重环境的进步理念。因此，被黄土覆盖的丘陵地区的乡村，自古以来存在大量因地制宜建造的窑洞建筑群，是黄土高原地区长期以来人与自然结合与协调的典型表现。在我国，黄

---

① 余德辉：《福建永定土楼 世界民居奇葩》，载《人民日报》（海外版），2009-03-09（5）。

土窑洞民居主要分布在陕西，均是因地制宜，选址在黄土高原的山脚下、半山腰、冲沟两侧或黄土塬上。窑洞多选择在地质干燥的阳面开洞，或是单孔或是一排多孔。这些依山坡而开凿的窑洞，仅靠单面通风透光，窑洞内必然因空气流通不畅而潮湿和光线不足。因此，黄土窑洞民居往往背靠黄土崖壁，正面扩大窗门面积向阳迎光，不但为窑洞内增加自然光线，而且使室内空气环境得到改善，更具有温馨和开放气息。黄土窑洞民居群，长期以来自然形成，并没有人为地规划设计，却呈现出生动、活泼、变化的文化景观。众多黄土窑洞民居，有时集中为村庄，有时排列为街道；有时沿着塬壁延伸发展，有时随着河道盘曲布局，还经常呈现出一座黄土峁梁，从上到下，从左到右，逶迤层绕多条由窑洞组成的长带，构成气象万千的乡村类文化景观[①]。

长期以来，人们过分关注专业化的生产与全球化的市场作用，追求经济效益的最大化，对自然资源过度利用，带来了生态安全的风险，丧失了相关的知识和文化体系，使农业文化遗产受到严重威胁。正是在这样的背景下，2002 年 8 月，联合国粮农组织（FAO）和联合国教科文组织（UNESCO）等国际组织和机构以及一些地方政府，以《生物多样性公约》《世界遗产公约》《关于食物和农业植物遗传资源的国际条约》等为基础，研究建立全球重要农业文化遗产及其有关的文化景观、生物多样性、知识和文化保护体系，使之成为对重要农业文化遗产实施可持续管理的基础。按照联合国粮农组织的定义，全球重要农业文化遗产“在概念上等同于世界文化遗产，是农村与其所处环境长期协同进化和动态适应下所形成的独特的土地利用系统和农业景观，这种系统与景观具有丰富的生物多样性，而且可以满足当地社会经济与文化发展的需要，有利于促进区域可持续发展”。从 2004 年 4 月开始，全球重要农业文化遗产项目已经在 7 个国家挑选出具有典型性和代表性的传统农业系统作为试点，试图开发一个方法论框架，逐步探索参与式发展和“动态保护”的模式，并计划在全球环境基金的支持下，建立一个包括 100~150 个不同类型农业生产系统的

① 赵荣，李同升：《陕西文化景观研究》，西安，西北大学出版社，1999。

网络，促进农业文化遗产的保护，使之得到全世界的认可。

在全球重要农业文化遗产项目选出的传统农业系统试点之中，我国的“传统稻鱼共生农业系统”被列入其中，浙江省青田县龙现村被确定为具体试验点，并于2005年6月召开了项目启动学术研讨会。青田县位于浙江省中南部，瓯江流域中下游，全县稻田养鱼历史可以追溯到1200多年以前。稻鱼共生系统，即稻田养鱼，是一种典型的生态农业生产方式，系统内水稻和鱼类共生，通过内部自然生态协调机制，实现系统功能的完善。系统既可使水稻丰产，又能充分利用田中的水、有害生物、虫类来养殖鱼类，综合利用水田中水稻的一切废弃能源来发展生产，提高生产效益，在不用或少用高效低毒农药的前提下，以生物防治虫害为基础，养殖出优质鱼类。悠久的历史赋予这一系统丰厚的文化底蕴，配合稻鱼共生生态景观和优越的自然条件，形成了完备的农业文化遗产资源体系，主要包括山水景观、动植物资源、农耕文化资源、田鱼文化资源、民俗文化资源、历史遗存资源等[①]。事实上，作为农业大国和农业古国，我国的传统农业系统和生态农业模式资源丰富，在各民族的生态文化中占有重要地位，其中桑基鱼塘、梯田种植、坎儿井、淤地坝、农林复合等系统具有悠久历史，在国际上也有很大影响，都属于农业文化遗产的范畴。

红河哈尼梯田位于我国云南红河西岸哀牢山麓，是上千年来哈尼族为了满足自身生活需要，充分利用亚热带山地优越的自然条件，不断进行辛勤劳动，辟梯田种稻谷，掘坡地植茶林，对具有一定坡度的山地综合利用而形成的文化景观。整个红河哈尼梯田文化景观面积开阔，构成极为壮观的稻米文化传统农耕景观和生态环境体系。这体系包括由山顶的森林、山坡上的梯田和村落、山下的江河水系构成的完整而独特的生态链，即由山顶的森林涵养水源，这一水源条件使山坡上形成规模巨大的人工湿地，造就遍布山坡的梯田，高达数百级，从河谷到山巅，宛如天梯，宏伟壮观，并在梯田里养鱼，山坡上植茶，使当地成为山区的鱼米之乡，保证了当地

① 闵庆文：《全球重要农业文化遗产——一种新的世界遗产类型》，载《资源科学》，2006（4）。

哈尼族、彝族、傣族等民众的基本生活需要。长期以来，民众在稻作活动中培育出上千个不同的水稻品种，目前仍有数十个传统的水稻品种在种植，对于传统稻米文化和粮食安全都具有重要的意义。红河哈尼梯田的生态系统具有典型性和完整性，并保持着民族文化的多样性，反映了农耕文化中人类与自然之间的和谐关系，因此具有普遍价值，既对降雨条件较好的亚热带山地的农业开发具有重要的借鉴意义，也可以为山地地区的环境保护和资源利用提供积极的指导作用。

我国广大农村地区文化遗产数量众多，在各级文物保护单位中，有半数以上分布在村、镇，并且不断出现新的类别。例如聚馆古贡枣园就是从未列入过文物保护单位的新型文化遗产。其核心保护内容是那些数百年高龄的古贡枣树以及这些古贡枣树所形成的乡村类文化景观。聚馆古贡枣园是为明、清两代帝王提供贡枣的枣园，从明代弘治皇帝钦定聚馆冬枣为“贡品”起，年年进贡直至清末。至今在大约67万平方米的枣园内，生长着具有600多年历史的冬枣树198株，每株树均冠以名称，还有100年以上的冬枣树1067株。因此，聚馆古贡枣园见证了古代枣农栽培、嫁接冬枣树的全部过程，是古代农业科技发展成果的重要实物例证，具有较高的历史、文化、鉴赏、林业科技和经济价值。因此，对于古贡枣园形成的总体景观环境以及古贡枣树的生长甚至果实的质量、口感等都应当保护。这种保护已经远远超出了“静态遗产”保护的范畴，体现了保护观念和方法的综合性，也对保护的技术手段提出了新的要求。同时，今天乡村类文化景观的保护规划，除注重生态保护以外，对于文化景观的美学、娱乐与观光价值也较为重视，特别是针对城市中人们“回归自然”的要求，在乡村类文化景观的规划设计中，探索富有特色的观光农业模式。

生态文明是人类梦寐以求的生存状态和生活方式，以文化遗产保护形式来确认并体现其价值，也客观反映了当今人类的共同愿望，使后人从前人的良好生活示范中得到启示并因此受益。张坝桂圆林位于四川省泸州市长江南岸。张坝因沱江、长江交汇冲阻，经年淤沙积石而成，坝长约5 km，宽1 km余。明朝中期，由湖北移民

景德镇瑶理东埠古村（2014年1月9日）

引种第一批桂圆树，经200多年培植，发展成为农业生态林。如今，张坝桂圆林占地300 hm^2，生长着15000多株百年以上桂圆树、2000多株荔枝树、1000多株桢楠，各类林木共计53000多株，成为国内最大的“桂圆林种植基因库”，享有“十里绿色长廊”和“城市天然氧吧”的美誉，人类与自然的对话在此环境中得到很好的诠释。2007年6月，四川省政府将张坝桂圆林公布为文物保护单位，认为张坝桂圆林是极具生态文明保护内涵的特殊文化遗产类别。在历史渊源上，张坝桂圆林反映出荆楚地区和川渝地区早期移民文化线路的积累成果，这一成果以生态方式被表现、反映和保存下来，既是历史的记录，又是实物的见证，而且这一文化空间被现实生活继续使用，价值和影响也越来越大，尤其在生态文明方面具有代表性、典型性和完整性，因此人们认为张坝桂圆林作为一处“活态”文化遗产，其历史价值、文化价值和生态文明价值不言而喻[①]。

---

① 李正山:《生态文物：一种新的文物保护类型探索》，载《中国文物报》，2008-02-22（8）。

作为人类文化重要组成部分的作物栽培，反映了人类与作物相关的诸多技术水平。安江农校杂交水稻纪念园，是一个见证袁隆平院士及其科研团队从事杂交水稻研究、掀起世界“绿色革命”、创造辉煌业绩的文化遗产保护项目。纪念园位于湖南省洪江市安江镇郊，占地 17 hm^2，建筑面积 4 万 m^2。安江农校始建于 1939 年，其前身是始建于明朝中叶的佛教古刹胜觉寺。园内古树参天，包括各种珍贵古树 100 多种，有“珍稀植物园”之称。袁隆平院士在此生活和从事教学、杂交水稻研究长达 37 年，杂交水稻就是在这里经过艰难探索获得突破，取得成功，并走向世界的。安江农校杂交水稻纪念园集科研、教学、文物展示、人文景观、旅游休闲与爱国主义教育于一体，保存了具有一定规模的、1939—1986 年间特定历史时期修建的、时代特征明显的各类建筑及科研设施。例如，当年的办公楼、教学楼、杂交水稻温室、鱼塘、早期杂交水稻试验田、捞禾深井、高温抗病鉴定圃以及袁隆平旧居、校训碑等。这里记录了袁隆平及其科研团队的奋斗足迹，是人类稻作文明阶段性研究成果的真实载体。杂交水稻研究成果在世界科技史上也产生了巨大影响，先后获得联合国“科学奖”“世界粮食奖”等 11 项国际殊荣。今天，纪念园以实地实物的形式，将杂交水稻研究的历史全过程记录下来，成为袁隆平科学精神和杂交水稻研究历程的唯一大型物证，体现出中华民族的伟大创新精神，也为丰富世界农业科技遗产内容提供了珍贵的素材。

综上所述，乡村类文化景观是自然与人类长期相互作用的共同作品，是人类行为创造的并包括人类行为在内的文化景观的重要类型，体现了乡村社会及族群所拥有的多样性生存智慧，折射出人类和自然之间的内在联系。乡村是不同于城市的人类聚居形态，其传统风貌与空间肌理表达了地域文化、社会结构、乡风民俗等文化特色，以及地形地貌、自然植被、河流水系等环境特征。因此，乡村类文化景观既区别于鲜有人类改造印记的自然景观，也不同于人类有意设计的文化景观，而是农业文明持续进化的结晶，是区域地方性的标志，积淀着区域社会发展的历史，记录着民族历史文化的信息，保存着社区传统文化的精髓，成为人类宝贵的文化遗产。对于乡村生活，不同阶层、不同职业、不同年龄的民众，之所以会有强烈的认同感和归属感，关键在于他们有着共同的生活习俗、价值追求、审美习惯、语言方式以及对故乡的依恋感和亲切感。乡村类文化景观所蕴含的自然和文化多样性，不仅是当地民众珍贵的集体记忆，而且是面向未来理想生活的活力源泉；不仅具有突出的观赏与研究价值，而且是合理利用自然资源、保存文化多样性方面的杰出典范，特别是对于当代和未来的社会发展，具有深刻而朴素的启示和指导意义。

由于受到复杂的自然地理条件和多样性的民族文化的影响，我国的乡村类文化景观表现出异常的丰富性。2008 年 10 月，“村落文化景观保护和可持续利用国际学术研讨会”在贵州贵阳召开。来自 9 个国家和地区的 80 余位专家学者，围绕村落文化景观保护与可持续利用，展开了深度对话，提出《关于“村落文化景观保护与发展”的建议》(即《贵阳建议》)，试图找到一条适合我国国情、对世界有一定借鉴价值的村落文化景观保护之路。与会代表就村落文化景观的性质和特点达成了共同的认识：一是鉴于村落文化景观的性质和特征，倡导保护村落文化景观应当注重保护村落赖以生存的田地、山林、川泽及其生态环境，保护村落的居住环境，保护村落文化记忆，保持村落发展的基础和动力，实现自然和文化、物质和非物质、历史和现时的整体保护；二是鉴于村落文化景观是长期历史发展过程中形成的，并仍然在继续发展和不断变化，倡导尊重村落文化景观的演变特性，延续村落的文化脉络，维护现代社会文化多样性；三是鉴于村落文化景观保护和发展的复杂性，倡导政府在政策导向、法律体系构建、技术保障与资金筹措、资源整合等方面给予支持和引导。同时，村民是村落文化景观的重要组成部分和保护的重要力量，应重视村落发展诉求，维护村落文化景观发展途径的多样性。

3.3 形成丰富审美意境的山水类文化景观

山水类文化景观，作为历史上众口皆碑、长盛不衰的文化圣地，具有不可替代的特殊价值。其中一些重要的山水类文化景观，一直处于人们审美体验和审美活动的中心位置，不断地影响着人们的生活、思考和艺术创作。山水类文化景观，一般都带有系统性特点，往往是由山、石、湖、江、溪、涧、洞、林木等组成的自然因素和由古建筑、石窟寺、庙宇、祠墓、名人纪念地等组成的人文因素会聚而成的自然与人文景观系统。自然界不仅提供给人们生命必需的食品、物品，而且给予人们审美的享受。因此，山水类文化景观不是单体的简单叠加或单方面要素的连缀，而是通过人们的审美活动，巧妙地将各类要素组合起来构建而成的一个完整的、独特的视觉审美体系。从系统论的观点看，一个良好的系统必然会起到价值倍增的作用。山水类文化景观能够把那些就单体来说并不十分出众的自然资源和人文资源，组合成为首屈一指的世界文化遗产。其中，即便是山体、水面、林木这样自然属性明确的物质形态，也可以转换成为这一文化构成体系中的要素。它们融入了人们各种基本的价值观念，符合人们传统的审美理念和审美要求，体现了物质实体和意识形态的结合，这就使得山水类文化景观往往比单一的自然景观或人文景观更具魅力。

我国有着古老的生态思想和环境意识，从4000年前的夏朝便已发端，此后在古代各个朝代的施政行为和有关典籍中广泛存在。《逸周书》载曰“禹之禁，春三月，山林不登斧斤”，意为春天树木刚刚复苏，不许砍伐。何时可为？《周礼》载曰：“草木零落，然后入山林。”数千年来，正是这些循环生息、自我调节、永续利用的朴素思想，支撑着中华民族特定的文明形态绵延传承，直至今天，仍然广泛地影响着人们的生产、生活和文化艺术①。事实上，对山水环境的认识经历了漫长的发展过程。从原始聚落到早期城市出现，由于生产力水平低下，人们对自然的影响十分有限，几乎完全依赖于山水环境，自然对人类起着支配的作用，人类与山水环境的关系是被动适应关系，例如依靠天然的崖洞遮风避雨，或选择依山傍水的地貌以利于

① 洪峰：《城市，拥抱第四文明》，载《中国城市经济》，2008（7），6页。

生存，人类的创造潜能远未得到发挥。先秦以后，对山水环境的认识开始由自发向自觉阶段转变。农业文明的发展，促进了生产力水平提高和科学技术的发展，人们对山水环境从被动适应转变为趋利避害的主动利用，以求得更高质量的生存环境，出现了一系列关于顺应山水环境格局的城市选址与房屋营建的学说，标志着我国古代对山水环境的认识已经达到一定高度。

广袤的国土，既是中华文明形成与发展的舞台，也是中华民族长期的生存空间。我国先民不断开疆拓土，使生存空间不但在物理意义上不断扩大，而且在文化意义上也不断丰富。我国具有辽阔的地域空间，在这一空间范围内，地形地貌的复杂多样和气候气象的丰富多彩，均为其他文明古国所罕见。其中一些文化景观所处的山川地貌，是经历了无数次的地壳沧桑巨变，不断发展演化而形成的，不仅有山地、高原、丘陵、盆地、平原，还发育了典型的山岳冰川地貌、冻土地貌、黄土地貌、岩溶地貌等，形成千差万别的区域变化，为文化景观的多样性奠定了自然基础。

我国是一个山川众多的国家，境内有近 1/4 的地区处于海拔 1000~2000 m，居住在这一高度内的人口占总人口的 9% 以上，这一部分人口的文化生态及生活方式，构成了我国山地民族的基本文化特色，在中华文化体系的发育过程中，占有重要地位。因此，自古以来，自然环境与文化景观的有机融合，就成为我国城市设计理念中极为重要的构成要素。但是，与西方的传统理念不同，二者结合的目的，往往不是为了赢得人造景观上的胜景，而是为了追求人类与自然的和谐共生，使自然要素与人文要素融为一体，功能上和形象上相得益彰，带有“天人合一”的深刻人文内涵。这就是我国在城市营造和建筑布局上区别于西方的最大的特色。季羡林先生指出:“文化的特点在于有个性，有生命。我曾在国内游过一些名山。最初不过是慕名而去，只是浮光掠影地欣赏大山之秀奇雄伟，没有深入思考。现在思考起来，山与山是不同的。泰山决不同于黄山，黄山决不同于青城山。以此类推，则峨眉山决不同于华山，华山决不同于五台山。每一座山的个性昭然可见，而山的生命即寓于其中矣。”①

同时，我国是一个河流众多的国家，境内的大小河流总长达 42 万 km，流域面积在 100 km^2 以上的河流有 51600 多条，而流域面积在 1000 km^2 以上的河流也有约 1500 条。其中，黄河和长江不仅是亚洲最长的河流，而且是中华民族的摇篮。全国的大小湖泊有 2800 余个，面积超过 1000 km^2 的大型湖泊有 12 个。大大小小的河流湖泊，孕育了中华民族的灿烂文化，河流阶地更是新石器文化以来人类生活密度最为集中的地带，人们在沿河流域的持续活动，也引起了流域环境的历史演变。季羡林先生认为：“中国河流之长者，北有黄河，南有长江。中国最早的文化，即源于此二江河流域。总起来看，黄河流域可能早了一点，至少，是比较为人所知。中国历史上最早的几个朝代的首都都在黄河流域，可以为证。但是，长江流域文化的兴起

新疆塔什库尔干县（2010 年 6 月 23 日）

① 季羡林：《〈中华长江文化大系〉序》，载《人民日报》（海外版），2008-11-03（8）。

决不稍晚。现在的考古发掘工作明确无误地证明了这一点。但是，由于某一些原因，多少年来，黄河文化一花独放，讲中国历史，也往往只讲黄河流域的古代文化，没有能让人了解中国古代文化的全貌或者真正面貌，不能不称之为憾事。”“我个人认为，黄河与长江，有许多共同之处，‘黄河之水天上来’，长江之水也同样是天上来，却也有极大的不同之处，黄河由于地理环境的限制，自然景观有些单调、枯燥，而长江则迥乎不同。这里山高水长，峰峦竞秀，鬼斧神工，天造地设。特别是在三峡一段，更是秀色甲天下，中间的庐山，拔地而起，成为世界名胜。长江流域，大山之外，还有大湖，洞庭湖、鄱阳湖、太湖，像一颗颗明珠镶嵌在万里长江的岸边上。”①

在山水类文化景观中，城市、乡村与山水地貌之间的关系，是人类与自然双向适应的结果，在人类与自然的交融中，自始至终贯穿着人类看待自然的观念和对应策略的变化，反映出自然和文化的演进过程。宋代艺术家郭熙说：“山水有可行者，有可望者，有可游者，有可居者。”行、望、游、居，表明山水与人们的生活具有方方面面的关系。事实上，自然环境不仅能够满足人们在生理方面维持生命活力的各种物质需求，而且能够满足人们在心理方面的各种经常性的需要，诸如新鲜的空气、适宜的气候、灿烂的阳光、宁静的环境、安全的感觉等。同时，自然环境对人们的感官刺激又可以升华为美的享受，例如苍翠的森林、蔚蓝的天空、辽阔的原野、起伏的山峦、清澈的湖水等。因此，自然遗产资源是指尚未开发利用，能够使人们产生美感的自然环境和物质现象的地域组合。构成自然遗产资源基本要素的天然景物包括土、石、山、水、光、气、动物、植物等，这些景物巧妙组合，构成水光山色、奇石异洞、流泉飞瀑、阳光海滩等千变万化的景观和环境。人类通过视觉、听觉、嗅觉、味觉、触觉以及感知、印象、联想等，综合分析判断，发现美感，进而获得精神与物质享受。但是，由于人类的历史是人类崇尚自然、向往自然、重返自然的过程，同时人们的景观意识受历史、社会和文化状况的支配，因而

① 季羡林：《〈中华长江文化大系〉序》，载《人民日报》（海外版），2008-11-03（8）。

不同时代、不同社会、不同阶层、不同职业的人们，对自然遗产资源有不同的理解和需求。

在我国的传统文化中，“天人合一”的哲学理念是最核心的价值观之一。这一传统思想要求人类与自然合一，人类向自然复归，主张“赞天地之化育”“与天地参”。我国传统美学历来强调，从人类与自然的统一中去发现美、寻找美。已经列入《世界遗产名录》的山水类文化景观，是我国传统文化在物质世界中的经典性代表，是按照“天人合一”理念形成的一处处审美胜地，通过它们可以领会到人类与自然的和谐境界。黄山的自然景观属于典型的花岗岩体峰林地貌，三大主峰的海拔均在 1800 m 以上，地域内奇峰耸立、幽壑纵横、石林错列，素以奇松、怪石、云海、温泉、冬雪五绝著称于世。黄山不仅神奇俏丽、灵秀多姿，而且是一个生物资源丰富、生态完整、具有很高科学价值的生物宝库。区域内自然分布的植物有 1450 种，植被覆盖率为 93.6%，森林覆盖率达 84.6%，有脊椎动物 300 种，鸟类 170 种，既是绿色植物的王国，又是野生动物栖息的理想场所。同时，黄山的文化底蕴丰厚，区域内保存有摩崖石刻 200 多处，各朝修建的古道、古桥、古亭等建筑近百处，描绘黄山的诗词歌赋有 2 万多首。黄山以其博大神奇的风貌、积淀深厚的文化、典型的美学特征、重要的生态和科学价值成为备受关注的山水类文化景观。

近年来，考古学家在对影响人类生存和文化创造的诸多环境要素进行综合分析时发现，嵩山在孕育中原文化中起到了发动机与孵化器的作用。嵩山东西绵延近百公里，犹如横卧于中原的巨龙。这里地势较高，但河流纵横。适宜种植，获天利；适宜交往，获地利；在天时、地利均宜之所，利人栖息，得人和。在天、地、人和谐的环境中，发源于嵩山的每一条河流，都是人类依存的场所与传播文化的重要通道，逐渐形成历史悠久的中原文化。连绵不断的古代文化长链，把一个地区的古代人类社会，从蒙昧时代到青铜文明时代的发展轨迹，勾勒得脉络清楚、历历在目，这就是嵩山地区在中国文明起源研究中具有不可替代作用的关键所在。自古以来，我们的祖先在此辛勤耕耘，创造了灿烂的文化，留下了众多的寺、庙、宫、观、楼、台、亭、阁、塔、坛、祠、阙和书院，集中体现了我国汉、魏、唐、宋、金、元、明、清历时近2000年来各代的礼制、宗教、科技、教育等方面的成就，以悠久的历史和多样的类型体现了人类杰出的创造力。这些文化遗产星罗棋布地分布于嵩山周围，仅太室山和少室山核心区的文物古迹就达1100多处，包括太室阙、少室阙和启母阙，嵩岳寺塔，中岳庙，少林寺塔林，嵩阳书院，观星台等中华古代建筑中的杰出代表。嵩山文化的多元表达、多元互补、多元整合、多元和谐，集中而鲜明地表现出山水类文化景观的重要特征。

庐山是我国最早以文化景观遗产名义列入《世界遗产名录》的项目，也是一处极具特色的山水类文化景观。庐山北濒长江，东南临鄱阳湖。大江、大湖、大山浑然交汇，素以风景秀丽、气候宜人而著称，同时享有别墅胜地的美誉。庐山别墅群始建于1895年，规划建造之初即定位为自然式花园城市，别墅的建筑形式必须与周围景致相协调。至1905年，庐山已建成别墅147栋，1917年增至560栋，其后发展至近千栋，总面积约50万m^2，大多为英、美、德、法、俄、瑞典、芬兰、丹麦等20多个国家的建筑风格，尤以英、美建筑风格居多。众多别墅造型别致，装饰丰富，或耸立于山峦峭壁，或隐现于密林竹海，或坐落于泉水溪旁，起伏错落，千姿百态，但无不因地制宜，与自然环境和谐相处。别墅建造注重与周边环境协调的同时，十分讲究庭院的美化，建筑基底面积不得超过用地面积的15%，其余皆用于园林绿化，绿草如茵，花木扶疏，并充分利用天然岩石，造成各种景观，充满野趣。规划中刻意保留庐山原有的数十棵苍松，并栽植高大的欧洲云杉和茁壮的法国梧桐，既展现庄重高雅的中华文化，又洋溢浓郁的异国情调。前来考察的联合国专家惊叹地说，从未见过与大自然结合得如此紧密和谐的别墅群。庐山别墅群与山峰、岩石、泉流、林木花草共同构成独特的文化景观，成为我国早期自然风景与城市结合的雏形，在我国建筑史和文化史上具有重要意义。

山水类文化景观作为一个价值体系，既包含了千百年来形成山水环境的自然特性，如多样的自然地理面貌，高山、峡谷、台地、陡坡、河流、小溪、沼泽等，既反映了地质历史的变化，也包含了千百年来人类适应山水环境过程中对其特征的完善、发展及由此产生的文化。由于世界上各民族的审美方式和审美习惯不尽相同，因此山水类文化景观必然丰富多彩。例如老挝的占巴塞文化景观，规划于公元 1 世纪。以山顶至河岸为轴心，在方圆 10 km 的区域内，整齐而有规划地建造了一系列庙宇、神殿和水利设施。其中瓦普神庙是一处完好保留了上千年的文化景观，体现出古代高棉文明的形成和经典时期的创造力与艺术水平。这一宏伟的建筑群依山傍水，巧妙地表达了古代文明中天人关系的传统理念，既是东南亚多种文化的独特历史见证，又是具有重要象征意义的山水类文化景观的典范。另一处世界文化遗产马达加斯加古城安布希曼加，是一座树木茂密的山庄，其中皇家蓝山行宫由王宫、皇家墓地和一组祭祀建筑群组成，其传统布局设计和传统材料的应用，体现出 16 世纪以来马尔加什人的社会结构和政治结构。在过去的 500 年里，这里一直是集记录历史、举行宗教活动等功能于一体的建筑群的典范，与强烈的民族情感联系在一起，成为马达加斯加和世界各地朝圣者前往朝拜的地方。

位于法国和西班牙交界处的比利牛斯山脉，是杰出的山水类文化景观。作为欧洲西南部最大的山脉，西起大西洋比斯开湾畔，东至地中海岸，长 435 km，以海拔 3352 m 的珀杜山顶峰为中心，形成宽 80~160 km 的景观带，安道尔公园位于其间。比利牛斯山脉是阿尔卑斯山脉向西南的延伸部分，海拔大多在 2000 m 以上，构造十分复杂。在西班牙一侧是欧洲两个最大最深的峡谷，而在法国一侧更加陡峭的北坡是 3 个大片环形屏障，表现出典型的地质特征。然而，除雄伟的山脉外，浅山地带自然风光绚丽，呈现出丰富的生物多样性。自旧石器时代，居民就已经开始在这里居住。目前，山间盆谷和一些低缓的山坡，是居民点和农业耕地比较集中分布的地区，主要种植小麦、裸麦、马铃薯、烟草、葡萄等农业作物，广阔的山间草场和谷坡地带主要发展牧业，整个地区结合优美的景观与传统的社会经济结构，呈现出恬静的田园风光，反映了在欧洲其他地区已经不复存在的山区生产生活方式。特别是进入 21 世纪，这一地区的文化景观依然如故，人们在这里可以通过村庄、农场、牧场、温泉、原野、高山草甸、混交林带、崎岖的山路等独特的文化景观，回顾渐渐远去的欧洲社会生活。

在世界上，无论是东方还是西方，自古以来在古老的神话传说中，几乎都有关于山水园林景观的描写。例如我国古代神话中的“瑶池”，据《穆天子传》称，西王母所居“琼华之阙，光碧之堂”，“左带瑶池，右环翠水”。而在基督教的《圣经》里所记载的“伊甸园”，“园内流水潺潺，遍植奇花异树，景色十分旖旎”。我国古代有不少关于风景园林的著作，其中明末著名造园家计成的《园冶》成稿于 1631 年，全面论述了宅园、别墅营建的原理和具体手法，把我国古代园林艺术的特征概括为“虽由人作，宛自天开”，着重指出园林兴建的特性是因地制宜，灵活布置，在设计和建造过程中要始终贯穿“巧于因借，精在体宜”的指导思想。在西方，美国园林学家 F. L. 奥姆斯台德（F. L. Olmsted）是开创自然保护和现代城市公共园林的先驱者之一。他曾经协助联邦政府划定一些原生生物区和特殊地景区作为“国家公园”永久地加以保留，禁止任意开发。随后他又与建筑师 C. 沃克斯（C. Vaux）合作，将纽约市内大约 348 hm^2 的空地规划成为市民公共游览、休闲娱乐的“中央公园”，成为世界上最早的城市公园之一。F. L. 奥姆斯台德的上述两项工作意义重大，前者针对无计划的、掠夺性的自然资源开发，要求人们正确认识自然景观对于人类生存的重要意义，并通过对土地的合理利用实现对自然资源的保护。后者针对大城市日渐恶劣的居住环境，建立“把乡村带进城市”的理念，建立公共公园、开放性空间和绿地系统，使城市逐步趋于园林化。

山水园林景观是在一定地域内，运用工程技术和艺术手段，通过改造地形、种植树木花草、营造园林建筑等途径创作而成的游憩环境。由于世界上各个地区、各个时代、各个民族的文化传统、社会条件和价值观念不同，山水园林景观表现出明显差异，形成各自不同的风格。我国传统文化认为人类是自然的产物，因而应尊重自然；西方则认为人类是自然的主宰，要征服自然。因此，我国山水园林景观立足于表现自然，赞美自然，是自然美景的艺术再现，以我国古代的风景式山水园林为代表，规划手法自由灵活，不拘一格，着重显示纯自然的天成之美，通过河、湖、潭、溪、涧等表现自然水景，展示一种顺应自然风景构成规律的缩移和模拟手法。而西方山水园林景观尽管也使用植物等自然要素，但表现的却是人工的美，以法国古典主义的规整式山水园林为代表，讲究规矩格律、对称均齐，具有明确的轴线和几何对位关系，以各种几何图案的水池、喷泉等表现人工水景，加上刺绣式花坛，修剪齐整的树丛、树篱，所体现的是将众多植物的整体形象纳入几何关系之中，着重显示园林总体的人工图案美，表现一种为人所控制的、有秩序的理性的自然。这两种截然不同的山水园林景观体系，各有不同的创作主导思想，集中地反映了西方和东方在哲学、美学、思维方式和文化背景上的根本差异。

自古以来，受到“天人合一”哲理潜移默化影响的我国历代文人们，欣喜地发现了大自然山水风景之美，经过寻访也逐渐揭开这些山水类文化景观因自然崇拜、山川祭祀而披上的神秘外衣，使它们以赏心悦目的本来面目成为人们的观赏对象，并使游览、观赏行为逐渐普遍，一时成为社会风尚。千百年来，名山大川无不留下文人墨客的足迹。例如唐代著名诗人李白就留下了“五岳寻山不辞远，一生好入名山游”“一斗百篇逸兴豪，到处山水皆故宅”等诗句，表明了人们“寄情山水”不仅为了游山玩水，更是为了表达一种思想意识，反映出人们永恒的山水情结。而各地的山水风光和文化景观，也往往借助于文化名人的游览活动和文学创作而得以彰显。同时，“寄情山水”的思想也深刻地影响了文学艺术，促成山水文学、山水画的发展。山水文学包括诗、词、散文、题刻、匾联等。山水诗主要以描写大地山川的自然景观和文化景观为题材，还涉及旅行、送别、隐逸、宦游、咏怀、吊古等内容，反映出作者的思想境界、精神品格、生活情趣和审美理想。山水散文往往将写景与抒情相结合，通过对名山大川进行实地考察，作者在其撰写的游记中，不仅记述其亲历的山川风物之美，还涉及构成自然风景的成因，并给予它们以科学的推断和评价。山水画无论是工笔或写意，既重客观形象的摹写，又能够注入作者的主观意志和情感，即所谓“外师造化，中得心源”，确立了我国传统山水画的创作准则。

人们对自然山水的欣赏，逐渐发展成为一种文化观念，并以此为指导，开始在自己的生活空间中营建人工山水园林景观。虽然山水类文化景观中的山水是自然生成的，但是经过人们一代又一代根据各自的审美理想进行的创造性活动，经过传统文化、地域文化的长期浸润，它们的文化属性往往超过了它们的自然属性。山水风景、山水文学、山水画、山水园林的同步发展，形成了我国一种独特的文化现象，即山水文化。山、水、植物、建筑是构成山水园林的4个基本要素，而经过筑山、理水、植物配置、建筑营造，使这些要素组合成为有机的整体，从而创造出丰富多彩的山水园林景观。我国古典山水园林按照选址和建造方式的不同，可以分为天然山水园林和人工山水园林。天然山水园林，一般位于城市近郊或远郊的风景地带，包括山水园林、山地园林和水景园林等，规模小的利用天然山水的局部作为园林范围，规模大的则把完整的天然山水植被环境围合起来。天然山水园林往往可以通过较小的投入获得远胜于人工山水园林的天然风景之真趣。人工山水园林，往往在平地上开凿水体，堆筑假山，人为地创设山水地貌，把天然山水风景缩移在一个较小的范围之内。这类园林一般修建在平坦的地段之上，尤以城镇内居多，在城市环境中模拟创造出具有天然野趣的景观环境。

我国山水审美观念的形成经历了漫长的历程。从魏晋时代的寄情山水、纵情山水成为时尚，到唐宋时代的山水诗词、山水绘画的流行，经历了山水审美从自觉到成熟的变化，形成了山水美学的基本原理。魏晋以来人们对山水环境的认识不断深化，表现为依据山形水系和地形地貌的丰富变化，合理安排城市布局和景观形象。我国独特的山水文化成为维系、传承与深刻影响古代城市建设山水特质的社会背景，从宫殿台囿的经营，到私家园林的建构，无不与城市、建筑密切联系。深谙山水之道的古代文人，为官则影响一州一县，为民则影响一宅一园。江南私家园林精巧优美、淡雅见简、宁静幽远、自然疏旷，被誉为"凝固的诗""立体的画"，像诗一样含蓄，像画一样意远，进而领悟宇宙、历史、人生，达到和谐统一的意境美。山水环境审美意识的觉醒，使人们意识到山水环境不仅可以满足生产生活中的物质性功能，而且可以提供文化生活中的精神性功能。唐、宋两代，人们对山水环境的认识逐渐成熟。特别是宋代以来，人们不但继续深化对山水环境美学价值的认识，而且探索其科学价值，对城市选址营建产生深刻的影响。这一时期以地形地貌为主要特征的山水城市格局，更加体现出人类与自然的完美融合。同时，近郊山水名胜更是历经千百年的经营筛选、淘汰，既富自然景观之美，又兼文化景观之胜，呈现出我国独特的山水文化体系与中华民族的人格精神。

杭州西湖，从一个自然的、生态的湖泊演进为一个文化形态的湖泊，在我国山水类文化景观的研究方面具有重要意义。"西湖是东方文化体系中体现人、自然、文化三者完美结合的极为重要的物质文化遗存。西湖最初得自天然造化，自然赋予了她秀美清雅的独特美景，历来为人们所赞赏和称颂。西湖蕴含着极为深厚的历史文化，与其有关的物质遗存和精神遗产可谓难以计数，影响深远。自然与人文的完美融合使西湖历来就被视为东方文化的象征与典范"[①]。2000年间，人们对西湖的疏浚、治理以及保护、加工，从来没有中断过，形成具有"两堤三岛"的整体格局和"三面云山一面城"的空间环境特征。因此，可以说西湖"是文化的结晶，是诗化了自然"，"西湖的文化属性远远超过了它的自然属性"。陈文锦先生将西湖文化景观的美学特征概括为总体之美、协调之美、流动之美、人文之美。西湖本质上还是一种

① 郑孝燮，罗哲文，周干峙，等：《关于建议优先申报西湖为世界文化遗产的函》，2006年4月。

不断演进、始终活着的文化形态，是一个以山水等物质世界为依托、以我国传统审美导向为基础创造出来，并不断加以完善的文化景观，始终保持着鲜明的民族特点、地域特征和时代特色，“是中国传统文化积淀最丰富、历史功能沿用最持久、观赏受益人数最多的山水园林景观”[①]。同时，西湖作为我国历史上最大的一处公共园林，始终保持开放的性质，存在于实实在在的世俗生活之中，不断引发人们对人生和社会的积极思考，创造出人类与自然互动的山水类文化景观审美方式。

近代以来，西方山水园林景观设计也出现了新的趋势。例如德国的德绍－沃利茨皇家花园，建于18世纪中叶，园林面积110 hm^2，被称为“德国最高贵的园林，是第一个值得关注的自然式园林”。当时在欧洲大陆一些以往的几何式花园被改为风景园林的同时，一些新建的园林则直接采用了自然式园林的风格，该花园就是较早的实例。实际上，它已经不再是简单地模仿英国式园林，而是从观念上和形式上都

浙江杭州西湖鸟瞰（2008年4月9日）

① 陈同滨:《在世界遗产保护杭州论坛暨2008国际古迹遗址理事会亚太地区会议上的发言》，2008年6月11日。

有所发展，呈现出河谷式园林景观。园林中心是带状的沃利茨湖，通过水面把全园划分为若干景区，有哥特式小型建筑、中国风格的桥梁等，使其成为自然与艺术相结合的出色作品。另一实例是位于德国和波兰边境的穆斯考公园，在理想化人工园林的发展上开创了新的纪元。该公园占地 700 hm^2，建造于 1815—1844 年间。这种将周围环境和景观和谐交织在一起的设计，开拓了一条新的山水园林景观设计之路，例如在植物的应用方面，并不追求古典主义和尽善尽美，而是根据现有的土地条件，适当选用一些当地的树木来提升公园整体的自然质感，其建筑风格对欧洲甚至美洲的园林艺术产生重大的影响，开创了山水类文化景观设计的新方法，并影响了景观建筑学科的发展。这两处山水类文化景观作为欧洲景观公园的杰出典范，被列入《世界遗产名录》。

我国古代皇家园林，与都城和宫殿建筑并行发展，其规模宏大，或由人工建造，或以自然山水改造成为宫苑，建筑物风格浑厚雄伟，富于宫廷气派。其中清代从康熙年间起，即兴起皇家园林的修筑，至乾隆时期达到高潮，新建、扩建的大小园林的面积达 1500 hm^2 之多，其规模之宏大，内容之丰富，为我国历史所罕见。清代修筑的皇家园林，主要分布于北京西北郊和承德两地，代表清代造园艺术的精华。北京西北郊的主要园林包括香山静宜园、玉泉山静明园、万寿山清漪园、圆明园、畅春园等，总称“三山五园”。其中圆明园全部由人工建造，造园匠师运用我国古典园林掇山和理水的各种手法，创造出一个完整的山水地貌作为造景的骨架。园内有类型多样的大量建筑物，虽然都呈院落格局，但配置在山水地貌和树木花卉之中，创造出丰富多彩、格调各异的 150 多处“景区”。它们与水系相结合，构成了山重水复、层叠多变的文化空间。这些人工创造的山水景观，既是天然景色的缩影，又是烟水迷离的江南水乡景色的再现。承德避暑山庄位于群山环抱之中，峰峦重叠、清流萦绕、林木葱郁，盛夏凉爽宜人。避暑山庄占地 560 hm^2，可分为宫殿区、湖泊区、平原区、山岳区，创造了山、水、建筑浑然一体而又富于变化的文化景观。

作为我国最后一个封建王朝倾力营建的最后一座皇家御园，颐和园继承了我国历代皇家园林的传统，又大量汲取了江南私家园林的造园艺术精华，兼有北方山川雄浑宏阔的气势和江南水乡婉约清丽的风韵，帝王宫室的富丽堂皇和民间住宅的精巧别致，反映了我国皇家山水园林特有的精神追求。颐和园的总面积达 290 hm^2，其中水面占 3/4。从全局来看，其北面是高耸的万寿山，以佛香阁为顶峰；其南面是浩瀚开阔的昆明湖，以十七孔桥为与佛香阁相映照的视点，“形成了山与水的映衬，高耸与平宽的互补”[①]。尤其是巧妙地利用远处西山起伏的群峰，近处玉泉山高峰和玉峰塔影，使游人恍然如在烟峦重叠之中。昆明湖北岸的汉白玉石栏杆和金碧辉煌的长廊建筑，使山与水之间有了极富诗意的线条。其中颐和园长廊是独特的文化景观，从园林整体布局来看，它是山与水的一条纽带，一种巧妙自然的装饰。长廊全长 752 m，共 273 间，廊中绘有大小彩画 1.4 万幅，其中包括 540 幅乾隆时期的西湖风景画和数千幅山水、花鸟、博古画，特别是数百幅历史人物故事的彩画引人入胜。从白玉栏杆到彩绘长廊，到气势宏伟的排云殿，再到高耸入云的佛香阁，层层升高，形成了山与水的自然连接，呈现出自然和谐的山水类文化景观。

今天，在我国除颐和园、承德避暑山庄、苏州古典园林等少量昔日的皇家禁地和私家园林如今作为城市公园仍然保留着围墙之外，绝大多数的山水类文化景观是公共的开放系统。在这一系统中，无论是作为自然形态的山体、水面、林木，还是作为人类活动成果的建筑物和构筑物，它们的地位、作用和价值都同等重要，都是使这些自然景观和文化景观价值升华的主体。就像一幅我国传统山水绘画上，山、水、植被、建筑、景物之间的关系一样，都是大的艺术框架之内不可或缺的内容。景点与景点之间的联系是有机的、紧密的，而且成为一种互动和对照。在我国的传统观念中，美丽的自然山水是适宜人居的，也是有人居住的。从传世至今的众多古代山水画中就可以发现，几乎每幅画里都可以找到恬淡的村庄、信步其间的游者或辛勤劳作的耕者，它们或近或远的成为自然山水的一部分。“天人合一”是一种哲学

① 冯其庸：《颐和园之美》，载《人民日报》，2008-08-31（8）。

境界，人工的建筑与自然的造化要相互和谐，浑然一体。唐代诗人杜牧的诗歌“远上寒山石径斜，白云生处有人家”，诗中“人家”成为山水风光的重要组成部分，积淀了丰富的文化与生活体验，这些兼具自然多样性和文化多样性的山水类文化景观，是我国文化景观的特色和优势①。

我国古代强调人与自然的和谐，其中山水环境不但是人类赖以生存和发展的基础，而且构成了山水类文化景观的主要资源。在源远流长的我国文化体系中，山水文化是重要组成部分。所谓山水文化，就是指人们以大自然中的“山”和“水”为基本要素，巧于因借，创造出来的社会文化财富，是中华民族在认识自然世界的过程中所形成的一种独特的文化形式，并以其丰富的文化内涵影响着一代又一代人们的行为。山水是自然的、物质的，文化是社会的、精神的，山水与文化一旦相融，便具有了更加重要的意义，而注入文化内涵的山水极富灵性。在思想领域，人们更将崇尚自然山水的传统理念上升到了哲学的高度，其中“仁者乐山，智者乐水”，就是孔子把人生的追求引向山水审美，强化山水环境对人格的影响作用，使山水文化观念表达出“天人合一”的世界观。人们总是按照美的法则创造生活环境，由于受山水文化观念的影响，我国古代在城市规划建设中，十分重视山水类文化景观的保护与创造，重视对山水文化的细致观察、深入探究和科学阐释，这种观察、探究和阐释的成果，反作用到山水环境的营建中，更加深化了人们对山水类文化景观的认识。

城市建设的历史，就是自然变迁与人类活动相伴相生的历史。我国在古代城市建设中，追求山环水绕的意境，建筑布局始终按照自然山水的形成规律进行，规划设计均着重表现自然之趣，不对生态环境进行过多的干预和约束。同时又充分利用不同的基地条件，有山靠山，有水依水，充分汲取自然之美，“虽由人作，宛自天开”，使得城市之中包罗了丰富的山水营建活动，丰富了城市的整体山水特色，造就了我国特有的山水园林城市模式②。近现代以来，由于生产力和科学技术的发展，山

---

①孙文浩:《勿“东施效颦”——浅析中国世界自然遗产地中的原住民搬迁问题》，世界遗产保护·杭州论坛暨2008年国际古迹遗址理事会亚太地区会议，第81页。
②叶玉瑶，张虹鸥，周春山，等:《“生态导向”的城市空间结构研究综述》，载《城市规划》，2008（5），69页。

水环境的物质性功能开始弱化，精神性功能和生态性功能开始提升。但是，由于国外城市规划思想的影响，我国城市建设也出现了违反自然规律，肆意改造自然山水环境，为了营造主观臆想的情趣，而以人工绿地系统破坏原有山水景观的价值和生态环境的倾向，一些城市在规划建设中忽视山水环境对于保持城市文化特色的不可取代的作用。为此，1992 年钱学森先生致信吴良镛教授："能不能把中国的山水诗词、中国古典园林建筑和中国山水画融合在一起，创立山水城市的概念？"① "山水城市"的概念，引起学术界的强烈反响。"山水城市"的核心是理顺城市与自然的关系，强调人类、城市和自然的和谐之道，为我国山水环境保护与利用理论的深入发展奠定了基础。

我国在夏商时期，为了农耕和饮用的需要，就有产生了化水害为水利的水系综合利用理念和实践。春秋时代，楚庄王时期兴建的安丰塘，秦始皇时期修筑的郑国渠，秦昭王时期建造的都江堰，都是当时重大的水利工程，也都是通过水系生态优化为人类造福的惠民工程。此后，无论是唐长安城、宋汴京城，还是元大都城，在规划建造之初，都充分考虑依水构城、引水贯都、活水穿城、蓄水为湖、汇水成网、聚水构园等规划设计手法，妥善处理城市与水系的生态关系，综合解决供水、排水、运输、景观等方面的需求。"山水城市"是人与自然、社会与自然和谐的城市，作为城市的一种模式，在形态上强调山水的构成作用和城市的文化内涵。有了水，才有人类，才有城市。自古以来，我国众多历史文化名城都与山、川、江、湖紧相毗邻，山川河湖给予城市功能性质、布局形态、景观特色以重大影响。例如南京有紫金山和玄武湖，杭州有南北高峰和西湖，济南有千佛山和大明湖，这些城市自古以来尊重并强化自然与文化景观特征，使人工环境与自然环境和谐共处。同时，上海的黄浦江、广州的珠江、哈尔滨的松花江等，一条条穿城而过或环城而绕的河流，往往是这些城市最美丽的地方，城市与河流相映生辉、相得益彰，共同实现山水城市的文化景观创造。

① 吴良镛:《人居环境科学导论》，北京，中国建筑工业出版社，2001。

北京石景山细部（2010 年 12 月 7 日）

一座美好的山水城市，就像一首诗、一首歌、一幅画。吴良镛教授认为中国城市的画卷美与西方城市的雕塑美有着很大的差异。“中国的山水文化有了不起的蕴藏。中国的名山文化基于不同哲理的审美精神，并与传统的诗画中的意境美相结合，别有天地。在我们对西方园林、地景领域中有所领略之后，再对中国园林山水下一番功夫，当更能领略天地之大美”①。我国虽有《清明上河图》《姑苏繁华图》《南都繁会图》《皇都积胜图》等写实主义的手卷，但为数不多，对环境有真实记录的更是非常罕见。吴良镛教授在《借“名画”之余晖 点江山之异彩——济南“鹊华历史文化公园”刍议》中写道：“所以济南能有《鹊华秋色图》流传至今，实在是一份珍贵的历史遗产。鹊、华一带，曾是济南旧时的风景名胜地，是李太白、曾巩的旧游地，他们的诗篇曾对此大加歌颂。”“赵孟頫曾在此地任职居住多年，留下了这幅珍贵的画卷，说明这里有过一时的繁荣，具有深厚的文化积淀。”②此外，他在《济南“鹊华历史文化公园”刍议后记》一文中提到：“……在做北京总体规划的时候，我建议筹建‘四大公园’，对于济南的规划，提议建设‘鹊华历史文化公园’，并设想南依千佛山、北往临近黄河的鹊、华二山，形成新的轴线，作为城市的‘双阙’，重新组织城市的空间结构与形态。”③总之，创立山水城市的理念，有利于城市山水格局延续和城市文化发展，对于维护城市特色、形成文化景观个性、保护城市文化的多样性都有着不可替代的积极意义，对于人们情感的寄托、归属感和认同感的增强也有着突出作用。

① 吴良镛：《论中国建筑文化的研究与创造》，载《城市规划》，2003（1），14 页。

② 吴良镛：《借“名画”之余晖 点江山之异彩——济南“鹊华历史文化公园”刍议》，载《中国园林》，2006（1），4 页。

③ 吴良镛：《济南“鹊华历史文化公园”刍议后记》，载《中国园林》，2006（1），6 页。

3.4 揭示人类文明成就的遗址类文化景观

遗址类文化景观，是从历史、审美、人种学或人类学角度看具有突出的普遍价值的人类工程或自然与人类联合工程所展示的考古文化区域。这些遗址是不可再生的极为珍贵的历史、科学、艺术资源，是承载人类文明的主体，是延续古代文明的有力物证。其中包括各个王朝和各个历史民族政权遗留下来的代表性遗址、城址、手工业作坊、采矿及冶炼遗址、墓地及陵墓、宗教性文化遗存、水陆交通遗址等。大多数遗址所包容的文化信息，早已逐渐从人们的记忆中消失而鲜为人知，但它们体量大、品质高和内涵丰富的特点，却为以往的考古揭示和科学研究证实，而更多以实物载体保存下来的未知的文化遗址，有待人们持续揭示。今天，遗址类文化景观的保护与经济社会发展的关系愈加密切，不仅体现在空间格局上，更渗透在城市经济、文化、生活等各个方面。正是因为城市中保留了这些文化遗址，才说明这座城市是有文化底蕴的，是人们不可轻视的。通过保护展示，这些遗址类文化景观可以成为城市中最美好的地方，具有崇高而典雅的历史沧桑感，所展示的一砖一石都承载着久远的文明，凝聚着丰富的历史信息。在土地合理利用方面，考古遗址可以作为地区开放空间的重要组成部分，参与到城市生态绿化、休闲娱乐、防灾避难①等功能系统中，从而为人们的生活创造和谐愉悦，具有认同感、归属感的环境。

“遗址”这一概念最早出现于考古学。《中国大百科全书·考古学》中对遗迹和遗址作出定义，即遗迹是“古代人类通过各种活动遗留下来的痕迹，包括遗址、墓葬、灰坑、岩画、窖藏及游牧民族所遗留下的活动痕迹等。其中遗址又可细分为城堡废墟、宫殿址、村址、居址、作坊址、寺庙址等，还包括当时的一些经济性的建筑遗存，如山地矿穴、采石坑、窖穴、仓库、水渠、水井、窑址等；防卫性的设施如壕沟、栅栏、围墙、边塞烽燧、长城、界壕及屯戍遗存等也属此类”②。随着文化遗产保护的兴起，遗址的内涵及外延都在很大程度上得到扩展。联合国教科文组织

---

① 注：2008 年 5 月 12 日 14 时 28 分，我国四川省汶川发生里氏 8.0 级大地震，成都市内震感强烈，连日来市民纷纷到金沙遗址公园内避难，最多一天达 2 万人左右。

② 中国大百科全书总编辑委员会，《考古学》编辑委员会：《中国大百科全书：考古学》，北京，中国大百科全书出版社，1986。

《保护世界文化和自然遗产公约》中第一条指出，“遗址：从历史、审美、人种学或人类学角度看具有突出的普遍价值的人类工程或自然与人类联合工程以及考古地址等地方”。其中特别强调“人类工程或自然与人类联合工程”，表明了国际社会对“遗址”概念的深化。“大遗址”这一概念是根据我国文化遗产的特征，从遗址保护和管理角度提出的一个重要概念。1997年，国务院在《关于加强和改善文物工作的通知》中采用了“大遗址”的提法，专指我国文化遗产中规模较大、文物价值突出的大型古代文化遗址和古墓葬。这些大遗址由遗存本体与相关环境组成，具有价值突出、信息丰富、景观宏伟等特点。

我国的大遗址具有年代悠久、分布广泛、数量众多、类型复杂等特色，是我国文化遗产资源的精髓部分，集中代表了我国传统文化的丰富内涵和发展的历史轨迹，具有不可替代的整体价值和地位。近年来，专家学者针对我国大遗址的特点，积极探讨分类标准。例如按大遗址的文化属性分类，可以将其分为原始聚落和猿人化石遗址、古代都城遗址、墓葬和墓葬群、手工业遗址、军事设施遗址、交通和水利设施遗址、宗教遗址、其他建筑和设施遗迹等；按构成遗址的主要物质分类，可以将其分为夯土遗址、土坯遗址、砖瓦质遗址、陶瓷质遗址、石质遗址、土木混合遗址、洞穴遗址、土石混筑遗址、木石混砌遗址等；按大遗址的地理位置和气候类型分类，可以将其分为西北干旱和风沙地区的大遗址、南方潮湿地区的大遗址、东北冰冻地区大遗址、青藏高原和强日照地区大遗址等；按周边地区社会经济水平分类，可以将其分为经济水平发达地区的大遗址、经济水平一般地区的大遗址、经济水平较低地区的大遗址；按经济地理环境状况分类，可以将其分为特大城市和大城市地区的大遗址、中小城市及城市边缘地区的大遗址、乡村地区的大遗址和偏远地区的大遗址。实际上，针对不同文化属性、不同物质构成、不同地理位置、不同社会环境以及不同规模的大遗址，很难运用一个定量的指标进行判别和衡量。

遗址类文化景观，反映了古代人类为了生存与发展，主动与环境互动所产生的各种类型的文化遗存。相较于其他类型的文化景观，遗址类文化景观具有更为丰富和复杂的内涵。考古遗址的类型多种多样，可以根据遗址原始功能、遗址存续时间、遗址存在形式、遗址保存状态等不同特点，通过考古学及其他学科，对遗址及遗物进行分析研究，从中了解不同时代文化系统的变迁及演化以及不同社会的技术系统、生活状况、聚落形态、社会组织等相关文化信息。在我国，位于长江下游的河姆渡文化，位于黄河上游的齐家文化、中游的仰韶文化、下游的大汶口文化等，共同组成我国长江、黄河文化系统的发源地。它们通常具有完整的文化结构和显著的文化特征。其中河姆渡文化是20世纪长江下游地区新石器时代考古具有突破性的重大发现，是我国早期稻作农业的典型代表。这一发现改变了只有黄河流域才是中华远古文化摇篮的传统观点，同时推动了我国农业起源的研究。40余年来，众多考古学家、农史学家、古生物学家、建筑学家、人类学家、地理学家等，对河姆渡文化进行了不懈的研究，研究问题涉及文化分期、文化关系、文化源流、文化族属以及生态环境、农业起源、房屋结构、原始艺术等诸多方面。

“在我国近代考古学史上，红山文化是较早被发现的一种史前文化。但长期以来是被作为一种边远地区的史前文化来对待的。20世纪80年代中期，东山嘴、牛河梁坛庙冢遗址和玉器群的发现，使该文化的面貌为之一新，人们对红山文化的认识也产生了一次飞跃”[①]。牛河梁遗址位于辽宁省朝阳市境内，发现于1981年，是我国北方新石器晚期最重要的遗址，距今5500~5000年。已故考古学家李济曾在其著述中写道：“两千年来中国的史学家，上了秦始皇的一个大当，以为中国的民族及文化都是长城以南的事情”，“我们应当用我们的眼睛，用我们的腿，到长城以北去找中国古代史的资料，那里有我们更老的老家”。牛河梁遗址于1983年开始考古发掘，发现的大型祭坛、女神庙、积石冢遗址群和大批石器、陶器、玉器，以确凿的考古资料证明，5000年前这里曾经存在过一个具有国家雏形的原始文明社会。这一重大发现把中华文明史由夏向前推进了1000多年，从实践到理论都为中华文明的多元一

① 郭大顺：《红山文化》，北京，文物出版社，2005。

体和中华文化的灿烂悠久提供了有力支持，对于研究我国上古时代社会发展史、思想史、宗教史、建筑史、美术史等产生了重大影响。正如苏秉琦先生所说："红山文化坛、庙、冢三种遗址的发现，代表了我国北方地区史前文化发展的最高水平。从这里我们看到了中华五千年文明的曙光。"

良渚文化分布于环太湖流域的江、浙、沪两省一市境内，距今4200~5300年，是我国新石器时代长江流域最重要的考古学文化，以发达的犁耕稻作农业、专门化的手工业、具有文字风格的刻画符号、大型人工营建工程为特征，显示了长江三角洲原始社会末期的物质文化发展水平，是中华文明多元起源的重要实证，被誉为"东方文明的曙光"。良渚文化遗址中，良渚遗址规模最大，规格最高，内涵最为丰富。该遗址发现于1936年，位于杭州余杭区和德清县境内，为新石器时代晚期文化遗址群，已知面积约42 km^2。20世纪80年代后，遗址区内反山、瑶山、汇观山、莫角山等遗址的发掘，曾经引起世界性的轰动。良渚遗址区内密集分布着各种遗存，已发现墓地、祭坛、村落、建筑基址、防护工程等各类遗址点135处，规模之大、内涵之丰富，在世界同类遗址类文化景观中极为罕见，发掘出土的数以千计的精美玉器、石器、陶器、漆器、木器、骨器等各类器物以及出土的稻谷、竹编器物、丝麻织品等各类遗存，与遗址共同构成了丰富的文化信息库，表明良渚文化先民具有非常强劲的创造欲望，也有非常独特的创造才能。特别是2007年发现的良渚古城遗址，位于良渚遗址的核心，面积约290 hm^2，是近年来良渚遗址考古发掘的重大突破，以其超大规模和重要价值，再次证明良渚文化已经进入成熟的史前文明阶段。张忠培教授认为，良渚古城可称为"中华第一城"，其意义不亚于殷墟的发现。严文明教授则指出，"这座令考古界期待已久的古城，对整个良渚遗址起到画龙点睛的作用"，"良渚古城可看作是良渚文明的'都城'"。

在人类漫长的进化过程中，许多突发"事件"都会留下物质性的遗存，沉埋于泥土、水面之下或沙漠之中的古文化遗址，就好像一部冻结在时空关系中的史书，记载着丰富的先民生活资料、古代人类与大自然奋争与互动的内涵以及社会变迁的生动过程。例如在青海的喇家遗址中，发现了明确的地震与洪水的相互连续的地层关系，说明那次地震与洪水是在较近的时段里相伴而来。同时，多学科研究表明，地震在先，洪水在后。喇家遗址中普遍有房址变形和破坏、大量现场坍塌堆积等现象，而且室内地面有比较俱全的残毁家什物品保留，这些均与地震突发灾难相关。现场发掘中还有许多喷砂和地裂缝、地层错位等情况。人们最感惊异的，是大人怀抱幼孩和护佑孩子而被掩埋在房址废墟里的现象，反映出那种突发灾难的真实现场和可歌可泣的人性美。在喇家遗址上，迄今为止一共发现4处保存下来的这种生动场面，这些成年女性怀里紧紧搂住孩子，双膝跪地依偎在墙角壁下，雕像一般的状态和姿势，很自然地表现出在灾害发生时的本能反应和爱护弱小的品质。在一所房址废墟内，还有更多的孩子，他们相互佐助或依偎在一起，能够清晰地反映当时每个人相互之间关爱的情景，充满人间大爱，展现人性光辉①。

位于河南安阳洹河两岸的殷墟，是我国第一个有文献记载并经考古发掘证实的商代晚期都城遗址。自公元前约1300年，商王盘庚将国都迁于殷地，至纣王帝辛覆灭沦为废墟，历8代12王250余年，殷商先民在这片黄土地上留下了丰富的历史信息。“商文明是世界几个主要早期文明之一，而殷墟文化代表了中国商文明乃至整个中国青铜时代的鼎盛时期”。19世纪末，殷墟甲骨文被偶然发现震惊世界。1928年10月，在傅斯年先生“上穷碧落下黄泉，动手动脚找东西”的号召下，中央研究院历史语言研究所开始对殷墟进行试掘，在最初18天的考古发掘中，就出土有字甲骨800余片及铜、陶、骨、蚌等珍贵文物，区别于传统史学与金石学的我国现代考古学由此发轫。自1928年迄今，殷墟发掘范围已遍及洹河两岸20多个村庄，出土了数量惊人的甲骨文、青铜器、玉器、陶器等精美文物，先后发现了110多座商代宫殿宗庙建筑基址、12座王陵大墓、2500多座祭祀坑等文化遗存。90多年的考古成果表明，在安阳殷墟这一区域内密集分布着宫殿宗庙遗址、王陵遗址、手工作坊遗址、

① 叶茂林:《从汶川地震再看喇家遗址》，载《中国文物报》，2008-07-11（7）。

甲骨窖穴、贵族墓葬、祭祀坑、族邑聚落遗址、家族墓地、洹北商城等不同类型的文化遗存，再现了辉煌灿烂的殷商文明。

“从那时起至今，殷墟发掘几未中断，其时间之漫长、规模之庞大、成果之丰硕、影响之深久，为世界考古遗址发掘所罕见”①，被李济先生称为“中国古代文化最坚强的据点”。一代又一代考古学家们，用探铲和镐头使隐没于历史文献的“北冢殷墟”，在3000年后重新变得清晰、生动起来，考古发掘成果也使《史记·殷本纪》等文献记载的相关内容成为信史。殷墟出土的甲骨文蕴含丰富的历史文化信息，是我国最早的成体系的文字，也是世界三大最古老的文字体系之一，对3000年以来的中华文化产生了根本性影响。殷墟出土的青铜器、玉器等，是古代科技与艺术的完美结合，更是不可多得的艺术珍品。殷墟的考古遗迹还反映了我国历史上城市建设的一些重要规则和制度。2000年，考古学家在洹河北岸又发现了面积达400多万 m^2 的大型城邑——洹北商城。后来，在洹北商城中部发现了宫城，在宫城范围内发现多座具有中轴线理念、呈左右对称布局的四合院式的单体宫殿建筑基址。今天，对殷墟的研究已从早期单纯的甲骨学发展成为包含考古学、人类学、历史学、古文字学、建筑学、天文学等多门学科融会的世界性的“殷墟学”，这在我国乃至世界的同类遗址中也不多见。作为我国考古发掘次数最多、持续时间最长、发掘面积最大的大型古代城市遗址，殷墟的重大意义还在于，作为“中国现代考古学的摇篮”，培养造就出一批世界知名的考古学家，总结出具有我国特色的考古学方法，从此考古材料与历史文献互补互证，成为我国考古学的一大特色。

罗马素有“永恒之城”的美称。城内有大量的废墟被保留下来，不仅有古罗马时代的城墙、驿道、神殿、输水道、凯旋门、角斗场等宏伟建筑以及大片的古罗马广场废墟和随处可见的残墙断垣，而且有自文艺复兴以来不同时期、不同风格的房屋和铺以石块路面的狭窄街道。罗马的美很大程度就来自这些废墟，置身其间，人们会感受到历史的延续和时代的变迁，感叹意大利民众对文物古迹的高度尊重和精

---

① 贾宇，柳霞：《殷墟发掘八十年》，载《光明日报》，2008-10-20（12）。

心呵护。在意大利全国8000多个市镇中，类似罗马这样的法定历史中心区共有900个。其中，罗马、佛罗伦萨、那不勒斯、锡耶纳、维罗纳等城市的历史中心区，已被列入《世界遗产名录》。这些具有不同历史风貌的文化景观，成功地使“传统”与“现代”在全球化的大潮中和谐共存。历史中心区的设立和保护，还体现了意大利对文物古迹保护和管理的基本原则和理念。意大利人认为，文物古迹不仅包括建筑精品，而且包括具有历史文化意义的普通建筑；不仅包括单体建筑，还包括它的历史环境和文化氛围。因此，他们对旧城区文物古迹的保护通常不是个体保护，而是成片保护，即实行“整体保护原则”。由此可见，意大利社会和民众对国家文化遗产的主权意识和主人意识非常强烈。“正是由于这种强烈的意识和在保护文物古迹实践中所确立的种种理念和原则，使这个古老国度的丰富文化遗产虽历千年风雨而永葆昔

意大利那不勒斯那波里城堡（2005年1月22日）

日风采”[①]。

在保留至今的遗址类文化景观中，有些文化遗址留下了人类对其进行肆意改造的痕迹，清晰可辨；有些文化遗址则相对完好地保留着文化、艺术、宗教等原有的信息，较少遭受到人为的侵袭与践踏，带有浓厚的自然地理特征。这些文化景观的分布特征，“是在历史发展过程中，在时间上不断出现、发展、演化、替换、消长，在空间上不断产生、消长、交流、扩散、整合的结果”[②]。土库曼斯坦的尼萨帕提亚要塞于2007年列入《世界文化遗产》。帕提亚帝国是公元前3世纪中期至公元3世纪世界最强大和最具影响力的帝国之一，曾经与罗马帝国相抗衡，有力地阻止了其东扩。帕提亚帝国的首都尼萨，坐落于重要的商贸和战略枢纽交叉处，是其强大实力的突出证明，展示了帕提亚帝国最早和最重要的城市遗址，同时生动地展现了中亚和地中海地区与帕提亚帝国文化之间的影响与互动。在此后近2000年的历史中，这一重要的城市遗址几乎从未遭到破坏，如今人们将古代文明的遗址妥善加以保护，通过对包括皇家城堡在内的“老尼萨”和被称为“新尼萨”的古代城镇等文化遗址进行考古调查和发掘，展示建筑、城邦和宗教方面的功能，并巧妙地将自身的传统文化和古希腊及古罗马文化有机结合，形成独特的文化景观。

提帕萨位于阿尔及利亚首都阿尔及尔西郊70 km处的地中海沿岸，最初是古代迦太基的贸易驿站。公元1—2世纪，提帕萨先后被拉丁人和罗马人占领，并作为征服毛里塔尼亚王国的战略要地。后来提帕萨又成为北非最重要的基督教徒的定居点之一。公元7世纪阿拉伯人的入侵，使提帕萨遭到严重的破坏，居民也所剩无几。提帕萨考古遗址，包括腓基尼、罗马、早期基督教、拜占庭等各个时期的文化遗存。提帕萨的古代广场保存完好，是遗址中最古老的遗存。罗马古城遗址中保留有斗兽场、庙宇、教堂、商店、戏院和喷泉，还有一条宽14 m的主干道路遗址，其中长约200 m的路段被完整地保存了下来。如今，提帕萨考古遗址公园以悠久而独特的文化景观吸引着不计其数的参观者。同时，提帕萨遗址博物馆内保存着考古发掘出土的

---

① 穆方顺：《意大利：让文物古迹与历史衔接》，载《光明日报》，2007-06-08（8）。
② 吴必虎，刘筱娟：《中国景观史》，上海，上海人民出版社，2004。

大量镶嵌画、雕像、日用器皿、工艺品等文物。建于公元5世纪的朱巴二世陵墓也成为引人入胜的考古遗址博物馆。

无论是聚落遗址、宗教遗址、产业遗址，还是作为综合体的古代城市遗址，若完整地保留了文化发展过程中与当时自然环境的深层次沟通，体现了人类适应自然并共同发展的历史进程，则可以被纳入遗址类文化景观的范畴之中。2004年立陶宛的克拿维考古遗迹被列入《世界遗产名录》。中世纪时期的克拿维是一个重要的城镇，14世纪晚期被条顿骑士团毁坏。尽管如此，这个古镇一直沿用到现代。遗址由一组考古遗迹组成，包括克拿维镇、城堡、未设防的居民区、墓地以及其他从旧石器时代至中世纪时期的考古、历史和文化遗迹。整个遗址面积将近200 hm^2，保留了古代土地使用的痕迹，还有部分大型防御系统的遗迹，这些山顶城堡体现了防御建筑形式发展演变的过程以及它们在前基督教时期使用的历史。同年列入《世界遗产名录》的还有蒙古的鄂尔浑河谷文化景观。鄂尔浑河谷过去2000年的发展，形成了强大的游牧文化。面积广达12万 hm^2 的鄂尔浑河谷文化景观包含鄂尔浑河两岸广阔的牧场以及回溯到公元6世纪的众多考古遗址。这些遗址清楚地表明了一个强大、持续、稳定的游牧文化如何推动广阔的贸易网络的发展以及大型政治、商业、军事、宗教中心的形成。这一城市中心支撑的帝国曾经影响了从亚洲到欧洲的广大地区以及东、西方人类价值观的交流。这些遗迹还共同反映了游牧、畜牧社会及其政治、宗教中心之间的共生关系以及鄂尔浑河谷在中亚历史上的重要性。

遗址类文化景观，是显著地反映“产生于最初始的一种社会、经济、行政以及宗教需要，并通过与周围自然环境的相联系或相适应而发展到目前的形式”的文化景观。位于非洲的两处遗址类文化景观，见证着非洲大陆的重要历史发展阶段。一处是马蓬古布韦文化景观，位于南非与津巴布韦和博茨瓦纳的边界，林波波河与沙希河的交汇处，现为一片广袤而开阔的无树大平原。马蓬古布韦的建立是非洲历史上的重要里程碑，它一度发展成为这个次大陆最大的王国，在公元900—1300年间它引领南非重要的文化与社会变革，曾拥有横穿东非港与阿拉伯和印度之间强大的国际贸易，直到 14 世纪才最终被遗弃。因此，这一文化景观是南非人类价值发生重要交替的佐证。如今留存下来的是几乎从未遭受过破坏的王宫遗址和大量附属遗迹以及两个早期的首都遗址，构成了一幅生动的历史画卷。另一处是尼日利亚的苏库尔文化景观。该遗址是延续多个世纪强大的不间断的文化传统的证明，是人类定居史上重要阶段的土地利用方式的形象例证，表明了人类与环境的关系。遗址包括建在小山上的俯瞰下方村庄的酋长宫殿、平坦的场地和神圣的图腾以及一片开阔的铁器作坊的遗迹，表明这里手工业一度非常繁荣。苏库尔文化景观历经很多世纪不变，当传统的人类居住形式在世界各地普遍受到威胁的时候，此处文化景观得以继续保持。

我国成都曾先后作为古蜀国的都邑，三国蜀汉国都，五代十国前蜀、后蜀都城，历史文化遗存十分丰富，历史城区曾经完整保存“三城相重”的古城格局。但是，在大规模城市建设和“旧城改造”中成都的历史文化街区、传统建筑等地面文化遗存遭到严重的破坏，大部分已经消失。近年来，成都文物工作者注重城市基本建设中的文化遗产保护，针对 1400 多个建设工地进行了文物勘探，发掘各类文化遗址 160 余处，古墓葬 600 多座，出土文物和文物标本 10 万余件，其中对金沙遗址、成都平原史前城址群、古蜀船棺遗址等的发掘，具有重要的、无可替代的文化和科学价值，填补了成都城市史研究的多项空白，在一定程度上再现和展示了成都作为一座拥有 3200 年建城史的古老城市文明。其中，金沙遗址经过数年考古勘探和发掘，发掘面积已达 20 余万 m^2，并初步确定遗址分布面积达 5 km^2 以上，发现的重要遗存有大型宫殿基址、祭祀区、中小型居住址、墓葬分布区等，出土金器、玉器、青铜器、象牙、陶器等各类文物数万件。通过对出土文物和重要遗迹的研究分析，初步证明金沙遗址是商代晚期至西周时期与古蜀国最高统治者活动相关的文化遗存，极有可能是继三星堆之后形成的新的古蜀国都邑。

2007 年 10 月，成都市考古工作者在进行商业开发项目的考古调查和文物勘探作业时，发现了江南馆街唐宋街坊遗址。该遗址面积约为 54000 m^2，经过发掘，在遗址中发现了大量遗迹现象，以唐宋时期的街道、房址和排水设施最为重要。道路保存状况良好，路面使用特制的细长条形砖竖砌而成，有“人”字形和“回”字形两种砌法。路面中间略高于两侧，路面有明显的车轮碾压痕迹和使用损坏后的修补痕迹。道路两侧房子错落有致，大小不一，但均面向街道开门，房屋与街道之间的空隙处宽窄不一，均铺砖，每间房屋铺成不同的纹样。排水系统也十分清楚，与街道、房址相配套的大小排水道 16 条，形成十字形地下排水管网。遗址所处的地理位置与文献记载的“富春坊”所在的位置吻合，应当处于富春坊的东北隅区域内。至今，成都市内环路内的东部、北部依然可以隐约见到当年里坊的方块格局，有如棋盘。在现代化都市中心发现如此大规模的唐宋时期重要遗存，在我国城市考古史上十分罕见。该遗址中发现的纵横交错长达数十米的铺砖街道，充分证明唐宋时期成都已具有较高的城市规划和建设管理水平。目前，成都市已经作出决定对此遗址原址加以保护，为全国大遗址保护起了很好的表率作用①。

大明宫位于西安城北龙首原上，始建于唐贞观八年（634 年），是盛唐时期长安三大内中规模最大、使用频率最高的皇宫，自唐太宗以后 240 多年间，15 位唐朝皇帝在此临朝听政，经历了许多重大历史事件，也是唐朝皇帝接见外国使节、进行中外文化交流活动的主要场所，见证了唐朝时期我国对东方文化乃至世界文明产生过的重大影响。大明宫是我国中古时期规模最宏大、建筑最富丽、影响最深远的宫殿群，开创了我国封建社会鼎盛时期雄浑壮丽、庄严典雅的宫殿建筑艺术的新风格，其“前朝后寝”的基本格局、主要建筑处在中轴线上的对称布局、由含元殿开始的外朝三殿相重的布置方式，均对以后各代的宫殿建筑制度以及对邻近国家（如日本、朝鲜等国）的皇宫规划设计产生过深远的影响。此外，大明宫在建筑技术、施工技术以及景观设计等方面都是杰出的范例，对我国古代宫殿建设产生过重大影响。大

① 李韵：《2008 年度十大考古新发现揭晓》，载《光明日报》，2009-04-01（2）。

明宫遗址包括朝政区、居寝区和太液池遗址，面积约 3.2 km^2，文化遗存类型丰富，保存相对完整，成为了解唐代文化的重要资料。自 20 世纪 50 年代以来，考古工作者在西安大明宫遗址开展了大量的考古工作，基本探明了大明宫遗址的范围、布局和形制。目前，虽然大明宫遗址大部分地区被现代城市所叠压，但是由于建筑大部分基址往往深埋于地下，遗址格局保存较为完整。

隋唐洛阳城创建于隋大业元年（605 年），是我国封建时代封闭式城市的典型代表，其气势恢宏的城阙、殿阁和秀美豪华的园林、池榭，使之建成之初即成为世间著名的“盛世景观”。隋唐洛阳城在规划上很好地利用了当地的山川地势，南对伊阙，北据邙山，整个城市坐北朝南，地势自西北向东南倾斜，东逾瀍河，西临涧水，洛水从东向西穿城而过。在都城规划上，隋唐洛阳城采用了轴线对称布局的模式，宫城、皇城设置在都城的西北隅，全城以正对宫城正门的定鼎门端门大街为轴线。主要作为居民区的里坊则布置在轴线的东西两侧，形成棋盘式格局，严整规矩。同时，在规划中较为熟练地运用了模数控制的方法。以宫城大内作为面积上的基本模数，聚四坊之地为大内的面积。在确定面积模数的基础上，把全城划分为若干排列整齐的区块，从整体上控制城市轮廓和街道网络，简化了城市的规划管理。同时，水系发达、漕渠众多是隋唐洛阳城的一大特色，城中拥有规划完美的城市水系与漕运系统。当时两京地区的粮食供给，主要通过大运河从江南地区运来，而洛阳则是全国漕运系统的终点。庞大的城市水系和漕运渠道不仅解决了城市的给排水问题，还将里坊、仓储、市场沟通为一体，有效地解决了粮运和交通问题。

历代帝王陵墓群遗址往往规模庞大。例如陕西秦代帝陵、汉代帝陵、唐代帝陵等。秦始皇陵位于陕西省西安市以东 30 km 的骊山北麓，陵园总面积 56.25 km^2。以地宫为中心设置了多类型的陪葬坑及地面宫殿。墓葬区在南，寝殿和便殿建筑群在北。陪葬坑有秦兵马俑坑、铜车马坑、珍禽异兽坑、马厩坑以及刑徒墓地；现存建筑基址及遗存有寝殿、便殿、防洪堤、石料加工场等。1998 年底，又陆续发现了石铠甲坑、百戏俑坑、文官俑坑及铜水禽坑等一系列新陪葬坑。经过 40 多年的考古调查和发掘研究，已发现大小、形状不同的各类陪葬墓、从葬坑、礼制建筑基址等 600 余处，目前陵区其他区域的考古研究工作仍未完成。此外，位于陕西的汉代帝陵和唐代帝陵规模庞大，西汉 11 座帝王陵中有 9 座分布在关中平原中部的五陵原上，还有 2 座位于西安的东南郊，整个遗址面积较大，总面积在 100~50 km^2 范围内，对西安、咸阳两市呈包围状。唐代 18 座帝王陵，加上唐顺陵共 19 个陵及其陪葬墓群，遗址规模达 2300 km^2，分布范围包括西安、渭南等 2 个市，蒲城、富平、三原、礼泉、乾县、泾阳等 6 个县的 211 个村庄。此外，位于河南巩义的宋代帝陵，是宋代帝王陵寝中分布最集中、价值最突出的陵墓群，包括 8 座帝陵、17 座后陵、14 座重要陪葬墓，分布于尚山北麓与洛河之间，遗址规模达 156 km^2。

陕西西安大唐芙蓉园（2011 年 8 月 11 日）

我国不同历史时代的大型古代城市遗址，经过缜密的考古调查、学术研究和科学展示，可以为当代社会提供各具特色的遗址类文化景观。秦汉时期的都城是以帝王宫室为主体、密封式布局的城市；魏晋至隋唐时期的城市，逐步发展成为完备的棋盘状封闭式里坊制城市；从唐代末期到北宋前期，封闭式里坊制逐渐为开放式街巷制所代替。宋元以后，社会经济得到发展，在汴梁和临安出现了商业繁盛的都市生活景象。开封为战国魏，五代后梁、后晋、后汉、后周及北宋都城，其中北宋东京城是历史上开封发展的鼎盛时期，北宋王朝在此历 9 帝，凡 167 年。由于开封位于华北大平原的南端，周围地势平坦，无险可守。因此，北宋东京城共有外城、内城和皇城三重城墙，其中外城周长"五十里一百六十步"，规模庞大，著名的州桥、金明池、琼林苑等文化景观都包含在内。同时，开封是一座历经千年而城市基址未发生较大偏移的独特古城。但是因地处黄河岸边，多次遭黄河决口淹没，淤泥填塞，特别是明末李自成率农民军决黄河水灌城，开封城毁于一旦。考古调查已经初步证明，在开封城市地下 3~12 m 处，上下叠压着 6 座古代城池，包括地下 3 m 处的明代开封城遗址、6~7 m 处的北宋东京城遗址、12 m 处的战国魏国大梁城遗址，构成了"城叠城"的奇特文化景观。

南宋是我国历史上经济文化高度发展的时期，临安城是这一时期社会繁荣发展的代表城市。由于特殊的历史原因和特定的地理环境，临安城襟江带湖，依山就势，与北方平原方正的城市形态迥然不同，是南方山水城市的典型代表。由于城市南部和西南部为地势较高的丘陵地带，北部和东南部为平原水网地带，加上前朝形成的传统城市中心影响以及南渡之初政局的动荡，南宋宫城建于地势较高的凤凰山东麓，形成我国古代城市制度中别具特色的南宫北城的城市布局。临安城包括皇城和外城。皇城即宫城，在北宋州治基础上扩建而成，利用自然地形布置宫殿、园囿和亭阁，是我国古代利用地形组织建筑群的优秀例证。外城即罗城，东南靠钱塘江，西临西湖，平面近似长方形，南北两面的城墙较短，东西两面城墙长而曲折，城四周筑有高大城墙，并环以宽阔的护城河。城四周开有13个城门及5个水门。临安城内河渠众多，街巷除了御街外，还有4条横街，横街之间是东西小巷，共同构成了纵街横巷、水陆并行的街网布局，是我国自宋代以来形成的“纵街横巷式”城市布局的典型代表。南宋皇帝偏爱湖山水榭，城内沟渠纵横，池苑众多，在园林设计上“因其自然，辅以雅趣”，形成山水风光与建筑空间交融的风格，为研究我国古代南方园林，尤其是南宋时期的园林布局和营造技术提供了重要的实物资料。

元上都遗址是一座屹立在内蒙古草原上的大型古代都城遗址，见证了蒙古民族在13—14世纪为推动世界文明进步与人类文化交流所作出的杰出贡献，是游牧文明的重要代表。公元1260年，元世祖忽必烈建都于上都，1264年，在燕京建立元大都后，确立了两都巡幸制度，元上都和元大都成为元朝交替使用的两个首都，历经11帝，108年。这一时期的元朝是蒙古汗国的鼎盛阶段，疆域辽阔、空前强盛，开创了我国古代史和世界游牧民族史的新纪元。元上都遗址南临上都河，北依龙岗山，周围是广阔的金莲川草原，形成了以宫殿遗址为中心、放射状分布的总体规划格局，体现出一个高度繁荣的草原都城的宏大气派。元上都的城市建筑布局随形就势，在各个巨大的宫殿周围，保留着大片的草地，用来搭建蒙古包，城中还有大面积的猎场、花园和河流，展现出人与自然和谐相处的文化景观，是农耕文明与游牧文明融合的产物，是草原文化与中原农耕文化融合的杰出典范。由于元上都遗址地处草原深处，没有被后人建设的城市和房屋所叠压，使这一规模宏大的都城遗址得以保留。如今保存良好的宫城、皇城、外城城墙，整齐对称的街巷、错落有致的建筑遗迹以及自然生态良好的草原环境，组成我国目前保存最完整的大型古代都城遗址。

3.5 营造独特精神体验的宗教类文化景观

宗教类文化景观，是指在其形成过程中，宗教发展的影响在众多的人文因素中占主导地位的文化景观。具体来说，它反映了该宗教的发源地、传布路线、影响范围以及宗教与地理环境之间的关系。宗教信仰是人类社会生活的方式之一，由宗教信仰聚集的社会集团在地域上占有一定的空间，世界各地的自然环境，只要是经过不同宗教的影响，都有不同的人文积淀。“宗教作为一种文化现象，它的形成和文化内涵与地理环境有着直接关系，反过来宗教一旦形成，又会营造出独特的人文景观。这些人文景观与宗教信仰以及宗教氛围具有同一性，成为大地上最具特色、最具魅力、最具影响的文化表征”[①]。宗教类文化景观，体现在经过较长历史时期的积累，演变成一定地区内诸多宗教场所的共同存在，并使其宗教传统、观念渗透到世俗生活，形成强烈的宗教文化氛围，从而使人身居其中，除直接接触物化的文化外，更于无形中得到精神的感受。其中，佛教等一些宗教的教义神化和崇仰自然界，含有自然保护的信条，即对自然的崇拜形成宗教信仰，而宗教信仰又巩固了自然崇拜，客观上起到保护生态平衡的作用。同时，宗教类文化景观在精神信仰方面具有强烈的传统与地域特色，往往仍然保留着其固有的自然和社会属性，有着文化遗产和自然山水的双重特征，并在一定程度上作为现实世界的一部分存在于社会生活之中。

巴米扬是古代丝绸之路上的一个山地国家，为连接印度、西亚与中亚的交通要道，东西方文化曾在这里交会。我国唐代著名僧人玄奘从长安到印度求法，曾途经巴米扬，他在《大唐西域记》中将其译作“梵衍那国”。巴米扬山谷是古代丝绸之路上的重要佛教中心，1—13 世纪，在多种文化的影响下，激荡出独特的佛教犍陀罗派艺术形式。巴米扬山谷以其特定的地理环境，经过历代人类活动，逐渐成为一处杰出的宗教类文化景观，反映了佛教发展史上一段辉煌的历史。老挝古都琅勃拉邦，位于湄公河畔群山环抱的谷地，是老挝现存最古老的历史城镇，距今已有 1000 多年的历史。佛教兴盛使得琅勃拉邦古寺众多，市内保留有 679 座具有保护价值的历史建筑物。有的寺院古榕蔽天，有的寺院花木繁茂，有的寺院佛塔耸立。寺庙装饰的主色，有的以红色为主，华贵雍容；有的以金色为主，灿烂辉煌；有的以黑色为主，庄严肃穆。由于琅勃拉邦市内终年树木常青，鲜花盛开，层层叠叠的 2~3 层小楼和

① 王恩涌，赵荣，张小林，等:《人文地理学》，北京，高等教育出版社，2000。

寺庙掩映在绿树之间，景色十分迷人，展现了琅勃拉邦的独特魅力。琅勃拉邦居民笃信佛教，每天清晨沿街化缘的僧侣排成长长的队列，黄色的袈裟在阳光的照射下格外醒目，体现了琅勃拉邦人对宗教的虔诚，也成为独具特色的宗教类文化现象。

耶路撒冷是一座石头城，是一座不朽的城。这里的建筑几乎全是由一种浅黄色的石头建成的，暖暖的色调给人一种神秘的感觉。在漫长的历史长河里，耶路撒冷遭受过频繁的破坏，一次又一次成为废墟，而又频繁地重建，一次又一次崛起。“耶路撒冷”一词取自希伯来语，意为“和平之城”。然而几千年来这里最缺少的就是和平。波斯、希腊、罗马、十字军、蒙古、奥斯曼，历史上几乎所有强盛一时的王朝帝国的金戈铁马都践踏过这块土地。一个王朝的到来，就一定要摧毁前面的成果，重新建造属于自己的城市，以显示其力量。因此，现代的耶路撒冷是在历史的耶路撒冷上一层一层叠加起来的，通过考古发掘，可以看到一座有着历史年轮的立体的耶路撒冷。耶路撒冷确实是一个文明和精神的高地，是人们向往仰慕的文明精神制高点。《圣经》中称耶路撒冷为“流着奶和蜜的地方”。犹太教认为耶路撒冷是上帝赐给他们的“应许之地”。基督教认为耶稣就诞生在耶路撒冷附近的伯利恒，耶稣又被罗马统治者钉死在耶路撒冷，耶稣墓地上盖起的圣基大教堂是他们最神圣的朝拜处。对伊斯兰教来说，耶路撒冷是仅次于麦加、麦地那的第三圣地，耶路撒冷集三大宗教之精华于一域，成为犹太教、基督教和伊斯兰教共同的圣地，被称为神圣之城、智慧之城①。

在埃塞俄比亚中心地带的拉利贝拉山区，坐落着 11 座建于 13 世纪的“新耶路撒冷”岩石教堂。这些教堂位于约旦河两侧，分为两个截然不同的群体，但是几乎所有的教堂都没有高出周围地平，其中 4 个教堂是从整块岩石中开凿出来的，其余的或开凿于半块岩石，或开凿于地下，人们可以沿着开凿于岩石上的小径和隧道进入教堂内部。基督教在公元 330 年前后进入埃塞俄比亚的阿克苏姆王国，这里的基督徒们忠诚于科普特教会。阿克苏姆王国瓦解后发生的起义及其政治与宗教中心的

① 梅岱：《看文化和文化的看》，载《人民日报》（海外版），2009-02-07（4）。

南移，导致了12世纪扎格王朝的出现，该王朝加强了与科普特教会的联系，并鼓励传教活动，建造了一系列教堂，欲将此地建成一个新的“圣城”，再现耶路撒冷[①]。拉利贝拉的岩石教堂，在形成拉斯塔高原的大片红色火山岩石上开凿而成。当年，人们使用简易的工具，包括挖掘时使用的镐头和撬杠，细部加工时使用的斧子和凿子，进行艰苦卓绝的建筑创造。其中独石教堂矗立在7~12 m深的井状通道的中央，在岩石上直接开凿而成，并由深沟将教堂与其他部分岩石相分离，雕刻自顶部的穹顶、天花板、拱门和上层窗户开始，一直延续到底部的地板、门和基石。如今，这11座岩石教堂被列入了《世界遗产名录》，成为12—13世纪基督教文明在埃塞俄比亚繁荣发展的非凡物证。

世界文化遗产托莱多是叠加了阿拉伯文化、基督教文化和犹太文化的“三种文化之都”[②]。托莱多城依山而建，塔霍河把它与外面隔开，隔河望去，满眼是黄墙红顶的房屋和尖顶的教堂。山谷与河流为托莱多搭建起了天然的屏障，城市则孤傲地在山与河之间矗立了千年。公元567年，托莱多成为西哥特人的都城，300年后，阿拉伯人统治了这里，1085年，阿方索六世收复了托莱多。地理条件影响了城市的扩建，不同的文明只能在这里不断叠加，并彼此融合，一层一层堆积起来，直到1561年，西班牙已经成为世界强国，托莱多难以继续担负首都的重任，马德里从此取代了它，托莱多独具特色的宗教类文化景观则得到了更好的保护。另一处被列入《世界遗产名录》的宗教类文化景观，是吉尔吉斯的苏拉曼圣山。苏拉曼圣山雄踞于费尔干纳盆地，是中亚丝绸之路上的重要城市奥什城的背景。因此，苏莱曼山在漫长的历史岁月中，一直是为旅行者指引方向的标志，被尊为圣山。苏莱曼圣山有多个古老的拜神场所和洞穴岩刻，还有两座重建于16世纪的清真寺以及上百处以人、动物和几何图形为主题的壁画岩洞。人们相信这些拜神场所可以治愈疾病，并让人长命百岁，于是每年苏莱曼圣山都迎来络绎不绝的朝圣者。

---

① 注：由于耶路撒冷在1187年被萨拉丁所占领，而且由于第三次“十字军东征”，基督徒们在当时无法前往朝拜。

② 于莹：《托莱多：格列柯的梦想之城》，载《环球时报》，2009-05-18（B3）。

宗教类文化景观往往是由自然环境所引发，在宗教、文化或艺术的驱动下，人类实践活动的结果，是充分融合自然环境与人类思考而创造出来的文化景观，使自然与人类在物质与精神领域达到沟通与协调。日本的“纪伊山脉圣地和朝圣路线以及周围的文化景观”于2004年被列入《世界遗产名录》。纪伊山脉位于日本古都奈良和京都以南，突伸于太平洋的纪伊半岛的大部分山岳地带，被郁葱茂密的森林覆盖，自8世纪中叶开始，纪伊山脉的纯净土地被视为神佛仙居之地而承载了众人的宗教信仰和追求，进而成为佛教真言宗的山岳修行场，人们希冀通过在此地的修行获得超自然的能力。“纪伊山脉圣地和朝圣路线”包含了山林、灵场、参拜道等，是由依循山岳形成的“三处灵地”和“三条参拜道”构成。如今，纪伊山脉文化景观拥有浓密的森林和大量古代宗教神殿建筑物和遗址，最早的可以追溯到9世纪，反映了传统的日本神道教与从中国和朝鲜半岛引入的佛教的融合，创造了独特的建筑风格，对日本同类建筑的建造产生了深远的影响。纪伊山脉中的神道教和佛教庙宇以及与之相关联的宗教仪式，是千年以来日本宗教文化发展的杰出例证，充分展现了东亚宗教文化的交流与发展，同时也反映出一个持续且卓越，并具有延续性与详尽记录的圣山传统。

在宗教类文化景观的众多要素中，自然禀赋与人文信仰特别突出，自然的山、水、古树和森林等或被认为是神圣的，或其中具有神圣的地区、地点，或由自然激发出人类宗教的仪式和实践等，一旦自然环境使人们产生了这种特殊的思想意识，人类便会在这种内在作用和精神力量的推动下，长时间于某一区域内持续开展活动，进而营造出大量具有高度人文色彩的物质遗产；在这一过程中，非物质遗产也得以延续和发展，即“物质”与“非物质”结合。例如位于意大利北部的皮埃蒙特及伦巴第“圣山”，将建筑与宗教艺术融入自然景观之中，达到教育与感召的目的，对于后来欧洲其他地区的发展产生了深远影响。9座所谓“圣山”，实际上是一组修建于16世纪晚期至17世纪的小教堂群以及与之配套的其他宗教建筑物。这些“圣山”代表了建筑和工艺美术在精神与信仰的召唤下与自然景观的成功结合，是专门为人们以不同方式向基督教表示虔诚而建造的。“宗教教义牢牢地控制着很多人的思想和行为，每种宗教信仰有许多复杂的仪节，它有力地影响着人们的衣食住行、生老病死和婚姻制度。在建筑、聚落、服饰等文化景观上，它表现出独特的风格。宗教信仰相同的信徒互相凝聚成为社会的力量，在空间上各有自己集合的地址”[①]。除了其所具有的精神方面的象征意义之外，它们与周围山峦、森林、湖泊等自然环境高度和谐以及风格统一的精湛建筑技艺，也给人们以高层次的美的享受。

蒲甘位于缅甸中部，历史上曾是蒲甘王朝的首都。公元1044年阿奴律陀王在此创建蒲甘王朝，是缅甸历史上第一个统一的封建王朝，蒲甘由此进入鼎盛时期。虔诚的国王以小乘佛教为国教，在富饶的伊洛瓦底江边，不断建造佛塔及寺庙，仅公元11—13世纪，蒲甘先后建造的佛塔就达万余座，被称为“万塔之域”，1287年蒙元军队的入侵，结束了历经55代的蒲甘王朝。随着时光流逝，如今蒲甘的王城早已被岁月的风尘湮没，只剩下三面残垣断壁述说着曾经的过去。但是，在几十平方公里的范围内，仍然保存佛塔2000余座，向世人述说着当年蒲甘王朝的辉煌。这些佛塔默默矗立在丘陵起伏的谷地，有的洁白素雅、朴素大方，有的金光闪闪、雍容华贵。塔内的佛像或坐或立，或躺或卧，千姿百态，形象各异。这些佛塔建筑，无论是造型结构，还是用料装饰，都有着独特的艺术风格，有的像宫殿，有的似城堡，有的如石窟。佛塔内的浮雕壁画，更是技艺精湛，独具匠心。因此，蒲甘被誉为“东方佛教艺术的宝库”。落日时分的蒲甘格外肃穆，登上被称为“落日天堂”的佛塔，极目远眺，景色令人陶醉，只见广阔的绿色原野上伊洛瓦底江弯弯曲曲，宛若长龙，成百上千的佛塔都涂上了余晖，村庄和寺庙佛塔融合在一起，形成令人难忘的宗教类文化景观。

我国是多种宗教信仰并存的多民族国家，各种宗教源远流长，根深叶茂，千姿百态，具有漫长的历史沿革。除道教、民间宗教等本土宗教以外，佛教、基督教、

① 王煦柽：《文化地理学》，见李旭旦《人文地理学概说》，北京，科学出版社，1985。

缅甸曼德勒市塔林及桑达佛寺（2007 年 1 月 16 日）

伊斯兰教等世界性宗教也先后在我国落地生根，并以其特有的方式对一些民众的文化生活产生广泛而深远的影响。各教传入我国，均在民族化、本地化方面取得进展与成功，不仅体现了宗教信仰所具有的顽强生命力，而且一次次地验证了中华传统文化的博大精深以及和而不同的文化宽容精神和海纳百川的宏伟气魄。宗教作为文化，不仅表现在信仰主张上，而且表现在建筑、艺术、文学、哲学等各个方面。在所有文化中，宗教都努力扩张自己的影响，努力保持自己独特的理念和要求，形成自己的特点。同时，各个教派的教义和独特的生活习俗等都是宗教文化的具体组成部分。这些内容，决定了各个宗教的不同性质，形成了不同宗教的不同文化，对文化景观也必然产生不同的影响。宗教信仰与自然环境密不可分、相互渗透，在漫长的演进过程中，结合不同的自然、地理环境，形成了各具特色的宗教类文化景观，其中包括“庄重规整的佛教文化景观”“青山秀水的道教文化景观”“清洁真纯的伊斯兰教文化景观”“中西合璧的基督教文化景观”等，共同形成了我国宗教类文化景观的基本特色。

“庄重规整的佛教文化景观”。自汉末“白马负经”、洛阳建寺，佛教传入我国以来，历经千余年的传布，在我国生根、发展，除来自印度的原始教义外，更增加了我国本土的天人思想，成为“中国化的外来宗教”。我国佛教寺庙一般以传统四合院的布局形式为基本构成单元，数进院落沿中轴线布置，主要殿堂集中在中轴线上，大型寺庙在主轴两侧多轴发展，组织不同功能的组群单元，这是我国佛教寺庙平面布局的显著特点。同时，各地的佛教寺庙因受当地气候条件、传统习俗、建筑材料等方面的制约，建筑布局形式各具特色。佛教寺庙建筑的佛殿，主要用于供奉佛像，佛像一般采用横列布置的方式，以适应我国单体建筑平面的特点。为了供奉高大的佛像，一些寺庙采用楼阁式佛殿，藏传佛教中的佛殿还兼具诵经的功能，因而殿堂构造较特殊，内部空间十分宽阔，可以容纳数千名喇嘛同时做法事。石窟寺在东汉时经由西域传入我国，南北朝至隋、唐时期大量开山凿窟，雕塑巨佛，镌刻石经，使许多珍贵的佛教文化精华得以流传。山西五台山佛光寺，背靠山崖，西向面对开阔的平川。主体建筑东大殿位于全寺最高处，站在殿前平台之上，可以俯视宽广的院落。大殿面阔七间，进深四间，巨大的佛像充满殿堂内部空间，使人产生仰之弥高、佛法无边的感觉。

“青山秀水的道教文化景观”。道教是源自我国的本土化宗教，由秦、汉时期的术士炼丹、附会道家及神仙之说，至魏、晋与玄学结合，始成为有义理与信仰的宗教。此时修道者多于幽静山林辟洞室隐居静修，是为道教发展的初期。至唐代，朝廷奉道教为国教，大举兴建庙宇、道观，除东、西两京建有玄元皇帝庙外，全国道观逾 1500 处，以后历经宋、元、明、清诸代的发展，道教建筑遍布我国各名山胜境，形成著名的十大洞天、三十六小洞天、七十二福地等宫观及丛林。对天地、山川、祖先与鬼神的崇拜，在我国由来已久，殷商时期就已建立以天帝为中心的天神系统和与宗法制度相联系的祖先崇拜，这些被道教继承下来，构成其信仰来源。道教建筑在表现道教哲学思想和宗教意境上具有鲜明的特征，注重意境和超脱凡尘的气氛，这始终是道教建筑的主题，也是其精髓所在。道教宫观祠庙以其性质及所处地形、地势的不同，布局形式可以分为规整式和自由式两种：规整式是指群体建筑布置严谨，轴线分明，院落进深规矩；自由式是指单体建筑的布置，因依地形地势，上下左右、纵向横向延伸展开，创造出自由多变的建筑立面与空间院落。不少道观，在后部或侧面构建小型园林，特别是在山区，常因依地形、地势与山泉、流水、岩石、洞壑，点饰楼台亭榭，创造出以自然景观为主的优美环境。

"清洁真纯的伊斯兰教文化景观"。伊斯兰教自唐代初年传入我国，在艰难曲折的道路上不断发展。伊斯兰教建筑，是由信仰伊斯兰教的各族民众依据伊斯兰教教义，为满足穆斯林的宗教生活需要而建造的建筑物，在我国主要可以分成两类：一是以回族为代表的分布于全国各地的回族伊斯兰教建筑，其主要特征是木结构、瓦屋顶、四合院，有中心轴线；二是以维吾尔族为代表的盛行于新疆各地的维吾尔族伊斯兰教建筑，其主要特征是以夯土、土坯或砖石为主要材料，以自由布局的组合方式，平屋顶，带穹隆，有塔楼和内院，墙厚窗小而富于装饰。同时，伊斯兰教建筑在我国的分布，与伊斯兰教的历史影响以及信奉民众的分布相一致：一是沿海的国际贸易港口城市，如广州、泉州、福州、宁波等；二是沿京杭大运河两岸，如杭州、扬州、济宁、聊城等；三是丝绸之路的沿途，如西安、天水、兰州、敦煌等；四是通都大邑，如南京、北京、洛阳、开封等。清真寺建筑是伊斯兰教的信仰、礼仪、行为、理论等内容的外在体现，由于伊斯兰教是以清洁真纯而有别于其他宗教，因此清真寺往往选择清洁干爽之地[①]。例如我国东南地区"四大古寺"，广州怀圣寺、泉州清净寺、杭州真教寺和扬州礼拜寺，均呈现出清洁真纯的伊斯兰教文化景观。

"中西合璧的基督教文化景观"。基督教第一次传入我国是唐太宗贞观九年"景

---

① 路秉杰，张广林：《中国伊斯兰教建筑》，上海，上海三联书店，2005。

教”的来华。在之后1300多年的过程中，基督教在我国有四次传入的曲折经历，展示了基督教与中华文化相互接触、交流、碰撞、融合的漫长历史。基督教在其历史发展中形成了自己独特的教堂建筑，在人类建筑艺术中占有重要的位置。教堂建筑也随着基督教的历史演进而不断变化、更新，从而体现出不同的建筑艺术风格。基督教传入我国后，其教堂建筑的原则和特色也随之引入我国，我国的基督教教堂并无奢华、重彩之范例，而较为俭朴。随着基督教“中国化”“本土化”的发展，在原有西洋教堂建筑模式中，逐渐融入我国传统建筑风格，采用中西合璧式样的教会建筑和教堂建筑日渐增多。一些外国来华的传教士尤其对我国园林式和宫殿式建筑产生了浓厚兴趣，对我国传统建筑群的庭院布局也颇为欣赏。于是，我国的一些基督教教会大学出现了中国园林式的布局和中国宫殿化的建筑，而中国庭院式布局形式也在一些基督教会所中出现。同时，以基督教圣经、教义、历史和传说中的人物、事迹为题材而创作的绘画、雕塑的表现形式以及祭坛等建筑物、构筑物所表现的造型艺术，也或多或少地受到我国传统文化的影响。正是在这种中西文化的对比和互渗中，我国基督教建筑形成了自己的特色。

除上述各类宗教建筑所构成的各具特色的文化景观之外，我国的礼制建筑是世界建筑史上独具特色的思想性建筑。儒家以礼治天下，他们把对自然山川与祖宗的崇拜归于礼仪的范畴，并加以固定化、制度化。随着儒学成为国学，礼制成为国制，坛庙祭祀建筑也称为“礼制建筑”，成为国家营构的建筑。古往今来的坛庙祭祀建筑甚多，大致可以分为自然与人文两大类。自然方面包括对天、地、日、月、山、川、风、雨、雷、电、星、辰、农、桑等方面神灵的崇拜；人文方面包括对祖先、帝王、先贤的敬奉。礼制建筑为非生活建筑，纯粹以建筑空间艺术形象为手段，使人们获得视觉上的感受，以达到精神上的教育与制约作用，规范现实人间的社会行为，其核心思想是秩序感。这些坛庙祭祀建筑往往规模宏大，主体建筑群气势威严，庭院内外遍植柏树，纵横排列规整，具有庄严肃穆的氛围。例如明清北京，天坛位于正阳门外，主要建筑包括圜丘、祈年殿、皇穹宇、斋宫等，气势宏大庄严。与位于安定门外的方泽坛（地坛）、朝阳门外的朝日坛（日坛）、阜成门外的夕月坛（月坛）以及位于城内的先农坛、先蚕坛、社稷坛，再加上位于紫禁城东西两侧的风神庙（宣仁庙）、云师庙（凝和庙）、雷师庙（昭显庙）等，构成结构完整的祭祀文化空间。

儒家学说形成于春秋战国时期，到西汉时期，汉武帝利用政治权力将其宗教化，定儒教于一尊。隋唐时期，儒、释、道并称为“三教”，出现三教合一的趋势。宋代在封建政权支持下，儒教形成了独立的理论体系，以“三纲”“五常”为中心，吸收佛教、道教的宗教思想和修养方法，使儒教社会化，使宗教生活渗入每个家庭，而祭天、祭孔、祭祖也成为国家规定的宗教仪式。孔子是儒家的创始人，由此孔庙也成为唯一具有皇家宫廷建筑规格的祠庙。其中曲阜孔庙，从东汉以来即由国家设官管理，历代皆有修葺或增建，至宋代初年已形成“重门”“层阙”“回廊复殿”的庞大建筑群。“孔庙建筑空间环境十分简洁，前三进院落种植大片松柏，浓荫蔽天，青翠扑人，行至此间，杂念全无；后四进院落，一色黄琉璃瓦的对称式建筑群，主次分明，形制规整，庭院宽敞，主殿雄伟，使人肃然起敬。这种青、黄颜色相衬，自然与规整布局对比，造成孔庙特有的庄严肃穆的环境气氛，表现出孔丘的伟大与永恒精神”[①]。全国各地文庙的建造随着尊孔活动的升级而发展，唐代以后除京师孔庙以外，各府州县学内皆立孔庙一所。宋代范仲淹任苏州知府时，首先将府学与文庙合于一处，学宫为习文之所，文庙为演礼之处。至明代，全国文庙数量达 1560 所，清代更有所增加。在庙学合一的建筑关系方面，也逐渐形成了基本布局形式。

寺庙作为我国传统社会的主要祭祀空间，自古以来就在社会中发挥着巨大的作用。研究这种作用在历史时期的演变，是宗教类文化景观遗产研究的重要内容。北京市范围内的永定河流域，历史上形成了数量巨大、种类繁多的寺庙群，围绕着这

① 光复书局：《中国古建筑之美　礼制建筑：坛庙祭祀》，北京，中国建筑工业出版社，1992。

些寺庙，形成了众多的庙会和香会组织。传统社会中，人们对寺庙神明的祭祀活动不仅仅是一种虔诚的宗教活动，它对当时人们生产生活中的各个方面均产生了不可估量的影响。据《门头沟文物志》的记载，在门头沟境内共有各类寺庙300多座，其中除少量正统的、受官方册封的佛教寺院外，主要是祭祀传统神明的庙宇，如三官庙、二郎庙、龙王庙、关帝庙、娘娘庙、五道庙、山神庙等。其中龙王庙的数量最多，反映出农业社会里民众对水的需求在生活中占有举足轻重的地位。另据文献记载，门头沟当地民众的信仰活动十分活跃，除了在各个村落中定时举行各种祭祀活动外，每年还要集合许多村庄举行各种庙会活动。其中最著名的包括斋堂五十八村龙王会、窑神庙会、九龙山庙会、百花山庙会、潭柘寺庙会、戒台寺庙会和妙峰山香会。潭柘寺和戒台寺是京西的佛教大寺，同时也对来自民间的香会有着很强的吸引力，从潭柘寺、戒台两寺中现存的碑刻中，可以看出历史上庙会活动的繁荣兴盛。

宗教是人类精神文化的重要体现，是人类思想文化的重要组成部分。它伴随着人类历史进程，渗透到人类活动的几乎一切领域，诸如政治、经济、社会、道德、艺术等，影响深远。寺院是人们进行宗教活动的场所。例如佛教的僧侣们效法佛祖，为了潜心研习而寻求幽静清寂的修持环境；道教的道士们以返璞归真为主旨，也要选择脱俗超尘的成仙修道环境。因此这些寺院往往建于峰峦掩映、洞壑深幽、松柏荫郁、树老林深的优雅环境之中，并通过长期经营，形成布局庄严优美的宗教丛林。

四川安岳石窟茗山寺摩崖造像(1)（2011年10月9日）

四川安岳石窟茗山寺摩崖造像(2)（2011年10月9日）

四川安岳石窟茗山寺摩崖造像(3)（2011年10月9日）

除在山林中利用自然环境建造寺院外，在城市的中心地段或郊区城镇也大量建造宗教活动场所，僧侣道士们对寺庙道观内外天然生长的树木悉心加以保护，同时种植树木加以绿化点缀，以此创造幽静的宗教文化环境。宗教活动是人类文化活动的重要组成部分，通过各种环境特征表现出来，形成丰富的宗教类文化景观。宗教建筑遗存是宗教类文化景观的主要内容。例如许多神殿、寺院、陵墓、纪念设施等宗教建筑，具有非常明显的造景、育景功能，形成强烈的宗教气氛。同时，雕塑、壁画等作为典型的宗教文化表现手法，其价值也不可低估。不同的民族、地域群体有各自不同的宗教信仰，各种宗教对于场所建筑、经典内涵、教义教规、庆典仪式、礼仪道具，甚至服饰色彩都有严格的规定，形成具有整体创造的环境特征，并表现出深层次的文化内涵。

在我国文化景观的形成过程中，宗教力量发挥了特殊作用。其中，不少宗教类文化景观范围内，儒、释、道各教共存共兴、互相配合，分别承担着独特的社会使命。佛教对我国传统的哲学、文学艺术、民情风俗、伦理道德具有广泛的影响，其思维方式渗入艺术创作实践，使得作品达到情景与哲理交融化合的境界，从而把完整的意境凸现出来。道家学说以自然天道观为主旨，崇尚自然并发展为以自然美为核心的美学思想，即所谓“天地有大美而不言”。这种原始的美学思想与“返璞归真”的憧憬相结合，铸就了士人们的宁静致远、淡泊自适、潇洒飘逸的心态特征，其于我国古典园林的影响十分巨大，园林规划通过筑山理水的辩证布局来体现山嵌水抱的关系。儒家的“君子比德”即美善合一的自然观和“人化自然”的哲理，启发人们对大自然山水的尊重，奠定了山水景观发展的方向。而“中庸之道”与“和为贵”的思想，则更为直接地影响园林艺术创作，使得园林整体呈现一种和谐的状态。“儒家、道家倡导以根本的‘道’来统摄宇宙间万事万物的‘器’，影响及于传统的思维方式，形成思维之更注重综合观照和往复推衍。因而各种艺术门类之间可以突破界域，触类旁通，铸就了中国古典园林得以参悟于诗、画艺术，形成‘诗情画意’的独特品质”[①]。

宗教类文化景观的形成、发展和演化都受到地理条件的影响，其中，山体是人类生存环境中常见的自然要素，在许多宗教文化中，山体与信仰和特殊的崇拜相联系，构成人类精神层面上对环境的依赖。一些自然山川经过人为的加工、整理，呈现出来的总体格局和文化景观，具有独特的意识形态特征、深厚的哲学内涵和鲜明的时代特点。早在春秋战国时期，我国已有 451 座山峰被作为祭祀对象。古代人们认为高山“峻极于天”，把位于中原地区的东、南、西、北和中央的五座高山定为“五岳”，即东岳泰山、南岳衡山、西岳华山、北岳恒山、中岳嵩山，历代皇帝都要亲临或派人到五岳祭祀。魏晋南北朝时期，佛教和道教开始在五岳修建佛寺、道观，进行宗教活动，每个“岳”均尊奉一位“岳神”，作为最高神祇。于是，五岳成为我国既有山岳自然之美，又兼具佛、道之尊，体现皇权和神权结合的文化景观，成为历代统治者依托宗教并结合自然刻意营造的环境。佛教传入我国后，与传统的山林审美观相结合，将大量寺院庙观建于自然景观优美寂静的名山之中，以应修身养性之需，佛教名山成为我国宗教类文化景观中的一大特色。“天下名山僧占多”，经过千年历史积淀，大批佛教圣地诞生在辽阔的中华大地，例如天台山、终南山、棲霞山、雁荡山等，都以悠久的佛教历史而著称。山西五台、浙江普陀、四川峨眉和安徽九华，更成为举世瞩目的“四大佛教名山”。

泰山地区是我国黄河流域古代文化的发祥地之一，历史文化源远流长。泰山，东望黄海，西襟黄河，拔地通天，气势恢宏，自然风光十分秀丽，融雄伟壮丽的自然景观与悠久丰厚的文化景观于一体，成为《世界遗产名录》中首例“文化与自然混合遗产”。泰山主峰玉皇顶海拔 1545 m，环绕主峰，构成群峰拱岱、山水相依、气势磅礴的泰山山系，有旭日东升、晚霞夕照、云海玉盘、隆冬雾凇等著名的自然景观。更为珍贵的是泰山的文化景观。郭沫若先生说，泰山是中国文化史的一个局部缩影。作为历代帝王封禅祭祀的圣地，据司马迁的《史记·封禅书》记载，早在先

① 周维权:《中国古典园林史》，北京，清华大学出版社，2008。

秦时期，就有三皇五帝等72位君王封禅泰山。进入封建社会，根据史籍确切记载，又有秦始皇、汉武帝、唐玄宗、宋真宗、清圣祖等12位帝王到泰山举行封禅、祭祀大典。因此，泰山封禅祭祀成为我国诸多名山中特有的文化现象，一峰一岭都被审视过、命名过，因此泰山的自然景观也就具有了更多的文化内涵。泰山对我国诗歌、散文、戏曲、小说等文学艺术的发展也产生了巨大的影响，历代文人游历泰山，留下了卷帙浩繁的诗词歌赋，大量的书法作品，通过刻石留存下来，遍布泰山上下的1239块碑碣，1277处摩崖石刻，林林总总，光彩夺目，其中一些摩崖石刻已成为中华文化遗产中的瑰宝。

泰山自古以来被称作中华神山、圣山和民族精神之山，泰山的象征意义扎根于中华民族心灵深处。泰山具有儒、释、道三教并存的宗教文化，分别是儒家的“圣山”、道教的“仙山”与佛教的“灵山”。作为儒家思想创始人的孔子，对泰山尤其顶礼膜拜，泰山由此成为承载孔子“仁者乐山”的典范。孔子的登临不仅拓展了泰山文化的内涵，而且使儒家思想借泰山之力弘扬传承。古代泰山摩崖石刻谓“孔子圣中之泰山，泰山岳中之孔子”。佛教文化传入泰山也有1500多年的历史，泰山经石峪刻经、普照寺、玉泉寺、竹林寺、灵岩寺等都是著名的泰山佛教文化遗存。泰山被纳入道教信仰，源于战国秦汉时期的方仙道活动。魏晋南北朝时，泰山被正式纳入确定后的道教名山体系。宋代以后，道教之泰山信仰与国家之泰山信仰逐渐融为一体。道家的“天人合一”思想对泰山文化乃至泰山的保护影响很大。泰山碧霞祠、王母池等道教遗存等对泰山文化都有深远的影响。同时被“三教”所尊崇，显示出泰山所具有的“宗教兼容性”和超越任何宗教的广泛影响力。因此，泰山集优美的自然风光和古人巧夺天工的文化创造于一体，无愧为宗教类文化景观中的典范。

文化景观是附着在自然物质之上的人类活动形态，是人类社会和聚居环境演变的例证。宗教类文化景观作为自然与文化高度复合的产物，始终保持着历史的连贯性。其中的自然美，折射出传统的哲学、美学、人文、建筑等诸多文化理念；其中的人文美，则渗透着许多自然的、物候的意象。这种强调自然美欣赏中的情感因素和伦理道德因素，强调人文美欣赏中的崇尚自然和保护自然理念，是宗教类文化景观的重要特征。我国传统文化认为，自然环境在经过人们文化实践的基础上，能够成为在情感上感染人、具有美学意义的环境。因此，我国宗教圣地往往不但是自然环境保护较好的地区，而且体现出传统美学强调“天人合一”的总体理念，强调情感在艺术表现中的价值，强调审美意识要具有纯洁高尚的道德情操，强调直觉和感悟在审美过程中的作用。特别是我国民众浓厚的历史情结和对传统文化的崇尚，更喜欢把审美活动和抒发心志联系起来。也就是说，人们所欣赏的自然，并不是同人类文化无关的自然，而是同人类的精神生活、人们的内在情感要求密切联系在一起的自然。同时，在宗教类文化景观中还将人的精神品质同自然现象相联系，把“善”和“美”联系在一起，并从这种联系中感受到自然的美。“按照李泽厚先生的说法，西方哲学最后归宿是从道德走向宗教，而中国哲学最后归宿是从道德走向审美”。

宗教是一种历史文化现象，是人们的社会意识形态的反映，伴随一定的社会历史条件产生和发展并受其制约，同时也对各自相应的历史时期民族或国家的社会生活、政治结构、文化风尚、道德伦理等诸多方面发生影响。1987 年 12 月，世界遗产委员会认定莫高窟符合世界文化遗产的全部 6 条标准，入选《世界遗产名录》。事实上，在世界范围内符合全部 6 条标准的世界文化遗产仅有 3 处，另外 2 处是我国的泰山和意大利的威尼斯，足以证明敦煌莫高窟具有无与伦比的重要价值。敦煌莫高窟不仅是我国最重要的佛教石窟，而且是闻名世界的文化艺术宝库。敦煌莫高窟具有庞大的体量和规模，它的实物遗存始凿于前秦，经北魏、西魏、北周、隋、唐、五代、宋、西夏和元，历代都有凿建，在峭壁上形成全长 1700 余米的石窟群，包括现存不同建筑形制的 735 个洞窟，以及洞窟内美轮美奂的壁画和彩塑，这是历经十几个朝代，1000 余年时间，所创造出的不可多得的佛教艺术宝库。同时，莫高窟享有独特的自然环境，地处被戈壁沙漠包围的绿洲之中，背靠浩瀚的鸣沙山，面对高耸的三危山，窟前绿树成荫、流水潺潺。莫高窟的本体及其与本体共存的人文、自然、生态、环境和山形水系，共同构成独具特色的宗教类文化景观。

在长期的历史演进中，我国的名山大川形成了独特而稳定的存在形态，它们以山水等物质世界为依托，以宗教的审美导向为基础，创造出一个个美的范例。在这里，自然美和人文美相伴相依，互相烘托，互为表里。它们的自然美，渗透着我国传统的哲学、美学、人文、建筑等诸多的文化理念、文化现象；它们的人文美，则渗透着许多自然的、物候的意象。它们深深地蕴含着中华民族的审美理想和审美情趣。武当山是道教 72 福地之一，方圆 800 里，山峦清秀、风光幽奇，背依苍茫千里的神农架原始森林，山高谷深，溪涧纵横。武当山古建筑群是由明代皇帝亲自策划，派人监修并管理，其规模之大、规制之高、构造之严谨、装饰之精美，在我国道教建筑中绝无仅有。这些宫观、道院、亭台、楼阁等宏伟的古建筑群，遍布峰峦幽壑，历经千年风雨，延续传承至今。世界遗产委员会评价为“武当山古建筑群以典型的道教建筑与奇异的自然风光完善地结合在一起”。武当山的宗教类文化景观，还包括优美的道教音乐和刚柔并济的武当功夫。武当道乐形成于宋代，在历史传衍中融合其他道派的道乐，表现出古代巴楚音乐的苍劲浑厚；武当功夫则是由历代道门宗师创立并不断演进的健身之术，成为中华武术的重要流派。

与武当山文化景观形成鲜明对照的是三清山文化景观。三清山位于江西上饶东北部，因玉京、玉虚、玉华“三峰峻拔，如道教三清列坐其巅”得名，集自然景观与人文景观于一处。1600 多年前，东晋著名道士葛洪，云游四方，为三清山的自然山色所吸引，遂结庐修道，炼丹著书，成为道教开山祖师之一。从此三清山成为历代道家修炼场所。宋乾道六年（1170 年）三清宫始建，但是，区别于武当山的皇家工程，三清山既不是皇家也不是官方所建，而是由王姓家族集资修建，历经数朝，遂成规模，因此具有鲜明的个性和民间建筑的特点。三清山至今保留了230多处道教建筑和遗迹，素有“中国古代道教建筑露天博物馆”之称。在逾200 km^2 的核心区域内，保存有众多古建筑群，包括宫、观、府、殿、亭、台、坊、塔、池、泉、井，还有山门、华表、石像、石雕、石刻等，其内容之丰富、布局之合理、建造之精良、保存之完好，实为我国道教名山所罕见。在“道法自然”的理念下，众多的古建筑掩隐在崇山峻岭、密林深处，布局依山就势，建筑精巧细致，与自然环境融为一体。2007年，三清山作为自然遗产，列入《世界遗产名录》。实际上，这是对三清山突出的普遍价值未能给予全面理解所致，三清山原本不仅是一处山岳型自然风景区，而且是一座历经千年的道教名山。

陕西华清池（2011年8月11日）

3.6 延续社区传统生活的民俗类文化景观

民俗类文化景观，是指在一定空间范围内，在民俗的起源、形成、传布和融会的过程中，形成的具有区域特征的文化景观。其中包括居住、迁徙、服饰、饮食、岁时等社会传统习俗，以及农业、贸易、手工业、工艺等物质生产方式，依靠习惯势力、传袭力量和心理信仰约束，形成物质文化和精神文化的表现。我国学者较早地认识到保护民俗文化的重要意义。周谷城先生在其为《传统蒙学丛书》所作的序中指出："我们研究文化史，应当着眼全民族和各阶层人民文化的演进，着眼以往各时各地社会上多数人的文化状况"。民俗学家钟敬文先生认为："我国是一个开化较早的大国，又是一个民族和人口众多的大国。我们所拥有社会文化十分丰富。在这个汪洋无际的民族文化的大海中，大略可分为'上层文化'（即过去主要为封建阶级所创造的文化）和'下层文化'（即过去广大农民、工匠等所创造的文化）。这两种文化各有其优秀部分（其中不少已经可以夸耀于世界文化史）。"[①]两位学者对于中华文化构成的多层次性的分析，阐释出民俗文化在中华民族文化构成中的位置及作用。而在国际社会，20 世纪 70 年代，意大利率先提出了文化遗产"整体性保护"的观念，第一次提出"把人和房子一起保护"的口号，即不仅保护具体的建筑遗产，还要保护与之相联系的、活态的文化传统和生活方式。

在经济全球化进程中，通过各具特色的传统文化和地域文化的保护，增强文化认同感，促进文化多样性和创造性，是各个国家和民族真实而迫切的要求。在社会发展和进步过程中，人类创造了丰富的文化遗产。随着保护文化遗产的实践及理论探讨的日益深入，人们发现，人类的文化财富无限丰富，除了那些物质化的文化遗产，大量存在的是活态的非物质文化遗产，像民间文化、民俗文化、民族文化等，它们代代口耳相传，生生不息，在人类的社会生活中发挥着巨大的影响。这些文化遗产是一个国家、民族、区域、城市、社会共同生活人群的"集体记忆"，内容既包括物质文化遗产，也包括非物质文化遗产。人们很早以来，就注意到非物质遗产所

① 刘晔原：《中国文化杂说》，北京，北京燕山出版社，1997。

具有的特性，因为这种特性往往能够十分明显地反映出区域的个性。20 世纪初，德国心理学家就曾把对于一些特定环境所产生的抽象的观感叫作“精神感觉的形体构造”，包含人们几种器官得来的许多不同印象。1962 年，法国地理学家 J. 戈特曼（J. Gottmann）在其《欧洲地理》一书中认为，认识区域就好比画像，除了一般容易觉察到的具体的文化景观外，要试图抓住这些抽象的、无形的景象来表现区域特色，他认为“区域化必须以景象为基础，每一个社会都有它特定的景象，一种与它邻区稍稍不同的标记”，而这种景象包括了有形的和无形的文化景观①。

1989 年 10 月，联合国教科文组织第 25 届会议通过了《保护民间创作建议案》，建议世界各国尽快采取行动，保存、保护并传播民间创作这一全人类的共同遗产。民间创作是指来自某一个文化社区的全部创作，形式包括语言、文学、音乐、舞蹈、

英国卡尔顿山（2012 年 10 月 13 日）

① 王煦柽：《文化地理学》，见李旭旦《人文地理学概说》，北京，科学出版社，1985。

游戏、神话、礼仪、习惯、手工业、建筑技术及其他艺术。其中乌兹别克斯坦博逊地区的文化空间，于 2001 年被列入人类口头和非物质遗产代表作。博逊地区位于从小亚细亚至印度的通道上，是世界上最早的人类定居地之一。该地区现有居民 82000 人，至今仍然保留着古老的文化和诸多宗教遗迹，例如拜火教、佛教和 8 世纪时传入的伊斯兰教以及萨满教和图腾崇拜。当地的很多传统仪式与季节有关，例如在春节除夕用食物作为播种仪式的供品；祈雨仪式由拜火教演变而来。还有一些传统仪式在家庭习俗中流传下来，以古老的方式存在。例如新生儿出生 40 天后，用火和灰烬驱除鬼魅，继而给婴儿行割礼，此时伴有斗羊和其他活动。此外，留存下来的习俗还有婚礼、葬礼以及治病的萨满仪式。博逊地区特殊的文化，往往通过歌曲、舞蹈和音乐等形式进行表达和诠释，表现出民众丰富的情感。在民间传统中，还有与节日、牧歌、史诗传说和民族舞蹈相联系的传统歌曲，从中可以感受到塔吉克斯坦和乌兹别克斯坦传统的相互影响，歌词是史诗里的神话题材，有些则是歌唱大自然的抒情歌曲，用管乐或弦乐伴奏。

不同民族由于生活方式、风俗的差异，形成多样的民俗类文化景观，也形成了传统节日形式的多样化。圣灵兄弟会创建于 16 世纪，以多米尼加的梅拉镇一带为中心形成文化空间。通过同样的圣灵信仰，把不同血缘的个人和部落联系在一起。以音乐聚会的形式演奏打击乐器，成为表达他们之间亲如手足兄弟情谊的一种形式。圣灵兄弟会的主要成员是乐手，他们演奏一种名叫“孔果”的乐器，主要在节日里表演。这种据称源自“圣灵”的乐器，实际上是一种用双手击打的鼓。圣灵兄弟会所举办的音乐舞蹈和民间节庆颇具特色。每逢宗教节日或社区成员的葬礼，圣灵兄弟会都要开展活动，并不分性别和出身向所有的人开放，声势浩大的圣灵庆典仪式每次都有几千人参加，也使圣灵兄弟会成为该族群和地域文化的重要标志之一。每当圣灵节来临时，彭特科特岛上的居民在“孔果”乐器的伴奏下进行祈祷，并跳舞歌唱，还要组成手捧圣灵鸽的游行队伍。遇有丧事，圣灵兄弟会要在守灵和送葬途中演奏“孔果”鼓乐。2001年，多米尼加的圣灵兄弟会文化空间成为人类口头和非物质遗产代表作。但是，面对全球化的冲击，圣灵兄弟会文化空间受到来自经济、社会与文化方面的挤压。为此，世界遗产委员会提出相关保护计划，在社区中心设立圣灵手足之情的特色工艺品陈列，建立专门的圣灵手足之情博物馆、档案室和图书馆，圣灵兄弟会文化空间的一些传统在学校课程里得到介绍，纪念圣灵手足之情的节日也继续有序进行。

科特迪瓦的塔格巴纳格玻夫文化空间颇具特色。“格玻夫”是主要流行于塔格巴纳族群的阿封卡哈村庄的一种侧面鼓起的喇叭吹奏乐器，其制作材料是树根外护一层牛皮，制作时的过程也十分隆重，需要举行一个砍树根的仪式。格玻夫被用于塔格巴纳族群的宗教礼仪和传统庆典上。格玻夫通常的含义不仅仅指这种乐器，还包括演奏者、整个音乐或整个演奏过程。格玻夫乐队由6人组成，其中只有主角1人使用格玻夫进行吹奏。6个不同的月牙形喇叭同时吹奏，产生的音阶有如塔格巴纳语中的词汇。在吹奏进行当中，要伴以传统的鼓乐，由盛装的男性舞蹈及妇女旁边伴唱，形成格玻夫的音乐结构。格玻夫艺术通常用于传统的仪式和传统庆典上，根据不同的场合，传达不同的内容，诸如感恩、道谢、赞扬、爱情、讥讽、丧痛以及伦理道德和日常生活等，有着重要的社会教育作用，可以使拥有这一传统技能的人得到尊敬和名望，还可以使个人融入社会。格玻夫的艺人都要经过传习，最普遍的方式是父子相传，而才华出众的年轻人也能够参加仪式。目前，工业化及农村变革已经威胁到格玻夫的生存环境。另外，年轻人对传统艺术失去兴趣，也使格玻夫的持续发展受到挑战。世界遗产委员会针对格玻夫制定的保护计划，包括在当地学校增开格玻夫课程，对格玻夫进行全面普查，组织节目来增强传统艺术的活力，为年轻音乐家设立奖学金等方面内容。

如果说城市中的历史街区、传统民居是静态的文化景观，那么，存在于世界各地的广场活动，则是动态的文化景观，它们往往构成了城市文化缤纷多彩的生动画面。吉马广场位于摩洛哥的世界文化遗产城市马拉喀什，是一座著名的城市中心广场。吉马广场地处老城入口的一个阿拉伯人聚居区附近，伴随着马拉喀什的城市设立而形成，至今已有近千年历史，并成为该市的显著标志。如今世界各地的参观者纷纷被这一文化与民族交会点所吸引，喜欢这里的祥和气氛和热闹景象，乐于把吉马广场作为聚会的中心。于是，吉马广场从早到晚熙熙攘攘，广场上的生意火红，娱乐兴盛，每日直至午夜。人们在广场上闲谈、娱乐、做生意、寻医问病；各式各样的江湖艺人在吉马广场上施展才能，表演包括讲故事、音乐演奏、舞蹈、耍蛇、吞玻璃或吞火表演、动物表演、矮人表演以及简易高尔夫球等各种游乐方式；同时还有各种服务项目，例如算命、占星、牙医、传统草药、天然染料文身。至于售卖水果、面包以及各种饮料的商摊更是比比皆是，甚至夜晚用的灯笼也能够在这里租到。吉马广场的世界性还体现在语言方面，在广场上，摩洛哥和欧洲的方言交织在一起，特别是在古老传统的讲故事表演中，表现出高超的叙述技巧。吉马广场使摩洛哥民间的城市文化传统一直保持活力，成为马拉喀什市的象征。1920 年，吉马广场就已经得到摩洛哥国家立法的保护，并于 2001 年列入人类口头和非物质遗产代表作。

国际古迹遗址理事会第 16 届大会的主题是“场所精神——在古迹的有形与无形遗产之间”，会议形成的《魁北克宣言》对文化遗产保护中有形与无形遗产的关系进行了精辟论述，同时，文化遗产“场所精神”概念的提出也引起人们的广泛关注。场所精神出自 1980 年挪威建筑理论家 N. 舒尔茨（N. Schulz）出版的《场所精神》一书，是以德国哲学家 E. 胡塞尔（E. Husserl）的现象学原理和 M. 海德格尔（M. Heidegger）的存在哲学思想来对建筑进行分析，目的是探求建筑的本质，认识建筑的意义，不仅要重视建筑的物质属性，而且要重视建筑的文化与精神的作用，重视生活环境的场所精神。“场所意味着由自然环境和人造环境组成的有意义的整体。这个整体以一定的方式聚集了人们生活世界所需要的具体事物，这些事物的相互构成方式又反过来决定了场所的特征。场所不仅具有物质形体，而且蕴含着精神上的意义。场所的精神与场所的结构是密切相关的。然而作为一种总体气氛，场所的精神比空间和特征有着更为广泛和深刻的意义”[①]。文化景观遗产是历史上人类创造的遗存，本身具有极为重要的精神价值。因此，保护的重点应从侧重于有形的、物质的要素，进一步扩展到重视对无形的、精神的以及有形与无形、物质与精神之间关系的保护。

先秦著作《礼记·王制》指出“广谷大川异制，民生其间者异俗”，“中国、夷、蛮、戎、狄，皆有安居、和味、宜服、利用、备器。五方之民，言语不通，嗜欲不同”。中华各族民众在长期历史进程中，形成了独特的生活方式和风俗习惯。“风俗习惯只是俗文化的表层结构，而它的深层结构，应该是在这些风俗习惯里所潜藏着的民族心理性格、思维方式和价值观念”[②]。地域条件和自然环境的不同，使我国广大地区内的不同民族之间、同一民族在不同地区之间、同一地区在不同历史时期之间，民俗类文化景观的内容都会发生某种程度的变化。正如《晏子春秋·内篇·问上》中所述“古者，百里而异习，千里而殊俗”，在民间也有“千里不同风，百里不同俗”之说，明确地指明了民俗的地域差异。生活于不同地理环境中的人们，为了与其环境相适应，产生了一些与其他地貌单元不同的习俗。尤其在物质文化风俗方面，地理环境的影响更为显著。人们在生产劳动、聚落形式、交通运输等方面，都会依不同的地貌条件产生独特的风俗习惯。曾有学者综合各种地理条件对民俗的影响，认为可将我国民俗区分为不同民俗文化区。在汉族地区，分出直鲁、松辽、晋绥、豫襄、秦陇、川滇黔桂、两粤、客赣、闽潮、苏浙、徐淮、荆沅、湖湘等 13 个风俗区，在周边少数民族地区，分为东北、北漠、回疆、藏蕃、西南以及中南东南等 6 个诸族风俗区[②]。

世界各地的历史城镇中，都拥有一定数量的与自然环境相协调、富有地域特色的历史文化街区。例如北宋著名画家张择端笔下的《清明上河图》，以北宋东京开封

① 永昕群：《从“场所精神”出发探讨古建筑彩画保护理念中的重绘问题》，第 187 页。
② 吴必虎，刘筱娟：《中国景观史》，上海，上海人民出版社，2004。

城郊为起点，向西沿汴河溯流而上，经过内城通津门外的土桥，到繁华的保康门街，向人们展示了北宋首都汴京内外，到处店铺林立的繁荣城市商业文化景观。这些历史文化街区是在城市经年累月的发展中形成，既有民族性，又有地域性，构成独具特色的民俗类文化景观，是人类文化多样性的重要表现形式。历史文化街区中的传统建筑，同样经历了千百年的历史变迁，在不断修复、重建的过程中，接受传统与外来文化的支配与影响，彼此的同化与融合，形成风格各异又相互协调的群体形式，体现出人们对于幸福美好生活的向往与追求。在空间结构与建筑布局方面，往往呈现出带有某种规律性整体，是民俗文化和居民生活在时间上的积累与延续，在显示城镇历史的同时，也是现代居住生活与活动的环境载体，从外观形态与内在氛围上都显示出独具的民俗类文化景观的特质。“城市空间的环境价值本身随着时间的流逝与城市发展的过程而日趋提高，像街坊、街道、庭院这种结构划分的历史形成区是最佳的居住环境，其环境素质拥有的文化生态价值对居民来说不亚于设备完善的现代建筑”①。

如果说《清明上河图》是描写北宋京师汴京社会风情的经典画卷，那么明代中期的《南都繁会景物图》画卷，以及清代初期《康熙南巡图》画卷，则同样细腻地再现了古都南京的文化景观。《康熙南巡图》涉及南京部分的画面分布在第十、十一卷中。由通济门入城以后，十里秦淮两岸，官民杂居，歌楼舞榭，商肆林立，彩坊绵延。画卷中文庙牌坊、贡院号舍、石拱古桥、城门墙垣、王府民居、亭台楼阁、船舶车舆等建构规制，更为建筑史、商贸史、交通运输史、社会风俗史等诸多方面的专家学者所关注。从利涉桥、文德桥到三山街、内桥等商贸繁华地带。茶寮、酒家、点心摊、五谷铺、肉铺、药铺、衣帽行、布行、丝帛店、书店、字画店、古玩工艺品店、漆具店、家具店、工具坊、当铺、钱庄等鳞次栉比，琳琅满目，几乎涵括了当时民众衣食住行、文化娱乐等各个方面。雄伟壮丽的大报恩寺巍然屹立在外秦淮河的南岸，沿着西侧城墙北行，淮水两岸风光秀丽，景色宜人。老城南地区商

① 王紫雯：《多功能景观概念在可持续景观规划中的运用》，载《城市规划》，2008（2）：27页。

贸繁荣、市井民俗景况，也为后人研究明末清初南京的商贸经济、民俗文化、民间工艺史等，提供了相当翔实的典籍资料，使距今300多年的南京历史风貌得以保存，也为我们今天留下了难以磨灭的文化记忆，其中的历史价值非同寻常①。

龙井茶园是西湖文化景观的有机构成部分，龙井茶，是由西湖特殊的自然条件和人文环境孕育而成的物产，自晋代时植茶，唐代时饮茶，龙井茶已被赋予文化的属性。至今为止，龙井茶的种植地点、生长环境基本没有变化，传统的手工采摘和炒制工艺被完整传承，其形态、口味和品饮方式仍保持着传统的特点。龙井茶的原产地分布在以狮子峰为中心，海拔400 m以下，周围3 km左右的丘陵地带，保存有近800 hm^2的茶园。西湖与龙井茶园的价值在于二者的结合，整个西湖文化景观区域内，除湖心区外，在湖滨区、北山区、南山区和钱塘区，都有龙井茶生产。龙井茶园与江湖、山林、洞壑、溪泉等自然景观和古刹庙宇融为一体，为西湖山水增添了诗情画意。在物质层面上，自古以来龙井茶就是一方经济的支柱；在精神层面上，其与西湖山、水、胜迹、名人等相结合，从茶的种植、炼制、品尝到欣赏，形成了与西湖景观密切结合的特有文化。因此，龙井茶园是在西湖特殊的自然环境和长期人文积淀的基础上形成的民俗类文化景观，经过1500余年的人工培育，达到人类和自然的紧密融合，并通过对自然景观的人格化、人情化，由此派生诸多诗词绘画、民俗轶事，融入当地人们的生活、思想，也影响着我国对文化景观的欣赏方式和风景建筑的创作方法。

从文化内涵来说，任何民族的文化都是由两个部分所组成。一方面是精英文化，另一方面是民间文化。前者往往是民族历史创造的文化经典，而后者则是养育民众的生活文化。因此，民间文化遗产从真实生活的角度形成对原有文化遗产的补充，把人类社会的诸多要素作为文化基因保留下来，以达到教育后人的目的。在某种意义上，民间文化遗产为文化遗产的保护提供了空间上的过渡、时间上的缓冲以及资源上的储备，有助于构筑起文化遗产完整的类型体系和保护框架。例如闽台两地具

① 张宏，周安庆:《清代〈康熙南巡图〉画卷中的南京图景》，载《中国文物报》，2009-01-07（5）。

有地缘、血缘、文缘、商缘、法缘的亲密关系，两地在长期的历史演进过程中，留下诸多的历史印记和回忆，福州三坊七巷就是这一文化现象的重要见证。最早形成于唐朝的福州三坊七巷，在经历了1000多年的历史风雨之后，仍基本保留着唐宋遗存下来的坊巷格局和大量明清古建筑，特别是159座保存较为完好的明清古建筑，有着“明清古建筑博物馆”和“城市里坊制度的活化石”之誉。近现代史上，这里走出过林则徐、沈葆桢、严复、林旭、林觉民、谢冰心、林徽因、郁达夫等100多位在中国近现代舞台上风起云涌的人物，从1839年6月虎门销烟，到1919年“五四运动”，都活跃着三坊七巷人物的身影，他们无论是对我国近代史的开端，还是对洋务运动、变法维新乃至辛亥革命以来我国的政治、文化、思想、科技和军事的发展进程，均发挥了重要的甚至是影响全局的作用。作为福州城市的文脉，三坊七巷浓缩着福州千年的历史[①]。

我国各地的传统民居，是千百年来当地民众的杰出创造，是传统文化与技术的结晶，也是研究建筑史、文化史的重要遗产。例如古老的胡同和四合院是北京城的底色，承载着浓郁的京城文化，因此可以说胡同和四合院是北京的民俗之魂，是北京特有的民俗类文化景观。胡同和四合院民居在符合物质性功能的同时，还具有突出的精神性功能。四合院民居往往采用对外封闭、对内开敞的格局，一方面保持与外部世界的相对隔离，以避免自然或社会的负面侵扰，保持日常生活的宁静感与私密性；另一方面，在院落中又能够亲近自然，感受四季天气变化，亲手培育花草、树木。因此，“院落”又称为“庭院”，“家”又称为“家庭”，贴切地反映了人们对“庭院”的需要。“我确实感觉到它接地气，有一种脚踏实地的感觉，一树一草、一花一木似乎都有灵性，让你可以真切地感觉一年四季的自然轮回”[②]。然而，这些民间文化遗产过去常常被认为是普通的、一般的、大众的而不被重视。但是它们却是养育了一代又一代民众的生活文化，反映了他们最真实的生活状况，记录了他们平凡的喜怒哀乐，具有广泛的认同感、亲和力和凝聚力。民间文化遗产与平民百姓的

① 朱竞若，江宝章：《福州40亿元修复三坊七巷》，载《人民日报》，2009-04-06（4）。
② 李兆汝：《“七号院”四合院修缮的“商业蓝本”？》，载《中国建设报》，2008-12-09（2）。

日常生活息息相关，对于社区居民以及社区的未来发展都具有潜在的价值。

民俗类文化景观具有相对的稳定性，长期保持着自己的传统、风俗习惯、语言文字、宗教信仰、居住方式、生产特点和强烈的族群自我意识等。“建筑形式和结构、建筑材料，也往往带有强烈的民族特点和地域特点。有泥土平房，也有砖瓦脊屋；有黄土窑洞，也有竹阁楼；有皮毛毡包，也有石造碉房；有的土墙土顶，也有木墙木顶；有的半埋地下，有的架在空中；千姿百态，土木竹石，各具风格”[①]。大多数农村聚落就地取材，建造住宅，反映出与气候相适应、与当地生产特点相适应的特征，并对当地常见的自然灾害的特点有所体现。在没有外来干扰情况下，在漫长的历史进程中始终保持着历史的连续性，代代相传，其个性特征既没有被泯灭，也难以改变。例如北京保留至今的古村落，七成位于门头沟区，多达50多座，每个古村落都记载着一段各具特色的历史。散布在古村落中的寺庙、碑刻、过街楼、古

广东潮州广济桥（2011年6月14日）

① 李振泉，佟素贤：《民族地理学》，见李旭旦《人文地理学概说》，北京，科学出版社，1985。

树、古民居、古渡口、古桥、古道等文物古迹众多，古戏曲、古幡会等民俗活动仍然活跃，生动地记录着京西山村的历史文化。由此可以看出，无论聚落景观，还是民居建筑，其与自然环境之间都包含着特定条件下的协调和谐关系，这与我国传统文化中讲求自我完善以达到内心平衡以及人类与自然环境和谐统一，以达到“天人合一”的理想境界相一致。

徽州民居特指明清时期徽州民居建筑，是徽派建筑的重要组成部分。在徽州民居基础上形成的徽州村落，无论其选址、规模，还是形态，既有与周围自然环境适应协调的因素，又受诸多人文因素的影响；既有我国传统村落所具有的山水、生态、宗族观念，又形成与一般山区村落不同的民俗类文化景观。徽州民居与徽州地理环境具有密切的关系。由于徽州“八山半水半分田，一分道路和家园”，造成村落空间结构紧密布局，同时民居与宗祠、支祠、家祠在空间上的聚合关系，加剧了村落空间结构的紧凑性。出于对宗族兴旺、文脉发达、财源茂盛的追求，人们对村落选址慎之又慎。“依山建屋，傍水结村”，是山地丘陵地区村落选址的一般规律。这种选址模式有地势高爽、视野开阔之利，得自然水系之便，无洪旱灾害之虞，方便生产生活，成为在徽州这一特定的地形条件下村落选址的最佳模式，而民居最佳选址还要求“枕山、环水、面屏”，具体地点往往要在细察山水形胜后作出选择。徽州民居单体建筑平面结构是高墙围合的方形封闭空间，空间组织模式一般前为天井，后为正屋，偶有中为正屋，前后天井。天井是徽派民居的特色，是由正屋和高墙围合而成的面积较小的方形露天空间，具有通风、采光、排水和晴天家居活动等功能[①]。

同样，我国各地的民族村寨，也是灿烂传统文化的瑰宝。这些民族村寨鲜明而独特，其鲜明之处在于依山傍水、自然质朴，独特之处在于穷中出智、拙中藏巧。不论是街巷、广场、牌坊、水系、桥梁，还是民居装饰、庭院绿化、楹联匾额，无不渗透出当地民众的文化修养和审美情趣，无不体现出宗教、美学、文化等多方面的文化内涵、意境和神韵，展现地域文化深厚而丰富的内容。例如红河哈尼梯田是

① 黄成林：《徽州文化景观初步研究》，载《地理研究》，2000（3），257页。

独特的民族文化的结晶，不仅包括传统的生产生活方式、传统的习俗节庆祭祀活动、口头传承的知识系统等非物质文化遗产，而且包括历史村落、传统居住和生产建筑、独特的水利工程系统等物质载体。这些物质载体通过传统的方式对赖以生存的环境进行了有效的保护，当地的风俗传统也得到了珍视和延续，并与耕作方式相互依托，融为整体。在红河哈尼梯田范围内的村寨中，依然完好地保存着传统的信仰、各种民族习俗、传统的村寨管理体系和其他非物质文化遗产。这些非物质文化遗产同时也是红河哈尼梯田文化景观存在的基础。哈尼民族文化艺术绚丽多姿，包括神话、传说、诗歌、故事、寓言、童谣、谚语、谜语等，更深层次的民俗心理，面积的有限，对自然的索取度较低，因此良好的自然环境得到了保护；另一方面，黔东南地区多山多石，人们顺应自然建造村寨，恒久不变的山水要素保障了各族民众的生产生活，人们不会刻意对自然地形作大的改变，又由于传统农业经济根深蒂固的影响，人们从自然中得到的物质资源，往往只是用于保障自身基本的吃穿住行，对原材料的加工强度不大，使得村寨景观具有顺应自然形式、与自然融为一体的特点。同时，黔东南地区地理位置偏僻，各族民众温和善良，使得村寨景观显得宁静而美丽、朴实而纯真，受外来因素的影响较小。由于农耕文明得到较好的延续，民族文化民俗传统得到较好的传承，始终保持着丰富的民俗类文化景观。

贵州省雷山县西江镇的控拜村，位于雷公山半坡，是典型的苗族聚居村落，也是山地村落文化景观的杰出代表。村寨主体坐落在海拔近 1000 m 的半山腰的阳坡上，干栏式的纯木吊脚楼依山而建，鳞次栉比，疏密有致。农舍圈养提供着村落社会基本的食物来源；村寨四周是层层叠叠的稻作梯田，延续着古老的稻鱼生产传统；海拔较高处是茂密的杉木林，工人种植和自然更新相结合的林业生产，保障村寨民居建筑的需要，也涵养了村寨的水源。村寨、稻田和森林构成和谐相处的田园景色，形成木构建筑和山地农林生产方式融为一体的民俗类文化景观。全村由上寨、中寨、下寨三个部分组成，共 191 户 1292 人。村寨中保留了雷山苗族传统文化，如祭祀、婚嫁、丧葬、服饰、歌舞、刺绣、蜡染、纺织等，积淀了以“寨老”管理世俗生活、“鼓藏头”执掌精神生活的传统村落治理结构，反映了雷公山地区苗族先民所创造的人与自然多样化的依存关系，以及人与自然和谐相处的生存智慧。特别是控拜村民拥有精湛的苗族银饰锻造技艺，形成了独特的苗族银匠群体，子承父业，代代相传，银饰锻造成为村寨里男性村民生存的必备技艺，形成了独特的苗族银饰锻造的村落文化集体记忆。

明、清两代，控拜曾是进入雷公山的战略要地，最早建有 9 个寨子，1735 年因起兵反对雍正皇帝，9 寨尽毁。流落他乡的控拜村民学会了银饰锻造技艺后，陆续转回故土修建了现在的村寨。为了避免遭到迫害，村民改为汉姓，故全村形成李、穆、龙、杨和潘等五大姓氏。农闲时，各家的成年男子走村串户制作银饰，足迹遍布西南各省，能打制各地苗族和其他民族的银饰图样，形成古朴厚重、粗犷奔放的控拜银饰风格。控拜银匠们创作的苗族传统银饰记录着苗族的物质与精神世界，蕴含着苗族图腾崇拜、宗教巫术、民俗生活等方面的珍贵记忆，也反映了苗族的迁徙文化。控拜传统银饰多从苗族妇女的刺绣和蜡染纹样中汲取创作灵感，苗族口传的漫长的迁徙和征战的历程，也凝固到银饰的图样中。例如银饰中武士手执刀棍、骑马奔驰的造型，是苗族先民驰骋疆场不断西迁的征战场面，表现出对先祖的缅怀纪念。在盛大的节日和婚嫁仪式上，苗族女性都要把银饰佩戴起来盛装相配。穷其一生为自己的妻子和女儿准备银饰盛装的苗族男子拥有强烈的自豪感，也得到同族人的尊敬。因此，控拜传统银饰更多是源于一种精神力量的驱动，具有苗族文化符号象征的意义，是璀璨的苗族文化集体记忆。

在一些地方，民间活动形成一种盛大的节日气氛，对民众具有很大的吸引力，例如彝族的“火把节”、傣族的“泼水节”、瑶族的“盘王节”、布依族的“查白歌节”等，各具特色。这些节日，把普通民众带进一个欢乐的世界，人们怀着愉悦的心情参与其中的各项活动。凉山自古以来就是通往祖国西南边陲和东南亚、南亚的要道。彝族人民很早就在这块土地上繁衍生息，并在漫长的历史岁月中，创造了丰富多彩、弥足珍贵的彝族文化。直至20世纪上半叶，彝族聚居地区仍停留在奴隶社会时期，因此彝族文化仍保留着历史久远而又神奇古朴的特征，这是凉山彝族文化资源与我国其他地区民族文化资源相比较所表现出来的突出特点。凉山彝族是一个能歌善舞的民族，无论是在音乐、舞蹈，还是在曲艺说唱等方面，都具有自己的独特风格。彝族音乐、舞蹈种类繁多，风格各异，内容及表现手法丰富多样。凉山是火把节的发源地，至今已延续3000多年，从古至今具有极大的吸引力、号召力，成为民族团结、融合的见证。每年火把节期间，从城市到乡村，彝族同胞都要穿上节日的盛装，载歌载舞，举办声势浩大的文体活动，内容有赛马、摔跤、射箭、爬杆、斗牛、斗鸡、抢羊等，场景十分壮观，民族文化特色浓郁，是彝族文化的集中体现。

由此可见，不同地区特有的风俗习惯，不仅体现于日常生活之中，而且集中体现于传统节庆、民族庆典、祭祀活动之中，表现出迥然不同的文化特征。对于这些民俗类文化景观遗产的保护，要特别注重对区域集体文化记忆的认识与评估，将它们视为一个过程而非一个结果，使文化载体的历史信息得到活态保护。千百年来，我国传统的、法定的、民族的、宗教的节庆活动数以千计。节庆作为一个民族或一个区域集体文化记忆的载体，其文化内涵的丰富与否，决定了这个节庆是否延续和发展。有些传统的、民族的、宗教的节庆活动尽管历经多年，却经久不衰。例如每年清明节举办的四川都江堰放水节，就在当地成为与春节媲美的重大民俗活动。放水节完整地复原了古代的祭祀仪式。一般是先由主祭官司身着祭服，朗诵祭文，歌颂李冰父子的功德，然后就是举行放水节仪式中一项重要而又别具特色的活动——砍杩槎放水，其场面极为壮观。人们先用粗缆绳把所有的杩槎后脚串联，最前面的一架杩槎上有人执斧，待良辰一至，三声炮响，执斧者先砍第一根杩槎后脚，岸上的人用力齐拉缆绳，几十根杩槎相继倾倒，临时堤堰霎时崩塌，奔涌的江水顿如脱缰的野马飞泻而下，直冲宝瓶口。人们身临其境时，就能充分感受到伟大先民的治水功绩带给我们的巨大震撼。

我国民俗类文化景观的一个显著特点，就是与我国的农业文明紧密相连。中华文明的基点是农业文明，我国先民较早地掌握了大自然的规律，无论是农作物春生夏长还是农民春种秋收，都包含有丰富的民俗文化。民俗文化是人们根据自己的生产、生活内容与生产、生活方式，结合当地的自然条件，在一定的社会形态之下，自然而然地创造出来，并世代相传而形成的一种对人们的心理、语言和行为都具有持久、稳定的约束力的规范体系。例如二十四节气以歌谣的方式，把土地的耕种、植物的生长、农业的安排，流畅地表达出来，既规范了人们的生产活动，也调节了人们的生活节奏。同时，民间祭祀信仰习俗也反映出自给自足、定居不迁、温文闲适的农业社会特征，例如哈尼族的栽秧号、苗族的吃新节、白族的打春牛、江南农村的稻花会等，无一不是农业文化的产物。“相沿成风、相习成俗”，景颇族在耕种时有祭风神的习俗；傣族等在秋收季节有祭谷魂的习俗；闽粤地区沿海的妈祖崇拜则与渔业文化有关。民间祭祀与祖先崇拜的目的在于维系家庭、氏族乃至于民族的共同利益，有利于调动家族之间、氏族之间、民族之间所有成员彼此和睦团结的情感和道德。这些说明我国农业文明的特征，已经深入到包括社会风俗在内的各个方面，是我国传统文化的重要内容，对民俗类文化景观的形成和发展产生着重要影响。

事实上，民俗类文化景观遗产，不仅是指特定区域内物质文化遗产的各类遗存，不仅是指吟诵文化景观的诗歌、散文、音乐、美术等非物质文化遗产的表现形式，也不仅是指文化景观周边地区的语言、宗教、民情、风俗等衍生环境，而且包括特定范围内一切自然的和文化的，物质的和非物质的文化遗存总和。例如岁时节庆文化习俗对民风的形成具有重要作用。尤其是春节、元宵、清明、端午、中秋、重阳等节日，对民众的文化影响更为明显。这些传统节日是我国多样化习俗的代表，是世代长期不懈地探索自然规律的产物，包含着大量天文、气象和物候等科学知识，也是中华文明的哲学思想、审美意识和道德伦理的集中体现，承载着鲜活的民族精神。这些传统节日不是通过说教灌输，而是让人在亲身经历中感受和体悟，将中华文化深深嵌入人们的生活，浸入人们的情感和心田。其中传统技艺民俗，从唐代以来不断创造和发展，内容包括竞技、游艺、游戏、体育、工艺等内容以及秧歌会、高跷会、小车会、大鼓会、幡会、龙灯、旱船、太平鼓等丰富多彩。一些已传承千百年的民间体育风俗，也是重要的技艺民俗，包括武术、气功、摔跤、风筝、龙舟、舞狮、赛马、叼羊、登山等，这些体育民俗活动能够使人们从中获得欢悦畅快的身心体验。

"民间文化是指劳动民众为满足自己多方面的需要而创造的造型艺术。它始终贯穿于整个民间生活中，表现为各种民俗和民间艺术品，涉及乡规民约、节庆风俗，以及编织、刺绣、绘画、音乐戏剧等方面。然而，就其文化形态而言，在古代它是相对于宫廷和士大夫的礼仪文化而言，在现代则是相对于国家社会法规制度、专门的文化艺术作品而言"①。门头沟区千军台村，早在宋朝以前就已建村，是一个历史悠久的山村，昔日京西古道的主干线"西山大路"穿村而过，村东口就是"京西古幡会"的传承之地。古幡会，又称香道会、神幡会、天仙会，是明代"娘娘崇拜"习俗的活动。每年正月十五、十六的"元宵节"，千军台和毗邻的庄户村，联村举办古幡会，繁盛至今。每年正月十五千军台村为主会场，庄户村全套幡旗、鼓乐、花会盛装前往；次日庄户村为主会场。走会时，幡旗摇曳，鼓乐齐鸣，花会起舞，队伍浩荡，人声鼎沸。主会场笙、管、笛、唢呐、云锣、大鼓、铜钹齐奏。朝拜神佛后，所有人员随意分赴各家参加会餐，每家的主人都会以客人多为荣，有时还会串门敬酒，整个村庄充满了祥和与喜庆。饭后村民齐聚主会场，观看皮影、评剧、山猴子等文化娱乐表演，劳累一年的村民们尽情欢乐，其乐融融②。

民俗类文化景观遗产，这一概念紧密联系了物质与非物质遗产的构成要素，文化景观的价值，不仅体现在有形的文化遗迹上，而且体现在无形的社会观念中，对城市的建造、民众的行为起着潜移默化的影响。从人生礼仪、婚丧嫁娶、岁时节令，

① 赵荣，李同升：《陕西文化景观研究》，西安，西北大学出版社，1999。
② 安全山：《元宵节古幡舞动千军台》，载《北京晚报》，2009-02-02（44）。

景德镇瑶理东埠古村（2014年1月9日）

到衣食住行、市井商贸、农事生产等，民俗文化无处不在，多姿多彩。这些民俗类文化景观所展现的人类与自然的关系，即使缺少文化物证，但是只要完好无损地保留着艺术、宗教、习俗等方面文化要素，亦可通过这些原始信息来加以证明。民俗类文化景观遗产中的非物质文化遗产，往往是由许许多多文化事物或文化现象所构成的文化有机整体，例如由语言、习俗、服装、文学、艺术、饮食、生产方式、生产技术、制度等文化要素共同构成。在民俗类文化景观遗产的保护过程中，对于与物质遗存和建造实体相关的活的传统以及其他无形的社会习俗和文化表达方式，均应给予特别的重视。尤其在我国，长期以来，作为一种文化形态存在的文化景观，对各个门类文化艺术的发展曾经产生或仍在产生着十分巨大的影响。在物质形态方面，对我国园林与建筑产生重要的影响；在文学艺术方面，对与风景相关联的诸多审美内容和形式，诸如书法与绘画、文学与戏曲、诗词与楹联等领域也产生了重要的影响，成为维系广大民众社会生活必不可少的精神要素。

自古以来，以庙会为代表的民间信仰风俗，在各地城镇、乡村盛行，各种庙会活动世代传承和演变，村民百姓历来热衷迎神还愿、朝山拜佛。这些祭祀活动往往按照相沿固定的仪式进行，具有明显的功利性和保守性，其实质就是为了求吉、禳灾。民间庙会名目繁多，其主要内容包括祈神、贸易、娱乐等项活动，与民众的生产、生活有着密切的关系。庙会作为一种民俗现象，是我国传统农耕文化的反映。它的产生和演变与社会生产和社会生活有着不可分割的渊源关系。随着社会的变革和发展，庙会的形态和社会功能也在不断地变化与扩大。从最初以祭祀神为主的香火会，进而逐渐带有贸易、娱乐活动，发展到乡镇、县市或不同地区之间的商贸交易会。在庙会期间，人们除了可以买到自己所需要的物品，吃到美味可口的地方风味小吃外，还可以观看到各种民间技艺表演或地方戏曲演出。人们通过庙会的活动，获得某些精神慰藉和物资交流等方面的实际利益，因而在民间形成一种经久不衰的民俗传统。

“老字号”也是一种文化[①]，老字号集中分布地区也是一种民俗类文化景观。由于各个地区和城市的地理位置、气候条件、文化传统、生活习俗，以及当时经济社会发展水平等多方面的原因，某类产品和经营门店历经风雨得以传承，形成老字号，这一历程本身就是对特色文化的延续和发扬光大。老字号作为城市的有机组成部分，展现着城市一份与众不同的文化景观，蕴含着传统文化的真实气息，是城市文化中极具特色和代表性的内容。老字号见证了城市的繁华与变迁，影射出城市的文化积淀和风物人情。例如以豫园为代表的上海老城厢，被称为“上海的根”，数百年间这里老字号的兴衰，成为城市经济和社会生活沉浮变迁的真实写照；北京琉璃厂的文房四宝与字画、江苏南京夫子庙的刺绣与书籍、安徽屯溪老街的茶具与笔砚，都寄托了人们对这些城市的感情。老字号的形成和发展具有自身的规律和特色，只有正确认识并掌握这些规律和特色，才能找到老字号保护与发展的正确途径。在很大程

① 乔太平:《“老字号”也是一种文化》，载《光明日报》，2008-04-18（19）。

度上，老字号是一个地区和城市的历史记忆、文化积淀和某种象征，映射着这个地区和城市的诸多风物人情，虽然穿越时间的长河，仍然经久不衰，显示出旺盛的生命力和现实价值。因此，让仍然活跃在社会经济舞台的老字号更加充满活力，让暂时失传的老字号重新焕发青春，也是民俗类文化景观遗产保护的重要内容。

从一定意义上说，一个地区和城市的老字号越多，这个地区的历史就越久远，这；个城市就越有文化品位，就越具有国际竞争力。北京前门地区文化底蕴博大深厚，文化魅力独特深远。明代至今的600多年里，前门大街虽然几经破坏和修缮，但是始终作为京城的重要商业街区，鲜鱼口、肉市、粮食店、珠宝市、布巷子、果子巷等，均是以当年经营品种而得名，名店如云、市声鼎沸、行人如织。前门地区还是北京市井风貌、文化史迹保存最完整的地区之一。长期以来一直是会馆文化、民俗文化、梨园文化最为发达和繁荣的特色街区。北京民众与前门地区有着不解之缘，体现于日常生活的方方面面、时时处处。昔日北京人的衣食住行，很多都与前门地区有关，瑞蚨祥的绸缎、盛锡福的帽子、内联升的布鞋、全聚德的烤鸭、月盛斋的酱肉、张一元的茶叶、同仁堂的中药等。同时，前门又是京味文化的发祥地，相声快板、北京琴书、京韵大鼓的唱词选段里，都有描述前门风土人情的内容。诸多的文化遗存伴随着老北京的市井生活，与周边的历史遗迹一起，共同形成了前门地区特有的民俗类文化景观，更成为北京人最鲜活的文化记忆，也见证了北京在各个历史时期所发生的深刻变化，是一座鲜活的古今北京民俗博物馆。

每一处历史街区传承至今都必然经历复杂的演变过程。北京烟袋斜街因见证什刹海地区数百年的兴衰历史，而成为著名的民俗类文化景观。元代开凿通惠河与南北大运河接通，以利漕粮货物运输，使南方货船直接到达积水潭码头，大米、茶叶等各种商品由此源源不断供应大都市场，并在呈现“舳舻蔽天”盛况的积水潭码头，与具有“前朝后市”特殊职能的鼓楼前商业区之间，形成了便捷的商业通道，即烟袋斜街。明初迁都北京，明成祖为了巩固政权，保持稳定，迁来南方大批商贾富户。

由于积水潭一带风景幽静，一些达官贵人纷纷在沿岸修建别墅，烟袋斜街也因此维持了昔日的繁荣，还出现了一些为宴饮游乐服务的店铺。清代什刹海地区更成为王公贵族、达官显贵的云集之处，会贤楼、望湖楼、庆云楼等著名酒楼应运而生，特别是夏季的荷花市场更是车水马龙、喧嚣异常。此时，烟袋斜街里出现了多家饭庄、酒楼、烟铺、茶馆、浴池等，还有以经营烟具为主的“同台盛”和“双盛泰”等店铺。烟袋斜街的平民化是在辛亥革命清廷退位之后，居住在什刹海附近的王公贵族、八旗子弟失去俸禄，于是纷纷开始变卖古玩字画，使烟袋斜街重新定位，呈现畸形发展，经营古玩的宝文斋、敏文斋、绣古斋、抱璞山房等纷纷落户于此，形成烟袋斜街特有的民俗类文化景观[①]。

随着人们生活的改善和对传统文化的多样性追求，自20世纪90年代以来，在北京东南潘家园一带，自发形成了以经营旧货和工艺品为主的民间旧货市场，每逢周末下午就有京郊、天津、河北、内蒙、东北等地的商贩驱车前来，次日凌晨开始挑灯叫卖，内容包括字画、陶瓷、家具、文房四宝、铜器、玉器、竹雕、奇石、古籍善本、钱币、鼻烟壶、香炉、紫砂、象牙雕、连环画、烟标、火花等，五花八门，包罗万象，应有尽有。于是每逢周日，这里必是人头攒动，蔚为壮观，在民间具有越来越大的吸引力。随后经历露天市场退场进棚，并在原有基础上的扩建，使潘家园地区形成颇具影响的“文化圈”。如今，经过十多年的积淀，这里早已远近闻名，成为书法字画、瓷器铜器、珠宝钻翠、玉器骨雕、家具钟表、地毯刺绣、金属工艺、奇石根雕、纸墨笔砚、钱币邮票等古旧物品、民间收藏品和传统工艺品集中交流的场所，共有摊位2860个，7000多名经营者来自全国各地，周末每天造访者数以万计。正是这里不断聚集起来的文化氛围，使越来越多的专家学者、收藏家、海外游客、各国外交官、各界知名人士前来光顾，形成京城别具特色的民俗类文化景观。同时，对于遍布于全国各地的这类民间旧货市场，如何加以规范和管理，也成为文物工作新的课题。

① 朱小平：《烟袋斜街溯古》，载《北京日报》，2008-11-02（6）。

3.7 记录社会变革发展的产业类文化景观

产业类文化景观，记录了一个时代经济、政治、文化以及社会发展的水平，蕴藏着不同时代、不同城市的价值理想、精神气质和文化理念，在文化发展中起着重要的作用。产业类文化景观具有一定历史的、艺术的和科学的价值，能够反映一定时代的经济社会发展特征，同时也被工作在其中和生活在其周围的人们所认同，成为文化创造成果的重要组成部分。这些产业类文化景观的物质文化遗产及其非物质文化遗产，不仅能让人们发现、感受，而且能让人们回味、思考，一座城市的特色和历史文脉，也在其中得到彰显和延续。“留住工业遗产，就是留住那段辉煌的历史，留住一个城市在发展过程中积淀的历史文脉、市民们的集体记忆和城市成长中的智慧”[①]。我国古代的科学技术一直走在世界的前列，如天文、地学、数学、生物学、化学、医药学、冶金技术、建筑技术等，这些领域的成果都曾经陆续传播到海外。英国著名学者 R. G. 坦普尔（R. G. Temple）曾说：“为工业革命打下基础的欧洲革命，只是输入中国的思想和发明以后才开始的。”指南针、造纸术、火药和活字印刷“四大发明”是中华民族奉献给世界，并改变了整个人类历史进程的伟大科技成果，其意义远远超出其自身的技术领域，对文化的传承，对世界历史的演变，都具有特别重要的作用[②]。

司马迁在《史记·货殖列传》中系统地记载了我国从上古到西汉初年，农林水产、采矿、手工业等内容之后，历代史籍对产业的描述十分丰富，为今天研究提供了大量珍贵资料。在近年来的考古研究中，产业类遗址的出土资料也较为丰富，使人们对于我国古代手工业生产的发展有了更为全面和具体的了解和认识。在古代的漫长岁月里，我国的产业经济主要有农耕与游牧两种类型，而农耕经济又占据优势，成为中华文化赖以生存和发展的主要经济基础。但是，事实上我国的手工业制造水平，曾长期居于世界领先地位。在距今 5000 年前的新石器时代，养蚕缫丝技术已经相当进步。织造业在我国有着悠久的历史，早在秦汉以前，就出现了手摇纺车，宋

① 文丹：《留住历史的辉煌与城市的记忆——就上海工业遗产保护访上海文物管理委员会副主任陈燮君》，载《中国文物报》，2008-11-28（5）。
② 武斌：《中华文化海外传播的历史规律》，载《光明日报》，2008-08-21（9）。

代又利用偏心和摆轴等机械原理创造了脚踏纺车。丝绸的发明与应用是对世界文明的重要贡献。考古发掘成果证明，器具制造业在我国也有漫长的发展历程，其中陶瓷业格外发达。早在新石器时代晚期，我国先民已经开始用瓷土作原料，经高温烧制成精美的硬瓷，商代又发明了青釉。瓷土的采用、釉的发明、烧制温度的提高，使陶瓷制造原料和烧造技术不断改进和完善，经历了青瓷、白瓷、彩瓷等演进阶段，成为既具有使用价值的生活用品，又具有审美价值的艺术品，并逐渐形成了一些瓷器集中生产的专业化地区，遗留下众多产业类文化景观。我国古代冶金业在相当长的历史时期内走在世界前列。早在殷商时代，青铜器冶炼技术就达到了较高水平。李白在《秋浦歌》中就以“炉火照天地，红星乱紫烟。赧郎明月夜，歌曲动寒川”的诗句，生动描述了唐代冶炼场面和独特的产业类文化景观。

任何一种类型的文化遗产从被理解到积极保护，都经历过渐进的和不断推动的过程，工业遗产也是如此。长期以来人们重视保护农业社会时期留下来的文化遗产，而对于工业遗产的保护未能引起重视，特别是由于我国工业化进程起步较晚，时间不长，因此这一时代的历史见证更容易被人们所忽视，在城市改造和房地产开发中迅速消失。但是，目前人们逐渐改变对工业遗产的态度，开始认识到应将工业遗产视作普遍意义上的文化遗产中不可分割的一部分。工业文明创造的财富和对世界以及人类生活的影响，都远远超过之前几千年的总和。工业遗产则直观地反映了人类社会发展的这一重要过程，具有历史的、社会的、科技的、经济的和审美的价值，是社会发展不可或缺的物证。保护工业遗产也是保持人类文化的传承，维护文化的多样性和创造性，促进社会不断向前发展的重要举措。因此，在城市建设中不能用单纯的习惯性方法将工业遗产推倒重来，而是应通过仔细甄别、保护、整修、重组等模式，将工业遗产保存于新的环境当中，并按照当代的功能需求进行保护性再利用，创造和设计出既属于现在和未来、同时也记录和体现过去工业成就的空间形态，使工业遗产融入社会生活，再次奉献给人们难得的个性空间。

自古以来，盐业就为各朝各代所重视，属于官府专营。山东寿光双王城水库盐业遗址是目前国内发现最早、规模最大的盐业制造遗址，也是目前世界上发现的同一时期最大的盐业遗址。2003 年夏，考古专家对该盐业遗址群的规模、分布范围、遗址数量以及存续时代等进行详细考察，认为在双王城水库周围 30 km^2 范围内，所发现的 80 余处考古地点出土的遗址、遗物，绝大部分与古代盐业有关，时代大多为商周时期。包括保留完整的制盐作坊、蒸发池、盐井、盔形器等，从中可以研究制卤、煮盐的生产过程，对于了解古代制盐流程、设施内部结构、制盐对环保的影响等，均具有重要研究价值。目前已清理出来的不同时期的坑池，分为沉淀池和蒸发池两种。沉淀池主要作用为净化卤水，蒸发池主要作用为提高卤水浓度，均是目前国内首次发现。这些遗存说明，早在商代人们已经了解渤海南岸地区春夏之交降水量少、干燥多风、蒸发量大的特点，并知道充分利用日晒、风力等自然力来提高卤水的盐度，这是后来晒盐工艺的雏形。如此规模巨大的制盐设施存在，说明商周时期这里的制盐工业已经有统一组织和管理，是国家控制下的盐业生产基地，比过去文献记载的东周时期齐国盐业官营制度还早数百年。目前，该地区盐业考古研究已被列为国家“指南针计划”中的“早期盐业资源的开发与利用”的子课题。

在源远流长的华夏文明中，与国计民生密切相关的微生物酿造，尤其是利用酶曲糖化发酵的独特酿酒技艺，与其他古代发明创造同样具有悠久的历史。近年来，古代的酒器，丰富的谷物遗存，酿酒遗址，甚至古酒本身，都从考古发掘中大量涌现。无论是新郑裴李岗遗址，武安磁山遗址，还是余姚河姆渡遗址，在这些距今6000~8000 年的文化遗址中，均有与酒文化有关的文化信息。偃师二里头早期遗址中已有盉、爵、觚等组合酒器出现。此外酿酒遗址的相继发现无疑为酿酒考古提供了最好实证。例如 1993 年发掘的四川水井街酒坊遗址，出土各类遗迹、遗物，向人们展示了一幅我国传统酿酒工艺过程的生动画卷；列入 2002 年度中国十大考古新发现的江西李渡烧酒作坊，上至元代，下延至今，是目前年代最早、时间跨度最长，且富有鲜明地方特色的大型古代烧酒作坊。此外在考古发掘中，不断发现保存完好的古代酒液，则是研究酿酒起源的活化石。例如2003年6月，在西安市北郊出土目前所发现容量最多的青铜钟装西汉美酒。考古发掘的酿酒作坊遗址，是酿酒考古研究的宝贵材料，包括酿酒工具、蒸馏装置、发酵设施、炉灶、晾堂、酒窖、墙基、砖柱、灰坑乃至窖泥等各个环节，从中进行酿制工具的质地、产地、年代核定，水质分析，窖泥成分化验，谷物的种类、成分判别，酒糟中微生物菌种划分等，都会发现有价值的线索。此外，通过酒地质背景的研究，对各地名酒产地的地层、构造、岩石、水文地质、地球化学、土壤、地貌等进行综合研究分析，可深入探明这些因素影响下的酿酒原料、粮食、水果、水及储酒自然环境条件与美醞佳酿之间的密切关系[①]。

汉代的钢铁技术在前期的基础上进一步创新，获得了全面发展，从采矿、冶炼

江苏省兴化市垛田镇农业文化遗产（2014年4月12日）

① 黄文川，姚政权，任予连：《泛谈我国酒的起源与酒文化考古》，载《农业考古》，2008（4），237~239页。

到铸造、加工等，都形成了一整套较为完备的工艺技术，并且达到了相当高的水平，标志着我国古代钢铁技术的成熟，而钢铁技术的成熟，又为汉代铁器工业的大发展提供了技术条件。郑州古荥汉代冶铁遗址位于郑州市西北郊区古荥镇。公元前 119 年，汉武帝在全国设置铁管 49 处，河南郡所属冶铁作坊多处，古荥是汉代河南郡铁官管辖的第一冶铁作坊，距今已有 2128 年的历史。冶铁作坊占地 12 万 m^2，1975—1976 年考古工作者先后两次对遗址的核心区域进行发掘，发掘面积 1700 m^2，发现两座炉缸呈椭圆形冶铁炉残迹，东西并列，炉基深 3 m，相隔 14.5 m。在炼铁炉周围发掘出水池、水井、矿石堆、鼓风遗迹和鼓风管以及陶窑、船形炉渣坑，反映了当时完整的冶炼系统。同时，在遗址中出土很多熔炉的耐火砖和大批陶范。陶范大多可以搭配成套，反映了汉代铁器铸造的工艺流程。同时出土铁器文物 318 件、陶器 380 余件、石器 8 件等。遥遥领先的冶炼技术，走向成熟的铁器铸造等科学技术的发展，带给汉代经济社会以巨大影响，促使汉代出现了我国历史上“文景之治”“光武中兴”的盛世时期，使汉代形成以汉民族为主体、多民族融合的国家①。

临安城不仅是南宋的政治中心、而且是经济中心，制瓷业、制药业、丝绸业等官营和民营手工业非常发达，种类繁多，分工细致。据文献记载，南宋时每一类商品都有其专门的制造作坊，仅《梦粱录》卷十三《团行》条所记载的就有 22 种之多，且产品大部分是日常生活所需的各种物品。例如宋代制瓷业十分兴盛，出现了“官、哥、汝、定、钧”五大名窑，官窑瓷器在用料上不惜工本，造型与工艺精益求精，反映了当时制瓷业的最高水平。据史书记载，南宋在都城临安先后建有两座官窑，即修内司官窑与郊坛下官窑。经过考古工作者多年的努力，这两座官窑遗址以及一些重要的南宋官窑遗迹相继得以揭示，发现龙窑、素烧炉、练泥池、釉料缸、辘轳坑、堆料坑、素烧坯堆积、房基、排水沟等遗存以及大量珍贵器物和残片，此外，还发现了匣钵、支烧具、垫烧具等窑具，对系统研究宋代的制瓷工艺具有极高价值，也为深入研究南宋时期官营手工业的生产、经营和管理等提供了翔实的资料。

① 弓春菊，多化良：《从郑州古荥汉代冶铁遗址出土文物浅谈汉代冶铁技术在世界冶金史上的地位和影响》，载《中国文物报》，2009-04-17（17）。

2005 年 6 月，杭州市文物部门在白马庙巷西侧发现一处南宋制药遗迹，包括用于中药材浸泡、漂洗及去果肉的水缸和水槽，用于药材晾晒的天井以及粉碎果核的石质药碾子等。水缸中出土了大量具有药用价值的植物内核，包括乌梅核、樱桃核、青果核等。这一制药作坊遗址的发现为我国中药发展史的研究提供了珍贵的实物资料。

南宋是经济繁荣、海外贸易兴盛的时代。南宋时期，全国经济重心完成了由黄河流域向长江流域的历史性转移，我国经济形态自此逐渐从自然经济转向商品经济，从封闭经济走向开放经济，从内陆型经济转向海陆型经济，这是中国传统社会发展中具有路标性意义的重大转折。正是南宋经济、文化、社会各方面的高度发展，促成了京城临安的繁荣，使南宋的杭州成为 12—13 世纪最为繁华的世界都会；也正是南宋带来的民族文化的大交流、生活方式的大融合、思想观念的大碰撞，形成了京城临安独特的生活观念、生活方式、性格特征、语言习惯，直到今天，杭州人所独有的文化特质、社会习俗、生活理念，都深深地烙上了南宋社会的历史印迹。同时，南宋是科技高度发达、成就世界注目的时代。英国学者李约瑟说：“每当人们在中国的文献中查找一种具体的科技史料时，往往会发现它的焦点在宋代，不管在应用科学方面或纯粹科学方面都是如此。”南宋的科技在北宋基础上进一步得到发展，其科技成就在很多方面居于世界领先地位。在冶金技术方面，开始使用焦煤炼铁，居世界最高水平；在纺织技术方面，为明清的丝绸生产技术奠定了基础；在瓷器制造方面，无论在胎质、釉料，还是在制作技术上，都达到了新的水平。杭州的许多新兴产业，都具有深厚的文化背景，都渗透着文化内涵，都体现出“精致和谐、大气开放”的杭州城市人文精神。

永丰库遗址位于宁波市中山西路北侧，总占地面积 9500 m^2，2001—2002 年两次进行考古发掘，发掘面积约 3500 m^2，揭露出以两处单体建筑基址为核心，以砖砌甬道、庭院、排水阴沟、水井、河道等与之相互联系，布局相对完整的宋、元、明时期大型衙署仓储机构遗址。同时还发现了汇集大多数宋、元时期江南和中原地区著名窑系的陶瓷产品的大量遗物，其中出土完整和可复原的文物达800余件。永丰库遗址规模宏大，布局清晰，保存完整，是我国首次发现的古代地方大型仓库遗址，出土的大量贸易陶瓷器，反映了宋、元时期宁波“海上丝绸之路”发展繁荣的历史，充分说明宁波是我国古代“海上丝绸之路”的重要贸易港[①]。另一处重要遗址是河南黄冶三彩窑址，位于河南巩义市东北，分布于黄冶河两岸，窑址总面积达2.63 km^2。该窑址是隋唐时期洛阳盆地重要的窑场遗址，以烧制三彩瓷器为主。现已发现的遗迹类型主要有窑炉、作坊、澄泥池、釉料坑、废品堆积等，出土大量半成品和各类窑具、模具等遗物。

美国学者G. W. 施坚雅（G. W. Skinner）认为，“研究中国经济史的一个比较适当的单元，既不是府，也不是省，更不用说是整个帝国，而是一些具有共同特点的地区综合而成的经济区域”。这些具有共同特点的经济区域，对我们研究产业类文化景观来说，十分重要。北京西郊九龙山下，永定河畔，坐落着著名的琉璃之乡——琉璃渠村。该村自元代起为皇家烧造琉璃，700余年薪火不断。元朝为建元大都宫殿所需，朝廷在此烧制琉璃瓦。明代是我国建筑琉璃发展的成熟时期，紫禁城的营建使这里的琉璃烧造业迎来了历史上又一高峰期。清王朝定都以后，由于紫禁城大修，修建皇家园林“三山五园”，琉璃渠村的琉璃烧造进入新的高潮，全村的瓦件作坊最多达40余座。乾隆年间，这里成功烧制了北海的九龙壁；光绪年间，承担了修建颐和园和重建天坛主要建筑的琉璃瓦供应；民国时期，生产了南京中山陵等工程需要的琉璃瓦件；1949年开国大典时，琉璃渠村赶制了天安门修葺用的琉璃瓦；1959年，为人民大会堂等十大建筑烧造琉璃瓦件49万件。以后的天安门大修和毛主席纪念堂所用瓦件饰件都是琉璃渠瓦厂烧制。故宫博物院与琉璃渠村签约，从2002年到2020年，北京故宫维修工程所用琉璃制品均由琉璃渠村窑厂生产。如今，在岁月的风雨中，琉璃渠村的古渡口、古碑楼、古驿道，庙宇、戏台、井台、碑刻以及色彩斑斓的民间习俗依然保持着古色古香的本色。这个古老的村庄以灿烂的琉璃文化为

① 陈星：《浅谈城市遗址的保护方式》，载《中国文物科学研究》，2007-11-04（28）。

根基，跻身于“中国历史文化名村”之列[①]。

早在1973年，在世界最早的铁桥所在地——铁桥峡谷博物馆召开了第一届国际工业纪念物大会（FICCIM），引起了世界各国对于工业遗产的关注。1978年国际工业遗产保护委员会（TICCIH）在瑞典宣告成立，促进了工业遗产保护理念的逐渐普及。但是，国际社会对工业遗产保护形成广泛共识，则是在千年世纪之交。然而仅仅数年，工业遗产保护运动即迅速波及所有经历过工业化的国家。2000年国际古迹遗址理事会与国际工业遗产保护委员会在伦敦签署了合作伙伴协议，决意携手保护工业遗产。从2001年开始，他们同联合国教科文组织合作举办了一系列以工业遗产保护为主题的科学研讨会，促使工业遗产能够在《世界遗产名录》中占有一席之地[②]。2003年7月，在俄罗斯下塔吉尔召开的国际工业遗产保护委员会大会上通过了保护工业遗产的《下塔吉尔宪章》。宣称“为了当今及此后的使用和利益，本着《威尼斯宪章》的精神，我们应当对工业遗产进行研究，传授其历史知识，探寻其重要意义并明示世人，对意义最为重大、最富有特征的实例予以认定、保存和维护”。国际古迹遗址理事会也于2005年10月在我国西安举行的第15届大会上作出决定，将2006年“国际古迹遗址日”的主题定为“保护工业遗产”，希望利用这一机会，使工业遗产保护成为全世界共同关注的课题。

工业遗产所展现的产业类文化景观，往往是一些近代城市特征的重要体现，是近代工业发展辉煌历史的见证。例如日本的石见银山，从1526年开始到江户时代前期，曾经是日本最大的银矿山，经历了400多年的开采历史，17世纪，这里的银产量占世界银总产量的1/3。石见银山的开发时期，与日本经济史上的商业发展时期重叠，因此这里冶炼加工的白银，当时不仅作为货币在日本国内流通，而且支持着日本与葡萄牙、荷兰东印度公司以及中国商人之间的贸易往来。目前，银山遗迹及其文化景观，包括16—20世纪的银矿开采和冶炼遗址以及矿山小镇、石见银山街道、港口和港边小镇。考虑到石见银山遗址在推动日本经济发展中的作用和特殊文化景

① 《琉璃之乡琉璃渠》，载《北京晚报》，2009-01-07（44）。

② 注：据统计，截至2005年底全世界列入联合国教科文组织世界遗产名录的工业遗产地共有22个国家的34处，它们包括了广义的工业遗产，占当时812处世界遗产总数的比例为4.2%。

观价值，被列入《世界遗产名录》。1998 年，德国鲁尔区规划机构制定了一条覆盖整个鲁尔区、贯穿区内全部景点的“工业遗产之路”，连接了 19 个工业旅游景点、6 个国家级博物馆和 12 个典型工业城镇等。通过工业旅游线路和景点的建设，整合原有空间布局结构，使鲁尔区不仅“擦去了脸上的煤灰”，还因其工业景观促进了文化繁荣，使埃森一跃成为“2010 欧洲文化首都”[①]。同样，在德国弗尔克林根炼铁厂的文化景观组织中，对废弃的炼钢高炉进行了加固和内部改造，使参观者可以沿阶梯进入炉台、炉身，直至登上炉顶，在这一过程中了解炼钢的原理和流程，加深对工业文化的理解。

“伟大的建筑物可以变旧，但永远不会过时”，因为它们凝结着人类非凡的创造能力，在任何时代都会给人以美和神圣之感，工业遗产和产业类文化景观也具有同样的魅力和吸引力。瑞士的恰德冯斯和洛克是彼此相邻的两座城镇，坐落于瑞士和法国边境的侏罗山脉，瑞士一侧不适于农业耕作的山地之上。这两座城镇于 18 世纪末、19 世纪初先后毁于大火，并于 19 世纪初期重新规划建设，其规划布局和建筑设计体现出钟表制造企业的实际需要，反映了符合生产效率原则的合理组织模式，并在钟表制造行业的发展中具有重要影响。这两座城镇采用开放式、带状平面布局，居住建筑与作坊建筑相互间杂，这是可以追溯至 17 世纪并延续至今的传统钟表制造文化的反映。因此，世界遗产委员会认为，该处文化遗产是保存完好并仍在延续中的单一工业类型制造业城镇的突出案例。其城镇规划反映了 19 世纪、20 世纪，家庭作坊式手工业、制造业，向更加集中的工厂制造业过渡的历史阶段。K. H. 马克思（K. H. Marx）曾在其著作《资本论》中，将恰德冯斯镇描述为一个“如巨型工厂一般的城镇”，他还在著作中对侏罗山脉地区的钟表制造业的劳动力分工情况进行了详细分析。

今天，如何对待工业遗产已成为全世界共同关注的课题。2006 年 4 月 18 日“国际古迹遗址日”，中国工业遗产保护论坛在江苏省无锡市举行，来自有关城市和文化

---

① 邵耀辉：《南通近代工业文化遗产保护的几点建议》，载《江海文化研究》，2008（2），3 页。

遗产部门的代表及专家学者，一致通过“注重经济高速发展时期的工业遗产保护”的《无锡建议》。向社会各界发出号召，工业遗产是整个人类文化遗产的重要组成部分，在城市化加速进程中应加以妥善保护。在保护好历史文化遗产的同时，保护好不同发展阶段有价值的工业遗产，给后人留下近现代工业化的风貌，留下相对完整的城市发展轨迹，这是当代义不容辞的责任。随后国家文物局向全国发出加强工业遗产保护的通知，启动了国家层面保护工业遗产的行动。《无锡建议》认为工业遗产应包括以下内容：一是具有历史学、社会学、建筑学和科技、审美价值的工业文化遗存，包括工厂车间、磨坊、仓库、店铺等工业建筑物，矿山、相关加工冶炼场地、能源生产和传输及使用场所、交通设施、工业生产相关的社会活动场所，相关工业设备以及工艺流程、数据记录、企业档案等物质和非物质文化遗产；二是鸦片战争以来，中国各阶段的近现代化工业建设都留下了各具特色的工业遗产，构成了中国工业遗产的主体，见证并记录了近现代中国社会的变革与发展。

唐闸是南通近代工业的发源地，也是我国早期私人资本民族工业与近代纺织工业的发祥地。南通大生纱厂即创设于此。1895 年，著名爱国实业家张謇先生，选址通州县城近郊农村的唐家闸开基筹建大生纱厂，经过 4 年艰苦卓绝的创建，1899 年底大生纱厂正式开车投产。在此后数年里，在大生纱厂周围陆续兴办了榨油、磨面、冶铁、蚕桑、染织等一系列附属实业群体以及原料运输、仓储、产品综合利用、设备支持等配套服务设施建设，形成了一个综合性工业乡镇。至 20 世纪的 20 年代，唐闸镇的人口增至 48800 余人，居民近万户，商店近千家，商贸发达，市场繁荣。张謇积极筹划唐闸的市政工程建设，包括开辟道路、复兴河运、建屋启市、开埠通商。与此同时，社会公共设施、文化教育卫生事业一应俱全。一时间，唐闸名声遐迩，成为通海地区的交通枢纽与苏北新兴的工业重镇，赢得“小上海”“小汉阳”的赞誉，跻身近代世界著名的新兴工业城镇。因此可以说，唐闸近代工业遗存，是自洋务运动以来，我国近代工业历史遗存中整体规模保存最完整、最集中，工业门类保留最丰富、最充实，原址原状保护最真实、最完善，同时又是最具典型意义的我国早期私人资本民族工业的宝贵历史见证。

唐闸工业遗产具有多样性。不仅有大生纱厂等纺织工业，还有资生铁冶厂等钢铁工业，复兴面粉厂、广生油厂等食品工业。其中广生油厂是创立于1901年的元老企业，现存5座近代车间、4座早期栈房。唐闸工业遗产具有真实性。南栈是与大生纱厂相伴而生的百年仓库群，拥有6幢大栈房，仓储面积达11490 m^2，而且整体保护完好，设施完善，至今仍在发挥作用。整个大储栈区环河而筑，沟深墙峻，形胜而险固。如此设施完善的近代仓储建筑工程，从张謇时代沿用至今而保护完好不失原貌，实属罕见。同属大生一厂的连体企业大生副厂，完好遗留下来20世纪20年代初兴建落成的大型砖混结构二层纺纱车间老厂房、大生企业中规模最大的纺织车间老厂房，而且建筑坚固，恢宏壮美，保留了大生企业兴盛时期的不凡风貌。唐闸工业遗产具有完整性。不仅有工厂的生产设施车间等，还有仓储业、行政办公等建筑；不仅有近代的工业建筑，还有与之配套的交通运输设施、工人住宅、教育场所、医疗建筑、商贸市场、街区民民等建筑的保存。唐闸工业遗产不是孤立的厂房、机器设备等遗存，还包括与此相关的整体环境，形成完整的产业类文化景观。

上海不仅有距今数千年的马家浜文化、崧泽文化、良渚文化、广富林文化、马桥文化，还有元代的志丹苑水闸遗址，但最能彰显上海城市特点和历史文化的是上海的近现代文化遗产，其中一个重要部分就是工业遗产。上海是20世纪我国最重要的工业基地，是我国近代工业的发祥地和民族工业的诞生地，其位于东海之滨和长江入海口咽喉处的优越地理位置，为近代工业的发展提供了良好的条件。19世纪末至20世纪初，外国资本家纷纷在此开办规模较大的工厂，同时民族工业也随之兴盛起来，有了相当大的发展。20世纪30年代，上海工厂总数占全国工厂总数的一半以上。中华人民共和国成立前夕，上海共有各类工厂10000余家，为全国最大的工业城市。正是因为这段特殊的城市发展经历，让工业遗产成为上海历史文化记忆中浓墨重彩的重要篇章。上海的工业遗产功能齐全，形态完整，尽管历经沧桑，但是整个工业文明的脉络清晰可见，许多工业建筑保存完好，成为上海文化发展的优势和文化遗产保护关注的重点。

2009年6月，工业遗产保护现场会议在上海召开，与会代表参观了各具特色的工业遗产保护实例。首先是杨树浦水厂。1880年，上海英商在英国伦敦成立上海自来水股份有限公司，并于次年在黄浦江边建造了自来水厂。水厂设于杨树浦路830号，由英国设计师哈特（Hart）设计，1883年6月开闸放水，标志着我国第一座现代化水厂正式建成。20世纪30年代，该水厂不断扩建，成为远东第一大水厂，厂内各类建筑的总面积达1.28万m^2，也是上海最早使用水泥和混凝土的工业建筑，建筑的外形为英国传统城堡形式，朝向各异，具有独特的空间布局。其次是上海工部局宰牲场旧址。清光绪十七年（1891）上海工部局设宰牛场，随后改为虹口宰牲场。1933年由租界当局建成现建筑。建筑整体坐东朝西，占地面积约1.5万m^2，建筑面积2.63万m^2，建筑底层为巴西利卡柱式，墙基用花岗岩砌筑，具古希腊建筑风貌。大楼空间布局奇特，外方内圆，东南西北4栋建筑围成的四方形厂区与中间一座二十四边形的主楼通过楼梯相连。整个建筑高低错落，廊道盘旋，设计精密宛如迷宫，却又次序分明，加工车间采用的"无梁楼盖"，在当时是十分先进的技术。

上海的发展繁荣与水密不可分，苏州河记录了上海近代演变为国际都市的辉煌历史。如果说上海是我国民族工业的发源地，那么苏州河两岸就是上海工业文明的发源地，见证了城市的成长与经济的发展。其中苏河湾全长2300 m，西起共和新路，东至河南北路，用地面积46.61 hm^2。这里曾拥有上海最大的内河码头，聚集了中国银行等10余家银行货栈，也是上海总商会、中国第一家民族缫丝厂等民族工商业的发迹之地。从文化传承上看，苏河湾融合了码头文化、金融文化、仓库文化、抗战文化等多种文化为一体，并会集了一批颇具代表性的欧式仓库建筑。然而几十年来，由于各种因素制约，苏州河沿线的区位优势始终没有得到合理利用。苏州河是民众

希腊克里特岛克诺索斯王宫遗址（2009 年 6 月 19 日）

的河流，要让苏州河文化走到民众中去，让民众充分认识和享受苏州河文化之广阔与深邃。为让苏河湾再现昔日万商云集的盛况，闸北区充分调研当地生态现状，对苏河湾地区，现存怡和洋行等 11 幢老建筑及沿线老仓库等资源进行整合，实施保护性再利用，并根据不同建筑风格，建设一系列专题博物馆，使老建筑恢复原貌，用丰厚文化底蕴激活工业遗产功能，将苏州河作为一个统一的文化整体，将其置于城市发展全局中思考和谋划，使其成为文化城市中富有特色的重要组成部分。

重庆是我国西南地区近代工业的发祥地。自 1891 年第一家近代工业企业森昌火柴厂诞生以来，在 100 多年的工业化进程中，重庆工业经历了开埠时期的初创、抗战时期的中兴、新中国的第一个五年计划奠基、“三线建设”的全面发展，成为重要的工业城市。据不完全统计，重庆市主城九区有重要工业遗产企业 47 处，涉及制造、纺织、冶金、医药、食品加工、采掘、能源等行业，以重工业为主，特别是受抗日战争及“三线建设”的影响，积聚了大批军工企业，广泛分布在长江、嘉陵江等江河沿岸。例如抗日战争时期，重庆作为战时首都和陪都，成为二战远东指挥中心和中国大后方政治、经济中心，东部地区大量工矿企业迁往重庆，形成东到长寿、西至江津、北抵合川、南达綦江的重庆工业区，区内共有各类工厂 429 家。同时，抗战期间，重庆军民在开凿的山洞内坚持生产军用物资，8 年中平均每年生产各种武器 20 多万件，各种炮弹 400 多万发；每月生产军用柴油 600 t，各种机油 4 万加仑；8 年生产军用棉布 3 亿 m，军服 200 多万套，军鞋 35 万双。目前保存的抗战时期重要工业建筑及构筑物 21 处，这些抗战工业遗产见证着特定时期重庆工业建筑的水平和特点，更反映出中国人民不屈不挠、发展工业、坚持抗战的真实历史信息。

中国铁路有 130 多年的历史，在其存在和发展的过程中，留下了大量铁路文化遗产。我国最早的铁路出现在 1876 年，为英国人修筑的上海市区向北到长江入海口吴淞码头的窄轨铁路“吴淞铁路”。吴淞铁路约长 14.5 km，通车约一年，是古老的中华大地上出现的第一条营业性铁路，我国的铁路史从此算起。从 1881 年我国修筑唐胥铁路，到 1911 年清朝结束的 30 年中，我国铁路从无到有，取得初步成就，不仅有洋人承办的铁路，还有国有铁路、民营铁路，全国通车里程总计有 9300 km。民国时期，拆拆修修，达到了 24000 km。到 1949 年，能通车的只有约 10000 km。我国早期的铁路不少是各国列强为掠夺我国资源修建的，完全由我国自己修建的铁路不足 40%。例如“中东铁路”“胶济铁路”“卢汉铁路”“关内外铁路”“滇越铁路”“安奉铁路”等，都是各国列强在我国修建的早期铁路，采用了五花八门的铁路标准，全国铁路车距宽窄不一，而各国列强高价卖给中国的设备，不仅陈旧落后，质量很差，而且类型极其杂乱，仅机车就有英、美、法、德、日、捷和比利时等国的 190 多种型号，被称为“万国铁路博览会”。因此，我国铁路不仅保留了在半殖民地半封建社会受侵略被掠夺的见证物，而且保留了各国列强那个时期的铁路器材和设备，是难得的铁路文化遗产。

1897 年 8 月 28 日，中东铁路在黑龙江省东宁县三岔口举行开工典礼，自东部绥滨线绥芬河、西部滨洲线满洲里起，至南部线旅顺口止，全长 2489.2 km。在进行铁路建设的同时，建造了大量公共建筑和民用建筑，包括车站站舍、工区、机车库、教堂、俱乐部、医院、学校、兵营以及大量铁路住宅和附属建筑，这些建筑根据车站的不同等级进行设计施工，分布在沿线的内蒙古、黑龙江、吉林、辽宁各省，其中大部分在黑龙江境内，仅 1901 年至 1927 年建造的各类建筑就近 800 座。这些具有百年历史的建筑，构成由铁路串联起来的一道绵延数千里的文化景观线，见证着沙俄殖民、中苏共管、日本侵华、人民铁路等百年历史风云，成为珍贵的文化遗产。这些建筑不仅具有重要的历史人文价值，还具有独特的建筑艺术价值，古典主义、浪漫主义、巴洛克、新艺术运动风格的建筑以及俄式建筑中都不乏精品。由于当年沙俄殖民者要实现长期殖民扩张计划，对中东铁路沿线历史建筑的设计十分精心，许多建筑十分精美，在俄罗斯境内都已经难寻。纵观我国现存 20 世纪铁路遗产，横贯 4 省的一整条线路能够成系列保持文化遗产的真实性和完整性，已经十分罕见。而同时代的津浦线、沪宁线、平汉线、陇海线，已经难以在高速城市化进程中存留数量如此之巨、保存如此完整的铁路建筑遗存。

坐落于巴黎市中心塞纳河左岸的奥塞博物馆，其前身是竣工于 1900 年的奥塞火车站，是里昂至巴黎铁路的终点站。二战前该站被弃用，20 世纪 60 年代，巴黎市政府开始讨论其被重新利用的可能性。1986 年，经过成功改造后的奥塞博物馆落成，使其焕发出新的活力。奥塞火车站建成时期也是欧洲印象主义艺术兴盛时期，今天的奥塞博物馆与其中收藏展示的印象主义艺术作品相得益彰，被誉为“欧洲最美丽的博物馆”。位于北京天安门广场东南角的前门火车站，旧称京奉铁路正阳门东车站，它的出现与西方列强入侵密不可分。1901 年，为了军事运输需要和加强对北京城的控制，英国侵略者强行将铁路从永定门延伸到正阳门，伸到清王朝的紫禁城附近。建成后的车站成为当时全国最大的火车站，也是当时我国最大的交通枢纽。从前门火车站诞生之日起，便见证着无数的历史事件。在 1959 年 9 月 15 日新北京站开通运营前，这里每天人来人往，熙熙攘攘。20 世纪 60 年代初，老车站首先被改造成铁道部的科技馆，不久之后又被收归北京铁路局，改建成北京铁路工人文化宫，候车室则被改造成剧场使用多年。20世纪90年代，铁路拓展多种经营，拆除剧场，改造内部，老车站先后被改建成“老车站商城”和“电信市场”。2008年8月，经过全面修缮的前门火车站，作为北京铁路博物馆正式对社会开放，展示包括路轨、站牌、信号灯具、票证、线路图、老照片等百余类，总数超过2000余件的文物[①]。

人类自古近水而居，多数城市在选址之初即对水源极为重视。在古人对水利利用的漫长过程中，形成了具有特色的水利文化，也为我们留下了丰富的水利文化遗产和产业类文化景观。开凿水利工程的初衷往往是引水灌溉农田，“淤积”与“疏浚”便成为历朝历代水利工程建设的主题之一。在每次的开凿与疏浚中，民众都会记住每一位有功人士，以立碑和县志的形式加以纪念。千余年的发展变迁中，虽然水利工程的功能在不断拓展，但是其蕴含的民本思想却一直延续至今，每个时代的执政者都将“造福于民”的思想体现在“兴建水利”中，从而形成了独特的水利文化遗产特质。古代水利工程和与之相关的文物，例如镇水兽、碑刻、水神庙等，这些水利工程遗存主要分布在野外，与相关历史建筑，自然山水空间格局，共同构成独具特色的水利文化景观。从产业类文化景观的角度对水利工程加以再认识，可以发现，它们已经不仅仅是传统意义上的水利工程，还是一处处始终与城市发展紧密联系的文化遗存，从中可以折射出不同时代经济、政治、文化、社会等各方面的状况。因此，水利文化景观保护对于我国而言是文化遗产保护领域的新课题，是具有理性认知、科学探索、广泛合作、公众参与的保护事业，也是充满前瞻性、挑战性、创新精神和活力的保护行动。

水利工程是人类社会为了生存和发展的需要，采取各种措施，对自然界的水和水域进行控制和调配，以防治水旱灾害，开发利用和保护水资源，达到除害兴利目的而修建的工程，包括防洪、灌溉和排水、水力发电、航道和港口、水土保持、给水和排水等工程。水利工程遗产是人类在对水的利用过程中的经验与智慧的结晶，

① 杨汛:《前门火车站即将“变身”博物馆》，载《北京日报》，2008-04-23（9）。

具有丰富的文化价值，也是产业类文化景观中不可或缺的类型之一。在《世界遗产名录》中收录有我国的都江堰水利工程、西班牙的塞哥维亚古城及输水道、阿曼的阿夫拉季水渠灌溉系统、法国的米迪运河、加拿大的丽多运河等10余处水利工程。这些水利工程反映了人类在工程、工艺上的创新与较高技术含量，在世界水利史、人类史上是一座座里程碑。由于水利工程具有巨大的经济社会价值，因此许多水利工程成为重大历史事件的发生地与见证物，人们在参观这些水利工程遗产的同时，可以了解到其所承载的深刻文化内涵。同时，水利工程本身具有“利国利民”的本质，古今中外所修建的各种水利工程无不促进了地区经济、社会的发展，实为一项项惠民工程。

都江堰水利工程坐落于成都平原西部的岷江上，建于公元前256年，是世界上迄今为止，年代最久、唯一留存以无坝引水为特征的宏大水利工程。两千多年来，一直发挥着防洪灌溉功能，彻底改变了成都平原非旱即涝的局面，也造就了沃野千里的“天府之国”美誉。都江堰的主体工程是将岷江水流分成两条，其中一条水流引入成都平原，这样既可以分洪减灾，又达到了引水灌田、变害为利的目的。另外一条则汇入长江。都江堰水利工程充分利用当地西北高、东南低的地理条件，根据江河出山口处特殊的地形、水脉、水势，乘势利导，无坝引水，自流灌溉，使堤防、分水、泄洪、排沙、控流相互依存，共为体系，保证了防洪、灌溉、水运和社会用水综合效益的充分发挥。都江堰渠首工程是灌溉系统中最关键、最重要的设施，主要由鱼嘴分流堤、飞沙堰溢洪道和宝瓶口引流工程3大部分组成，科学地解决了江水的自动分流、自动排沙、控制进水流量等问题，三者首尾相接、互相照应、浑然天成、巧夺天工。都江堰的创建，以不破坏生态环境，充分利用自然资源为人类服务为前提，变害为利，使人、地、水三者高度和谐统一。都江堰创造出人与自然和谐共存的水利形式，创造出“深淘滩、低作堰”，“乘势利导、因时制宜”的治水方略，创造出独特的水工建筑艺术，是多种文化的集中体现，堪称人类水利发展史上的旷世奇功。在2008年“5·12”汶川特大地震中，都江堰水利工程完好无恙，不能不说也是个奇迹。

万金渠具有千余年历史，是古城安阳的一处与市民生活息息相关的灌溉工程和历史遗存。从文化遗产的角度对其历史、功能与现状加以再认识，并提炼出蕴含其中的文化遗产特质，可以作为制定城市水环境景观保护规划的基础。万金渠又名高平渠，唐代咸亨三年（公元672年），相州刺史李景率众开凿高平渠，引洹水灌溉安阳城外的万亩良田，因可“灌溉二十村”，“其利不下万金”而得名。经过历代疏浚渠道、兴建水闸、修建支渠，不断完善，万金渠除了作灌溉之用，还衍生出其他多种功能。北宋年间，“于城西北隅傍壕，置二水硙（石磨），改日千金渠”，因此又增加了磨碾功能。并且在壕坑边建造亭子，镶石刻诗，供人游憩成为万金渠的附属功能。明正德年间，引万金渠水入城壕，万金渠成为环城河的水源和出水口，使万金渠与古城产生联系。这不仅加强了彰德府护城河的城防功能，而且美化了城池周围的景观环境。清乾隆年间，万金渠水由环城河流至城东并分为北、中、南万金渠，最终形成“域渠相依”的格局，万金渠也由此成为古城发展的重要历史见证。经过千余年的发展，万金渠已经由一条功能单一的灌溉水渠逐渐成为集水利灌溉、磨碾粮食、护城河水源、排水排涝、观赏游览、工业水源等于一身的复合功能系统。

水利文化遗产不仅具有工程工艺价值，而且具有文化艺术价值，文化艺术价值是工程工艺价值的进一步升华。当工程技术与制造工艺达到极高的水平后，水利工程在某种意义上已经成为一件艺术品。“建筑是凝固的音乐”，水利工程虽然不如绘画、音乐那样纯粹，但其中蕴含有相同的艺术价值。例如修建于古罗马时期的塞哥维亚古域的输水道，就是以优美的双层拱券结构著称于世。同样建于古罗马时期的加尔桥，在修筑之初是为了向尼姆提供清洁的饮用水，上、中、下3层连续拱券的独特设计不仅使其具有输水、道路、桥梁的功能，还使其成为古罗马建筑艺术中的瑰宝，具有很高的艺术与实用价值。法国米迪运河修建于1666—1694年，这条连接地中海和大西洋的运河，创造了世界近代史上辉煌的土木工程奇迹，为工业革命开辟了一条航线。米迪运河全长 360 km，运河上的桥梁、隧道、闸口多达 328 处，系统繁杂。代表性工程有为运河提供水源的圣弗雷奥尔大坝，坝顶长 780 m，坝高达 35 m，在其后 165 年之中一直保持世界第一高坝的地位。在丰瑟拉恩，由 8 个船闸组成的梯级船闸在不足 280 m 的区间内水位落差为 21.5 m。设计者皮埃尔（Pierre）巧妙地将运河工程建筑与环境融为一体，使技术工程成为人类与自然共同的艺术创造。

加拿大里多运河修建于 1826—1832 年，这条运河从渥太华到金斯顿，由河流、湖泊、人工运河将安大略东部的城镇连接起来，工程规划时放弃了绕开湍流的较长河道路线，而选择了由高坝和船闸组成的平水体系，在 202 km 长的运河沿线，共修建 74 座大坝和 50 座船闸，以抬高水位保障通航，成为人类运用工程技术，特别是

重庆大宁河（2010 年 9 月 23 日）

船闸技术、建坝技术、军事技术设计建造运河的杰作。米迪运河和里多运河分别建于17世纪和19世纪。工程力学和建筑材料的革命性突破，使建造大型船闸、大坝成为可能，而船闸和水库的运用，使运河水路路线更加缩短。因此，这两条运河无疑是工业革命时期留下的伟大工程。比利时中央运河上的4座船舶吊车直至今日依然在运转，使船舶能通过高达67 m的水位差，体现了较高的工业制造与工程技术水平；荷兰举世闻名的金德代克埃尔斯豪特的风车网络系统，则通过风力与水利技术的结合，为低洼地区随时可能遭遇水患的人们创造了安全的生存空间①；阿夫拉季水渠灌溉系统位于极其干旱的中东地区，灌溉了大面积的土地，公平有效的管理使各村镇能共享宝贵的水资源，其沿线的清真寺、房屋、日晷和相关设施，也与阿夫拉季灌溉水渠作为一个整体，被列入世界文化遗产范畴。

产业类文化景观是人类工业文明的历史见证，具有文化内涵、历史意义和技术美学价值，因此，要充分尊重产业类文化景观的现状特征及其生成的过程。在人类历史上，水利工程中所体现的水利思想、治水方略以及所采用的漕运设施、运河管理等要素，均在不同历史时期发挥过巨大作用，产生过重要影响。2009年列入《世界遗产名录》的新成员中，包括伊朗舒什塔尔古代水利系统和英国庞特克萨尔泰渡槽和运河两项水利工程。伊朗舒什塔尔古代水利系统，可追溯至公元前5世纪，堪称天才杰作。该系统包括克鲁恩河上的两条主引水渠，其中一条名为伽格大运河，目前仍在使用，通过一系列水车和若干地道向舒什塔尔市供水。并通过一个高耸的崖壁使水流倾盆而下进入下游盆地，随后进入位于该市南部的平原，那里有着超过4万hm^2的果园和农场，被称为天堂之地。该遗址见证了依拉密特人和美索不达米亚人的聪明才智以及纳巴泰人和罗马建筑的影响。英国庞特克萨尔泰渡槽和运河，完成于19世纪初，是工业革命土木工程技艺的典范。由于运河横跨各种不同地形，因此需要建造技术出色而大胆，甚至不用闸门。渡槽为泰尔福德（Telford）所设计，为土木工程与金属建筑划时代的创举，其使用生铁与锻铁强化弧形结构，重量轻但

① 赵科科：《水利工程的文化遗产特质研究——以安阳市万金渠为例》，世界遗产保护·杭州论坛暨2008年国际古迹遗址理事会亚太地区会议，第38页。

是坚固，显示出欧洲已经获得的综合专业知识，并启发了全球无数土木工程的灵感[①]。

3.8 体现人类和平诉求的军事类文化景观

军事类文化景观，是指军事行动和战争行为所造成的景观。人们把以准备和实施战争为中心的社会活动统称为军事，鉴于军事是一个极为复杂的巨系统，战争的性质、方式、规模以及结果的多样性，军事类文化景观必然具有多种表现形式。战争作为人类社会发展到一定历史阶段的特殊社会现象，产生于原始社会末期。部落或部落联盟之间的暴力冲突，是人类战争的初始形态。进入阶级社会后，战争便成为解决阶级与阶级、民族与民族、国家与国家、政治集团与政治集团之间矛盾的“最高斗争形式”。战争具有极大的破坏性，不仅造成大量人员伤亡，而且使被征服的地区和城市变成废墟。同时，战争使一些国家凭借军事力量征服和奴役他国，扩张成为强大的帝国。因此，战争对于民族的兴衰，国家的存亡，乃至人类自身的安危，都具有直接的重大影响。在人类战争的初期，以生产工具为武器，参战者即是平时的生产者。随着战争的发展，人们开始制造专门的兵器，修筑城堡，建立军事组织。随着国家的出现，产生了常备军，军队成为国家政权的主要成分，军事也成为国家事务的重要内容。人类社会历史的发展进程表明，战争与和平交替出现，但是无论是战争时期还是和平时期，军事活动总是在持续不断地进行，而战争始终是军事活动的中心。战争形态的不断演变，军事活动的不断发展，是军事科学的源泉和动力。

我国作为世界文明古国之一，古代军事理论与实践的成就卓著。相传约在公元前30世纪，我国就出现过黄帝、炎帝、蚩尤部落间的战争，后有尧、舜、禹攻三苗之战等，在这些战争中，人们开始了对战争问题的思考。早在夏、商、西周时期，我国古代军事思想就逐步产生。夏朝建立了奴隶制国家，在夏启与有扈氏的甘之战

① 引自：《揭开“世界文化遗产”新成员的神秘面纱》，载《中国文化报》，2009-07-08（3）。

中，战争由军队进行，以石兵器为主，但也有少量青铜兵器，交战除徒步格斗外，也使用战车作战；商代军队以“师”为最高建制单位，商代后期，青铜冶炼技术提高，开始以青铜兵器为主进行战争，车战成为主要作战方式；西周时出现师、旅、卒、两、伍的编制，作战指挥上已使用旗、鼓、铎、铙等视听信号，西周晚期出现了烽燧报警。在夏初的少康复国之战、商灭夏的鸣条之战、周灭商的牧野之战中，已经重视谋略的运用。在我国，商周时期，尽管社会生产力水平低下，战争规模较小，形式简单，但是人们对于战争已经有了一定的认识。殷商甲骨卜辞和商周金文中，有许多关于战争和军事制度的记载。此后，在国家典章法令和其他著作中，例如《尚书》《易经》《诗经》等，都反映出一些军事谋略思想及战争情况。从《左传》引录的片断佚文看，产生于春秋以前，后亡佚的军事文献《军志》和《军政》，作为较早反映当时军事实践的重要理论成果，可以认为是我国古代军事科学产生的一个重要标志。

春秋战国是我国古代军事科学成熟与兴盛时期，在社会由奴隶制向封建制过渡的动荡和变革中，争霸、兼并、统一的战争频繁发生，对古代军事科学的发展起到了巨大的推动作用。春秋晚期出现了铁制兵器后，战国时冶铁业逐渐兴盛，铁制兵器逐步装备军队。一些诸侯国相继修筑了以夯土结构为主的长城，不少通都大邑成为比较坚固的要塞。军队结构和兵制也逐渐发生了变化，例如春秋晚期，晋国魏舒“毁车为行”，改车兵为步兵，吴、越、齐等国已有能在江河和近海作战的舟师。战国时代，赵武灵王实行“胡服骑射”，使骑兵在中原发展成为一个兵种。丰富的战争实践，使人们对战争有了较为全面而深刻的认识，产生了《孙子》《吴子》《司马法》《孙膑兵法》《尉缭子》《六韬》等一大批军事理论著作，成为我国古代军事科学成熟与兴盛的重要标志。其中《孙子》作为古代经典兵书的代表作，达到了世界古代军事科学的最高水平。《孙子》论述了天、地的军事意义，认为“知天知地，胜乃可全”，主张将自然因素、人文因素和军事因素结合起来分析，从“道、天、地、将、法”5个方面去研究战争。书中提出的某些战争指导原则，例如“知己知彼，百战不殆”，“攻其无备，出其不意”等，至今仍不失其科学价值。战国末期编成的《吕氏春秋》，初步会集了包括军事内容在内的史料。先秦诸子论兵，开古代非兵家论兵之先河，成为我国古代军事科学发展的一个重要特点。

秦汉至五代时期，是我国古代军事科学进一步发展时期，从秦统一六国至唐代，中央集权的封建制度逐步完善，经济、文化、科技不断发展，促进了军事技术的进步，王朝更迭和统一战争、民族战争、农民战争交替发生，推动了军事科学的发展。秦以后铁制兵器广泛使用，至东汉时基本上取代了青铜兵器。西汉晚期的高马鞍，至迟在西晋初出现的马镫等，表明骑兵装具有了重大改进。战船出现多种类型，如两汉、三国的大型“楼船”，唐代创制的以脚踏轮推进的车船等。秦汉时长城总长度

江苏沙家浜（2004年6月26日）

已逾 5000 km，并采用了快速、完备的烽燧报警系统。至迟在唐宪宗元和三年前，我国的炼丹者就发明了火药，唐末和五代时期陆续出现了用以对敌纵火的火药兵器。在秦、汉、晋、隋、唐统一全国的战争中，战场范围广，作战规模大，持续时间长。巨鹿之战、昆阳之战、官渡之战中的以少胜多，汉代对西域战争中的骑兵远程作战，晋灭吴、隋灭陈战争中的长江水战等，在谋略与战法运用上有创造性发展。而我国最早具有军事性质的类书是北宋官方编修的《武经总要》，明代后期，1599 年刊行的《登坛必究》，已经是比较完备的专业性军事类书。

我国古代筑城的基本形式是长城筑城体系和城池筑城体系。其构筑和运用贯穿于我国古代整个历史时期，这是因为古代作战主要是使用冷兵器，对以高厚坚固的城墙为主体的长城筑城体系和城池筑城体系不足以造成大的威胁，因而才使这两种古老的筑城形式长期保存下来，并不断有所发展。中国长城是人类历史上修筑时间最长、规模最大，对社会影响最深刻、最广泛，留存文化信息最丰富的古代军事防御工程，也是最壮美、最宏大的军事类文化景观。由于古代政治、经济、文化诸多因素的变化和地区条件的不同，长城的修建主要集中在春秋战国、秦、汉、北朝、隋、辽、金、明等朝代。春秋时楚国最先在伏牛山因山设险，利用山岭高地再连接河流堤防，将一系列小型防御城堡连成条状防御体系，这是最早见于记载的长城。战国时齐、魏、燕、赵、秦等国也相继在边防线上修筑长城。公元前 4 世纪前后，秦、燕、赵三国又在其北方和西北方修筑了防御游牧部落的外长城，这些长城有的土筑，有的石砌，也有的土石兼用或仅仅依托陡峭山岭为屏障而不筑墙。秦始皇以过去秦、燕、赵三国的北方长城作为基础，修缮增筑，成为西起临洮、东至辽东的万里长城。秦以后直到明末，长城经过多次修缮和增筑，而以明代修筑工程最大。

秦统一六国后，秦始皇派蒙恬率军北逐匈奴，在阴山南北、黄河河套地区设置九原郡。为便于军队直驱北方以抵御匈奴的袭扰，秦始皇命蒙恬主持修筑直道，于公元前 212 年动工，至前 210 年结束，修筑了从咸阳西北的云阳直达九原的军用道路，道路全长“千八百里”（约 700 km），路幅最窄处约 13 m，宽处达 60 m。为缩短行军时间，道路走向尽量取直线，“堑山堙谷，直通之”，工程艰巨浩大，是我国古代一项巨大的军事工程。直道的修筑与万里长城共同构成了北部边疆的重要防御体系，即所谓“澄域似弓，直道似箭”，巩固了秦代北部边防。西汉时期这条军用道路仍然受到重视，汉武帝刘彻曾亲率大队骑兵，沿直道驰抵阴山以北，威慑匈奴，使其不敢轻易南进。作为历史文明的见证，秦直道遗址是全面了解秦代道路的形制、历史沿革以及测绘、建造方法、道路规模、使用维护、附属设施等最直接的珍贵史料。同时，秦直道遗址所具有的时空跨越长度与规模、文化信息含量，使其具有珍贵的军事类文化景观价值。秦直道遗址以及沿线的古城遗址，对于研究秦汉北方地区的历史，特别是与匈奴相关的战争史、交通史、通信史和民族关系史等，具有非常重要的人文历史信息价值。秦直道文化遗址不仅保存了大量的考古文化遗存，具有很高的文化研究价值，还保留了生态学和环境考古学上的重要信息①。

我国古代的历代统治者都把构筑和加强城池作为国家设防的重点，城池的构筑数量与当时统治的疆域、人力和经济能力相适应。一般城池筑城体系是以城墙和护城河或护城壕为主体组成的环形防御工程体系。根据考古调查证明，在新石器时代中期仰韶文化的半坡遗址中，发现在聚落周围环绕着一条深 5~6 m、宽 6~8 m 的壕沟；在姜寨遗址中，氏族居住区的西南面临河，东、南、北 3 面有人工壕沟环绕；在新石器时代晚期龙山文化的王城岗遗址中，发现有先后修筑的东西相连的 2 座夯土围墙。由此可见，我国在新石器时代，已在聚落周围出现了用于防御的壕沟、夯土围墙，表明此时我国古代筑城已经进入萌芽时期。夏王朝建立后开始构筑王城等较大城池；殷商时代版筑技术已经广泛应用于城墙的构筑；周王朝颁行了一套严格的城邑建设“营国制度”，以规范诸侯国的筑城活动。春秋战国时期，各诸侯国所建城池大多为二重城，即宫城之外筑有郭城。在漫长的历史中，针对攻城策略和方式的变化，不断对城池筑城体系进行改进。例如城墙由低矮变得高厚；沟壕由窄浅变

---

① 王薇：《秦响秦直道文化品牌工程最强音》，载《中国文化报》，2008-07-25（7）。

得宽深。此外还在城墙上构筑有雉堞、敌台、弩台、炮台，在城门上方构筑城楼，城门前构筑瓮城、箭楼，在城墙拐角处构筑角楼等，这些设施既可以用于观察，又可以用于射击和隐蔽。重要的城池在城中央或重要位置建有钟鼓楼，平时用于报时，战时用于报警。

钓鱼城屹立在重庆合川海拔 391.2 m 的钓鱼山上，其东枕嘉陵江、渠江、涪江之口，北、西、南 3 面环水，壁垒悬江，形势险要。南宋晚年，四川安抚制置使余玠为抗击蒙古军队的进攻，筑城钓鱼山，屯兵积粮，以作重庆屏障。从公元 1243—1279 年，南宋合川 5 县 17 万军民在守将王坚、张珏的率领下，军民结合、耕战结合、攻防结合，凭借钓鱼城天险，“春则出屯田野，以耕以耘，秋则运粮运薪，以战以守”，依靠完备的后勤保障，运用灵活机动的战略战术，与蒙元军队展开大小 200 多场鏖战，抵御了蒙古倾国之师，创造了“以鱼台一柱支半壁，坚持抵抗战争三十六年”这一古今中外战争史上罕见的奇迹。在钓鱼城旷日持久的攻防战争中，发生在公元 1259 年的开庆元年战役，是后世中外学者广为关注的著名江河要塞防御战役。这次战役取得了“击毙蒙哥大汗，迫使蒙古帝国军队从欧亚战场全面撤军”的结果，钓鱼城也从此在世界战争史上确立了“延续宋祚、缓解欧亚战祸、阻止蒙古向非洲扩张”的战略地位。钓鱼城开庆元年战役，展示了不畏强暴、敢于斗争的民族精神，导致了蒙古战争政策的转折。后来，忽必烈在灭亡南宋的过程中，招抚流亡，严禁妄杀，以禁杀政策代替了传统的血洗屠城政策，从而较多地保存了中原和我国南部地区的先进经济文化。

钓鱼城是创造古代战争史奇迹的军事要塞，是迄今我国保存最完整的古战场之一，是一座露天的军事遗址博物馆，也是一处典型的军事类文化景观。在钓鱼城 2.5 km^2 的重点保护区内，现存有 8 km 城垣，8 道城门，这些城垣和城门皆凭借陡峭的山崖或隘口修筑，在城东、南及西北部地势略低的地段，为加强纵深防御，构筑有双层防线。城下亘贯南北江岸的一字城，打破了我国古代以“交圈闭合”方式修筑城池的传统，是城制建设上的创举。钓鱼城有停靠、修造战船的南宋水军码头，碾制火药、制造爆炸性武器的“九口锅”兵工作坊和沟通城内外联系、藏兵运兵的飞檐洞暗道出口。钓鱼城内外，遍布炮台、墩台、栈桥、暗道出口、水军码头、兵工作坊、帅府、军营、校场、天池、泉井、脑顶坪、马鞍山等南宋军事及生活设施遗址。同时，钓鱼城内拥有耕地千亩，以及 14 口“天池”、92 眼水井和水洞门、皇洞等完备的给排水系统。这些攻守兼备的古代军事遗址，是古代以山地修筑防御工事进行山地防御战争的光辉典范，极具科学研究价值。数百年来，历代名人志士踏访古战场，满怀豪情，激扬文字，为钓鱼域增添了丰富的文化内涵，寄予了对战争的厌恶以及对和平安宁环境的向往。

我国明代海防筑城，是指明朝为防御倭寇对沿海地区的骚扰，在北起今鸭绿江口，南至钦州湾的沿海海岸和岛屿上修建的防御工程体系。14 世纪，日本处于南北朝时期，在国内战争中溃败的武士，流亡海岛，勾结海商和失业流民组成海盗集团，袭扰我国沿海。为抵御倭患，明朝军民从洪武十七年（1384 年）起，根据“御海洋、固海岸、严城守”的海防战略，在元代沿海设防的基础上构筑了一系列海防筑城设施。这是与明长城同时修建的又一项浩大的军事工程。为便于防守，明朝政府将沿海划分为辽东、北平、山东、直隶、浙江、福建和广东等 7 个防区。各防区依其地理位置和地形特点，进行筑城设施的规划、布局和构筑。例如山东半岛的登州卫，早期利用海岸的有利地形，在今蓬莱市北丹崖山脚下修建了一座水寨，明代于洪武和万历年间两次加以扩建和整修，改名蓬莱水域，又称备倭城。水域周长约 2.2 km，设南、北两门，南门与县城相连，北门与海相通。城北为高崖，崖上临海建高阁，是全城的制高点，可以俯瞰附近海域。临海的一面建有木质大水闸，可引海水入域，供舰船驶入隐蔽。整个水域由城墙、炮台、水门、水闸、码头、灯楼、平浪台、防波堤、护城河等组成，构成一个严密而完整的海岸防御筑城体系，也是一座典型的海防城池和古代的水军基地。

大鹏所城，始建于明洪武二十七年（1394 年），全称“大鹏守御千户所城”。深圳别称“鹏城”即由此得名。大鹏所城是我国东南沿海现存较完整的明代军事所城之一，它的建立是为了防御海盗、倭寇侵扰，在明、清两代抗击葡萄牙、倭寇和英国殖民主义入侵的斗争中曾起过重要的作用，在我国城镇建设史、古代军事发展史和明清海防史上有着特殊的研究价值。但是，香港被租借后，大鹏所城的军事作用已经失去，遂成为军事后裔和当地民众的聚居村落，更名为鹏城村。大鹏所城占地面积 11 万 m^2，包括文物保护范围、建设控制地带和历史风貌区。其平面呈梯形布局，原城墙高 6 m，长 1200 m，上设雉堞 654 个，并辟有马道。至今东、西、南 3 座城门仍然保留明代建筑。虽历经 600 多年风雨，但城内主要街巷依然保持明代格局，城内有 3 条主要街道，分别为东门街、南门街、正街以及其他一些小巷。保存至今的县丞署、关帝庙、天后庙、赵公祠以及建于清嘉庆、道光年间的广东水师提督赖恩爵府第、福建水师提督刘起龙将军第等 10 余座清代将军府第和一大批清代民居分布其间，城内现有房屋共 1127 间，其中 70% 属传统民居，除城楼、学校、粮仓、怡文楼等属公产外，其余房屋产权均属 600 余户原住民私有。

清代广西边防筑城，是指 1885—1900 年间，我国清朝政府在广西与越南接壤的边境地区构筑的防御工程体系。中法战争后，法国军队逐步占领越南北方，并在中越边境集结部队，构筑工事，严重威胁我国边境的安全。为了抵御法国军队可能的入侵，清政府责令广西提督苏元春加强防务，并提出“严锁钥，以扼要冲”的重点设防、重点守御的原则和“路宽者筑台安炮，路窄者设卡安壕，甚僻者掘断禁阻，戍所预造地营，营外多栽刺竹”的要求。广西军民经过十几年的紧张施工，建成了一个体系完整、规模恢宏的筑城体系。清代广西边防筑城，东起上思州（今上思县）吞仑山，西至镇边县（今那坡县）各达村，绵延 850 km，以镇南关（今友谊关）为中心，分三路布防。沿边防线依据地形建城池、炮台、碉台、营垒。在整个边防线上，共设隘 64 座，卡 58 个，建大、小炮台 82 座，碉台 83 座，营垒 67 座，并以陆路、水路交通网相连接。炮台是整个边防筑城体系的主体，多集中构筑在镇南关、平而关、水口关和凭祥城附近。较为著名的炮台有右辅山的镇南、镇北、镇中炮台等。清代广西边防筑城，具有规模大、工程坚固、重点突出、体系完整等特点，在我国南疆形成了坚固、稳定的防御屏障。中法战争后，法国军队曾多次入侵我国，但是从未由此防线正面进犯①。

1938 年 8 月，蜿蜒于崇山峻岭之间，从印度雷多经缅甸、云南、贵州至重庆，全长 953 km 的滇缅公路建成通车。为了修通这条公路，我国投入了 20 余万人力，牺牲了 2300 多名筑路工人。在地形破碎、地质复杂的滇西南和缅北密林中，现代化的美式机械和最粗笨、原始的边民工具一起上阵，开凿出一条负载着抵御外侮、保家卫国神圣使命的陆上大动脉，一条名副其实的国际大通道。其中举世闻名的“24 拐”盘山公路，始建于 1935 年，全长 4 km，山脚至山顶直线约 350 m。因为路基窄、坡度大、弯道急，普通车以近 60 度的倾角向上爬行，被称为中国最险峻的山道之一。惠通桥是一座气势恢宏又满布沧桑的钢索吊桥，横跨于怒江之上，全长 205 m。抗战期间，作为滇缅抗战的“血线”要卡，无数英勇的中国士兵，用鲜血和生命守卫这处滇缅公路上的必经之路。1942 年 2 月，为保障滇缅公路畅通，我国政府以 10 万兵力组成中国远征军第 1 路，投入战斗，其英勇顽强事迹为世人所赞誉。滇缅公路的松山战场遗迹，隐藏在茂密的森林中，一座座步兵掩体、机枪工

广西河池市罗城县武阳江风景区（2009 年 9 月 1 日）

① 李金勇：《清代广西边防筑城》，见《中国军事百科全书：军事技术》，北京，军事科学出版社，1997。

事，一个个炮弹坑，一条条作战壕，保留着60多年前的状况。1945年7月，为昭彰中国远征军全歼腾冲守敌的赫赫战功以及纪念在战役中为国捐躯的抗日英烈，修建了国殇墓园①。

西亚和地中海沿岸是人类文明发展较早的地区之一，为了扩张领土、开拓商路、掠夺财富，这些地区的国家和民族之间经常发生战争，出现了埃及、亚述、波斯、希腊、罗马等奴隶制军事强国。约公元前30世纪，古埃及等早期奴隶制国家拥有了国王的常备武装力量；前24世纪，阿卡德王朝建立了常备军；前12世纪，在西亚和埃及等地出现了铁制兵器；前6世纪，波斯王国将全国划分为若干军区，并建成一支拥有近千艘战船的舰队。在奴隶制时期，上述地区的军事理论主要蕴含在军事历史著作中，例如古希腊希罗多德（Herodias）的《历史》、修昔底德（Thucydides）的《伯罗奔尼撒战争史》、色诺芬（Xenophon）的《远征记》和古罗马G. J. 恺撒（G. J. Caesar）的《高卢战记》、阿利安（Arrian）的《亚历山大远征记》等，记述了希波战争、伯罗奔尼撒战争、亚历山大东征等著名战争的情况。例如《亚历山大远征记》中记录了亚历山大三世对长征沿途地理形势的分析和对地理条件的利用等内容。从这些著作中可以看到，战争的规模由小到大，双方交战兵力从几千人到几万人、几十万人，战争的空间范围，也由沿河、沿海平原地域，不断扩大到跨大河流域及跨海区域，由陆地延伸至海域，由几百公里的征战发展为几千公里的远征。

古代军事活动是在冷兵器时代、火器与冷兵器并用时代的战争实践中形成和发展起来的，经历了漫长的社会历史过程。罗马自第一次布匿战争以后，开始推行对外扩张政策。历经征战，至图拉真当政时达到最大版图，以后由于政治、军事实力不足以对所占地区实行有效的统治和控制，遂转而注意国土防御。公元1—2世纪罗马帝国在其国境线的一些地段上构筑了一系列长城。这些长城常以当时罗马皇帝的名字或地名命名，例如图拉真长城、哈德良长城、安东尼长城、日耳曼长城等。其中哈德良长城是古代分隔英格兰和苏格兰的城墙，建于公元122—128年，全长

① 张东伟：《重走滇缅公路》，载《人民日报》（海外版），2008-05-10（4）。

120 km，高约 4.5 m，宽 2.5~3 m，是一座石砌防护城墙，包括墙顶部的防栅、墙外的深壕、沿线警戒哨楼、瞭望台和小型要塞以及通往后方军团永备营垒的道路等，构成连绵的线型防御工程体系。长城沿线平时仅有少量戍边部队隐蔽巡逻，一旦发现敌情，即点燃烽火报警，并依托长城阻滞敌人进攻，固守待援，在相当长的一段历史时期内，对保护罗马帝国边境起到了一定作用，并作为古代著名的国境防御工程载入史册[①]。此后哈德良长城因战争和年久失修，而逐渐残破坍塌。目前通过进行保护性修复，使哈德良长城仍然逶迤于陡峭山崖之巅，形成雄伟的军事类文化景观。

在世界最低点死海西岸的犹地亚沙漠中，有一处孤零零的石山，山顶距死海海面 450 m。远处望去，山顶如同刀削斧剁一般，要攀上这座山峰唯有经过悬崖峭壁上狭窄的通道，正是其隐蔽、险要的特点，使其具有天然防御工事的优势，这就是 2000 年前犹太人在罗马统治时期最后固守的马萨达要塞，也是列入《世界遗产名录》的军事类文化景观。当年希律王在马萨达高地建起豪华的行宫和避难所，使之成为东罗马时期建筑范式中的一座宏伟城堡，不仅以其营房、要塞构成了极为完整的防御工事，而且建起一排排庞大的仓库，可以储备众多武器和维持数年的粮食，还兴建了一套宏伟的水利工程，巨大的蓄水池将周围稀少的雨水尽可能地收集起来，储水多达 4 万 m^3。然而，马萨达对于犹太人的重要并不在于豪华的宫殿和宏伟的城堡，而是犹太人宁为玉碎、不为瓦全的悲壮历史。公元 70 年，罗马人占领耶路撒冷，960 名犹太人退守马萨达要塞，这里成为抵抗罗马帝国的最后堡垒，而围攻要塞的罗马人达万人之多，环绕山体建起了 8 个营地和一道城墙。犹太人在此地坚守了 3 年，最终寡不敌众，就在罗马人即将攻入城堡之际，宁可为自由死，也不作奴隶的犹太人开始以“光荣的方式”自尽。马萨达要塞是犹太人坚守的最后一个城堡，从此，犹太民族开始千年的流离失所，马萨达也落入被遗忘的境地。直到 19 世纪被人重新发现，特别是 20 世纪 60 年代和 90 年代以色列希伯来大学的两次大规模考古挖掘，揭开了马萨达遗址的面貌，使史实逐步得到了印证。如今，马萨达作为以色

① 吴溦祥：《罗马壁垒》，见《中国军事百科全书：军事技术》，北京，军事科学出版社，1997。

利国家公园，成为犹太民族争取自由、以弱抗强的英雄主义的象征[①]。

20世纪，由于第一次和第二次世界大战的爆发，大型军事工程得到较快发展，其任务是为军队作战行动提供工程保障，提高部队生存能力和限制敌人机动能力。例如芬兰在两次世界大战之间，在卡累利阿地峡建立了“曼纳海姆防线”，防线主要防御地带蜿蜒曲折，全长135 km，防线最大纵深95 km，充分利用起伏地形、森林、江河湖泊和沼泽地等对防御有利的地形，使防线在此后的战争中发挥了作用。法国在第二次世界大战前，为阻止德军入侵，在其东北边境地区构筑了“马其诺防线”，防线自比利时方向上的隆吉永，沿法国与卢森堡、德国接壤的整个边境，直至瑞士方向上的贝尔福，绵延约390 km，基本上由纵深4~14 km的保障地带和纵深6~8 km的主要防御地带编成，使德国军队不得不避开德法边境正面，另选进攻法国的方向。德国在第二次世界大战前，为了掩护西线安全，在其西部边境地区构筑了“齐格菲防线”，防线沿着与荷兰、比利时、卢森堡、法国、瑞士接壤的边境，全长630 km，全防线共构筑有各类永备筑城工事14000个，包括装甲机枪工事与火炮工事、高射炮阵地、指挥所、观察所、人员掩蔽部和弹药库等，战争中一度依托防线阻滞了盟军的行动。这些大型军事防御工程的遗址，如今都得到保护与利用，展示出宏阔的军事类文化景观。

了解珍珠港事件的人，一定都不会忘记亚利桑那号。1941年12月7日，日本海军航空母舰机动部队对美国海军太平洋舰队基地珍珠港实施战略突袭，使停泊在港内的主力几乎全军覆没，其中尤以亚利桑那号战舰的大爆炸最为惨烈，9分钟内全部沉没，舰上船员1177人丧生，几乎占了整个珍珠港事件中美方死难者的一半，成为美国太平洋舰队最深痛的一道伤痕。事件后亚利桑那号没有被打捞，其上层建筑被拆除，舰体残骸仍保留在水下的原位置。1962年，亚利桑那号沉没处被指定为美国国家陵园，并建立了纪念堂。纪念堂横跨残舰上方平静的水面之上，是一座中部凹下、两端延伸逐渐隆起的白色建筑，别致的造型象征在太平洋战争中初遭挫折

① 章建潮:《马萨达——记录着史诗的山峰》，载《人民政协报》，2009-05-21（C4）。

最终走向胜利的过程，而幽深的水下，则静静沉睡着亚利桑那号和它的将士们。纪念堂的中部，矗立着一根旗杆。这根旗杆的下端一直连接到亚利桑那号残存的主桅杆上。每天清晨，美国海军士兵都会为已经永远无法出航的亚利桑那号升旗。纪念堂的后方是悼念厅，牺牲在亚利桑那号上的官兵名字，用黑色的字体铭刻在白色的大理石墙壁上。从纪念堂仪式厅两侧窗外望去，不时有细小的油花冒出海面，在阳光的照射下闪烁着光芒，那是亚利桑那号上的油箱所渗透出的油珠，60 多年一直没有间断，被称为“亚利桑那号的眼泪”。

太平洋战争结束前，美国先后对日本广岛和长崎进行了核突击。当时日本国力衰竭，败局已定，美国希望用原子弹加速战争进程，在苏联参战前迫使日本投降，并在战争结束前对原子弹进行实战效应试验。于 1945 年 8 月 6 日 8 时 15 分，载机在广岛上空 10000 m 高度投弹，这颗当量 2 万吨级的原子弹在 666 m 高度空爆，爆心周围 12 km^2 内的建筑物全部被摧毁，死伤平民 14 万余人，约占广岛当时实际人口的 60%。3 天以后，美国又在长崎投下了 2 万吨级当量的钚弹，使 11 km^2 地区内房屋全部摧毁，死伤平民 7 万余人。美国对日本的核突击，对早日结束第二次世界大战起了一定作用，但是给日本平民造成重大伤亡。它在世界军事史上揭开了核武器时代的序幕，对战后国际政治和各国军事战略影响深远。至今，一座位于爆炸中心的被烧焦、毁损的楼房，依然保留在原地，这座建筑是由捷克建筑师设计，竣工于 1915 年的广岛物产陈列馆，总面积 1 023 m^2，拥有造型优美的新巴洛克样式的椭圆形屋顶，最高处 25 m。这是广岛原子弹爆炸之后保留下来的唯一建筑遗址，它以被摧毁扭曲的形体，无声地向人们述说着悲惨的经历。为了让人们牢记战争的残酷，广岛市决定永久保留这处遗址，并以其为中心形成一座和平公园，公园内建有死难者纪念碑与和平纪念博物馆。联合国教科文组织对此处世界文化遗产的评价是，随着人类所创造的毁灭性力量的释放，广岛和平纪念公园成为人类半个多世纪以来为争取世界和平所取得成就的力量象征。

美国洛杉矶亨廷顿植物园（2005 年 3 月 22 日）

位于美国纽约的“9 · 11”事件世贸中心遗址，被人们称为“第二个珍珠港”，如今这里成为人们纪念遇难者的场所。世贸中心遗址坐落在曼哈顿下城地区，以前这里矗立着纽约标志性建筑世贸中心，为两栋 110 层、逾 400 m 高的双塔建筑。2001 年 9 月 11 日，遭恐怖分子劫持的两架飞机撞击，双塔建筑起火爆炸后坍塌，造成重大人员伤亡，世贸中心也成为一片废墟。“9 · 11”事件之后，世贸中心遗址不断有来自全美和世界各地的人们来此凭吊。一座用当年世贸大厦钢架残骸制作的巨大黑色十字架在此矗立，为遗址平添悲怆气氛。在清理世贸中心遗址时人们发现，在原基址上还存留着一段直跑楼梯，这段楼梯曾经连接着广场和地面上的大街，在“9 · 11”事件当天，数百人得以从这段楼梯逃离现场，幸运地生存下来。灾后这段楼梯成为这一历史事件的重要物质见证。同时，“9 · 11”事件发生以前，世贸中心前面的喷泉广场上，曾经有一个 4~5 m 高的“地球”雕塑，象征着“世界贸易促进和平”。袭击事件中这个雕塑没有被完全压塌，成为遗址中幸存的大型遗物。半年后，“地球”雕塑被清理出来，并被迁移安放到了曼哈顿南端的炮台公园里。在“9 · 11”事件 1 周年时，人们在它前面的地面上增加了长明火作为永久纪念，鼓励着人们燃起不灭的希望①。

① 王莉：《世贸遗址，美国第二个珍珠港》，载《环球时报》，2008-05-21（9）。

第四章
当前文化景观遗产面临的挑战

自人类创造文明以来，在地球上留下蔚为壮观、堪称丰厚又不可胜数的文化景观遗产，但是由于战争力、自然力、人力等诸多因素的干扰与破坏，文化景观遗产面临着不断消失的威胁，加上文化景观遗产自身不可再生的特质，其资源的日益稀缺成为必然规律。虽然，世界上的任何事物其最终消失是绝对的，而其存在则是相对的。也正因为如此，人类曾经创造过的文明能继续以物质的和非物质的形态存在于世的数量，实在难以令人乐观，更应该格外加以珍惜。对今天的政府和公众来讲，重要责任之一就是如何想方设法，最大限度地防止文化景观遗产被破坏与消失。

4.1 来自保护理念方面的差距

长期以来，西方文化中的强势族群提出原住民与当地自然景观不相协调的观点，主张“荒野”中优美的山川、沙漠、草地、沼泽、海塘、盆地等天然景观要排除人类的生活居住才能得到保存。因此，这些原住民被视为“人类进步过程中的障碍”，需要被“区隔”或“孤立”。19 世纪，法国政治思想家 C. A. 托克维尔（C. A. Tocqueville）在所著的《论美国的民主》中不得不承认：“欧洲人从各个方向把印第安人包围在一个日渐缩小的地域内，印第安人在一种自己并不擅长的竞争中被侵害，他们在自己的国土上被孤立，成为强大的、人数占优势的外族人海中弱小的异类。”1872年成立的黄石公园是全球第一个国家公园，但是黄石公园创立之初的理念是“排除人类影响”，崇尚“荒野”的肃穆与宁静。美国联邦政府把一些独特、优美的自然景观划定为不准人们永久居住的保护区。1964年，美国颁布了世界上第一部“荒野保护法”，其中定义：“荒野，相对人及其工作所占据的那些景观区域而言，被视为没有被人开凿过的大地及其生命共同体所在的区域，在那里人本身是一个不能够逗留的参观者。”这种对待遗产地内原住民的政策影响了全球有关“无人公园”的理念。特别是在申报世界自然遗产项目时，许多国家轻率地移植这套国家公园的理念与制度，而未严肃地面对其中原住民的生计、文化以及其他权益等问题，甚至导致原住民不断地抗议以及冲突的后果①。

随着时代的变迁，人们对于文化景观的理解处于不断发展和深化之中。但是，对于文化景观是重要的文化遗产资源的理念，至今尚未得到普遍赞同，导致城乡建设与经济发展不断对文化景观进行过度干预，使其原有环境和风貌不断发生变化。而在文化景观遗产保护中，一方面，往往过多强调表象的、物质的一面，忽视贯穿于其中的历史文脉和文化内涵。实际上，两者不可分离，存在相辅相成的密切关系；另一方面，往往只有杰出的、在历史上或艺术上占有重要地位的文物古迹和纪念性建筑才能得到妥善保护，大多数的管理、资金与技术都投入到它们的保护方面，而大量传统民居、乡土建筑和老字号遗产等却难以得到保护，一些民间文化遗产，往往因其不具有典型性和代表性，就任其自生自灭，特别是在“旧城改造”或“新村建设”中加速消亡。林徽因先生早在新中国成立初期就曾指出：“北京市保护旧文物建筑多半属于宫殿、庙宇，对民间建筑便没有注意，艺术从来有两个系统，一个是宫殿艺术，一个是民间艺术，后者包括一些住宅和店面，有些手法非常好，如何保存这些是非常重要的。”②这些充满生活气息的民间文化遗产如果得不到应有的重视，不能在法律上确定其获得保护的权利，不能采取切实有效的保护措施，不能建立资

① 孙文浩：《勿“东施效颦”——浅析中国世界自然遗产地中的原住民搬迁问题》，世界遗产保护·杭州论坛暨2008年国际古迹遗址理事会亚太地区会议，第81页。

② 林徽因：《关于首都古文物建筑保护问题座谈会记录摘要》，市政府第一会议室，1953年8月20日。

金筹措渠道和维护机制，它们将难以避免被拆除或被遗忘的命运。

由于我国长期以来，经济是一种政府主导型经济，各级政府都是经济建设型政府，在这种体制下，容易片面强调发展经济，追求经济上的高速度，并把经济指标作为考核领导干部政绩的重要指标。快速城市化进程，更使得许多城市政府过于急功近利，不断追求推陈出新，一味塑造“现代化”的表象，过于强调城市景观的恢宏与壮观，而忽视了民众最基本的需求和人文关怀。一些城市盲目追求“城市化”，角逐所谓“现代化大都市”，人口密度迅速增加，基础设施严重滞后，导致城市超负荷运转。许多城市为了追随潮流，完全抛弃了原有的建筑风格，脱离当地的传统习俗，将物质和非物质文化遗产一并掩埋在钢筋混凝土森林之下，损毁了千百年来独具特色的文化景观遗产，丢弃了地域文化和民族文化的许多证物，丧失了城市的真正魅力。新的建设所造成的“千城一面”，更使城市风貌发展方向难以把握，其结果既抹杀了过去，又迷失了未来。“由此可见，寻找城市的特色之美、历史之美、生态之美和人性之美是现阶段我国的景观环境建设不能忽视的重要课题。尤其是随着我国城市化的不断发展，城市人际关系越来越疏远，原有的社会共同体遭到瓦解，重新塑造一个良好的地域共同体和人文关系显得极为迫切”[①]。

据马国馨院士介绍：“全球最大的200家国际设计公司中，目前有70%在我国有业务活动或者建立分支机构。这些著名设计师或事务所为了高额设计费，投其所好，一味迎合业主，全然不管建筑工程的投资效益和经营回报：你要‘新、高、特’，他就给你送上既费工又花钱又难保养的奇形怪状；你要气派，他就给你送上资源浪费的高大体型；你要大手大脚，他就给你送上奢靡豪华；你要容积率，他就帮你见缝插针，继续制造城市的热岛效应。”一时间新奇的创意，漂亮的平面构图，成为规划设计方案得以被采纳的法宝，而那些尊重传统文化、地域文化、民族文化，能够真正改善人居环境的规划设计方案却往往被视为过时，得不到重视。于是，一幢幢不讲究工程质量、不讲究结构安全、不讲究文化品位的所谓标志性建筑在各地拔地而

① 肖溪：《兼容并蓄构筑城市景观之美》，载《中国建设报》，2009-04-23（2）。

起。这些稀奇古怪的形状，给建筑工程的承重结构在受力、构造上带来许多极不合理的地方，违背科学的力学原则，浪费大量的钢材、水泥和资金，施工安装也很困难，并极大地增加了结构工程在安全性和耐久性上的风险。“一些本来很简单的设计，却要搞得非常复杂，仿佛不这样无法显示出自己的水平本领来，这其实是一种病态的设计理念。”张锦秋院士对我国建筑设计领域的问题深有体会，她认为：“现在许多有争议的建筑设计，虽然是由建筑师绘制，但其设计要求却来自领导思想、长官意志，什么‘新、奇、特’，什么‘一百年不落后’，这些提法大都出自各级领导之口。”正是因为有了一些领导的形象工程追求，一些单位的财富炫耀心理，才使得一些建筑师去迎合业主，最终违背“实用、经济、美观”的原则。

伴随全球化的浪潮席卷各地，不少城市迫不及待地迎合世界潮流，唯恐在新的发展机遇中落后，仿佛当物质文明达到一定程度，现代化的生产技术和模式可以高速地复制一切，甚至是一个城市。近年来，许多大型建设工程只关注项目自身形象，而对于周边景观环境的评估以及新旧文化景观之间的融合缺乏考虑。一些开发项目为了追求高额经济回报，往往在建设之前缺乏对当地周边情况的深入调研，造成建设项目本身或许比较美观，但是与周围环境反差巨大，潜移默化地造成相邻社区民众之间的心理隔阂。吴良镛院士认为，我们“现在不是没有规划，而是充满了各种规划；不是领导不重视规划，而是有些决策人口口声声要加强规划，真正的问题在于有规划无思想，甚至违背科学发展观，或者是把自己的意志强加于规划”[①]。俞孔坚教授则呼吁：“希望在中国大地上从事设计的外国同行，要尊重和珍惜中国的土地，如同尊重和珍惜自己的土地，千万不要把他们的失败与教训在中国大地上重演；在这块土地上上演的应该是他们的经验；特别希望唤起城市建设决策者们的注意”[②]。

一段时期以来，各种建筑思潮风起云涌，一些建筑师经常给所设计的建筑物冠以“后现代主义”“解构主义”等概念，混淆视听。对此，彭锋先生认为，“现代主

① 李同欣，秦佩华：《大型建筑设计应尊重原则》，载《人民日报》，2008-11-21（13）。
② 俞孔坚，李迪华：《城市景观之路——与市长们交流》，北京，中国建筑工业出版社，2003。

义是一种普遍的功能主义，表现在建筑和景观上就是国际化的风格。一座建筑的理想目标，就是不能让人辨认出它是哪里的建筑，无论是在纽约还是在北京、在巴黎还是在开罗，它都可以以完全相同的形式存在”。“后现代主义就是对这种普遍的功能主义和国际化风格的反动，主张将不同时代不同文化中出现的各种不同的建筑风格杂糅起来，从而形成所谓的混杂的后现代主义”。因此，“从奉行抽象的标准的角度来说，它实质上与现代主义并没有什么本质的区别”[①]。事实上，在规划设计领域，从现代主义的工业理性，到后现代主义的商业猎奇、视觉消费，再到解构主义的纯粹理性，都未将关注点真正落实到文化景观所倡导的“以人为本”这一核心价值。在当前世界经济一体化的形势下，钢筋混凝土、玻璃、塑料等新型材料普遍应用于大型公共建筑中，新型材料使得建筑变得时尚，但也使城市面貌趋同，更有一些建筑强加上与结构完全无关的造型，显得新奇而怪异，虚夸和华而不实。吴良镛院士指出，随着科技的发展，新材料和新结构的应用为城市建筑标新立异提供了可能，但现在片面追求建筑表面样式，已经将中国建筑引入歧途，已经到了不能不加以正视的地步。

20 世纪 90 年代以来，随着我国城市化进程的加快，建筑业也迎来前所未有的发展高峰，但是，随着文化全球化逐渐成为现实，物化空间的全球相似性引起人们对文化趋同性的忧思，大量的规划设计相似和雷同，使城市失去了个性，也使人们的生活和行为方式变得同质化和模式化。有的城市在城市文化景观塑造中，以洋为美，造成欧式建筑成风，竟然不顾环境和条件，在历史城区内，甚至历史文化街区中，也插建一些与周围景观极不协调的所谓欧式建筑，结果不但没有为城市文化景观增色，反而破坏了原有的特色和整体协调。“现阶段，以欧式建筑为‘卖点’的高档住宅小区风行。众多房产开发商纷纷推出‘欧陆风情’招揽客户，从‘地中海别墅’到‘苏黎士小镇’，从‘威尼斯水域’到‘戈雅公寓’，一个个笼罩着‘异域光环’的形形色色的欧式建筑，星星点点镶缀在祖国的青山绿水之间，以至于从建筑

① 彭锋：《译者前言》，见《景观美学》，北京，北京大学出版社，2008。

上，尤其是现代的建筑上，很难体现城市的历史积淀和建筑文化的积累传承”[1]。早在40多年前，梁思成先生就曾警告过：“我们有些住宅区的标准设计‘千篇一律’到孩子哭着找不到家；有些街道有一幢房子一个样式、一个风格，互不和谐。即使它们本身各自都很美观，但放在一起就都‘损人’且不‘利己’，‘千变万化’到令人眼花缭乱的地步。我们既要百花齐放，丰富多彩，又要避免杂乱无章，相互减色；既要和谐统一，全局完整，又要避免千篇一律，单调枯燥。”[2]

城市是文明的标志，文化是城市的灵魂，必须强调文化在城市建设中的核心地位。当前，一些城市到处是繁忙的建设景象，整个城市就像一个大工地，而无节制的快速蔓延，破坏了城市中原有的公众生活空间，在有意无意间失去了城市原有的个性，陷入盲目模仿的泥潭。一个真正充满活力的城市，应该给予人们鲜活的城市印象和记忆，“建筑的个性必须是从生命内部放射出来的，是从城市灵魂里自然而然流露出来的。一个城市没有自己的建筑风格，不管外表多么张扬，骨子里也是失魂落魄的，没有个性”[3]。“德国一位知名建筑师在参观过中国的几个大城市后，发表的观感竟是：这种夸张造型的建筑太多，整个城市看上去就不像是社会生活的场所，而像一个狂欢会，建筑物如同成群的演员，个个都在奋力表现自己。还有一位西班牙老建筑师到了中国西部一个大城市后，登高观看整个城市的全景后，认为那些建筑‘不是音乐，而是声音；不是建筑，而是建造’”[4]。正如，2002年《国务院关于加强城乡规划监督管理的通知》中所指出：“改革开放以来，我国城市建设发展很快，城乡面貌发生显著变化。但近年来，在城市建设中出现了一些不容忽视的问题，一些地方不顾当地经济发展水平和实际需要，盲目扩大城市建设规模；在城市建设中互相攀比，急功近利，贪大求洋，搞脱离实际、劳民伤财的所谓‘形象工程’，‘政绩工程’。”

长期以来，在我国城市建设中，最缺乏的就是把文化与自然结合起来进行统筹规划的思路。“如小城镇设计，只要把居住区、公共中心、以‘大街坊’为尺度的交

① 乔爱军：《卖“概念”还是卖“文化”》，载《中国建筑报》，2008-10-09（3）。
② 梁思成：《千篇一律与千变万化》，载《人民日报》，1962-05-02。
③ 蒋子龙：《城市的个性》，载《城乡建设》，2004（4），62页。
④ 吴学安：《“权力审美”足以让城市面貌“毁容”》，载《中国建设报》，2008-11-25（3）。

通系统、绿地系统等，找好几何中心，加一些轴线、对景等建筑构图的手法处理，城市设计就完成。以此为蓝图，依次建设就行了”[①]。由此造成不少城市以往循序渐进、自然生长的传统文化空间急速减少，新、旧区域空间形态的矛盾不断加剧，城市文化特色迅速消亡；不少城市对传统中轴线、天际轮廓线进行不恰当的改造，历史文脉延续的轨迹难以寻觅，失去文化景观的原有魅力；不少城市历史街巷肌理遭到破坏，文化街区和特色建筑被大量拆除，文化景观的重要物质载体不断消失。由于长期以来，仅仅用“改造”的思路来进行历史城区的规划建设，造成单一思维定式指导下的建设性破坏。“当前全国各地的城市建设轰轰烈烈，为何‘千城一面’难以解决？一个重要的原因就是开发模式单一，有些城市的决策者以为有了标志性建筑就可创造特色，盖一些和别的城市不一样的建筑，就能制造特色，实际上多是抄袭外国的畸形怪胎，形式上好像多样，实际脱不了西方的窠臼。越追求特色，越丧失乡土本色，‘千城一面’就更为严重了”[②]。因此，对于城市类文化景观来说，自然环境和人文风貌的整体保护，远比单体文物的保护更为重要。

在当前追求气派和攀比之风盛行的城市建设思潮之下，许多城市都在为建设纪念性和展示性的“景观大道”和“城市广场”而大兴土木，它们往往以欧洲的巴洛克城市景观为样板，强调宏大、宽广和气派。专家分析，这些“景观大道”和“城市广场”往往存在诸多弊病。一方面，不少“景观大道”为机动车而设计，对于步行者来说成为一道危险的屏障，粗暴地隔断了道路两侧的交通，因而忽视了多数民众的利益。一些“景观大道”过分强调轴线性和观赏性，野蛮地打破了原有城市街巷肌理，导致城市功能效率低下。另一方面，不少“城市广场”更像舞台布景，政府大楼往往成为观赏的主角，而不是以民众的休闲和活动为目的，过分追求宏大的占地规模，追求高档石材铺装，追求大草坪和大喷泉，而无绿荫供人们遮阳，无座椅供人们休息，甚至无资金保障日常运行，缺少对于人的需要和安全方面的考虑，实际上是对城市形象和文化精神的污染。同时，“景观大道”和“城市广场”的兴

① 吴良镛:《人居环境科学导论》，北京，中国建筑工业出版社，2001。
② 吴良镛:《借“名画”之余晖 点江山之异彩——济南“鹊华历史文化公园”刍议》，载《中国园林》，2006(1)，5页。

建，往往伴随大量搬迁原住居民和拆除传统民居，不但耗资巨大，造成土地资源的浪费，影响城市经济发展，而且使成千上万人离开故土迁往新区，既损毁了城市的传统风貌，又破坏了城市的社区结构，导致广大民众场所感与认同感的丧失。

2009 年 7 月出版的《中国城市发展史》披露，我国城市广场存在盲目求大、布局雷同、破坏文物、漠视周边环境等问题。成功的广场应代表所在城市的基本特色，成为城市文化的重要象征，但是目前城市广场规划布局千篇一律，“不求最佳，只求最大”，明显存在格式化、模式化的倾向，在追求西方几何图案的外表掩盖下，广场的构思往往失于简单，布局失于单调呆板，多由草坪、硬质铺装地面、水池或喷泉构成，使人感到缺少主题和个性，缺乏与所在城市必要的文化联系，缺乏对地方自然环境和文化景观的尊重，进而导致使用功能的偏差。同时，一些大型广场周边任

江苏扬州瘦西湖（2009 年 9 月 25 日）

由新建筑高密度建设，普遍设计水平低劣[①]。不少城市在开发建设中追求气派，追求最大、最宽、最长，攀比之风盛行，强调几何图案、金碧辉煌等。如今，走到很多城市，都能看到豪华的办公楼、宽阔的马路、巨大的广场、高耸的广告、新移栽的大树、西洋化的地名。这些城市建设追求气派，看似与时俱进，其实从某种意义上说，是缺乏文化自信的表现，其根源在于不能从关怀普通民众生活的立场来规划建设城市，与之伴随的大拆大建，更是对历史城区的严重破坏。上述情况已经不是发生在个别城市，危害也不仅在于局部地段，其剧烈地改变了大多数历史性城市的空间结构和历史风貌，使这些城市失去了与民族传统和地方特色的联系。

城市色彩是城市文化景观所呈现出来的所有可被感知的色彩总和，其中建筑色彩格外引人注目。伴随着社会经济的发展，面对多元文化的冲击和新材料、新工艺的出现，建筑色彩在城市环境中逐渐呈现出混乱的局面，这也反映出在社会转型过程整体意识、责任意识的缺乏与淡漠。如今，科技手段的进步、物流系统的快捷，使人们可以轻松自如地将其他城市和地区的建筑设计图纸移植于本地，可以轻而易举地将其他城市和地区的建筑材料应用于本地。于是，不知不觉中许多城市在五彩斑斓的色彩中迷失了属于自己城市的个性与特色，这种变化虽然常常不能引起人们的关注，但是却吞噬着珍贵的城市记忆，使通过城市色彩所延续的历史文脉，在大规模城市建设中被无情割断。“今天我国众多的城市还没有形成自己的主色调，面砖、幕墙、钛金板、磁性涂料，加上杂乱无章的屋顶，或大红大绿，或花里胡哨，或粗俗浅薄，或杂彩纷呈，不但浪费了人力物力，更影响了城市风格特色、个性的形成”[②]。而城市色彩的不和谐，也造成了城市的环境污染，引起人们心情的烦躁不安。朱祖希先生认为，“建筑物在一个城市之中是不能‘独善其身’的，它必须与环境配合调和”[③]。同时，城市色彩是历史积淀的过程，也不能人为地规定在短时间内将整个城市建筑涂抹成统一的色彩，使城市景观缺乏历史的真实性。

城市雕塑是一切造型艺术中最有力度和最具有感召力的有形艺术。当前，各地

① 于振华：《城市广场存在四大误区》，载《中国文化报》，2009-07-28（5）。
② 刘军：《色调之争：城市需不需要“制服色”》，载《中国文化报》，2008-11-25（7）。
③ 朱祖希：《对“人文北京”的感悟》，载《北京晚报》，2008-11-28（43）。

建设城市雕塑的热情空前高涨，全国每年新增城市雕塑远在万件以上。从省会城市，到县城乡镇，仿佛一夜之间要把所有空间都填满。但是，与之相伴的则是大量“垃圾雕塑”的出现，到处可见不锈钢飘带、棍和球组合的低劣雕塑，艺术质量堪忧。很多地方要么建设雕塑长廊，要么建设雕塑广场，要么建设雕塑公园，要么建设雕塑景观大道，少则十几件，多则几十件、上百件作品，精品少，败笔多。一些石料加工、金属加工企业，在利益的驱动下，到处承接城市雕塑业务，从业人员素质参差不齐，加上盲目模仿和抄袭成风，许多城市广场都竖起了“几个球加几根柱”的所谓抽象艺术雕塑，使城市雕塑千篇一律，毫无个性。在一些城市，竟然出现了专门配套生产、销售大小不同的圆球、钢柱，并可以临时组装“抽象艺术雕塑”的商店。因政绩需要的突击性工程，严重脱离艺术规律，促使城市垃圾艺术品的滋生。很多城市雕塑非但没有起到美化城市的作用，反而成为无法抹去的“视觉公害”。城市雕塑是可以模仿、可以复制的，但是城市的地域特点、独特风貌和文化景观是不可能模仿和复制的。实际上，一座城市是否有文化品位，不在于建造了多少座雕塑，而在于建造的雕塑能否代表城市的文化特色和具有文化意识。

目前，还出现一股将文化景观遗产在旅游或经济发展中进行市场定位的潮流，将“开发”文化景观遗产视为商业或旅游发展的“机遇”，甚至涌现出许多所谓“国际招投标”的规划设计方案。但是，这些设计往往忽视文化景观遗产保护的特殊需要。同时，不少文化景观遗产在环境整治过程中，比照西方的设计理念，随意处置原有丰富的地形高差变化，随意破坏原有天然林木植被，随意增加大面积硬化地面铺装，因缺乏特色而使人们感到乏味，不能产生亲近的感觉。例如2003年以来，有关部门实施北京“元大都城垣遗址公园”的“改造工程”，在西起肃清门，东至东北角城台的近9000 m沿线的土域外围，展开了大规模的造园、造景、造林施工，实施护城河施工改造。改造工程使元大都城垣及护城河风貌大为改观。然而令人遗憾的是，工程并未立足于文化遗产本体保护、生态状况的改善和历史环境的修复，而是将重点放在了新的人造景观建设。经过改造的遗址公园，城墙与护城河之间新建了大量亭台榭舫、群雕壁画、服务设施，河岸两侧亦建有各式房屋，多辟为餐饮场所，护城河在不同地段被修葺成不同风格的水系景观，点缀着 10 余座风格各异的桥梁，这一系列的改造成果，使人们再也无法体验该处遗址类文化景观的应有意境。

在城市化加速进程、经济持续快速增长和大规模城乡建设的背景下，不少城市和地区的文化景观遗产保护，尚未进入城市规划视野之中，保护往往陷入被动局面，对文化景观构成极大冲击。我国众多历史文化名城、名镇，其本身就是不可多得的文化景观资源，但是，今天它们的这一优势未能充分发挥，山、水、林、城交融一体的得天独厚的文化景观，没有能够得到应有展现，城市建设缺乏特色个性。文化遗产与其所处的环境同时存在，相辅相成。例如巍巍雪山、涓涓泉水和阡陌农田、历史村落分别是一些历史文化名城、名镇的独特环境，遗憾的是，在相当长的时期，自然生态环境没有得到足够的重视，保护往往仅限于文化遗产本体。一处文物古迹如果出现了险情，人们会加紧维修，但是对于与之共生的自然环境的变化却并不敏感，使文化遗产自身的价值也随之降低。一些历史文化名城、名镇在经济利益的驱使下，盲目引进房地产开发，导致原有社会经济结构和传统生活方式发生改变，造成传统民族文化和历史遗存的消失。这些不可逆转的变化，极易对文化景观遗产脆弱的生态环境造成整体性的破坏，使古老文明的珍贵价值受到极大损害。

文化景观遗产具有多重价值，不仅拥有生态、环境和科学的价值，还具有美学、文化、娱乐的价值，但是，一些城市在城乡建设中将水面、林木、山体、岩石、田野、洞壑、溪流等本应保护的自然因素当作可以任意开发的处女地，实际上是在不断地损害文化景观不可再生的宝贵价值，削弱自然生态的自我修复能力。不负责任的改造和不可持续的开发，必然导致现代与传统疏离，人类与自然疏离，造成大量文化景观遗产的丧失。同时，也带来投资环境的恶化，旅游产业的滑坡，社区功能的蜕化，利用效率的下降。厦门鼓浪屿是个面积只有 1.91 km^2 的小岛。由于近代以来中西文化的碰撞与交融，鼓浪屿形成了独特的建筑风貌，被世人誉为“万国建筑博览会”；岛上曲折优美的海岸线、沙滩、礁石与大海交相辉映，形成了奇特的自然风光；丰富的文化遗产与优美的自然环境共同构成了独具特色的文化景观。但是，前些年的开发建设对鼓浪屿文化景观遗产保护造成负面影响。一是岛上近百家工业企业，占用了大量土地，所造成的污染严重损害了生态环境和文化景观；二是岛上居住人口 2 万多人，人口密度高，建筑密度大，居住环境差，与文化景观遗产保护矛盾突出；三是由于房地产经济利益的驱动，不适当地建设高密度别墅区和大体量建筑物，粗制滥造的房屋与原有建筑风格、自然环境极不协调，破坏了文化景观资源[①]。这一状况已经引起有关方面的高度关注，积极加以扭转，但是难度之大可以想见。

《无锡建议》注意到，工业遗产正受到以下威胁：一是近年来随着城市空间结构和使用功能需求的巨大变化，新型工业建设项目开始向城外拓展，城内的旧工业区日渐废置；二是由于现代技术的运用、社会生活方式的转变，使传统工业陷入困境，先后遭遇工业衰退和逆工业化过程，不少企业面临“关、停、并、转”的局面；三是城市建设进入高速发展时期，一些尚未被界定为文化遗产、未受到重视的工业建筑物和相关遗存，没有得到有效保护，正急速从城市中消失。景德镇制瓷始于汉代，其之所以名闻天下，最重要的原因在于瓷土。高岭土质纯，耐温性能好，是景德镇陶瓷长盛不衰的原因之一。正是因为景德镇有着高岭土等优质瓷土和瓷石，奠定了景德镇在陶瓷领域的领先地位。自清朝官窑设立，景德镇开始对瓷土资源进行规模开采，至今已有几百年的历史。然而，随着长时间大规模的开采，当地瓷土矿产逐步枯竭。2009 年 3 月，从国家发展和改革委员会传来消息，景德镇被明确列为第二批资源枯竭城市。在经过千年的挖掘之后，景德镇人赖以自豪的陶瓷原料高岭土已经濒临枯竭。作为我国最古老的工业发祥地之一，随着资源枯竭和有关矿产资源政策的实施，大批瓷土矿和以瓷土矿为主要生产原料的企业将破产、关闭[②]。

---

① 周维钧：《海上花园 鹭岛明珠》，载《规划师》，2000（1），40 页。
② 陈勇：《瓷都变局》，载《小康》，2009（5）。

抚顺，是一座拥有百余年工业文明史的重工业城市，自20世纪初挖出第一锹煤起，抚顺就开始了近现代工业化进程，成为闻名中外的“煤都”。新中国的第一桶油、第一吨钢、第一车煤、第一吨铝，均曾在这里生产出来，因此，抚顺也成为名副其实的新中国工业摇篮之一。抚顺最具代表性的工业文明象征是“一坑一井”。“一坑”，就是亚洲第一、世界第七的人工挖掘的西露天矿，这是存在于抚顺地域的最大的工业文明证物；“一井”，就是高达63 m的巨大的工业构筑物——龙凤矿竖井，它的外形如纪念碑，曾经是“煤都”的象征和标志。在我国，像抚顺这样工业发达、门类齐全、企业密集、产业工人众多的老工业基地为数并不多。“然而，令人遗憾的是，在抚顺，许多退出生产领域的机器设备、建筑设施、图纸资料、文件档案等并没有得到妥善保护，一些被毁坏，一些被当作废物变卖或拆除，一些有着几十年、上百年历史的老厂房在近几年的城市改造中被拆除了，仅存于世的也面临着毁形灭迹的厄运”。“据调查，某单位曾经把一台有100多年历史的小火车头以40万元的价格卖给了美国一家公司，而美国这家公司买去之后，把它作为本企业的‘形象大使’，极力标榜，四处宣传，为该企业增光添彩”[①]。

文化景观遗产是一个完整的体系。但是，在当前的城市建设中，对于保护文化景观遗产的整体格局及其文化底蕴力度不够，一些城市和地区为了获得暂时的、局部的利益，片面强调某一元素的发展、单一效益的获得或局部地区的繁荣，而切断区域内文化景观之间的有机联系，采取条块分割的做法，导致文化景观的破碎以及整体品位的下降。近年来，北京市陆续制定了《北京历史文化名城保护规划》《北京旧城25片历史文化保护区保护规划》《北京皇城保护规划》《北京中轴线城市设计》等，这些保护规划和相关规定，是对历史文化名城和城市文化景观实施整体保护的重要依据，应具有法律效力。但是在规划实施过程中，仍然阻力很大，保护规划落实难、执行难的问题突出，违反规划的建设时有发生。例如位于北京市宣武区的一些区级文物保护单位已经在“旧城改造”“危旧房改造”过程中被彻底拆除，有的虽

① 《请保留下抚顺的“一坑一井”》，载《中国文化报》，2009-05-05（8）。

然打着所谓“异地重建”的旗号，但是至今未见实施。再例如，始建于1542年、坐落于故宫西北角楼北侧的全国重点文物保护单位大高玄殿，是明、清两代皇家的道教宫观，本应作为故宫—景山—北海皇家建筑群的有机组成部分，但是由于被有关单位用作库房，长期得不到妥善解决[①]。

4.2 来自开发建设方面的破坏

数千年灿烂的传统文化，培育出世界各地独特的文化景观遗产。但是，由于文化景观遗产纳入保护视野的历史短暂，至今并未受到应有的重视，尚未形成深入人心的审美理念和较为成熟的评价体系。特别是近年来，一些历史性城市忽视传统城市格局和历史风貌特色，在文化遗产的保护区、缓冲区以及不恰当的地段，建造大体量建筑物、高层建筑群或大型市政交通设施，导致文化景观遗产严重破坏的实例发人深省。例如世界文化遗产易北河谷文化景观位于德国的德累斯顿。该处文化景观是欧洲文化、科学和技术的交融之地，是18—19世纪中欧发展最重要的证据。这一文化景观沿着河谷纵深18 km，主要由古老的牧场、宫殿、纪念碑、公园以及具有自然风光的别墅和花园组成，同时，还拥有重要的工业遗产。早在1985年，德累斯顿市曾就城市文化景观可能受到威胁，向联合国教科文组织提出保护申请，但是由于缺少真实性原因而未获通过；2003年，投资商计划在易北河边的山坡上建造一座7层楼房，遭到市民的强烈反对，为了保护特有的文化景观特色，德累斯顿市再次提出申报世界文化遗产事宜。2004年德累斯顿易北河谷作为自由发展的文化景观列入《世界遗产名录》。

但是，易北河谷文化景观的保护一波三折。世界遗产委员会不久又决定将该处文化景观遗产列入《濒危世界遗产名录》，其原因是德累斯顿市因城市发展的需要，拟在河谷风景优美的河湾处建铁桥“蓝色奇迹”，这座4车道的大桥全长635 m，2007年11月开工，计划于2011年竣工通车。原来德累斯顿的易北河上有几座桥，

---

① 北京市政协文史资料委员会:《北京文物周边环境保护调查》，载《北京观察》，2007（9），50页。

拟建的桥处于河谷两岸开阔地，是城市开放绿地空间。设计方案出来后，建桥的计划受到国际文化遗产领域的广泛关注，连续4年的世界遗产委员会会议持续讨论该项目，并多次派监测团到现场调查、监测。监测结果认为建桥将严重破坏易北河谷文化景观遗产的完整性，破坏其突出的普遍价值，因此，多次劝阻缔约国终止建桥行为。但是，德累斯顿市政府认为，建桥符合当地法律，征求过利益相关者的意见，也作过公开听证，不认为建桥会影响世界文化遗产的价值。虽然德累斯顿市政府委托设计单位反复修改桥梁设计方案，并于2008年1月重新修改方案，例如去掉了桥上的灯柱，减小了地面生根处的设计等，但是未接受世界遗产委员会会议的建议，仍然未放弃建设桥梁。此后，根据咨询机构的监测，遗产地当地市政府在选择建桥和保留世界遗产称号面前，选择了前者。2009年6月，在西班牙召开的第33届世界遗产委员会会议上，经过投票，以14票赞同、6票反对、1票弃权的结果，决定将德国易北河谷文化景观从《世界遗产名录》中除名。德国易北河谷文化景观被除名一事，再次警醒各国政府，世界文化遗产没有终身制。

另一起因城市建设导致文化景观遗产受到威胁的事件也发生在德国。科隆大教堂是欧洲著名的哥特式建筑，1248—1880年，经历了长达6个多世纪的建设，有力地见证了中世纪欧洲基督教信仰持久的力量，为此于1996年列入《世界遗产名录》。但是，由于莱茵河对岸兴建的几栋高层建筑，对作为城市地标的科隆大教堂的文化景观完整性产生了负面影响。过去几十年间，面临城市发展的压力，科隆大教堂规划缓冲区的高度控制历经几次改变，新建筑允许的高度越来越高，2003年被指责的高层建筑（RZVK大厦）还在建设时，世界遗产委员会就已经对此发出警告，但是高层建筑不但竣工，还增加了4栋高楼，不断恶化的情况导致科隆大教堂蒙羞。2005年7月，世界遗产委员会将科隆大教堂列入《濒危世界遗产名录》，并要求科隆市政府重新考虑当前的建筑设计对世界文化遗产的视觉影响，任何新的建设均应该尊重文化遗产的“视觉完整性”。目前，在当地政府的努力下，保护状况已得到逐步

阿根廷圣伊格纳西奥米尼村遗迹教堂遗址（2011 年 2 月 17 日）

改善，2006 年 7 月，经第 30 届世界遗产委员会会议审议决定，科隆大教堂终于脱离了《濒危世界遗产名录》。科隆大教堂的案例体现了文化遗产保护的新标准，“视觉完整性”的重要性被提到新的高度，并足以威胁到文化景观遗产的价值①。

类似的争论也发生在英国的伦敦。2006 年 6 月，世界遗产委员会对伦敦世界遗产保护状况提出警告，如果伦敦的城市规划再不充分考虑到对伦敦塔的保护，那么这处文物古迹很可能成为《濒危世界遗产名录》中的一员。根据联合国教科文组织的报告，伦敦塔周围地区的新开发项目“似乎不尊重”文化遗产的保护，除了已经修建的多座摩天大楼之外，伦敦塔附近还正在规划修建一座 310 m 高的英国最高建筑。联合国教科文组织认为，伦敦市虽然提出过对伦敦塔的保护计划，却并没有很好地执行。如果附近的摩天大楼一座接着一座地建起来，那么伦敦塔与周围历史建筑之间的关系将受到破坏，也就丧失了历史价值②。英国查尔斯王子也曾警告说，英

① 岑倩华，陶伟：《城市发展建设与遗产保护》，载《城市规划》，2007（9），71 页。
② 刘双燕：《龟岛和伦敦塔都已濒危》，载《解放日报》，2007-06-24（3）。

国很多历史遗迹比如伦敦塔，已经被高楼大厦“破坏”了，这些高层建筑正威胁着伦敦的自身特点，失败的规划将毁掉英国历史地区的完整性。人们普遍认为，“查尔斯王子的讲话为伦敦市长 K. 利文斯通（K. Livingstone）设下了一个难题，因为其正拟在伦敦塔旁建一座英国最高的建筑”[①]。可喜的是，国际社会的关注取得了积极的回应。根据英国 2007 年 3 月公布的《文化遗产白皮书》，开发商不准在伦敦塔等文化遗产附近建造摩天大楼。其他文化遗产（如坎特伯雷大教堂和威斯敏斯特宫）附近则将设立“缓冲区”。根据新的规定，在文化遗产附近的任何开发计划都必须征求公众意见[②]。

现代的城市建设更多地受利益的驱使，各种利益集团对城市土地寸土必争，肆意开发改造，造成原有生态环境的破坏，城市文脉的割裂，进而导致人居环境质量的急剧下降。如今，盲目追求大规模改造、大规模建设之风愈刮愈烈。据报道，法国总统 N. 萨科齐（N. Sarkozy）计划宣布巴黎市未来 10 年十大建筑设计项目。包括未来主义风格的玻璃塔、单轨高铁、塞纳河上的人工岛，这些“大胆”建筑都有可能出现在未来的巴黎。这是奥斯曼（Haussmann）男爵 19 世纪中期对巴黎实施大规模改造以来，巴黎市最大型的一次性建设计划。2007 年 11 月，萨科齐召集了全球的知名建筑师在巴黎建筑城围绕这一主题举行论坛大会。但是，与会建筑师们认为现在已经不再是美化市中心的时代，而应该把重点放在修补中心市区与周边郊区的纽带上。巴黎大区地区委员会副主席 M. 菲利（M. Ferri）批评萨科齐所憧憬的“大巴黎”是个“大歧途”。

这一雄心勃勃的规划案不仅不切实际，而且本身就缺少协调性[③]。城市的急剧变化，可以使人类享有更丰富的物质生活，但是人类精神生活的质量却在不断下降。在亚洲，至今仍有很多城市将高层、超高层建筑群视为现代化的标志，就连中小城市也要建设几十层的高楼，有的大城市更是扬言要建“第一高楼”。城市中的钢筋水泥森林，让人们时时感到封闭和压抑，人们的生存环境逐渐恶化。

① 诸葛龙：《高楼大厦遮历史古迹 查尔斯批英城市规划失败》，载《中国文化报》，2008-02-06（5）。
② 王义：《英国：文化遗址附近禁建摩天大楼》，载《参考消息》，2007-03-10（6）。
③ 陈静：《萨科齐改造巴黎计划“太大胆”》，载《环球时报》，2009-04-30（4）。

同样的问题在我国一些历史性城市的建设中也严重存在。大量事实证明，在既是文化景观遗产又是现代城市核心的同一个区域内，要同时满足保护和发展都有强烈诉求的双重目标，难以实现，二者之间往往不可调和。同时，随着建筑工业技术的发展，为城市空间的垂直扩展不断提供新的可能，城市从平面扩展转向立体空间扩展，在一些历史性城市高层建筑控制了城市天际线。与此同时，随着交通量的增加，城市道路系统开始分层设置，向空中、地下发展，加速形成了高层、高架、高密度的空中城市形象。几十年来，古都南京的城市建设始终集中在历史城区展开，致使这一区域内的大部分地区均经过了一轮“旧城改造”，高密度的人口和高强度的建设使古都不可避免地失去了原有协调的自然环境、布局舒展的风貌特色。以低层建筑为主的传统建筑和自然山体构成的城市轮廓线，也由于日益增加的高层建筑所改变。据不完全统计，在南京历史城区内已建成的 8 层以上的高层建筑共有 956 幢，其中 30 层以上的超高层建筑共有 41 幢。对原有城市布局有着深远影响的诸多自然山体，都无法与不断涌现的高层建筑的超高超大体量所抗衡，山川形胜和河湖水系逐渐隐藏在高层建筑群中，原有优美的城市轮廓线遭到破坏，人们已经越来越难以感受到曾经与城市山水格局密切联系的文化底蕴和极具特色的文化景观。同时，由于缺乏有效的引导和控制，高层建筑布局零散，一些超高层建筑已经成为新的城市轮廓线的不和谐因素。

北京城的高度，是指城区内空间制高点的高度，包括建筑物、构筑物和山体等。近几十年来，北京城的高度呈现不断增高的趋势，对北京城市空间形态的影响愈发明显。朱文一教授对北京城的建筑高度进行了深入研究，据资料判断，北京城现存最早的第一高楼是 57.8 m 高的天宁寺塔，建于辽大康九年（1083 年）。此时期北京城的高度除受建筑技术制约外，还受宗教信仰、地形地势、城市生活、防御功能和封建礼制等因素影响。清顺治八年（1651 年），北京城的第一高楼让位于琼华岛顶通高 68.2 m 的永安寺白塔，打破了天宁寺塔保持约 568 年的纪录。1954 年，北京城的第一高楼被顶端为红五星、距地面 87.5 m 的北京展览馆[①]所取代，打破永安寺白塔保持约 303 年的纪录。1959 年，北京城的第一高楼又被顶端为八一军徽、距地面 94.47 m 的中国人民革命军事博物馆取代，这一纪录保持了约 26 年。改革开放为北京城高度变化注入了强劲动力。1985 年，北京城的第一高楼被 101 m 高的国际大厦取代，后者为北京第一座高标准、现代化办公商住楼，其建成也标志北京城的高度突破 100 m 大关，城市建设从此进入超高层时代。1989 年，北京城的第一高楼被 155 m 高的中国国际贸易中心一期写字楼取代，打破国际大厦保持约 4 年的纪录，而这一纪录却仅仅保持了约 1 年，随即让位于 1990 年建成的 208 m 高的京广大厦。1992 年，中央广播电视塔 242 m 高的流云厅，创造了北京的新高度。这一高度于 2008 年被 249.9 m 高的银泰中心所超越，但是银泰中心第一高楼的位置很快就被 330 m 高的国贸三期所取代。

城市建筑的高度影响着人们对文化空间的认知和体验，而城市建筑高度的变化不断为人们提供新的观察视角。北京城的高度历来强调以故宫、皇城为中心，分层次控制，1999 年北京市区控制性详细规划提出的具体办法为“站在故宫太和殿前的平台向东西方向观测，有一条由视点向外呈 1.03 度仰角斜线，建筑控制此仰角线以下”。“但缺少城墙的北京旧城，等于缺少了控制其高度的重要参照物。故宫、皇城确定的是旧城内的高度秩序，城墙才是确定和区分旧城内外两套秩序的参照物。但原来作为城墙的地方，现已成为北京城市的主要街道，不但不具有维护旧城氛围的保护作用，反而成为一些建筑争奇斗艳的舞台。当年吴晗先生与梁思成教授在探讨要不要拆除北京城门、牌坊时，说道：‘您是老保守，将来北京城到处建起高楼大厦，您这些牌坊、宫门在包围下岂不都成了鸡笼、鸟合，有什么文物鉴赏价值可言。’”“可悲的是，今天我们已经为当初的决定感到后悔，但已无法弥补由此带来的后果”[②]。如今在北京，“每个月都有一个街区的住宅被 30 层的高楼代替”。截至目前，古都北京有 28 座高度超过 150 m 的建筑，“可以发现，在进京道路和城市主要

① 注：当时名为北京苏联展览馆。
② 李先军：《中国城市，在国际化中寻找自我》，载《中国文化报》，2008-12-02（8）。

道路上，过去人们感受的是视线前方风格统一的城楼，现在最引人瞩目的是街道两旁形式各异的超高建筑，这 28 个建筑代表着北京城的高度”[①]。

随着人们文化景观价值观念的成熟，不少国家和城市已经不再依靠建筑的高度来体现城市文明。但是，在我国各大城市中，却正在进行着一场超高层建筑建设竞赛，各式各样的“第一”此起彼伏。2008 年 9 月，南京绿地广场“紫峰大厦”顺利封顶，以 450 m 的高度一跃成为“江苏第一高楼”。2008 年 10 月，投资 80 亿元的重庆“嘉陵帆影－国际经贸中心”破土动工，设计塔楼高度超过 455 m，将成为“西部第一高楼”。2008 年 11 月，上海中心大厦破土动工，将以 632 m 的高度超过 508 m 高的台北 101 大楼，成为新的“中国第一高楼”[②]。“世界上 80% 的起重机会聚到了亚洲，而它们中的 80% 又会聚到了中国”。“目前，上海已经拥有 4000 座摩天大楼，几乎是纽约摩天大楼的两倍，但是他们计划，到 2015 年之前，再建 1000 多座摩天大楼”[③]。然而，与超高层建筑相伴相生的，是可能存在的安全隐患，接连发生在一些城市的高层建筑火灾事故和倒塌事故，已经给人们敲响了警钟，也使得超高层建筑的合理性和实用性备受质疑。“经历了 30 年改革开放的中国，伴随着经济实力的迅速提升，城市的荣耀感也在迅速‘膨胀’，各地不约而同地选择了摩天大楼这种形式来彰显实力。专家表示，这是最浅显的‘对于现代化的想象’，此起彼伏的高楼热，暗合了中国现今发展阶段特定的社会心理”[②]。实际上，城市的本质是生活和工作的舞台，建筑只是物质载体，一座城市的品质不在于建筑的高度，而在于是否宜居。

深圳文化遗产丰富多彩。根据深圳市前后两次大规模文物普查的统计数据表明，已知的地上、地下文物共有 1792 处，其中古遗址、古墓葬等 107 处，各类古建筑 1685 处。特别是深圳拥有大量具有地方特色的传统建筑。例如龙岗的客家围屋多达 300 处以上，建筑面积逾 5000 m^2。同时，深圳现存 550 余座清代、民国时期的碉楼，其中观澜的碉楼达 114 座，是这一地区规模最大、保存最完好的古碉楼群。然而，

---

① 朱文一：《北京城的高度》，载《中外文化交流》，2009（2）。
② 董阳：《中国城市为何争相“长高”》，载《人民日报》，2009-03-26（11）。
③ 张由存：《中国城市大跃进》，载《中国财富》，2009（1），19 页。

近年来，深圳文化遗产保护状况不容乐观。1979年以前，深圳拥有历史建筑20多万间，随着大规模的城市建设，目前仅存约8万间。例如龙岗区有一座建于20世纪20年代的私塾建筑——兰著学校，是深圳市保存最早使用钢筋混凝土结构的建筑。该建筑由作为主体的西式两层小洋楼以及形似碉堡的五层楼两部分组成，既涵盖了古希腊、古罗马、巴洛克等西方建筑风格，又凸显出我国建筑的本土风格。2004年，由于城市改造，兰著学校被列入拆除对象，经过有关政府部门决定，撤销了兰著学校区级文物保护单位的称号，并于2007年被夷为平地。位于宝安区新安街道上合社区，被列为深圳市级重点文物保护单位的“云野书室”，也因旧村改造在2007年被拆除，并成为深圳市未经政府部门批准而私自拆除文物保护单位的典型案例[①]。人们常常在重新认识到文化遗产价值的时候，才发现它们中间的相当部分已经毁之殆尽，再耗费巨资进行抢救，然而难以真正实现文化景观的再现。

福建厦门（2010年9月16日）

① 《深圳一些古建筑在城市扩张中岌岌可危》，载《中国文化报》，2009-07-24（9、12）。

近代以来，重庆工业有过3次大发展，第一次是开埠时期，自1891年森昌泰自来火厂作为重庆第一家近代工业成立，至1933年，重庆已有近代工业及手工业工厂415家，工人近万名，是当时我国西部最早的工业城市。第二次是抗战时期，这时的重庆不仅在政治上是大后方，而且在经济上发挥了重要支柱作用。抗战期间，迁到重庆的工厂有200多家。至1944年6月，重庆登记的国营、民营各类工厂1228家，成为当时全国的工业中心。第三次是中华人民共和国成立后，重庆成为我国的重工业、国防工业基地。兵器、船舶、电子、航天，以及核工业等设施云集重庆。"三线建设"是继抗日战争时期沿海工业大内迁后的又一次大迁建，对增强重庆工业经济实力起到了促进作用，使重庆工业固定资产一跃而居当时全国第5位。得益于以上三次大发展，重庆工业实力雄厚，留存下了许多重要的工业遗产。这些在特定时期兴建的建筑物、机械、车间、磨坊、工厂、仓库等工业遗产见证了重庆乃至整个西南地区工业化和城市化的进程，是城市的宝贵记忆，也是重庆独特的文化元素。重庆市社科院专家撰文称："但是遗憾的是，这些工业遗产已经或者即将消失。"如重庆通用机器厂、重棉三厂、重庆第三钢铁厂以及化龙桥抗战工业园区都已不复存在。重庆綦江区松藻矿区的3辆"上游"系列蒸汽机车下岗后，也被当作废铁以40万元卖给了物资回收公司[①]。

当前，城市建设密度越来越大，建筑在向高层发展的同时，还要充分利用地下空间。在近年来高强度的城市开发中，大量建设工程不断触及地下文化遗存，所造成考古遗址本体的破坏，是最为彻底的破坏形式。一条条交通干线的兴建、一片片城市区域的拓展、一批批高层建筑的开工，使珍贵的考古遗址不断被蚕食、肢解甚至灭失。在洛阳，现在的城市建成区面积较之20世纪50年代扩大了10余倍。隋唐洛阳城遗址南半部22 km^2的里坊区，被现代建筑物覆盖的范围，也已从1995年的14%左右，急剧发展到2006年的近50%。在北京，北京市文物研究所宋大川所长认为，这些年，虽然市政府投入巨额资金，在修缮、保护地上文物方面的力度前所未

① 郑和顺:《重庆工业遗产能否不留遗憾》，载《中国文化报》，2009-07-21（5）。

有，但是，由于很多人并不真正了解地下文物的价值，对地下文物的保护不尽如人意。“20 世纪 70、80 年代，北京市的基本建设项目无论在数量上还是规模上都无法与现在相比。尽管当时的《文物保护法》尚不完善，但建设单位和施工单位，每年通知市文物部门进行发掘清理的零散文物至少有 200~300 起；但近 10 年，每年不过 20~30 起。有些建设单位、施工单位，为了避免因考古发掘影响工期，往往发现地下文物后匿而不报或私自破坏”。此外，机械化施工作业和夜间施工，也给地下文物造成了难以弥补的损失。

城市化快速发展，使城市建设掀起史无前例的高潮，城市开发陷入盲目追求经济利益的误区。20 世纪 90 年代中后期，“城市经营”的概念在我国某些城市被率先提出，并在政府部门和学术界引起探讨热潮。从现实来看，由于城市经营多属于资金导向性，具有强烈的“逐利性”，更多地注重通过各种手段获取经济利益这一浅层目标，而忽视城市社会、经济、文化和生态环境协调发展这一城市发展的最终目标。同时，在经营手段和理念上存在着相当严重的趋同性，各种急功近利的经营活动破坏了城市的历史文脉以及协调的自然、文化景观，导致城市特色和个性的缺失。在一些地方决策者看来，所谓建设，就是要大兴土木，他们把高层、超高层建筑看成是城市建设“成功的标志”，是城市经济“繁荣的表达”，更愿意做立竿见影、热火朝天的工作，而不愿意把更多的精力放在基础工作上。“现在，许多城市为了提高城市品位，让城市更加宜居，越来越重视生态建设。湖泊水网、亲水走廊、创意雕塑、大型广场、江滩夜景等遍地开花。然而，在建设的过程中，一些地方‘为建而建’，造成了自然景观不‘自然’，‘亲民工程’不亲民，‘环境整治’破坏环境，对市民缺乏亲近感、亲和力，不仅审美效果大打折扣，也背离了城市建设的初衷”[①]。

当前，我国正处在一个特殊的历史发展时期，城市建设面临快速城市化和全球化的双重压力，矛盾冲突千头万绪。在城市郊区，由于城市向外蔓延和工业的郊区化，原有的农田景观向城市景观、工业景观、交通景观等转化，土地利用由农业用

① 晓牧：《城市景观应贴近人的生活》，载《光明日报》，2008-04-10（4）。

地变为城镇用地和工商业用地。长期以来，持续不断的填湖造田、开山采石、取土烧砖、筑路建房等人类活动，使生态环境面临巨大压力，造成文化景观自然面貌的明显异化；长期以来，对森林的超量开采，植被面积锐减，导致山体滑坡现象明显，造成文化景观环境空间的严重损害；长期以来，方兴未艾的水利开发建设，对天然河道的人工干预，使地下水位不断下降、地表溪流逐渐干枯，造成文化景观生态水系的持续恶化。例如杭州 20 世纪 60 年代，西湖附近常住人口只有 3000 余人，但是，80 年代以来西湖核心地区作为城市的行政中心和经济中心，工厂、企业、事业单位蓬勃发展，到了不得不对西湖环境进行综合治理的时候，常住人口已经达到 5 万余人，增加了十几倍，而建筑总量则增加了几十倍。虽然，杭州市政府曾经多次大力整顿这一地区的违法建筑，搬迁大大小小的单位，并逐步疏散居民，努力恢复景区旧观，但“即便在管理最严格的时期，蚕食鲸吞，中心开花等侵占风景资源的现象也没有根本停止过”，使西湖以和谐、端庄、秀丽为特征的美学内涵受到削弱和伤害，这一状况直到近年才有所改观。

长期以来，杭州西湖一侧的高层建筑破坏了“三面云山一面城”的城市格局和西湖文化景观，对此人们一直予以密切关注。近年来，杭州城市总体规划确定了从“西湖时代迈向钱塘江时代”的发展目标，使西湖文化景观遗产保护出现转机。2007 年 1 月，有“西湖第一高楼”之称的原浙江大学 72 m 的教学主楼成功爆破。当时很多人认为，炸掉高楼的目的是促进西湖景观的恢复。但是，针对这一紧靠西湖，有着“地王”之称的地块，2007 年 10 月出台的概念性规划提出，将在此建设总规模约为 27.6 万 m^2 的建筑群，包括综合性商场、酒店、写字楼等，其中酒店建筑最高处达 85 m。一时间舆论哗然。不少市民认为历史性城市建筑限高早已是国际社会的共识，西湖周边更应该限高，西湖属于全体杭州市民，任何人没有权利破坏。而推出这一概念性规划的是美国 KPE 建筑师事务所，他们称经过分析 85 m 高楼不会破坏西湖周边景致，高楼的重要卖点就是‘利用高层看湖景’。而有关专家则认为：“杭州西湖周边建筑的尺度和状态，应该由西湖山水的文化属性和特质来决定。而这种属性和特质决定了在西湖边建高楼肯定是不适宜的。”在过去的几十年中，杭州西湖周边建筑的“限高”始终是一个“重大话题”，但是原有的标准屡屡被突破，时至今日，西湖边的建筑及天际线多次遭到国内外专家的批评和质疑[①]。

当前，正在全国范围内迅速展开的新农村建设，为我国农村地区带来前所未有的巨变。这场深刻的历史变革，也对乡村类文化景观遗产保护提出了紧迫的要求。特别是一些地方错误地把新农村建设理解为新村建设运动，存在简单的城市化倾向，求新求洋，没有考虑民族文化的传承问题，造成乡村、民族、地域特色的丧失，大批乡土建筑的安全正在面临着极大的威胁，“万村一面”的情况已在不少地方成为现实，如不及时加以引导，分散在广大农村地区的各具特色的乡土建筑，将随时面临着被拆、迁、整、改、并等种种危险，其遭受破坏、走向消亡的速度正在逐渐加快。为了搞好“村容整洁”，一些地方不惜资金，建起了现代化的农村集居点、村级公共服务中心以及农民广场，确实使村容得到改观，但是农业生产、农民收入、农民的生活水平并没有得到明显改观。相反，一些经济薄弱的乡村还因此背上了很多债务。如何正确处理新农村建设与乡土建筑保护的关系，使乡土建筑的文化内涵、建筑特色、历史风貌得以有效保全，是事关文化遗产保护和新农村建设全局的重大问题。同时，乡村类文化景观保护在我国兴起较晚，有关的法规制度建设相对滞后，已有的文化遗产保护法规不能适应乡村类文化景观保护的需要。

村庄规划是新农村建设的蓝图，一些承担规划设计任务的规划编制单位往往对城市规划很熟悉，但是，对乡村的社会、经济、文化特征却知之甚少，由此导致了一些适用于城市规划的方法被简单嫁接到乡村，形成了“行列式建筑布局、大草坪改造环境、外环路组织交通”等破坏乡村原生态特征的规划方案，损害了乡村原有的与自然有机融合的空间形态、道路格局、建筑风貌，使得乡村大量呈现城市化特征。还有一些规划设计单位，将几张模式化的图纸广泛应用于农村建设，改变了充

① 方益波：《西湖边要建高楼惹争议》，载《北京晚报》，2007-10-27（7）。

满历史记忆和民俗风情的文化面貌，将独具特色的乡土建筑，改变成雷同相似的现代建筑，用简单化破坏多样性，把已经造成城市无可挽回的“建设性破坏”蔓延到了乡村。清华大学陈志华教授就曾经谈到他四次访问浙江省建德县（今建德市）新叶村的见闻，20 年前第一次去时，古村镇保存得相当完好，有非常漂亮的文峰塔、文昌阁；4 年前第二次去时，古村镇已经面目全非，60 幢老房拆掉了 29 幢；去年油菜花开时他第三次去时，看到了一些 3~4 层的小洋楼，虽然小洋楼很漂亮，但却和整个村子的环境格格不入；今年第四次再去时，看到新规划的设计图纸，吓了一大跳，欧美的城市式绿地将取代乡土环境，仅存的传统风貌将荡然无存。

在这一背景下，乡村类文化景观也出现了城市化的现象，在城市规划建设中喧嚣一时的“城市化妆运动”，向农村地区大举进军。不少历史文化村镇将一般城市规划中的分区规划，园林规划、城市设计的理念套用过来，通过规划建设复制城市文化景观，将大量雄伟气派的房地产开发项目移植到历史文化村镇之中，导致乡村类文化景观日趋单调，空间关系缺乏相互联系，形成规则化、庸俗化、同质化倾向。随着城市化现象进一步蔓延，与世界许多地方一样的，钢筋混凝土立面和铁皮屋顶构成的，按照城市风格建造的村落和民居，必将迅速改变我国成千上万的美丽乡村，使它们变得单调、浅薄和粗俗。例如一座有着 500~600 年历史的民族村寨，靠山面水，依山而建，村寨中一条石板路自然曲折延伸到尽端，数条纵向小道与之相连，整个村寨曲径通幽，充满情趣。但是被列为新农村建设的示范村后，拟规划建设纵横交差的“十字街”，将原本完整的村寨人为割裂成四个部分，还要拆掉数十户传统民居。如果这一规划实施，村寨的历史文脉将被肢解和割裂。这种脱离实际、劳民伤财的做法，是对新农村建设的误导。不少地方在新农村建设中推倒传统民居，造起别墅式住宅，结果是客厅变成了储存粮食、放置农具和杂物的仓库，门口搭起了鸡窝、猪圈和牛棚。

贵州黔东南的雷山县西江，是世界上规模最大的苗寨，有着 1780 年历史，被誉为苗族文化的典型代表，2006 年被列入中国申报世界文化遗产预备名录。村寨中 1285 户苗家的木质吊脚楼依山而建。至今西江仍然传承着苗王“牯藏头”和寨老议事的古老制度和生活方式。2008 年 9 月，贵州省每年一次规格最高、规模最大的旅游发展大会。在西江千户苗寨召开，四方宾客的目光聚焦在这个历史悠久的文化村寨。据报道，为了迎接这次旅游发展大会，政府共投入 3 亿多元，完成了道路建设、主会场馆、苗族博物馆、精品街建设、民族古街改造、观景台、河滨道民族特色改造等 20 多个重点项目。西江苗寨的“牯藏头”唐守成站在自家的露台上，看着祖祖辈辈生活过的西江一天天变成另一个样子，十分痛心：“我们苗家的房子是老祖宗定下来的样子，全部用木头建成，很简洁朴素。新建的那些房子还用到砖瓦水泥，只有一个吊脚楼的外壳，花里胡哨，跟别墅一个样子。”他指着远方一个高层建筑说：“那边是个新修的观景台，只为了这一个项目，就有 10 多户人家搬到了别处。”他认

贵州镇远县青龙洞（2008 年 2 月 26 日）

为，政府给村民修路、通水、通电，村民非常欢迎，但在村民对本民族文化保护意识普遍不强的情况下，政府应对村民进行培训、指导，经济上给予扶持，而不该大兴土木，对有着千年历史的西江进行如此改造[①]。

近年来，一些江南水乡古镇旅游业异常兴旺，在古镇的主要街道上往往有数十家、上百家店铺，都是来自全国各地的外来者经营，共同出售着大同小异、缺乏特色的旅游纪念品。大量原住民搬出古镇，大批外地人搬进古镇，但是来者往往只以赚钱为目的，对水乡古镇仅仅是利用关系，他们对当地文化既不了解也不珍惜，一味以商业文化置换水乡古镇的传统文化。为了迎合短期旅游市场的需要，一些地方将水乡古镇周边的环境整饬一新，使其完全丧失了“相互依存的自然景观和环境”，有的甚至希望水乡古镇发生日新月异的变化，由此也出现了不少伪劣的“假古董”“假遗产”。有领导说旅游景点都有牌坊，于是水乡古镇各入口处就多了一组组大牌坊；有领导说现在城市都有广场，于是水乡古镇里就多了一处处石材铺装的大广场；有领导说公园的河道都有栏杆，于是水乡古镇的河道两侧就多了一排排雕花石栏杆。一次次“大手笔”改造，使水乡古镇逐渐失去了原有恬静古朴的文化魅力。一些水乡古镇周边建设的大规模仿古商业街区，更是削弱了乡村类文化景观的整体美，改变了水乡古镇与山、水、林、田、路等背景环境之间浑然天成的空间尺度。

“靠山吃山、靠水吃水”，过度的城市化、人工化、商业化发展，大大降低了一些山水类文化景观的美学价值，当人们慕名而来时，却仿佛置身于一个嘈杂的集市，古装照相、电脑刻字、食品售卖的摊商，占据着观赏文化景观最好的位置，使人们对亿万年形成的大自然鬼斧神工，无法心平气和地欣赏。一些环境优美的自然风景区，如今挤进来不少单位，住进来不少人。例如黄山现在已经成为一个拥有大量宾馆、饭店、职工宿舍、观光索道、宽马路、购物街等设施的旅游景区。大量的接待设施建设，更造成了游客在景区内大量滞留，比较20年前制定的黄山景区总体规划，旅游床位和服务人员各增加了70%和400%；高档宾馆的标准间数和总建筑面

① 周芙蓉：《3亿元改造世界最大苗寨，是保护还是破坏？》，载《中国民族报》，2008-10-14（2）。

积更是分别增加了13倍和7倍[①]。在我国的泰山、黄山、峨眉山、武陵源等山水类文化景观中，都修建了不止一条观光索道，对生态环境、地表植被造成破坏，对文化景观审美也造成严重污染。泰山的一个索道站占地达19000 m^2，永久性地破坏了地表植被，造成游人的过度集中。云南石林申报世界自然遗产失败后，联合国教科文组织世界遗产中心的官员委婉地表达了他的看法："你们的石林从地质年代、形态、种类、规模和特征上还是有独到之处的。如果你们能找到一两处没有任何人工干预痕迹的原始状态的石林，还是可以申报为世界遗产的。"

4.3 来自社会变迁方面的压力

当前，文化趋同现象的加剧，一方面使得跨国度、跨地区的交流更加频繁和顺畅，但是同时也使文化的多元性、异质性、复杂性减少，并引起了不少国家、民族和地方"身份危机""文化安全"方面的警惕，人们普遍担心将来会生活在一个具有单一文化背景的世界。美国学者T. L. 弗里德曼（T. L. Friedman）在《全球化中的本土文化——文化革命即将开始》中指出，随着世界平坦化的进程迅速加快，很多人也产生了相当的忧虑，担心"全球化即美国化"。"这样的担心并不是没有道理，因为全球各地充斥着美国制造商和服务提供商、美国的品牌和美国的电影制作人、美国的歌星和美国的演员、美国的服装设计师和美国的快餐连锁店。他们不可避免地会利用平坦的世界推销美国文化，不管当地独特的服装、语言、食物或音乐多么顽强地固守自己的风格，最后人们还是会担心，自己的文化传统可能被轻易地侵蚀。全球化长了一张美国面孔，有着一副美国神情，充满了美国味道"。"世界上的很多人声称，除非我们认真采取措施加强保护本土文化和自然环境，否则美国式的全球化将在未来数十年内消灭全世界花费数百亿年才进化形成的文化、生态和动物的多样性"。"许多批评者认为全球化只是资本主义、国际品牌、快餐和消费者价值的扩张，它们将排挤温暖、安逸、地区繁荣、本土产业和本土文化"。

① 张波：《当"申遗"只给中国留下一个出口》，载《城乡建设》，2005（8），6页。

当代社会是一个科学技术突飞猛进的社会，技术的每一次进步均快速地对人类社会文化产生重大影响。民族地区社会文化变迁的根本动力也来源于科学进步与技术支持，动力机械、化学肥料的广泛使用与推广，带来了生产力的逐步提高，根本性地改变了粗放式的农耕传统，改变了大地农田景观，大大提高了作物的单产和总产，为现代农村经济体系的建立奠定了基础。同时，农耕传统的改造与农副产品的销售，又进一步推动了民族地区工业化和商品化的进程，改变了人们的意识形态，也改变了民族村寨的文化景观和生态环境。传统的民族村寨景观，是各族人民在自给自足的生产消费模式下，形成的生产生活方式的一种表现，在当时的情况下，是一种最有利于人类生存和发展的形态，也是人类与自然和谐相处的文化景观，千百年来很少发生剧烈变化。但是由于经济高速发展，大量外来事物涌入民族村寨，使得民族村寨景观出现了急剧变化，其中也出现了一些盲目开发和急功近利的情况，损害了民族地区的文化景观和生态环境，在生活水平不断得到提高的同时，一些民族地区的文化特色也正在消逝，民族村寨面貌迅速走向趋同，文化认同感与归属感逐渐弱化，使乡村类文化景观和民俗类文化景观面临前所未有的冲击。

文化传播对于人类社会文化变迁的重要意义早已为人们所认识，当代民族地区社会文化变迁的主要动力之一，也来源于文化传播，其影响是多层面的。在物质层面上，农作物新品种及其栽培技术的传入，对民族地区山地农业的改造发挥过举足轻重的作用；现代交通工具的引入，根本性地改变了民族地区传统的出行方式；现代通信工具在民族地区的普及，加强了民众与外界的联系等。同时，一方面通过招工、学、参军、婚嫁等方式进入城市中的民族地区民众越来越多，特别是近年来，民族村寨外出打工的人口急剧增多，逐渐形成空心村现象。另一方面大量走出山区的民族地区民众，通过返乡、探亲等各种方式将城市和经济发达地区的文化带人民族地区，也改变着家乡的传统生活方式和观念，由物质与非物质形态构成的文化遗产传承面临前所未有的困难。总之，在科学技术日新月异、文化互动愈加频繁的当代，民族地区社会文化变迁受到异质文化传播影响的深度和广度，是历史上任何时代都无法比拟的。随着我国城市化进程的进一步加快，民族村寨景观必然发生更大的变化，一些新的景观要素伴随着旧的景观要素的消失而出现，新的景观格局取代原有的景观格局，文化景观功能也将随之发生变化。面对这一发展趋势，既不能阻挡，也不能回避，而必须以文化的眼光和前瞻性的思考加以回应，使民族地区的生态环境和特有的文化景观遗产得到积极保护和可持续利用。

近年来，菲律宾的伊富高梯田文化景观遗产的保护面临着前所未有的挑战。首先，由于年轻人不愿意继续从事农业劳动，使得当地25%~30%的梯田荒废，留在当地的一些村民为了赚钱糊口，也将许多梯田改种蔬菜、花果等经济类作物，并施以化肥及杀虫剂，严重破坏了当地的文化传统和风貌；其次，为了振兴地区经济，当地政府大力开发旅游，大兴土木修建旅游设施，一些居民甚至砍伐树木从事木雕手工业，使得自然生态环境受到影响，水土流失相当严重，不少山顶原始森林面积退化；最后，为了寻找食物，巨型蚯蚓在水稻田里到处打洞，使梯田正在面临一场严重的“蚯蚓危机”，部分梯田开始漏水，不但水稻生长受到影响，原本牢固的梯田结构也遭到破坏。为此，世界遗产委员会于2001年12月作出决定，将伊富高梯田列入《濒危世界遗产名单》。但是，在该处文化景观遗产的保护认识上始终存在着不同观点的激烈交锋。当地人普遍认为，保护梯田不是为了保护其世界遗产的头衔，而是为了保护传统文化。“如果世界遗产委员会为了保护原始景观而让伊富高人的生活方式都回到过去，我们不会答应。我们不能像博物馆陈列古董似的陈列我们原始的生活方式。我们需要与现代社会同步，我们也需要发展。目前，原始农业生产已无法满足伊富高人的物质需求，因此，我们不得不寻求其他的出路而忽视甚至放弃梯田”[①]。

在乡村类文化景观保护方面，应该看到，农村社区传统文化是从农业生产、农村生活之中，从人与自然亲密接触之中形成的，是当地民众世世代代积淀与传承下

① 王传军，徐静：《伊富高梯田警世录》，载《光明日报》，2006-06-27（12）。

来的。因此，乡村类文化景观最有泥土芬芳、最富亲情。但是，这一特有的文化价值却长期被忽视。同样令人担忧的是，我国农业村落近些年来数量锐减。据中国社会科学院社会学所所长李培林提供的调查数字，从1985年到2001年，在不到20年的时间里，我国农业村落的个数，从940617个锐减到709257个。仅2001年，我国那些延续了数千年的农业村落就减少了25458个，平均每天减少约70个。为此他撰写了《村落的终结》一书探寻其规律[①]。随着我国经济社会快速发展，商品经济的渗透，长期处于封闭状态的民族地区，人们的观念不断发生变化，对当地所处的环境和文化存在着一种自卑的心理，对自己的家园和文化感情淡漠，认为家乡经济发展水平落后，物质生活基础薄弱，教育卫生条件滞后，文化娱乐内容单调，总之，一切都不如城市，越来越多的民众向往城市生活，不断走出家门离开村庄，涌入城市打工就业，强烈希望改变生存环境和改善生活条件。在这样的农村社区中，保护乡村类文化景观和民俗类文化景观，必然还要同时担负起消除贫困的任务。

如今，历史文化村镇和乡土建筑被拆毁的原因，往往是被认为"破破烂烂"，不够漂亮。"在福建一个市，甚至提出市域内'公路两边看不见旧房'，只要是旧房子，不管它的历史价值如何，不问青红皂白，统统拆掉"。近年来，不少历史文化村镇遭到人为破坏。一些地方没有充分认识到乡土建筑的整体文化价值，致使不少传统民居被拆除，文化景观遗产被破坏；一些地方盲目模仿大中城市的风格，不顾历史文化村镇的空间格局、建筑尺度，简单生硬地建广场、筑高楼、修宽路，严重破坏了千百年来形成的传统格局和历史环境；一些地方在村镇发展中埋河修路，填湖建房，失去了历史文化村镇的宝贵特色；一些地方片面追求经济效益，将文化遗产保护与旅游开发本末倒置，对文物建筑进行不恰当的重新包装，使历史信息荡然无存；一些地方修建仿古建筑、仿古一条街，虽然短期内带来一些经济效益，但是却与文化遗产保护的真实性原则相违背，没有长久的生命力；一些地方大量迁出历史文化村镇内的居民，将传统民居改为旅游服务和娱乐设施，导致历史文化村镇失去了传统

① 苏东海：《新农村·农村文化·生态博物馆》，载《中国文物报》，2006-11-17。

高雄佛光山（2013 年 4 月 20 日）

的生活方式和习俗，也就失去了“生活真实性”；一些地方无视文化遗产脆弱性的特点，不加限制地接待大量游客，超出历史文化村镇所能承担的旅游容量，对文化遗产和文化景观带来严重损害。

屏山村坐落于有着“中国画里乡村”之称的安徽皖南黟县。2000 年，屏山村委会通过村民代表大会决定，将该村的旅游开发经营权转让给黄山市屏山旅游开发公司，双方签订了 50 年期限的古民居保护和旅游开发合同。2008 年 1 月，屏山村再次召开村民代表大会，要求解除旅游开发合同。50 年的合同在短短的 8 年内就被终止，主要原因是该公司未能履行合同中的有关约定。当年，屏山村委会和村民们带着旅游开发和历史村落保护的双重期望，转让该村旅游经营权，但是在双方履行合同期间，村民们并未得到应有的收益，传统民居和文物建筑也没有得到全面修缮，同时，历史村落的旅游管理混乱，卫生状况脏乱。专家认为，一些企业参与经营历史村落旅游开发，考虑的不是如何培育市场、保护传统民居，而是急于短期获利，甚至是为了先期占有乡村旅游资源，少投资或不投资便获利[①]。近些年，一些地方政府不惜投入巨资，帮助历史村落开发旅游资源，修建旅游道路，并对村落进行整体规划，将其开发成为集旅游、购物、餐饮、住宿、娱乐为一体的知名旅游景点。遗憾的是，当地政府的过度干预性开发，影响了历史村落民众的生存环境和生产发展，也导致历史村落文化景观的破坏，伤害了传统文化的存在基础。

城市化和工业化步伐的加快，使民族村寨与外界的交流不断扩大，现代生活方式以及外来文化的涌入，都对传统风貌造成强烈冲击。由于以往缺乏整体规划，民族村寨中开始出现砖混建筑物和镶砌白瓷砖的房屋装修，在一定程度上破坏了民族村寨的整体风貌，与浑然一体的乡村类文化景观极不协调。村镇建设要适应农民的生活方式。农户是独立的生产主体和生活单元，饮食、起居、交往、娱乐与人居环境密不可分。如今有的地方，拆了一家一户的农舍，建起了成片的多层楼房。农民堆柴、晒粮、种菜、养鸡极为不便，吃水、烧柴、喝奶都要花钱，牺牲了生活便利，增加了生活成本，背离了新农村建设的初衷。20 世纪 80 年代末，四川桃坪羌寨的一些村民在富裕起来以后，开始嫌弃世代居住的碉房，模仿内地建筑样式修建起了“小洋楼”。那些没有经济条件修建新房，而仍旧住在碉房里的人们也对他们很是羡慕。不过情况很快发生了转机。90 年代中期，来自国内外的游客进入民族村寨后，只对碉楼和碉房感兴趣，有些游客还要求在碉房住宿，感受羌族民居生活。于是，住传统碉房的民众经济收入得到提高。相反“小洋楼”受到游客的冷落，几乎无人问津。不少参观者提出“小洋楼”与当地自然地理环境和文化景观极不和谐，建议重新回归民族建筑形式，如今桃坪羌寨又逐渐恢复了原有的传统建筑风格。

20 世纪 80 年代，随着生活水平的提高，购买银饰成为苗族民众生活中的大事，贵州省雷山县控拜苗族银饰发展迅速，控拜村的银匠成为村寨中最忙碌的人。控拜苗族银饰制作也随着时代的发展经历了不同的阶段。80 年代初，许多买家坐在控拜

① 王立武，王雪：《安徽收回历史文化名村屏山村旅游经营权》，载《中国文化报》，2009-04-24（4）。

村的银匠家里等着拿走定制的银饰，银匠们不得不雇用外来劳动力耕种责任田。家家户户打银饰的叮叮当当声可以传到几里地以外，控拜村成为远近闻名的银匠村。80年代后期，控拜苗族银饰文化发生了嬗变。见多识广的控拜银匠引进了以锌白铜片替代纯银的仿银打造技术。仿银饰品低廉的造价很快赢得了市场，一般苗族民众成为这种锌白铜片镀银——苗银的消费主体，苗银打制成为控拜银匠的专利，年轻一代的银匠都主要从事锌白铜打制，没有打制纯银制品的经验。而技艺精湛、价格昂贵、做工精美的纯银苗衣逐渐成为收藏品和家境富裕苗族人家的奢侈品，市场需求量小。进入90年代，随着贵州旅游业的兴起，控拜银匠开始打制旅游银饰，同时也承受到外来文化的巨大冲击，银饰图样跟随城市消费者的偏好，逐渐脱离了控拜银饰的苗族文化传统。部分技艺最精湛的银匠开始打制极具收藏价值的银饰工艺品，例如用银片打制的"清明上河图"，与真图尺寸相同，耗时近1年，堪称现代控拜银饰最杰出的代表作。

近年来，控拜村民，特别是年轻人较多地受到城市生活方式的影响，约2/3的控拜村民举家离开村寨，落脚在全国各地，其中不少人仍然依靠银饰锻造技艺谋生，形成了雷公山地区仅有的苗族空心村。在城市出生和成长的控拜村民的下一代，没有机会体验鲜活的控拜村落文化集体记忆，失去了苗族文化土壤的滋润，控拜传统银饰代表的文化象征意义和精神世界没有了村落情感的依托，苗族文化延续的文化空间——芦笙场、对歌场、鼓藏场、田间地头，甚至家家户户的木楼上都缺少了年轻人的身影，控拜村落文化空间失去了传承人。控拜银饰锻造技艺逐渐蜕变为大众旅游商品的加工工具，银饰图样蕴含的苗族文化象征意义，也正在被现代消费文化价值取向所代替，控拜的文化集体记忆出现断裂的危险。"目前一些地区由于强调发展文化遗产旅游产业，常常选择少数具有代表性的村落，将其中易于展示的文化遗产迅速包装成旅游产品，按照旅游目的地要求建设基础设施和消费场所，最大限度吸引游客。专家们认为，这种做法忽视了村落文化景观演进的规律，使村落文化遗产的核心价值迅速消失在现代城市生活方式的冲击下，村民很难建立起自己的文化自信心和自豪感，并导致年轻一代文化认同感缺失，村落文化景观后继无人”[①]。目前，贵州省文物部门已经意识到了控拜村落文化空间出现的问题，开始了抢救性的保护行动。

在美国，过去饱受白人文化欺凌、命运多舛的印第安文化，如今被越来越多的美国人视为卓有个性和特征的本土文化遗产。但是，由于历史的重大创伤和当今主流文化的不断冲击，印第安文化已经被不断地博物馆化和旅游市场化，逐渐蜕变为一种与实际人生没有相依关系的“表演文化”。而“保留地”使印第安人既不能融入美国主流社会，也无法完全保留自身传统文化，这些保留地成了美国主流社会的点缀。2007 年 12 月，一个名为拉可塔的印第安部落“揭竿而起”，宣称脱离美国，废除与美国签署的所有条约，并已开始为建立自己的“国家”展开外交活动。该部落首领直言，“独立”的原因是“与美国签署的条约侵略我们的文化、掠夺我们的土地、消灭我们的风俗习惯”[②]。在世界各地，申报世界遗产的热潮中，不少国家的自然遗产地也都驱逐了大量原住民，已经完全没有了本土传统文化的资源，给环境和文化带来的恶性后果正在加剧。与众多世界遗产地只有自然景观而没有文化景观的状况相比，我国众多自然遗产地中少数民族民众依然传承着灿烂文化，体现出应有的中国特色，令人感到骄傲。应该看到，遗产地中这些具有原生特征的民族文化遗产，是中华文明宝库中一笔巨大的财富，不容忽视。

但是，我国不少遗产地，如今也将这些少数民族的独特风情仅仅视为旅游资源，对于区域内具有浓郁文化特色的原住民，更多的考虑是将其融入旅游活动中，更多考虑的是如何开发他们的经济价值，当地民众只是从事收入较低的服务性工作，大部分的收益由开发商、经营者获得，而忽略对原住民及遗产地文化的保护和尊重。非物质文化遗产具有鲜明的大众色彩和强烈的地域特性，它们来源于民间，植根在民间，它们的发展与普通民众的生活息息相关，只有植根于普通民众之中，非物质

① 但文红：《银匠村怎样保护村落文化景观》，载《中国文化报》，2008-12-14（2）。
② 张乐：《美国印第安人与政府“百年博弈”》，载《新京报》，2008-03-09（B08）。

文化遗产才能得以不断传承和发展，当地民众所传承千百年的传统文化，不应被埋没在轰轰烈烈的旅游开发中。当传统的节日习俗、民俗礼仪被打乱、肢解，当手工描绘被电脑自动合成所取代，当传统乐器表演变成中西乐器的“大杂烩”，当民间手工艺品沦为流水线上的粗糙复制品，当用声、光、电等对地方戏曲和民族歌曲进行重新包装，就必然在某种程度上背离传统民族风俗习惯，伤害和动摇传统民俗文化的根基，影响非物质文化遗产的生存与健康发展。专家认为，对非物质文化遗产抱残守缺不利于传承和创新，但是过于“现代化”的创新和发展，急功近利地将其盲目推向市场，进行开发利用，也是对非物质文化遗产的摧残和破坏。

我国历史悠久、民族众多，所拥有的非物质文化遗产绚丽多彩。这些非物质文化遗产源渊于中华文明，根植于民族民间，保护好它们对于民族精神的延续，传统文化的弘扬，具有重要作用。当前我国非物质文化遗产的生存、保护和发展遇到很多新的情况和问题，面临着严峻形势。一方面，由于文化生态的改变，正在使非物质文化遗产逐渐失去赖以生存和发展的环境基础，许多非物质文化遗产正处于生存困难或已处于消亡状态。特别是一些依靠口传心授方式加以传承的文化遗产正在不断消失，许多传统技艺濒临消亡，大量有历史、文化价值的珍贵实物与资料遭到毁弃或流失境外。另一方面，一些地方保护意识淡薄，致使一些非物质文化遗产显现的某种文明价值，因不合理的利用而中断。甚至一些地方借继承创新之名随意篡改民俗艺术，损害了非物质文化遗产的真实性。同时，法律法规建设的步伐不能与保护的紧迫性相适应，非物质文化遗产保护标准和目标管理以及收集、整理、调查、记录、建档、展示、利用、培训等各项工作相对薄弱，与保护相关的一系列基础性问题尚未得到系统性解决，例如保护非物质文化遗产，不仅要对遗产记录、收藏、保管、利用、研究，还需要保护传承形式和过程，这样，非物质文化遗产才可能完整的得到保护。

文化景观遗产保护往往能够凸现既有益于民族村寨发展，又直接使社区民众感受到实际利益的途径。但是，一些民族村寨把相邻民族的文化元素聚合在一起，试图展示各民族的传统文化和生活习俗。这些项目主要功能是为旅游服务，理所当然以营利为目的，缺少民族传统文化的真实性，掺杂其间的伪民俗却十分丰富。在一些所谓的“民族村”“民族风情村”里，既违反民族建筑传统，又影响生态环境的大体量豪华客栈越来越多，不少旅游接待设施按照城市建设模式，装修滥用瓷砖、水泥等现代建筑材料，而逐渐失去地域特色和民族风格。在发展以旅游业为依托的文化产业过程中，缺少对本地文化与自然资源价值的准确认识，盲目开发甚至进行破坏性开发的行为突出。同时，对旅游从业人员更是缺少必要的历史文化知识和文化遗产保护理念以及“负责任旅游”“可持续旅游”方面的培训，不少导游在讲解中存在较大随意性，迎合参观者的喜好任意编造；原生态文化标签随意贴在来自各地的旅游商品上，鱼龙混杂，缺少本地特色；文字影像方面的旅游产品更是缺乏权威性，漏洞百出，严重影响民族村寨温馨平和的文化氛围，使民族传统文化受到严重伤害，物质和非物质文化遗产在不断地悄然消失。

近些年，面对历史文化村镇和民族村寨的保护，一些地方首先想到的就是旅游，似乎都把借助旅游谋求发展看作唯一道路，目标直指旅游所带来的经济利益，却往往忽视当地民众生活的改善，对当地民众的日常生活场所和原有文化空间形成严重干扰，居民生活与旅游发展之间的矛盾日益明显。“为了收取门票，正常的走亲访友受到限制，甚至在外打工的村民回家也须家人到景区门口去‘认领’。有些地方为了降低管理难度，干脆将居民全部或者部分搬迁到新村居住，白天再让其回到古村镇工作，彻底将古村镇变成一个提供‘真实建筑，虚假生活’的主题公园”[①]。据报载，2008 年 3 月，全国闻名的云南元阳哈尼梯田，当地与云南世博集团共同组建“云南世博元阳哈尼梯田旅游开发公司”，对哈尼梯田的核心区域进行旅游开发，正式向游客征收门票，“每个景点 30 元，4 个景点 120 元”。然而，在考虑收费的同时，未充分照顾到当地村民利益，在一份旅游开发协议中，世博集团给予每个村委会及

① 宋瑞：《保存古村镇的生活空间》，载《人民日报》（海外版），2008-05-14（6）。

每户村民的相关补助很低。此举引发很大争议。专家认为，在尚未进行完整保护规划的情况下，哈尼梯田的旅游开发有些“盲目”，“老百姓脱贫的意愿非常强烈，这就需要尽快建立科学的共建、共管、共享机制，让老百姓真正呵护自己的传统文化并从中受益。否则，急功近利地开发可能会给梯田文化带来毁灭性的伤害”[①]。

目前，一些依靠口头传授方式加以传承的非物质文化遗产正在不断消失，部分传统技艺濒临消亡，不少珍贵实物与资料难以收集、保存，保护管理缺乏严格的制度规范，收集、整理、调查、记录、建档、展示、利用、人员培养等环节还相当薄弱。近年来，许多地方将非物质文化遗产当作旅游资源开发，不少非物质文化遗产项目为了迎合市场而“变味”，陷入商业化误区。“目前，非物质文化遗产保护的通病是重申报、轻普查，重效益、轻保护。一些地方热衷于申报，其意不在保护，却在争取国家下拨的保护经费；有的为了申报非物质文化遗产名录，强行制造‘民俗’；还有的地方申遗是为发展当地旅游产业，把非物质文化遗产开发成一个个旅游项目，以民俗风情为卖点的旅游项目遍地开花，使许多民俗走了形、变了味”[②]。一些民族传统音乐、舞蹈，为满足和迎合参观者的需要，被改编成为舞台节目，或成为即兴表演项目，使历史艺术价值难以得到真正体现。在一些民族村寨，原本在节日或特定日子里才能看到的歌舞表演，现在每隔几个小时，甚至几十分钟，就会被复制表演，此时民族歌舞本身代表的精神意义已不再被关注，参与演出的人们更关心的是每场的收入。

《中国文化报》载文认为，目前在非物质文化遗产保护中，存在着失衡化、拼盘化、失真化和贵族化倾向。“失衡化”是指一些地方在非物质文化遗产的产业化运作中，往往只是转化了经济潜力较大的一部分，而不具经济潜力或经济潜力较小的部分则被忽略，由此造成非物质文化遗产在保护与传承的过程中被割裂与分化。“拼盘化”是指一些地方为了发展经济，在交通相对便利、民族风情浓郁的地方开发旅游业，将时间、空间跨度极大的各种民俗歌舞、民间信仰等非物质文化遗产随意“拼

① 陈鹏：《别让短视行为毁了云南哈尼梯田》，载《中国文化报》，2009-04-07（2）。
② 王海鹰：《文化遗产保护要重视养“活鱼”》，载《人民政协报》，2008-06-16（B3）。

盘”，供游客娱乐的现象，这种程式化的表演不仅难以表现民族文化的精髓，而且使得一些优秀的非物质文化遗产被庸俗化和商业化。“失真化”是指一些地方在非物质文化遗产产业化运作中，过分强调经济至上，形成快餐式重构和复制，片面地追求数量和功能的效果，进行变相嫁接和所谓创新，使原生态的非物质文化遗产丧失真实性。

“贵族化”是指一些地方将非物质文化遗产的保护，孤立于民众生活之外，而使其束之高阁，结果凡是跳得好、唱得好的民间艺人都进了城，成为品牌，成为“贵族消费品”，这些源自生活的艺术形式，最后与实际生活距离越来越远，脱离了民间性。同时，高票价展演也往往让普通观众望而却步，背离了非物质文化遗产大众化、平民化的特性①。

目前民俗类文化景观的展览设施和陈列布置，往往着力采用图版、说明、实物与观众进行交流，而不能从民俗类文化景观遗产所特有的宏阔文化背景、文化内涵和环境概念、时空概念等多方面加以展示，增加民俗类文化景观氛围的营造。对于非物质文化遗产，不少地方热衷于“挂牌”“展演”，而不注重原生态环境的保护，不注重传承人的保护与传授，造成民俗类文化景观遗产保护不能取得长期的、稳固的效果。与此同时，在民俗类文化景观保护的过程中，还始终存在着民族民间可移动文物和手工艺品流失的问题。一些国家和机构通过各种渠道大量采集、收购珍贵的民族民间文化遗产，甚至挨家串户抢购民族民间文物，连当地民众正在使用的生产生活用具也在劫难逃，进一步造成了民族地区文化资源的严重流失。另一方面，长期以来，民间艺人和民众手工制造的工艺品或生活用品，是为了满足家人或本地居民的需求，其中包含着使用功能、文化象征、精神寄托、场景装饰等综合意义。但是，随着旅游市场的需求增长，这些手工艺品变成了批量生产的产品，甚至在当地民众之间产生竞争，使成为产品的传统手工艺品逐渐失去了文化含义，质量也变得粗糙，违背了非物质文化遗产保护的初衷，远离了文化价值和身份认同的基点，

① 朱伟：《非遗产业运作的“四化”现象值得重视》，载《中国文化报》，2009-06-28（1）。

也降低了当地传统文化的声誉。

在当今市场经济发展的过程中，在国际领域，一些宗教场所经济得到迅速增长的同时，也产生了一些消极的现象，给宗教正常发展带来了严峻的挑战和考验。首先，社会上有关利益集团的恣意开发，迫使一些宗教场所成为商业活动的附庸，并承担着由此引起的社会责难和误解；其次，一些宗教场所被混同于世俗企业，极度追求商业利润，远离甚至抛弃宗教场所的神圣性功能，引起宗教界内外有识之士的忧虑和诟病；特别是，个别丧失了信仰追求的宗教人士，一些原本就没有信仰的假冒信徒，借宗教发财，骄横，喧嚣，腐化，侵蚀了宗教信仰肌体，危害了宗教的社会形象，也严重损害了宗教界的世界形象。在宗教发展过程中，自古以来，宗教场所经济状况，直接影响着的宗教兴衰，也改变着宗教的信仰形态与发展模式。宗教经济实力是宗教生存发展的物质基础，但是，不能成为宗教团体、特别是宗教场所追逐的目标和发展的中心，不能成为混同世俗的经济实体。宗教场所可以发展"非营利事业"，但是，不能淡化或者失去宗教信仰的神圣性与价值个性。当代宗教场所经济发展应当借鉴市场经济运行的规则与管理机制，但是，不能抛弃宗教优良的传统和情操。宗教界内部也必须运用法律，建立民主管理体制，完善内部管理机制，防范个人与团体的生活腐败、道德沦落、信仰缺失。对此，我国在宗教类文化景观的保护过程中也应予以关注。

遗址类文化景观具有规模宏大、遗存丰富等特点，同时也存在着遗址本体脆弱、对环境变化敏感等问题。鉴于上述特性，考古遗址本体及其背景环境所遭受的人为和自然因素的威胁和冲击，就远比其他类型的文化遗产更多，而且更不易控制，也难以从局部进行改善。因此，对于遗址类文化景观来说，除了对考古出土文物进行收藏和保管外，还要对考古遗址及其环境实施有效保护，其难度在某些方面远远超过对单体文物的保护。目前许多考古遗址都处在全部或部分被掩埋的状态，其中，一些夯土城墙已经坍塌，一些建筑构件散落各处，不少考古遗址都只有在重新发掘清理之后才能得以重见天日。同时，在考古遗址的保护管理方面，普遍存在重地面文物的保护、轻地下文物的保护；重地下遗址的考古发掘、轻文化遗存的考古调查；重特殊地段的保护、轻整体环境的保护；重遗址的开发利用、轻遗址的保护管理等现象。由于保护规划滞后及管理体制交错等原因，涉及遗址类文化景观遗产保护的人才、技术、设备、资金等得不到统筹安排和落实，很多具有重大历史价值的考古遗址仍然处于家底不清、状况不明、保护不力的状态。在城市化加速发展的新形势下，如何面对挑战和压力，积极探索遗址类文化景观遗产整体保护的方法和思路，已经成为必须面对的新课题。

遗址类文化景观的保护与利用，往往与其所在地的社会经济发展具有直接的、显著的利益关联，特别是考古遗址背景环境的保护，在文化景观遗产保护领域中，措施综合性最强、经费需求量最大，也是受我国社会发展和人口、资源、环境问题影响最大的文化景观遗产类别。近年来，随着各地经济的快速发展，城乡建设活动空前活跃，城镇建设用地迅速扩大，处于不同背景环境中的遗址类文化景观均遭到了不同程度的破坏，面临着不同程度的威胁。一些位于城市中心地区的考古遗址，在房地产开发的热潮中不断被蚕食；一些位于城乡接合部的考古遗址，由于城市规模的持续扩大而成为城市中心区用地的组成部分；一些位于城市郊区的考古遗址已经基本被各类建设项目所占压，而且建设规模持续膨胀，违章建筑不断涌现；一些位于农村地区的考古遗址，由于农村宅基地的迅速增加，致使遗址屡遭蚕食，保护面积日渐缩小，甚至处于村庄的包围之中，新的房屋建设正在不断向核心区蚕食，保护区内居民挖沙取土、修路建房、生产耕作、引水灌溉等生产活动，也对考古遗址造成一定破坏；而一些位于荒野的考古遗址，不断遭到人为破坏的威胁，有的高速公路、铁路、引水渠等基础设施建设，忽视对遗址环境的影响，有的道路建设甚至横穿遗址，对遗址类文化景观直接造成严重破坏。

目前，遗址类文化景观遗产保护处于被动局面的一个重要原因，就是在整体保护方面重视不够。例如唐大明宫遗址总面积约 3.2 km^2，其北半部分布在未央区大明宫街道办事处辖区内，南半部分布在新城区自强路街道办事处辖区内。对于地跨两个行政区划的考古遗址，没有统一机构负责整体保护，造成多头管理，文物行政部门难以实现综合协调，使大明宫遗址的保护遇到了前所未有的冲击。一是遗址内居住人口持续增加。不断增加的人口压力使遗址不堪重负，人们的生产生活与遗址保护之间的矛盾越来越尖锐。二是违法建设屡禁不止。在大遗址范围内私搭乱建现象十分普遍，违法建筑比比皆是，有的房屋甚至搭建在了文物本体之上。三是遗址环境脏乱。遗址区内生活基础设施落后、环境脏乱，社会治安恶化，甚至导致社会矛盾加剧。四是文物犯罪活动猖獗。一些珍贵文物被犯罪分子疯狂盗窃和盗掘，不仅造成大批珍贵文物流失，而且直接对考古遗址造成毁坏。同样，隋唐洛阳城遗址，

陕西大唐芙蓉园（2006 年 10 月 16 日）

目前跨洛阳市西工区、老城区、瀍河区和洛龙区 4 个市区。其中洛河以北的遗址区，除个别地点之外，几乎全部为现代工业建筑和民用建筑所覆盖，使地下、地上密集分布的文化遗存受到严重威胁。而洛河以南的里坊区，大量农民居住在遗址区内，农业生产活动不断对考古遗址造成蚕食。

长期以来，在我国整体经济状况较差的情况下，为防止考古遗址本体受到损毁，往往只能采取单一控制的方法，这种控制无疑也成为阻碍地区发展的主要因素，使遗址区内和遗址区外的发展水平形成较大落差，这种落差在短时间内可以用发展不平衡来解释，但是长期下去，必然会引起整个区域发展的不均衡，造成严重的社会问题。例如位于辽宁朝阳的牛河梁红山遗址，保护范围 58.95 km^2，这里不仅是一个文化圣地，而且是矿产资源宝库。遗址所在地区属半山地带、半丘陵地貌，地下储藏有大量铁矿石，矿业生产曾是当地 1.2 万农民主要的经济来源。根据矿产管理部门调查，牛河梁红山遗址保护范围内植被破坏面积近 30 hm^2，涉及建平县、凌源市的破坏区域 40 片，星罗棋布的采矿点使遗址类文化景观遭到严重破坏。如今这些企业已不存在，保护范围内严禁建设任何影响遗址和环境的项目，当地农民只能靠耕种几亩薄田维持生活，年人均收入已从原来高于全市平均水平降至低于全市平均水平。对牛河梁红山遗址的保护采取“死看死守”的被动办法，从长远看，对考古遗址保护越来越不利。尽管地方政府采取了严厉的措施，仍不时出现私采乱挖矿石行为，如果持续下去，不但难以解决民生问题，还会使农民迫于生活压力，不断扩大私挖乱采活动的规模。

由于以往城市考古工作的主要任务是“配合基本建设”的考古发掘，因而与城市基本建设的周期密切相关。城市建设加快发展的时期，考古发掘项目就多；而当城市建设发展慢的时期，考古发掘项目就少，甚至空白。这种不可预见性给考古遗址保护带来许多不确定因素，不可避免地存在遗址类文化景观被人为地分割成单体遗址的状况，致使发掘资料零散，难以做到系统性和完整性。不少考古地点在发掘工作完成之后，将地上地下的可移动文物清空，随即对发掘区域进行回填，或仅在个别地点，分散地保存部分文化遗迹，进行考古遗址的点状展示，不能随遗址类文化景观遗产保护的需要拓展，许多重要遗迹不能进行全面揭示，留下不少遗憾。另一方面，我国的考古遗址以土质和土石结合的类型为主，千百年来遭受破坏严重，保存状况较差，很多考古遗址在艺术性、审美情趣等方面，从普通民众的角度来看，不具备观赏性，展示性不强。同时，大部分遗址的展示模式单一，展示形式雷同，展示效果不佳。还有一些地方为了发展旅游，在条件尚未成熟的条件下，特别是在没有制定详细的保护措施的情况下，就对重要的考古遗址进行发掘，发掘后由于缺乏保护预案，使具有珍贵文化信息的古代遗迹长时间暴露在恶劣的环境状况下，对遗址类文化景观的价值构成极大的破坏。

4.4 来自生存环境方面的威胁

回眸历史，人类文明进化的轮廓清晰可辨。首先是原始文明，至少经历了 170 万年至 200 万年。这一时期，极少的人口以狩猎采集为生，主要以石器为生产工具，对地球数千亿吨计的净植物生产力来说，人类的“消费”量简直可以忽略不计。原始农业出现后，虽然产生了生态问题，但地球生物圈一直保持着巨大的自我恢复生态平衡能力。这种人类与生物、环境之间自然有序的协同进化关系，被称为原始“绿色文明”。到了农耕文明时期，随着生产工具和技术的进步，人类利用和改造自然的能力越来越大，相应的生态问题也日渐突出。过度开发林地、草地、丘陵与河滩带来的生态、环境恶化，致使文明衰落的变故屡见不鲜。但总体来看，这个时期人类的发展对自然生态的负面作用是渐进的，有一定的限度。但是，进入工业文明时期，人类对大自然展开了空前规模的征服运动，以掠夺的方式开发利用自然资源。工业革命对于人类财富的积累无疑是一次巨大的进步，但对于人类的生存环境却是一次灾难。当前，在世界范围内，灾害频繁、水土流失、江河污染、雪线上移；冰川融化、草原退化、土壤沙化；森林减少、湿地减少、生物多样性减少。人类对自然资源的贪婪掠夺，已经受到自然界的惩罚，并开始危及人类自己的生存。

近代以来，西方文明引发工业革命，使人类较早摆脱了风力、水力等天然动力的制约，使工业、人口和资本的强度聚集变成可能，城市化的进程大大加快，也使城市出现前所未有的爆炸式发展。在思想领域，随之出现以人类为中心的经济发展观和价值决定论，甚至在一些人看来，除了对人类现实具有实用价值的发展以外，谈论自然环境和生态价值没有实际意义。据有关统计资料，占世界人口15%的工业发达国家，消费了世界56%的石油、60%以上的天然气和50%以上的重要矿产资源，从而带来了严重的生态、环境问题。发达国家在大气、水质、辐射、噪声、化学、热源等方面的环境污染，均是由于经济高度畸形发展和生活方式的奢侈浪费所造成。东方文明在西方文明的强势入侵以及西方国家经济发展成就表象的引诱下，也开始出现放弃人类与自然和谐共存的价值观念的倾向，提倡“改造自然”“征服自然”的发展模式，使人类忽视了许多千百年来大自然赋予的生态环境和生活方式。自改革开放以来，我国年均经济增长率达到9.7%，不仅明显高于1953—1978年年均6.1%的速度，而且大大高于同期世界经济年均3.0%的速度，发展速度超过了西方资本主义发展初期，几乎是同期世界发达国家的3倍。这一时期虽然创造了巨大的物质财富，但是由于粗放式的增长方式，靠的是高消耗、高污染，生态平衡的破坏程度也相当严重。2006年，我国消费了世界15%的能源、30%的钢铁、54%的水泥，共计50亿吨的各类自然资源，而国内生产总值仅占世界的5.5%；单位产值消耗的能源是日本的7倍、美国的6倍、印度的2.8倍。

我国自然环境具有两个重要特点，一是容量有限，二是生态脆弱。随着工业化、城市化、现代化进程的加快，空气、土地、水源、噪声等环境污染不断加剧，90%以上的城市水域受到污染，1/4的国土面积遭受酸雨、工业废料和生活垃圾侵蚀，资源消耗前所未有，国家的生态安全受到严重的威胁。在我国能源结构中，煤炭占有

70% 的比重，每年消耗煤炭 20 亿吨，导致我国成为世界三大酸雨分布中心之一，仅四川省一年酸雨腐蚀就造成 113 亿元经济损失①。2008 年，我国汽车保有量已达到 6474 万辆，全国年消耗 2.15 亿桶石油，至少 1/3 被汽车吃掉，汽车尾气已是我国大中城市空气的主要污染源。2006 年，我国 113 个重点城市空气质量达到二级标准的仅占 44%；城市污水处理率和二级处理率分别仅达 30% 和 15%；城市垃圾无害化处理不到 20%；有 420 多座城市缺水，其中 114 座严重缺水。据中国科学院 2008 年初发布的一份报告称，在全球 118 个国家参加评价的 2004 年生态现代化指数排名中，中国排在第 100 名，位居倒数第 18 位②。2001 年世界银行发展报告列举的污染最严重的 20 个城市中，我国占有 16 个。所有这些，不但造成巨大的经济损失，而且危害广大民众的身体健康，影响社会稳定和环境安全，使城市可持续发展受到严峻挑战③。上述一系列严重问题表明，急功近利的建设方式和唯利是图的生产方式，所带来发展观念的短视与浮躁，是造成一系列环境问题的根源所在，这一发展模式将不可持续和难以为继。

今天，在激烈的全球经济现代化发展中，普遍存在着追求经济增长、忽视保护生态环境的目标，忽视宏观调控和全球协调的倾向。例如在 1987 年世界银行的《世界发展报告》中，列出了 33 项经济发展附表，但是其中竟然没有一项有关生态环境的指标。虽然造成生态环境恶化的原因是多方面的，但是主要来自人类对可持续发展的自然生态规律认识上的片面和对自然界过量索取以及国际社会缺乏有效的协调遏制机制。恩格斯在《自然辩证法》一书中警告说："我们不要过分陶醉于我们对自然的胜利。对于每一次这样的胜利，自然界都报复了我们。美索不达米亚、希腊、小亚细亚以及其他各地的居民，为了想得到耕地，把森林都砍完了，但是他们梦想不到，这些地方今天竟因此成为荒芜不毛之地。"他进一步指出："在今天的生产方式中，对自然界和社会，主要只注意到最初的最显著的结果，然后人们又感到惊奇的是，为达到上述结果而采取的行为所产生的比较远的影响，却完全是另外一回

① 沈孝辉：《怎样面对我们的家园》，载《群言》，2009（3），37 页。
② 赵建军：《生态文明建设刍议》，载《中国文化报》，2008-07-05（3）。
③ 牛桂敏，陈柳钦：《城市的生态觉醒》，载《中国城市经济》，2008（7），12 页。

事。”1987 年 3 月 2 日，美国《新闻周刊》在《大自然的报复》一文中预测，到 2037 年时“巴黎和费城到处张贴着预报洪水将到来的告示，纽约市的街道水深 4 英尺，大部分居民已逃到内地”。美国五角大楼在向布什总统递交的一份报告中曾经警告说“今后 20 年全球气候变化对人类构成的威胁将胜过恐怖主义”。

人类与自然的关系不是一成不变的。随着时间的推移、环境的改变，自然可能变得更加严酷，有时甚至出现强烈地震、火山喷发或洪水泛滥过后的“灾害景观”，文化景观遗产也面临着一些突发自然灾害的破坏，例如伊朗东南部的克尔曼巴姆古城，地处“丝绸之路”沿线的沙漠环境之中，位于重要贸易之路的十字路口，始建于公元前 4—6 世纪，在 7—11 世纪时作为商贸中心和强大的军事重镇而达到鼎盛，城内人口达到 5000 人，成为多种文化相互影响的杰出典范和沙漠环境中人类与自然互动的杰出代表，对中亚地区沙漠环境中贸易聚落的发展提供了特殊证明。这座古老城镇被 3km 长的城墙所环绕，城内的一座城堡是世界上现存最庞大的土结构建筑，代表了中亚地区使用泥土夯筑传统技术所建造的中世纪防御建筑的成功实例。该体系基于严格的社会体系，有精密分工和职责，并且经延续性的维修，成功地保持了历史原状。但是不幸的是，2003 年 12 月 26 日，一场里氏 6.3 级的强烈地震，造成千年古城 90% 的建筑物倒塌，使巴姆古城大部分文化遗址夷为平地，地下的灌溉系统也遭到部分毁坏。6 个月后，第 28 届世界遗产委员会会议在我国召开，会上根据世界遗产委员会决议，巴姆古城文化景观被列入《世界遗产名录》，同时也被列入《濒危世界遗产名录》。

今天，人类社会第一次遇到了前所未有的生存与发展危机，城市的发展在人类征服自然、利用自然与受自然惩罚的矛盾中前行，建设性过程对生态环境来说，往往成为破坏性过程。联合国减灾委员会的报告称“中国是世界上少数自然灾害较多的国家之一”。近年来，全球气候持续变暖，对灾害风险分布和发生规律产生全方位、多层次的影响，致使自然灾害发生频繁、分布域广、种类增多、破坏强烈。洪水、地震、台风、冰雹、雷击、干旱、赤潮、沙尘暴、泥石流、森林火灾以及气温极端天气和植物病虫害等突发性和日常性灾害的频发，给广大民众生命财产造成重大损失。我国地震的频度与强度，约占全球总量的1/10以上。300年来，全球发生的特大灾害，死亡人数一次达到10万人以上的一共有50次，我国占26次[①]。特别是2008年5月12日发生的汶川特大地震灾害，损失惨重，不能不引起人们的深思。生态安全状况已经对人类生存和可持续发展发出严重警告，成为亟待解决的问题。同时，对文化景观遗产产生的威胁破坏，也已经成为不可回避的事实，例如贵州地坪风雨桥遭洪水冲毁，都江堰二王庙古建筑群在地震中损毁。

周干峙院士指出："当前，我国的经济实力显著增强，但是长期形成的结构性矛盾和粗放型增长方式尚未根本改变，突出表现在对生态环境、土地、水资源、能源的低效率使用以及对自然和人文历史景观的不同程度破坏。"[②]随着人类活动范围的扩大与多样化，人类与环境的关系问题越来越突出。一方面，城市原有的与自然和谐相处的文化景观，由于无法接纳和承受强加于自身的发展压力，而变得支离破碎，无限制的开山筑路、填河建楼，使城市像摊大饼一样迅速扩张，溪流被污染，山丘被推平，农田被蚕食，森林被砍伐，造成城市山水格局和文化景观的肢解与损毁。另一方面，经济全球化所引发的文化全球化趋势，也使文化多样性面临危机。建筑风格乃至城市格局的模仿、复制与拼贴随处可见，无数历史性城市的自然特性和文化景观被埋葬在"千城一面"的城市形象和"千篇一律"的建筑森林之中，使城市文化特色削弱，城市文化景观趋同，城市文化危机加剧。生态文明是经济、社会、资源环境协调发展的社会形态，核心是人与自然的和谐。今天，人类社会面临能源危机、生态危机、金融危机，世界各国都在探索低耗高效、节能环保、可持续发展的方向，这应该成为21世纪人类生存与发展的本质特征。

在我国快速城市化进程中，暴露出一系列值得关注的社会、经济、资源、环境问题，其中最为敏感的是土地问题。与经济快速发展相伴随，土地资源消耗速度在

① 叶舒宪:《文学中的灾难与救世》，载《紫光阁》，2008（9），59页。
② 周干峙:《对生态城市的几点基本认识》，载《城市规划》，2008（8），9页。

不断加快。“六五”期间全国平均每年净减少737亩耕地，“八五”期间平均每年净减少440万亩，“九五”期间平均每年净减少1428万亩，到“十五”期间平均每年净减少耕地则达到了1 848.5万亩[①]。1996—2005年的10年间，我国城市建设与工业建设征占耕地1.2亿亩，竟以每年1000多万亩的速率递减，人均耕地面积已降至仅1亩多，不足世界人均水平的1/4。2008年底公布的最新土地利用变更调查显示，目前我国耕地总面积约为18.2574亿亩，逼近了18亿亩的耕地红色警戒线。人地矛盾日渐激化，土地问题愈来愈成为制约我国经济和社会可持续发展的关键性因素。未来30年，我国人口数量将达到历史最高峰，面临巨大的人口增长压力和经济发展压力，这也使得土地问题成为各方面关注的焦点。尽管有关保护耕地的政策措施不断出台，但是，对土地资源控制的实际效果并不理想，圈地现象似乎愈演愈烈，圈地名目也越来越多。这种建立在“土地换取发展”基础上的经济发展模式，其不可持续性特征日益明显，难以成为未来发展的长久之计，现在已经逐渐积累成为严重的问题。农业生产离不开土地，土地是人们生存的宝贵资源，是人们从事劳动创造的物质基础，尤其是对农业民族而言，有了土地就有了一切，丧失了土地就丧失了一切，人们对土地有着深厚的感情，同时，特殊的土地资源也是乡村类文化景观的重要背景。

根据有关报道，未来17年，我国会有3.5亿人口由农村迁入城市，届时我国将拥有8座人口超过1000万的超级城市、15座人口达500万~1000万的大城市和221座人口超过100万的城市，而目前整个欧洲，人口超过100万的城市只有35座。城市规模的急剧扩张自然意味着大兴土木，无限制地向郊区蔓延，而巨型城市不可抗拒地涌现，给健康、教育、住宅、交通、环境等问题带来巨大的挑战。由于当前拉动地方经济增长的主要因素还是投资，因而吸引外来资本往往成为地方政府的一项重要工作，有的城市干脆提出“招商引资是第一要务”。一方面是土地资源的短缺，另一方面又是土地利用的粗放，表现为大量低效利用土地、闲置用地等现象。伴随

① 杨保军，靳东晓:《快速城镇化进程中的土地问题透视》，载《城市区域规划研究》，2008（1），2页。

城市规模越来越大，城市布局混乱，建筑质量低劣，卫生条件恶化，这些问题的持续发展，将彻底改变人与自然的关系，使之不再和谐，而且逐渐变得愈加冲突。这种不顾资源承受能力和经济发展需要，忽视人居环境和文化传承，而过度追求城市规模的城市化现状令人担忧。在许多城市发展过程中，侵占耕地良田、挤占郊区森林、填埋河流湖泊，从而可以得到更多的城市发展用地，但是随之而来的是植被破坏，空气和水体污染，地下水过度开发，城市热岛现象严重，这些都是自然环境结构遭到破坏的结果。

我国是世界上拥有水坝数量最多的国家，已达8.6万座，占全球拥有量的一半，其中2.5万座高坝，占全球的45%。近年来，在西南地区掀起空前的水电开发高潮，这些高坝大库建成之后，我国西南江河将全部节节寸段，变成水坝垒起的一级级“台阶”。这些高坝大库强势布局于文化与自然遗产富集地区，严重伤害了原有的文化植被，改变了无比珍贵的乡村类文化景观。江河拥有的不只是水能，而是孕育着丰富生物物种的生态系统，是海陆水循环与物质循环的纽带。江河是有生命的，江河的生命在于自由奔流。自由奔流确保了水流的连续性，能量与物质输送的连续性，生物群落的连续性和信息流的连续性，而一旦流水被高坝层层截断，江河流水变成湖泊静水，所有这些连续性都将出现难以弥补的断裂。我国西南横断山区是全球34个生物多样性热点地区之一。其中占国土面积仅0.4%的三江并流世界自然遗产地，荟萃着全国1/4强的高等植物和野生动物种类，是我国三大生物物种中心之一，也是世界级的基因库，因此，发电价值难以与生态价值相比。“没有健康的流域，也就不可能有健康的社会”。为此专家指出，整个横断山脉地处地质的南北大断裂带上，是地震的高发区，根本不适合进行大型工程建设。

城市中的天然河道，对于市民来说是丰富生活和休闲活动的场所，而天然河道的水体环境，更是自然环境和人工环境有机结合的产物。但是，如今城市中的水体环境和河道景观，作为公共空间的特征正在逐渐消失。一方面，城市化发展使天然流域在短时间内发生急剧变化，池塘、湿地等天然的调蓄系统，被商业化开发项目建设所推平，代之以地下排水管网，原有的植被和土壤大量被不透水铺装所替代；另一方面，城市生活与天然河道被人为隔离，河岸设计往往以 90° 直角垒石作为堤岸，加上汉白玉或水泥栏杆，高高的堤岸和栏杆阻隔了人们与水的交流，而漫长的堤岸少有台阶、平直码头等可以供人们抵达水边的设施，无法满足人们对亲水性的需求。同时，一些城市对天然河道进行人工化整治和改造，大搞人造景观建设，忽视对自然要素的保护，看上去更像一条人造运河。一些沿河建筑物忽视与周围环境的关系，在体量上与河道尺度不相协调，新建的高楼大厦尽量向河岸靠拢，以至于行船在河中，只见两侧的水泥森林，严重破坏了文化景观的整体性，使一系列经过人工化整治和改造的河道景观，看上去显得乏味，缺乏个性，缺乏美感。特别是近年来，沿河展开的房地产开发，对整段河道实施封闭管理，导致河道的可达性更差，民众不能接近的河道比例很大，满足不了民众所向往的情趣化生活的需要，河流在文化景观中的作用发挥受到严重影响。

人类面临的人口、资源、环境等重大问题，都与生态环境问题的研究有着密切关系。今天，人们开始从居住环境的退化、自然资源的浪费、城市风貌的丧失和全球生态的恶化中认识到，人类面临的种种危机，本质上是文化危机，其根源在于现有的价值观念、行为方式，以及经济、政治、文化和社会机制的不合理。如今对文化景观遗产更多的威胁来自人为的破坏。宗教类文化景观巴米扬石窟曾经拥有两项世界之最，一是现存最大规模的佛教石窟群，二是巴米扬大佛是世界上最高的古代佛像。巴米扬大佛雕造于公元 4—5 世纪间，至今已有 1500 多年的历史，饱经战争劫难，其中最严重的是 2001 年 3 月，阿富汗武装派别塔利班不顾联合国和世界各国的强烈反对，动用大炮、炸药以及火箭筒等各种战争武器，摧毁了巴米扬石窟包括塞尔萨尔和沙玛玛在内的所有佛像，这一蓄意爆炸破坏行为震惊了世界，是战争对人类文明的又一次涂炭。目前，虽然一些国家政府和相关国际组织已经表示愿意出

四川安岳石窟千佛寨（1）（2011 年 10 月 9 日）

四川安岳石窟千佛寨（2）（2011 年 10 月 9 日）

四川安岳石窟千佛寨（3）（2011 年 10 月 9 日）

资帮助修复这些佛像。但是，笔者认为作为人类文化悲剧的见证，巴米扬佛像是否需要重建，应该慎重给予回应。2008 年，韩国的国宝崇礼门也由于人为纵火遭到损毁，再次引发人们对于如何加强文化遗产安全状况的思考。

时至今日，在世界各地考古遗址遭到破坏的情况仍然时有发生。古巴比伦考古遗址，位于伊拉克首都巴格达以南 90 km，幼发拉底河右岸，始建于公元前 3000 年。在那里，古巴比伦国王尼布甲尼撒二世建造了被称为古代世界七大奇迹之一的巴比伦“空中花园”，是世界上最重要的考古遗址之一。但是，在伊拉克战争中巴比伦考古遗址遭到严重破坏。据英国《泰晤士报》网站报道，2003 年 4 月，美国和其他国家组成的驻伊联军，在这座古城废墟上建立了军营，并且一直驻扎到 2004 年 12 月。2009 年 7 月，联合国教科文组织在历时 5 年的调查后，发布的一份报告中指出，驻伊拉克美军在巴比伦古城遗址驻扎期间，修建军营、挖掘数百米长的战壕、驾驶重型军车压坏具有数千年历史的砖制甬道，用推土机夷平考古遗址的部分地区，致使巴比伦古城遗址遭受严重破坏。大英博物馆中东部负责人 J. 柯蒂斯（J. Curtis）说，2000 多名军人占领巴比伦遗迹所造成的破坏是永远无法恢复的。“从入侵后他们就驻扎进来，直到离开，这期间他们造成了许多破坏。情况令人震惊——就好比开坦克在英国巨石阵中穿梭”[①]。联合国教科文组织文化官员 F. 里维耶尔（F. Riviere）则指出，一些国家不遵守保护重要考古遗址的《海牙公约》，导致破坏的行为时有发生。因此，应采取措施加强《海牙公约》的约束力，让“发生在巴比伦古城遗址的

① 《巴比伦遗迹惨遭破坏》，载《中国文化报》，2008-11-17（1）。

破坏不再重演”。

今日世界并不安宁，一些文化遗产面临来自战争的威胁，2009 年 6 月，西班牙召开的第 33 届世界遗产委员会会议上，在上届大会上刚刚被列入《世界遗产名录》的柏威夏寺的安全保护问题就引起了会议的关注。柏威夏寺位于柬埔寨和泰国边境地区，两国在历史上都宣称对该寺所属区域拥有主权。1962 年，海牙国际法庭将柏威夏寺判归柬埔寨所有，但泰国坚称对其周边 4.6 km^2 的土地拥有主权，因此反对柬埔寨申报世界文化遗产。此次会议前，泰国重新把柏威夏寺问题提出来，柬方则表示坚决反对。随之，两国在柏威夏寺地区开始增兵。泰国陆军司令 A. 保津达（A. Paojinda）于本届世界遗产委员会会议召开前夕，亲自到边境视察，称在对方先部署重武器的情况下，泰国也将军队增加到了 3000 人，并配合大炮和坦克。而泰国《曼谷邮件》的社会论则指出，必须用外交手段谈判解决两国争端，而不能基于政治立场、诉诸军事手段①。另据美国全国广播公司报道，“当德国为 11 月 9 日柏林墙倒塌 20 周年纪念作准备时，很多柏林人后悔当初没有留下一点断壁残垣作为纪念”。柏林市旅游局局长 B. 基克（B. Kieker）说：“在柏林，每一块石头下都有一段历史。最致命的错误是我们以‘典型德国人的做事方式’有条不紊地将柏林墙拆了个精光，尘封了一段历史。”柏林历史遗址总监莱恩纳（Reiner）说：“民主纪念馆及历史遗址需要发展和完善。然而，我们所做的恰恰事与愿违，不是在纪念胜利，而是在纪念我们的羞耻行为。柏林墙最著名的通行点变成吸引众人眼球的美利坚商务中心，就是一例”②。

阿曼的阿拉伯大羚羊栖息地是世界自然遗产。2007 年 1 月，阿曼颁布的皇家法令将遗产保护区面积减少了 90%；同时因非法偷猎大羚羊的行为未能得到有效控制，使得大羚羊的数量急剧下降，几近灭绝，加上在保护区内的石油和天然气开采已在计划中。鉴于此，2007 年 6 月，在新西兰基督城召开的第 31 届世界遗产委员会会议上，咨询机构认为该处遗产已丧失了世界遗产突出的普遍价值和完整性，为保

① 任建民:《柏威夏寺再次引发泰柬争论》，载《人民日报》，2009-06-26（3）。
② 陈宗伦:《柏林人后悔毁了柏林墙》，载《环球时报》，2009-05-13（5）。

持《世界遗产公约》的可信性，建议将该处遗产从《世界遗产名录》中除名。部分委员国表示赞同除名，部分委员国则认为保护世界遗产是国际社会的职责，不应放弃对该处遗产地的保护，如果咨询机构认为恢复遗产的原有边界还能存有突出的普遍价值，则应敦促缔约国恢复遗产原边界，并加强对遗产地的管理，制止偷猎行为，因此不同意除名。经过长时间讨论，难以达成统一意见，大会主席同意进行秘密投票。投票结果是 13 票同意除名，8 票反对，未达到法定的 2/3。世界遗产委员会决定成立工作小组，在会下进行讨论和协商，形成决议草案再提交会议讨论。最后，世界遗产委员会通过的决议认为，阿曼法律缩减遗产地面积，使得遗产的价值和完整性严重丧失，决定将阿拉伯大羚羊栖息地从《世界遗产名录》中除名。

今天，文化景观遗产突出的普遍价值尚未得到应有重视，在世界各地的保护状况均面临严重的挑战。例如在意大利，该国文化部部长 S. 庞迪（S. Bondi）于 2008 年 7 月 4 日宣布，世界文化遗产古罗马时期庞培古城遗址由于管理不善等原因遭到破坏，进入紧急状态。紧急状态将会持续一年，其间政府将为保护遗址投入更多资金，采取特殊保护措施。目前，由于缺乏维护，庞培古城遗址每年损失至少 150 m^2 壁画和石膏艺术品，每年至少 3000 件石器粉碎。据路透社报道，考古学家和历史学家长期抱怨庞贝遗址失修，宝贵文物因为缺乏投资、杂草丛生、乱丢垃圾、涂鸦和劫掠行为而遭到侵蚀。

目前，遗址尚有 1/3 没有出土，这部分遗址上面的场地则是一处非法垃圾堆放点①。在法国，该国政府曾一度严重忽视了马其诺防线的文化景观遗产价值，而由当地民众发现了这处文化遗产的价值，并不顾政府的冷漠无视，自发予以修复。在一些独立不久的国家，往往对其遭受屈辱的历史遗迹，出于感情或政治的原因，不遗余力地予以扫除。一些东欧国家在重新发现古老文化遗产价值的同时，也在忙于根除近 50 年来的文化遗产②。今天，全球各地的文化景观遗产，因保护不善等“突显的原因”，进入《濒危世界遗产清单》的事例已有不少。

① 《庞贝古城进入“紧急状态”》，载《中国文化报》，2008-07-09（2）。
② 王运良：《遗产被视为“过程”》（译作），载《中国文物报》，2008-02-29（8）。

沧海桑田的演变是人类的力量所无法彻底改变和扭转的。一方面，任何一个时代所形成的文化景观，当产生它的那个时代渐渐远去之后，它往往也会随着时代的逝去而走向式微，甚至消亡。另一方面，人类对某一种自然资源的长期超量开采，或对某一处文化景观的长期不可持续开发，都必然会导致这些自然资源和文化资源的衰减、退化乃至枯竭。霍尔托巴吉国家公园是匈牙利东部一片面积辽阔的草原和湿地，具有丰富的生态环境类型，保持了物种和生物环境的多样性。长期以来，国家公园内存在广泛的原生态地区，未受到污染、城市发展等的破坏。因此作为游牧民族社会所塑造的文化景观中的杰出范例，于1999年被列入《世界遗产名录》，成为人类与自然之间和谐关系的代表。但是，近年来发生的严重干旱，导致遗址的部分地区遭到严重破坏。同时，周围地区由于进行农业开垦使用化肥，对遗址的保存具有严重的不良影响；有些地区由于不恰当的水利经营方式而出现了严重的淤积；有时当地渔民的作业也会对水库造成一定破坏。然而，迄今为止这些问题还未引起人们的足够重视。类似霍尔托巴吉国家公园的情况，目前也出现在我国的一些文化景观遗产地，必须引起高度重视。

随着旅游事业的高速发展，各地的人造景观建设风起云涌。不少地方不惜投入巨资，圈地建城，修园建宫，许多项目重复雷同，缺乏新意，以致刚刚建成就昙花一现，形成巨大的投资失误，引来广泛的质疑和批评。但是目前人造景观的建设热度仍然有增无减，一些地方还在大兴土木，继续盲目建设。如果任其发展下去，势必劳民伤财，造成更大的浪费和损失。2008年4月，有关媒体报道甘肃三个县不惜血本打造“文化古董”。一是黄河三峡孔子文化教育研究中心在永靖县举行奠基仪式，这是“西北地区规模最大的孔子文化教育研究中心”，占地113亩，拟建“三殿五院”。三殿为大成殿、四圣殿、七十二贤殿，五院为儒家研究院、黄河文化院、书画艺术院、学子成就院、名人功德院。二是华亭县计划投资3480万元，实施秦皇祭天文化广场三期工程，强力推动莲花台景区建设，彰显“秦皇祭天第一坛”特色旅游品牌，力争形成与北京天坛、山东泰山齐名的“中国祭天三坛”。三是临洮县投资8000万元建老子文化园，该园总面积1500亩，项目建设内容主要包括中国老子博物馆及祭祀广场、中国老子飞升纪念景区、中国老子研究院区、临洮传统民俗街区及居住区等①。甘肃是一个经济欠发达地区，2007年人均收入全国倒数第一，如此巨资投入在这些“大项目”上，引起广泛关注。

目前，大型人造景观项目开工、竣工的消息接踵而来。2008年2月，浙江横店方在北京钓鱼台国宾馆高调宣布，“按1∶1的比例重造一座圆明园”，这一重建计划将耗资200亿，一期工程2008年内动工，计划于2013年正式对外开放，消息传出引起广泛关注和争议，但此后项目进展陷入停顿。“由于该项目规划用地6165亩，其中3096亩土地不符合横店镇土地利用总体规划，包括基本农田1057.4亩。因此，新圆明园重建计划在宣布两个月后即被紧急叫停，横店重建圆明园的梦想也就此终结”②。据报道，陕西法门寺文化景区建设项目总占地9 km^2，其中佛文化展示区4 km^2，分为佛、法、僧三区，各占地约1000亩，呈“品”字形布局。佛区建设安奉佛祖真身指骨舍利的合十舍利塔，高达148 m，建设容纳10万人的瞻礼朝拜广场、山门广场以及连接佛、法、僧三区的佛光大道③。另据报道，陕西凤县在“打造”旅游品牌过程中，短短两年内投资6.5亿元，实施了5大景区、5大公园等几十个大型景观项目，并且投入巨资建造了喷射高度达186 m的喷泉。实际上，随着旅游业的迅猛发展，广大游客越来越钟情于回归自然，向往于山水名胜，热衷于生态旅游，对缺乏文化含量和观赏价值的人造景点怀有抵制心理。

据不完全统计，目前各地规模较大的人造景观数以万计，如世界公园、三国城、西游记宫等，仅以《西游记》故事为主题的人造景观，全国就有近百处。有关方面估计，这些人造景观占地面积超过24万亩，总投资超过700亿元。耗费巨资修建的大量人造景观，当前除深圳的锦绣中华等少数精品之外，大多萧条冷落，勉强维持营业，80%处于亏损状态。2008年6月30日，《中国文化报》载“新疆鄯善县将要

① 曾华锋：《甘肃三县集资造“古董”》，载《人民日报》，2008-04-09（11）。
② 《浙江横店重建圆明园的事黄了》，载《现代快报》，2009-03-28（A6）。
③ 《法门寺与法门寺景区》，载《南方都市报》，2009-03-24（A32）。

投资3.2亿元，在距离楼兰古城遗址数百公里外重建‘楼兰王城’，让楼兰古城再现昔日辉煌。据了解，‘楼兰王城’项目将分3期投资，投资期年限为6年，将建成生态休闲区项目、楼兰文化深度体验区项目、西域风情体验区项目以及探险项目、四星级休闲度假酒店项目等，包括楼兰王宫、楼兰客栈、楼兰文化广场、西域三十六方会馆、塔林、楼兰十二坊等”。一位网友认为“楼兰的美是一种残缺的美，如同圆明园残存的大水法。走进大漠黄沙，走进楼兰古城，我们所需要的绝不是繁华与喧闹，而是聆听和触摸”。2008年8月，在一次新闻发布会上，丰都县表示将投资7亿元对丰都县名山景区进行提档升级，“唱响‘世界鬼城’，扩大丰都的知名度，是我们未来的旅游奋斗目标之一”。消息传出，在社会上再次引发争议，“有些老百姓认为花这么多钱做鬼文化是鬼迷心窍”①。这样过于牵强的人工化包装，与文化景观精神相背而驰。

这一现象的产生，主要是随着旅游热的兴起，各地都在争创旅游大省、旅游大市、旅游大县，一些城市决策者由于急于在任期内彰显政绩，目光聚焦在了华而不实的低层次人造景观。在这一背景下匆忙建造起来的人造景观，往往粗制滥造，风格雷同，缺乏科学论证，缺乏文化含量，更无地方特色。因此，人造景观建设项目需科学论证，严格控制。要坚持尊重自然、保护环境的原则。旅游经济是市场经济。人造景观作为一种产品，必须接受市场的考验。延续中华民族的智慧并不在于重复古代的建筑形式和风格，而是继承他们的创造精神。更不能打着历史文化的招牌，剽窃古人的创意，制造出一个个赝品，肆意篡改历史。必须建设的人造景观要精心设计，准确赋予其文化内涵，体现文化品位和地方特色②。前门大街一直在北京人心目中具有传统商业中心的地位，众多的老字号更以其独特的经验方式和商品名播四海。时光流转，如今已难觅当年店铺林立、商贾云集、牌匾交错、人声喧腾的盛景。肖复兴先生在《人民日报》撰文指出：“前门大街正在修步行街，马路两侧将建起民国时期的各色老字号，但绝大多数是新修的赝品。这样一条街，和其他一些城市修

① 侯露露：《“文化工程”为何频惹争议》，载《人民日报》，2008-09-5（12）。
② 林祥：《人造景观切勿盲目跟风》，载《人民政协报》，2008-03-17（B2）。

建起的‘唐街’、‘宋城’有什么区别？在我们辉煌的故宫和巍峨的前门楼子的眼前，修建成一条高级的赝品街，不能不让人对它充满忧虑。”①

江苏无锡蠡园及渔庄（2007年4月10日）

今天，面对城市规模持续扩大、大型基础设施建设、当地居民生产生活变化，以及环境污染、地质灾害、风雨剥蚀、生物侵害等方面的冲击和影响，许多文化景观遗产在各种人为和自然因素的蚕食、破坏下，逐步残缺甚或灭失。同时，文化景观作为文化遗产的价值，远远没有受到我国文化遗产保护领域的足够重视，已列入各级文物保护单位的文化景观遗产数量很少，即使有少量列入也缺乏整体性和系统性。位于不同背景环境的文化景观，面临来自不同方面的影响和冲击，例如地处现代城市中的文化景观，由于在城市规划和建设中往往将其置于相对独立的空间，文化景观与城市建设用地之间缺少缓冲过渡，周边建设项目的性质、高度、体量、色彩等失于控制，致使传统环境和地貌特色受到破坏。地处城市环境以外的文化景观，经常面临诸如开山取石、挖土烧砖等人为破坏，周围苍莽的山势、辽阔的原野、茂密的森林、美丽的田园等生态环境不断遭到改变，难以实现文化景观内、外环境相互渗透的整体保护效果。在我国现阶段的城市建设中，单纯追求视觉观感的美化运动现象普遍存在，造成文化景观的枯燥与雷同。实际上，文化景观不仅是一个视觉的物质性场所，更是一个精神性场所。美学价值固然重要，但精神价值更加重要。目前，在经济社会发展过程中，一些地方没有认识到文化景观这笔社会财富的重要性，而把它们看作经济发展的障碍，致使有些地方对文化景观遗产进行破坏性开发，问题相当突出。

① 朱祖希：《前门大街就是前门大街》，载《群言》，2008（4），42页。

第五章 保护文化景观遗产的若干途径

进入 21 世纪，以生态学、环境学、景观学和社会学等为基础的可持续发展理论和科学发展观思想，带给人类对于文化遗产保护诸多新的思考、新的实践和新的技术。文化景观遗产的保护也应进行跨越学科和时空的探索，通过一系列先进理念、先进手段和先进方法，寻求人类明智地管理和维护文化景观遗产的新经验。在我国，应将国际领域的保护理念和保护体系与我国既有的保护理念和保护体系进行科学比较研究，不断充实、提高、完善现有的文化景观遗产保护的理论、方式和方法。

5.1 确立文化景观遗产保护科学理念

生态文明是对农耕文明、工业文明的深刻变革，是人类文明质的提升和飞跃，是人类文明史上的一个新的里程碑。世纪之交，加强环境保护、走可持续发展之路，成为全人类的共识。从对大自然的掠夺型、征服型和污染型的工业时代，走向环境友好型、协调型、恢复型的生态文明，是革命性的变化和进步。实践一再告诫人们，人类的经济社会活动不可超越自然生态系统的承载能力，超过了这个能力就要遭受大自然的无情报复。在漫长的人类文明长河中，一些古老文明国家和地区，例如古埃及文明、古巴比伦文明、古地中海文明和印度恒河文明、美洲古玛雅文明等，之所以消亡、衰落，其共同的根源，就是过度砍伐森林、过度放牧、过度垦荒和盲目灌溉，使广袤的森林、草原植被遭到毁坏，河道淤塞，水土流失加剧，土地沙化、盐碱化，肥沃的土壤遭到侵蚀、剥离，失去了农作物生长所需的大量矿物质营养，于是随着土地生产能力的衰竭，其所承载的文明也就必然日渐衰落、消亡。因此，“顺自然生态规律者兴，逆自然生态规律者亡”，成为人类社会发展的一条铁的定律，古今中外概莫能外。

长期以来，西方发达国家既是工业文明的先行者，又是最大的生态环境破坏者。工业革命对于人类财富的积累是一次巨大的进步，但是对于人类的生存环境却是一次灾难。英国于19世纪60年代，美国、法国于20世纪初期，德国于20世纪30年代，前苏联和日本于20世纪70年代，先后完成了传统工业化进程，又都经历了资源高消耗、环境高污染的过程。自20世纪初期开始，工业化国家在环境污染方面的“公害事件”层出不穷，向全球敲响了危害千百万公众生命与健康的生存危机警钟。1961年3月，美国总统肯尼迪在全国野生生物展览馆开幕典礼上发表演说，描绘了一幅美丽的蓝图。他说：“我们共同的目标是那样一个美国：这个美国具有开阔的空间，新鲜的用水，碧绿的原野；在那里，野生生物和大自然的美景不会遭到破坏；城市人口虽然不断增加，但他们依然能够到乡下去，依然能够享受旧日的文明。”然而，时隔3年，1964年5月，约翰逊总统在“伟大的社会”的演说中说：“美好的美国已处于危险之中，我们的饮水、食物和呼吸空气已受到污染的威胁。”最早享受工业文明成果的西方发达国家，在尝到了工业化带来的环境恶化苦果之后，率先反思过去，试图转换发展方式，步人生态文明时代。

从20世纪60—70年代开始，兴起了世界性的环境保护浪潮。1968年，来自西方不同国家的约30位企业家和学者聚集罗马，共同探讨关系全球人类发展前途的人口、资源、粮食、环境等一系列带根本性的问题，对原有经济发展模式提出质疑。后来人们称这次聚会为罗马俱乐部。1972年发表了《增长的极限》报告，是罗马俱乐部集体研究的第一个重要成果，报告主张要自觉抑制增长，达到全球平衡，减少污染，这是人类对高生产、高消耗、高消费、高排放的经济发展模式的首次认真反思，开创了一种新的思维方式。1970年4月22日，在大学生组织的发动下，美国2000所大学、1万所中学、1000个社区举行了全国性环境示威，参加地球日活动，这一年是第一个世界地球日，被称为“人类对地球母亲的忏悔日”。1972年，英国经济学家B. 沃德（B. Ward）和美国微生物学家R. 杜博斯（R. Dubos）组织的58国152名专家，发表了《只有一个地球》的报告，指出“人类生活的两个世界——它所继承的生物圈和它所创造的技术圈——业已失去了平衡，正处在深刻矛盾之中”。1980年，A. 托夫勒（A. Toffler）在《第三次浪潮》一书中说：“由于基于征服自然的原则，由于它的人口的增长，它的残忍无情的技术，和它为了发展而持续不断的需求，彻底地破坏了周围环境，超过了早先任何一个文明能够创造出这种手段，能够不仅摧毁一个城市，而且可以毁灭整个地球。”

1968年美国颁布了《荒原和河流风景法》，规定：“为着人类目前和将来的利益和享受，对国家那些处在一定环境中，具有风景、娱乐、地质、渔业、野生生物、历史、文化或者其他方面价值的河流，应当加以保护。”1968年，美国的共和、民主两党党纲都制定有环境方面的政策。在这个基础上，美国国会于1969年12月通过了《美国国家环境政策法》。作为保护生态环境的基本大法，明确规定“维护历史、文化和自然等方面的重要国家遗产，并尽可能保持一种能为个人提供丰富与多样化选择的环境”。1972年12月，联合国环境规划署（UNEP）成立，联合国大会确定每年 6 月 5 日为世界环境日。经过近半个世纪的努力，多数发达国家通过调整优化经济结构，治理生存环境，取得了重要的成就。其经济结构的主体已由以“高投入、高消耗、高污染、低效益”为主要特征的重化工业，转变为以“低投入、低消耗、低污染、高效益”为主要特征的第三产业、现代服务业。目前，发展中国家正处于工业化初期或中期阶段，已经开始或正在面临严重的生态、环境挑战。当务之急是如何避免重蹈发达国家“先污染、后治理”的覆辙，跳出环境污染的“怪圈”，加快由传统工业文明向生态文明的转变。

21 世纪既是生态文明时代，也是城市世纪。广义地理解“生态”的概念，包含了自然生态、社会生态等多个方面的整体生态领域。在 21 世纪，城市不应再是一般意义上的生产中心、工作中心和居住中心，而应该是能为人们的生活、工作、学习和交往等提供舒适、方便、可靠、安全的文化场所。生态文明的崛起是一场涉及生产方式、生活方式和价值观念的世界性革命，是不可逆转的世界潮流，是人类社会又一次新的命运与前途的选择，也是我国社会经济发展走向成熟阶段的必经之路。生态文明不只是生态、环境领域一项重大研究课题，而且是人类与自然、发展与环境、经济与社会、人与人之间关系协调，发展平衡、步入良性循环的理论与实践，是人类社会跨入一个新的时代的标志。周干峙院士指出：“人类追求什么样的城市？无论什么社会、国家，大体上可概括为以下六大目标，即：生态城市、富裕城市、和谐城市、安全城市、文化城市和科学城市。认识生态问题是人类认识史上划时代的进步，提出要建设生态城市又是城市发展史的划时代进步。生态城市是一个复杂的巨系统，要用系统工程和复杂科学观念去分析、认识。实际上，这些系统内涵互相影响、互相作用，只有综合集成才能形成一个完整的概念。发展生态城市，要医治大中城市的‘城市病’。要治‘病态’，强‘生态’。生态城市与病态城市显然是两个对立的概念。”①

人们逐渐认识到文化景观是联系人与自然、物质与精神的纽带，在保护生态环

① 周干峙：《全面系统认识生态城市》，载《中国建设报》，2008-09-18。

境完整性、建立文化归属以及为人们提供精神需求方面具有重大意义。地球资源尽管有限，但是能够满足人类的基本需求，只是满足不了无度的索取和贪欲。正是因为一些国家、一部分人占有过多的资源并造成挥霍和浪费，才加剧了另一些国家、另一部分人基本生活需求的不足，加剧了贫富悬殊与社会不公，也加剧了生态灾难与环境危机。生态的失衡源自社会的失衡，正如戈尔所言："生态问题的严重性暴露出人类深刻的道德危机"，以至于"只顾眼前不顾未来；只顾自己不顾别人；只顾当代不顾后代"。从对大自然的掠夺型、征服型和污染型的工业文明走向环境友好型、协调型、恢复型的生态文明，是革命性的变化和进步。当人们认识到，发展再也不能以牺牲环境和弱势群体的权益为代价时，发展才意味着社会的全面进步和人类精神的全面提升。当前，席卷全球的金融风暴、经济危机预示着人类的生产方式、生活方式和思维方式都必须发生一场生态变革，只有实现人与人、人与自然、人与社会之间真正的和谐，才能迎来生态文明的新时代。而文化景观遗产保护的理论与方法，为维护生态环境的安全，有效阻止生态环境的恶化，构建良好的生态基础设施，给予人居环境可持续的生态服务，提供了新的思维模式。

在全球化趋势的影响下，城市的发展环境与发展模式发生着深刻变化，城市之间的竞争也使城市发展的动力机制有所改变。过去，一座城市的发展优势主要来自城市所拥有的资源条件，例如能源、材料、交通、劳动力、区位条件等。但是如今，仅仅依靠物质资源比较优势难以使一座城市长期拥有竞争优势。而作为千百年来人类智慧结晶的文化景观，最能体现城市的环境基底和文化特色，对增强城市核心竞争力，具有深远的意义。通过大量比较研究，人们发现，鲜明的城市特色、良好的生态环境和优美的文化景观，可以使一座城市获得强大的发展力量，成为提高城市文化品质的重要因素，使城市在比较竞争中立于不败之地。今天，越来越多的历史性城市通过政策调整和制定战略措施，赋予文化景观遗产在城市社会经济发展中的重要作用，其明显效果不仅在于它们具有吸引观光者的独特魅力，也不仅在于它们具有吸引资本的强大能量，更在于文化景观遗产极大地提升了城市的价值，其文化特色为城市打上了鲜明烙印。事实证明，一座历史性城市的延续与发展，往往有赖于文化景观遗产的延续与发展，保护城市格局的风貌特质以及文化景观的整体和谐，可以延续城市历史文脉，帮助人们去认识和适应现代文明发展的时空变化，增强城市的归属感与认同感。

宜居城市理念的形成和提出，对城市文化景观的培育提出了更新更高的要求。世界上不少宜居城市的共同之处，就在于随处可见自然开放的空间，能够让人们在绿色空间中从容徜徉。在城市中，如果仅仅建造一些没有绿荫的大广场、不能进入的大草坪、宽阔笔直的景观大道等，这些设施不能很好地成为人们生活体验的一部分，那么对民众的现实生活并没有实际意义，反而使人们的生存空间不断受到挤压，使民众对于他们生活的城市感到疏离。城市与自然共生共存，首先必须让自然景观贴近人的生活。城市首先是人居住的地方，亲近自然是人的天性，市民不仅希望自己生活的家园更加美丽，而且希望能与美丽的文化景观更加亲近。一个有品位有魅力的城市，必然注重生态环境建设，将自然引入生活，解除城市化、工业化带给人们生活的不适。今天的城市规划建设，要彰显文化景观的作用，赋予城市以鲜活的灵气，表达城市的个性和魅力，在让天更蓝水更清，让城市更加美丽的同时，使城市中的人与自然更加亲近，使文化景观融于市民的日常生活。要使人与自然更亲近，就要在文化景观保护与培育过程中，让更多的民众参与其中，增强民众对文化景观的认同感，使城市不仅具有完善的物质功能，更包括丰富的文化内涵。

清溪川，是一条流经韩国首尔市内的河流，曾经为首尔市民营造和提供了和谐的生活空间和文化景观。但是，从 20 世纪 50 年代末开始，随着韩国工业经济的迅猛发展，城市规模急剧扩张，居民的生活废水和垃圾直接排入河内，河床淤塞，河水发臭，清溪川终于不堪重负。随后亚洲四小龙开始崛起，首尔的经济逐步腾飞，城市交通日渐拥堵。市政当局决定将清溪川用水泥板盖上，并在其上面兴建高架桥。

一方面可以掩盖清溪川的肮脏与丑陋；另一方面有助于缓解和疏导城市繁忙的交通。随着清溪川从首尔市地图上消失，城市的生态环境不断恶化，高架桥上车辆的噪声、热岛效应的加剧、动植物种类的减少、水泥板下臭水沟产生的沼气、桥梁上水泥和钢筋的腐蚀，强行抹掉清溪川的恶果日益显现。进入21世纪，清溪川复原成为城市发展的重要工程，拆掉高架桥，掀开水泥板，让清溪川重见天日，无疑是一场城市生态革命。2005年9月，清溪川重新奔流在首尔大地，漫步在5.8 km的河岸，苇草与鲜花相伴而生，淙淙的流水清澈见底，为市民和游客营造出惬意的休闲空间。同时，清溪川复原工程产生出直接拉动城市经济的效应。清溪川复原工程的成功，引起了全世界的关注。这是首尔从以开发为中心和以汽车为中心的城市形象，转变为以人类为中心的城市形象的重要体现，称得上是建设生态城市的全球样板[①]。

自古以来，秦淮河作为南京的母亲河，与古都的发展息息相关。秦淮河沿线历史积淀深厚，既有物质形态的城墙、河道、园林以及历史建筑，又有众多流传至今的历史典故、文学诗篇与民间传说，充满生活情趣。但是，20世纪80年代，伴随城市人口增长，人们开始在城墙外栖身，搭建简易房屋，形成了临水的棚户区，加上河道的污染，秦淮河沿线人居环境逐渐恶化。2002年下半年，秦淮河环境综合整治工程正式启动，实施范围长达18 km，涉及6000余户棚户居民的住房安置问题，整治内容包括安居、水利、环保、文化、景观五大工程，目的是要使该地区的居民生活水平得到提升，基础设施得到改善，环境污染得到治理，文化遗产得到保护，文化景观得到展现。随着秦淮河沿线地区污水截流，两岸形成20m宽的绿色长廊，不仅在城市中构筑了一条绿色文化景观带，而且改善了沿河的空气质量，使水质达到景观水体的要求，对民众的健康产生良性影响，使更多的居民直接受益。如今，秦淮河两岸的水利工程、植物配置、自然景观以及文化资源相融合，江、山、水、城、林相辉映，构成了一幅风景长卷，将生态环境与人居环境融为一体，创造了人、自然与城市和谐的文化景观。2008年10月，联合国人居署在内罗毕宣布，中国南京市

---

① 张荣刚:《首尔——小国大城充满神秘魅力》，载《深圳特区报》，2008-10-11（B10）。

江苏无锡人杰苑（2010 年 4 月 10 日）

因成功治理并开发流经市区的秦淮河，授予南京市政府本年度联合国人居奖特别荣誉奖。

20 世纪 90 年代以来，特别是可持续发展思想提出后，针对城市化进程中出现的城市蔓延及由此带来的交通拥堵、能源消耗、环境污染等问题，欧洲学者提出了“紧凑城市”的思想，希望通过高密度的城市开发、混合的土地利用、分散化的集中和优先发展公共交通等措施，以达到降低能源消耗，减少土地资源的占用等目的。1990 年欧洲社区委员会（CEC）于布鲁塞尔发布《城市环境绿皮书》，首次公开提出回归紧凑城市的城市形态，此后这一概念开始被广泛讨论。提倡紧凑城市的重要人物布雷赫尼（Breheny）对于紧凑城市的定义进行了较为全面的概括：“促进城市的重新发展，中心区的再次兴旺，保护农田，限制农村地区的大量开发，更高的城市密度，功能混合的用地布局，优先发展公共交通，并在其节点处集中城市开发。”更高密度和混合用途能使城市基础设施得到最佳利用，降低非再生资源的消耗，减少对小汽车的依赖，增加社会交往的机会，创造更适宜步行、具有包容性的公共领域。近年来，美国学者又提出了“精明增长”理论，在土地利用上也主张紧凑模式，强调开发计划应充分利用已开发的土地和基础设施，并采取确定城市增长边界，控制城市蔓延，提倡土地混合利用等。精明增长理论还包含加强城市竞争力、鼓励市民参与等内容，其内涵更为丰富。

现代城市正在经历着规模不断扩大，结构不断复杂的发展过程。一方面，由于生产效率提高，人们拥有更多的带薪休假时间，生活水平和支付能力也有了很大的提高，增加了城市居民休憩的可能；另一方面，由于城市人口激增、环境质量下降，生活节奏加快、工作压力增大，狭小的生活空间引起人们普遍具有回归自然，返璞归真的向往，追求绿色环境、自然景观和田园风光的心理要求日趋强烈。对此，陈望衡先生认为:“最能满足人的情感需求的是两个类型的城市。第一类是山水园林城市，第二类是历史文化名城。这两类城市是最适合人居住的，最能让人快乐的，最能给人幸福的”[①]。作为一个曾以农业为主的国家，泰国有着传统的灌溉结构、河边的村落、水上运输的方式，这些独特的水陆两栖的文化景观相互交融。近年来，曼谷日益重视这一壮观的河滨景象，突破以水论水、以河论河的传统局限与束缚，努力创造水与城、水与景、水与文化的和谐统一，努力使城市河流回复城市生活，试图把一座工业城市转变成一个优雅的居住和商业中心的完美形象。其中运河成为曼谷城市生活中独特的文化景观，对于那些划船者、步行者和骑自行车的人，运河线路构成一幅美妙的图画，将风景如画的运河环境、不同类别的野生动物和不同时代的历史建筑融合在一起。

J. 奈斯比（J. Naisbitt）在《大趋势》中认为，在高科技的条件下，高科技和高情感的平衡是社会生活要解决的一个很紧迫的课题。物质生活与精神生活的失衡，实际上已经成为当代社会面临的重大危机。但是挑战与机遇同在。有关未来学家预

① 陈望衡:《城市——我们的家》，载《光明日报》，2008-12-11（10、11）。

测，21世纪全球经济将出现五大浪潮，首先出现的就是休闲时代的浪潮。休闲已经成为当今时代的重要特征之一，成为与每个人的生存质量息息相关的领域，成为社会进步的标志。休闲并不是无所事事，而是人们的一种以文化创造、文化享受为内容的生命状态和行为方式。随着旅游市场竞争的进一步加剧，旅游业正在从较低层次的价格竞争，经过质量竞争，逐渐转向高层次的文化竞争。这样就给以观赏文化景观遗产为主要内容的文化旅游提供了一个广阔的发展平台和机遇。文化旅游的本质和价值在于提升每一个参与者的精神境界和文化品位。因此，需要深刻认识文化旅游的本质特征和内在规律，以物质的和精神的方式，把传统文化和现代文化的精髓，贯穿到文化旅游的实践之中。国际博物馆协会（ICOM）在《全球可持续文化旅游宣言》中倡导"了解旅游目的地及其周边文化、自然历史遗产特殊的科学价值与美感，可以增进当地居民的理解，从而加强他们的自信心和自我文化认同"，"'享受，而不是破坏'，这应该是所有参与旅游业者的最终目的"。

城市化是人类活动的高级演化过程，也是社会经济发展的必然规律。城市化在使人类享受物质文明成果的同时，也给生态环境造成很大的压力。在全球性的人口、资源、环境与发展的矛盾日益尖锐的背景下，人类深切地意识到，为了自身及后代的生存与发展，必须有效地保护自然资源和生态环境。人类一方面要提高城市化水平，另一方面又要在城市化过程中，适应生态环境的变化。城市的生态环境是产生城市类文化景观特色的主要因素之一。城市建设与河流、湖泊、海岸、港湾、山脉、高地等特殊地形、地貌有机结合，才能形成独特的城市类文化景观。城市的环境质量，包括阳光、空气、水质、绿色空间等自然环境质量，也是城市空间质量的重要标志。特别要着重保护那些生态环境敏感的地区，例如城市中的河流水系、滨水地区、森林植被等，城市背景环境中的稀有植物分布区、野生动物栖息地等以及更大尺度城市环境中的新鲜空气补充区、清洁水源涵养区、基本农业种植区等。同时，在城市化过程中，很多城市都将发生较大空间尺度的变化。因此应特别注意文化景观生态的保护，改善与建造更加适宜人类生存的城市环境。文化景观遗产的价值，是基于人类与自然的共同创造，因而对于生态环境的要求特别苛刻。

2009年初，中国青年报社会调查中心通过一项调查，了解那些是现代青年心目中最美的中国建筑，调查之前一些专家曾认为，当代青年会比较偏爱现代建筑，然而调查结果却令他们吃惊，66.8%的青年表示喜欢中国古代建筑，喜欢中国近现代建筑的仅为18.6%。特别是长城、故宫和苏州园林位居榜首，得票分别为49.2%、48.1%和41.6%。此次调查共有2876人参加，40岁以下青年占96.4%。从调查中可以看出，很多青年人对具有深刻文化内涵的文化遗产情有独钟，说明中国古代建筑在人们的心目中占有重要位置。“一些青年人坦言：‘鸟巢’、水立方、国家大剧院固然宏伟壮丽，它们以现代的雄姿见证着中国的崛起，但类似的建筑只要精心设计，在世界各地都可以进行复制，它们不具备不可再现性，也不能代表中国独有的文化”[①]。“我们并不是简单地否定新建筑，但新的城市肌体与历史肌体在文化基因即文脉上应当有着必然的联系。”朱自煊教授认为，“城市的魅力来自于其文化内核，而不是来自于其经济实力。建筑是城市文化的重要部分，也是城市文化活的载体，每一块砖、每一片瓦，都是文化、历史的述说者，都时时在与市民交流。”

我国古代建筑的主流是木质结构，而欧洲古代建筑的主流是石质结构，两者之间的差别十分明显。长期以来，针对这一问题众说纷纭，甚至出现“材料决定说”和“技术决定说”等观点。一种观点认为，我国缺少石材资源，而多木材资源，因此广为采用木质结构建筑。事实上，我国高山大川众多，石质材料资源十分丰富，而与欧洲的自然气候和地理条件相比，我国的木质材料并不十分丰富。另一种观点认为，中国石质结构建造技术落后，因而采用木质结构建筑。事实上，中国人在建筑中使用石质材料的历史也并不比欧洲人晚，原始时代的巨石建筑遗存就是一个例子。汉代的石造墓穴与墓祠以及陵墓前的石阙，至今还有遗存。汉代已经掌握了拱券与穹隆技术并应用于墓穴建筑中，隋代建造的赵州大石桥，其跨度与造型都在世

① 程竹：《年轻人为何钟情古建筑》，载《中国文化报》，2009-05-19（6）。

界上遥遥领先。

用石头建造城墙的历史更为久远，以“石头城”而闻名于世的南京城，至迟在三国时期就已经有了石头城墙。从中国建筑中雕刻精美的石制台基、栏版、高高矗立的华表石柱、陵墓前巨大的赑屃石碑，汉白玉石桥，均可以知道中国人在石造与石雕技术上，并不亚于同时期的任何其他国家[①]。“中国人既有石料来源，也有石造技术基础，但却并不用在为人所用的房屋上，而仅用在死者的坟墓、陵寝，或军事设施及一些礼仪性、装饰性的构筑物上。古代中国人对待石结构建筑的态度是，非不能也，是不为也”。

王贵祥教授认为，产生这一现象的主要原因，其一是在建筑目的方面。西方古代与中世纪的主流建筑，是为彼岸的神灵建造的。神灵或上帝是至上的存在，为神与上帝的建筑，要永恒、宏伟，具有威慑人的力量。而中国古代的主流建筑是为现世的人建造的，如帝王的宫殿、苑囿，政府衙署与各种不同等级的住宅，这是中国建筑的主流部分。中国人对待佛寺、道观的态度，同对待凡人的住宅一样，主要是为了给神佛的偶像遮风避雨，越是地位显、香火盛的寺庙，改建就越频繁，就如同要常常给凡世的人重新翻盖新屋一样。其二是在文化取向方面。西方人对石头有着特殊的爱好。中国的情况就不一样，古代中国人讲求阴阳五行。五行中的五种物质金、木、水、火、土，对应五个方位。其中，土代表中央，代表负载万物、养育万物的大地，因此，土就具有了很高的地位。其三是在建筑理念方面。古代罗马建筑师，早在2000年以前，就提出了“坚固、实用、美观”的建筑三原则。建筑首先要坚固，坚固与久远是联系在一起的，欲求坚固与久远，石头是最恰当的建筑材料。中国人更多的是追求空间的适宜与阴阳的和合，中国人的房子，不是为了看的，而是为了栖息其中的。最为重要的是，中国建筑以其灵活便利的木质结构，更易于创造灵活多变的空间，同时，使用可以再生，并且不会造成污染的木质材料作为主要建筑材料，更具有环境的可持续性[①]。

① 王贵祥:《中国古代建筑为何以木结构为主》，载《北京日报》，2009-02-09（20）。

笔者早年曾在日本学习和生活多年，印象最深的是其独具特色的文化景观，在日本的国土上，只要离开喧嚣的城市，映入眼帘的总是海滨、森林、山岳与峡谷交相辉映的美丽景色，而且随着四季的变化，表现出绚丽多彩的文化景观。日本人对自然有着敏锐的感受和强烈的保护意识，具有与众不同的自然生态观。例如反映在日本建筑设计理念上，就是将建筑视为文化景观不可分割的一部分。在建筑材料方面，尽量选用朴素的天然材料，利用这些天然材料自然的线条、肌理、色彩和质感，精心加以设计，达到与周围文化景观的和谐相处。即使在室内设计上，从地面、墙壁、门窗，到天花板，多用木材、竹材、纸材，甚至茅草、稻草等天然材料，尽量营造与自然融合的氛围，使人们有回归自然的亲切感。在建筑形式方面，擅长以精致、优雅和简洁的设计，表现出建筑造型的构造美、材料的质感美和色彩的淡雅美，开敞的门窗、宽阔的阳台和舒展的长廊，把生活空间与周围环境联系在一起。“在这种自然观指导下建造的房屋与营造的室内氛围使建筑并不是从自然中分割或制造出独立于自然之外的一部分空间，也不是通过墙体把居住空间和外部环境之间加以界定，而是一种开放的、尽可能在自然中的生活方式，尽管它必须具有遮风避雨、防寒御暑的功能”[①]。

建筑是一座城市的公共表达。在任何国家和时代，建筑从来都是文化复兴最重要的表现途径之一。有关学者将人类建筑学观念的变迁过程划分为6个阶段，即实用建筑学阶段（原始社会—新石器时代），艺术建筑学时代（青铜时代—铁器时代），机器建筑学时代（前机器时代—机器时代），空间建筑学时代（1950—1980年），环境建筑学时代（1980—1990年），生态建筑学时代（1990年至今）[②]。日本建筑师黑川纪章认为，“历史与传统的共生不应该是简单的复制历史，更不应以单纯的经济利益而生产没有思想的建筑，来堆砌经不起时间考验的城市。建筑是文化，城市是文化”。在当今的城市规划和建筑设计中，有着追求技术化和表面化的设计潮流与趋势，而唯独缺乏文化理念与时代精神。无论是城市规划，还是建筑设计，都应该体

① 谢浩：《日本建筑的设计理念》，载《城乡建设》，2009（3），71页。
② 梅子：《走进建筑哲学》，载《中国建设报》，2009-01-06（7）。

日本东京皇居（2004 年 9 月 26 日）

现一定的文化理念与时代精神，没有思想的设计不能成为文化，更不能形成文化景观。只有表现出文化底蕴和时代精神的作品，才能成为后世的文化遗产，才能长久地保留在人们的生活里和记忆中。在我国，从不同地区、不同城市的实际出发，把民族审美理念与现代功能需求紧密结合起来，探索本土文化的内涵，形成独树一帜的中国特色建筑设计体系，才是新时代建筑设计的发展方向。

自从现代建筑兴起，国际建筑界针对历史性城市中新、旧建筑之间关系如何处理就开始了持续地讨论。1984 年，陕西历史博物馆作为国家级重点博物馆立项建设，除了功能、设备要达到一流，设计任务书还明确要求，博物馆建筑本身应该成为陕西悠久历史和灿烂文化的象征。经过多方案比较，决定采用张锦秋教授提交的“中轴对称，主从有序，四偶重楼，中央殿堂”的唐代宫殿方案。7 年后，呈现在人们面前的是一组有着浓郁唐代风格的现代化博物馆建筑群。张锦秋教授在诠释其建筑设计理念时强调传统与现代结合，“在传统方面，侧重于环境、意境和尺度；在现代方面，则侧重于功能、材料和技术”。一般人们体会的建筑风格往往包含两个层面的含义，即建筑形式和建筑性格。建筑形式是外在的，可以变化的，内在的建筑性格却是属于精神领域的东西，它取决于一个地方所特有环境特征和文化基因。张锦秋教授认为“建筑不是单纯的技术工程，它是一个环境空间艺术体系”，应重视每座建筑在城市环境中的作用，延续中国建筑的传统形态和美学原则，崇尚天人合一，注重环境与建筑交融。同时，要扩展建筑在城市设计中的角色，用城市的观点看建筑，尊重城市布局已形成的整体肌理，在体形、体量、空间布局、建筑形式和材料色彩等方面，采用与地区相适应的技术条件手段①。

建筑是人类最普遍最基本的活动之一，它最早产生于人类躲避风雨和保障安全的实际需要，但是今天重要的建筑文化遗产大大超出了一般建筑的功能作用，负载着历史与文化信息，构成了人们生活其中的文化环境。对于建筑的理解，人们有各自的观点，有的强调建筑的审美效果与艺术风格，有的强调其材料和技术方面，有的关注建筑的布局和实际功能。在西方传统文化观念中，建筑属于视觉艺术的范畴，建筑史便与美术史具有难解难分的亲缘关系，这种观念自 20 世纪初传入我国，反映在那时出版的第一批美术史著作和教材中。梁思成教授在西方建筑史学的影响下，将建筑纳入了广义的美术范畴进行考察，并利用西方建筑理论来整理与解释我国传统的建筑语言。但是半个多世纪过去了，随着学科的发展越来越专业化，建筑学与美术学分属于工科和文科，造成“鸡犬之声相闻，老死不相往来”的局面，曾经完整的知识体系失去了光泽和张力。从此，建筑学专业更注重结构与技术的进步和实际的工程操作能力，而不重视建筑史人文内涵的研究②。今天，在文化遗产保护的实践中，在文化景观遗产的研究中，需要拆除学科之间的樊篱，将建筑学与文化、艺术、历史、科学技术，以及其他人文科学与自然科学再度进行融合。

① 《西安曲江振兴模本》，载《三联生活周刊》，2008（36），5 页。
② 曹胜玫：《文化的建筑史、融合的建筑史》，载《建筑与文化》，2006（11），113 页。

著名作家雨果曾经说："人类没有任何一种重要的思想不被建筑艺术写在石头上。"建筑是凝固的音乐，建筑是空间的艺术，建筑是技术、文化、艺术的综合。建筑活动是人类最基本的社会活动之一，表现出文化意识、文化审美、文化造诣和文化智慧，以及社会条件和技术水平，体现出不同时代的文明程度。我国的传统建筑群，表现出在体量、形式和色彩等方面的整体美，在均衡、韵律和秩序等方面的综合美，承载着中华民族的哲学思想和文化内涵，给人以厚重、和谐、隽永、深邃、宏阔、崇高的审美享受。它们或庄严肃穆、气势恢宏，或内涵深刻、意境幽远，既体现出物质功能和实用功能，也体现出精神功能和审美功能。无论任何时代，城市建筑环境都具有社会化和公众化特征，必须尊重广大民众的文化权益，强调协调性与统一性，实施人性化管理。今天，我们处在一个物质条件不断改善、科学技术高度发达的时代，建筑应该满足人们普遍追求品位生活、重视人生价值的愿望，加强建筑文化意识和文化精神的宣传，使人们认识到城市中的建筑，不仅仅包括安全、经济、功能等方面的技术要求，还应该关注它们的文化个性、文化美学、文化精神问题。建筑设计要跟上时代发展的步伐，就必须在更新技术与材料的同时，提高艺术修养，增强环境意识。

一个城市的文化景观永远处于动态变化之中，今天的风貌往往是形成于城市历史发展的各个时期。因此，当代的责任不仅仅在于保护城市文化景观，还应创造面向未来的新的文化景观。世界遗产城市格拉茨古城，拥有欧洲保存最为完整的历史街区。但是，站在教堂山上的钟楼处，眺望古城，视野中却出现了一座超现代有机形态的玻璃体，其怪异的形态、流线型的结构和轻盈的蓝色玻璃材料，似乎与厚重朴实的古城建筑风格格格不入。这就是一座名为"友善的外星人"的现代美术馆，也是格拉茨送给"2003年欧洲文化之都"的"一份来自未来的礼物"。美术馆建于穆尔河畔，造型犹如海参，又似外星飞船。但是，世界文化遗产城市中出现这样一幢完全不同于传统风格的超现代建筑，并未引起太大的争议。首先，该建筑位于古城边缘地带，偏离传统风貌核心区的范围，这为其风格的选择提供了较大的自由度；其次，该建筑虽然在山上古堡的视野范围内，但是平面距离约为1000 m，上下高差约为300 m，在这样的空间尺度中，美术馆未对文化景观造成太大的影响；最后，该建筑蓝灰色的玻璃体点缀在红色屋顶的古建筑群和绿树丛中，风格上既不模仿、也不雷同，使人们感到一种产生于对比中的协调，试图在古城中心建立起新与旧、历史与未来之间的对话①。

城市文化景观是人类社会意识形态的反映，有什么样的价值观、道德观及审美观，便有什么样的城市文化景观。同时，现代城市经济功能渗透到城市文化空间的各个部分，出现了经济文化一体化趋势，推动经济、文化、社会协调发展。特别是，今天解决城市发展中的低耗高效、节能环保、可持续发展问题，不能仅仅依靠人工科技，而是要从保护地域文化景观遗产入手，将自然环境与文化景观融为一体，寻找最经济、最实用、最环保的方法。维也纳煤气罐群由四个废旧储气罐组成，每个高70 m，直径约60 m，容量90000 m^3，建筑体量曾为欧洲之首。作为维也纳市政煤气工程的一部分，这组煤气罐群于1899年竣工投产，至1984年一直作为储气罐使用。但是，当天然气取代民用煤气后，煤气罐群被废弃关闭。1995年维也纳市决定对这组煤气罐群实施积极保护，重新复苏这组工业遗产保护建筑，开始征集煤气罐群保护性再利用的方案。所选定的实施方案保留了原有建筑的外墙和部分屋顶。每个煤气罐被分成几个区域，分别作为公寓、办公、学生宿舍、档案馆、音乐厅、电影院和购物中心等用途使用。如今这组煤气罐群不但发展成为一个居住社区，而且吸引大量参观者驻足，成为独具特色的“城中之城”。

自2002年起，我国开始实施南水北调工程，这是继三峡水库工程之后，又一项跨地区、跨流域、举世瞩目的大型水利工程。根据规划，南水北调工程东、中两线，将穿越北京、河北、河南、湖北、天津、山东、江苏等五省二市，这一区域是我国古代文明的核心地区，特别是中线干渠线路经过的山前地带和东线大运河段，连接

① 张天新：《造访遗产城市的天外来客》，载《北京规划建设》，2008（2），170页。

着夏商文化、荆楚文化、燕赵文化、齐鲁文化等我国历史上重要的文化区域。南水北调工程涉及文化遗产保护项目710处，其中中线609处，东线101处，包括2处世界文化遗产，6处全国文物重点保护单位，需搬迁的地面不可移动文物47处，需完成考古勘探面积1500余万 m^2，需考古发掘面积169万 m^2，其影响范围之大、涉及文化遗存内涵之丰富，远远超过三峡水库工程中的文化遗产保护项目，需要动员全国上百家考古研究单位和文化遗产保护机构全面参与。目前保护成果不断显现，仅2007年度，就有五项涉及南水北调工程的文化遗产保护项目列入全国十大考古新发现。随着南水北调东线工程的实施，大运河又将被赋予新的功能，大运河文明依然会在流淌中得到延伸和发展，两岸众多文化遗存得到更为妥善的保护与利用，同时，这一新世纪的伟大工程，也将作为当代文化遗产，从其诞生之日即进入保护视野，真实而完整地传之后世。

5.2 把握文化景观遗产保护发展趋势

几十年来，从席卷全球的世界大战到东西方之间的冷战，从超级大国的霸权到民族独立的浪潮，从欧洲中心主义到多元文化并存，激烈动荡的世界始终在对立与对话中寻求和解。风云变幻的世界文化格局，猛烈地冲击着人们的生活和精神家园，也改变着文化景观和人们对文化景观的认知。从工业化、城市化到全球化，不仅带来生产和生活方式的改变，而且带来思想和文化的碰撞，更使保护传统文化、民族文化、地域文化迫在眉睫。同时，随着原有社会结构的解体，生存环境的改变，对自然生态的向往、对传统生活的依恋，也逐渐成为社会风尚。文化遗产保护对象的变迁离不开社会文化思潮的演变。尤其在经济、政治、社会、文化和科技都在迅猛发展的今天，世界正在经历着前所未有的激烈变化，对文化景观遗产的保护理念必然产生深刻影响。随着文化遗产保护理念的进步和视野的扩大，现行的文化与自然遗产、可移动与不可移动遗产、物质与非物质遗产保护框架之间的壁垒必将被逐渐打破，将直接影响到对文化景观遗产价值的理解和评估，也就必然影响对其保护理念与方法的深化。因此，必须认清文化景观遗产核心价值，调整文化遗产保护的框架，才能创造更加广阔和适用的平台，使文化景观遗产在未来实现更加有效的保护。

在文化景观遗产的保护方面，已经从重视现已失去原初和历史过程中使用功能的古遗址、石窟寺等“静态遗产”的保护，向同时重视仍保持着原初或历史过程中的使用功能的历史文化街区、历史文化村镇等“动态遗产”和“活态遗产”保护的方向发展，体现出文化遗产的保护范围和内涵正在向生活空间不断扩大和渗透的趋势。“静态遗产”是历史上一定时期的遗存，是历史的化石而不可能再生。人们不可能再回到诞生这些文化遗产的历史环境中去再塑造它。但是“动态遗产”和“活态遗产”恰恰相反，它们是活在人们现实生活中的文化遗产类型，必须延续它们的生命历程和生活习俗。生命历程不延续这些文化遗产就将自动衰亡，生活习俗不传承这些文化遗产就将快速消失，只有生命和生活存在，“动态遗产”和“活态遗产”才能持续存在。通过调查可以发现，遍布城乡的历史文化街区、历史文化村镇中大部分的传统建筑都在被使用，如果将其从生活中割裂出来，并不能达到很好的保护效果。对于它们的保护应该是积极的、动态的和可持续的，保护并不是要冻结这些文化遗产的现状，而是要让它们融入现代生活之中，继续发挥功能作用，这也是继承和延续传统文化、民族文化、地域文化，实现文化遗产保护可持续发展的必然选择。

近年来，在文化遗产的保护性质方面，从重视皇家宫殿、帝王陵寝、庙堂建筑、纪念性史迹等重要史迹及代表性建筑的保护，向同时重视反映普通民众生活方式的“民间文化遗产”，例如“传统民居”“乡土建筑”“老字号遗产”以及“与人类有关的所有领域”的文化遗产保护的方向发展。“面对日趋失去特色的传统城市与街区，尽快把那些失掉了相互联系性，并已失去活力的城市要素进行调查、分析，把各部分组成单元与特色要素统一、整合起来，重现传统景观的‘历史性’与‘渐变性’等主旋律特征（不是简单的复古），延续历史的文脉，维护持续的演变，以体现城市的永久发展”[1]。目前，许多城市陆续将具有一般文化意义，但是见证了社会经济发展的历史街区、传统民居、乡土建筑列为保护对象，这是社会进步和人类文化遗产认识水平不断提高的体现。例如2003年7月北京市开始对四合院挂牌保护，挂牌保护的“现状条件较好，格局基本完整，建筑风格尚存，形成一定规模，具有保留价值”的四合院658处，使北京旧城区内保存较好的一些四合院得到保护。对于这些历史街区和传统民居的保护，在本质上是对真实生活世界的尊重，是把文化遗产保护看作一个渐进的过程，而不是一蹴而就的结果。

吴良镛教授在《人居环境科学导论》中指出：“我们的着眼点不能仅停留在一些风景名胜和震撼人心的地貌上，而应该同等对待大地的不同角落，作为自然的一员赖以生存的‘自然环境’和作为人们文化精神所寄托的‘人文环境’。”[2]从维也纳会议以来，关于文化遗产环境与城市景观的定义处于不断发展之中，特别是《西安宣言》将文化遗产的保护范围扩大到了“环境”，包含了物质与非物质遗产、文化与自然遗产的更广泛的内涵。宣言认为文化遗产环境的含义有3点：第一，环境的自身物质实体和人们对这个环境的视觉印象；第二，文化遗产与周边自然环境的相互作用；第三，遗产环境的文化背景及与该遗产相关的社会活动、习俗、传统知识等非物质文化遗产形式。宣言指出不同规模的历史建筑、古遗址或历史地区，包括建筑个体、规划空间、历史城镇、陆地景观、海洋景观、文化线路和考古遗址，其重要性和独特性来自人们所理解的其社会、精神、历史、艺术、审美、自然、科学或其他文化价值，也来自它们与其物质的、视觉的、精神的以及其他文化的背景和环境之间的重要联系。宣言强调理解、记录和阐释环境，对于界定和评价任何建筑、遗址或地区的遗产价值十分重要，对环境的充分理解需要多学科知识和利用各种不同的信息资源。

文化遗产的环境是指涵盖遗产内部的与外部的、个体的与相互的、历史的与现在的、物质的与非物质的复合的客观存在以及多方面的相互关系。一处优秀的文化

---

① 王紫雯，王媛：《城市传统景观特质的整体性分析研究——以杭州市环湖地区为例》，载《城市规划》，2004(7)，16页。

② 吴良镛：《人居环境科学导论》，北京，中国建筑工业出版社，2001。

景观必然拥有良好的环境，而一处良好的环境却可能因为缺少文化内涵，而不能成为优秀的文化景观。一方面，人们普遍认为，单体的文物固然重要，有着文化生态意义的环境同样重要，整体性的文化景观提供给人们的精神记忆更加强烈，因此保护文化遗产必须注重其背景环境的妥善保护。另一方面，对于文化遗产环境的认识不断深化，不仅包括环境的自身物质实体和人们对这个环境的视觉印象，而且包括文化遗产与周边自然环境的相互作用，还包括文化遗产环境的文化背景及与之相关的社会活动、地方习俗、传统知识等非物质文化遗产形式，即由以往保护文化遗产周围的物质环境，扩大到保护文化遗产周边的自然环境，再扩大到保护文化遗产的文化背景以及与之相关的非物质文化遗产。总之，文化景观遗产并非单体文物形式的简单叠加，而是以区域文化空间形式存在，文化遗产的内涵更加丰富，环境质量要求更高，价值和影响力更大。因此，实施文化景观遗产保护，必须建立在系统的、区域的、综合的研究成果之上，从而获得一种更加有效的集合力量。

今天人们认识到，一座座金碧辉煌的宫殿、一条条历史悠久的城市街道，是文化景观，而一片片绿油油的稻田、一条条日夜奔流的运河、一座座炊烟袅袅的村庄，同样也是文化景观，而且这种文化景观更多地体现出人地和谐，具有深厚的美学价值和精神价值。乡村类文化景观是在一个特定的地域范围内，在相对独立的社区群体中，仍然保持和延续着包括建筑、语言、服饰、饮食、工艺、知识、信仰、道德、法律、风俗，以及生活能力在内的，相对比较完整的文化形态。这样的社区群体拥有原生态的、唯一性的、独具特色的传统文化。人们所活动地域的自然条件不同，获取生活资料的方法不同，他们的生活方式也必然各具特色。这些乡村类文化景观创造出符合当地风土人情的生态环境，综合运用地理、气候等自然条件，保持村庄内部以及周围的绿色生态环境。在乡村类文化景观中，最基本的要素是传统民居。这些传统民居建造于不同自然环境和文化背景之中，不同民族、不同地域的传统民居千姿百态，是人们识别不同乡村类文化景观的重要标识。这些传统民居重视利用

美国科罗拉多大峡谷（2008 年 4 月 30 日）

自然的光和热，并通过传统的自然通风、隔热等手段，创造舒适的人居环境，其实用性与地域美，都是当地民众千百年来的文化创造。今天，这些村庄的规划建设和民居建造，如果背离历史文化之根另搞一套，就必然造成对文化景观和历史文脉的伤害与破坏。

美国城市规划学者 S .C. 布拉萨（S. C. Bourassa）在 2008 年出版的《景观美学》一书中指出，中国“具有悠久而独特的尊重自然和景观的历史。在这个传统中，人被视为自然的一部分。山水和具有其他特征的自然景观具有神圣的品质，它们需要得到保护。景观和城市设计必须尊重自然。在古代，中国城市被非常小心地安排得与景观融为一体”①。我国众多文化景观遗产是体现人类与自然完美融合的极为重要的文化遗存，历来被视为东方传统文化的象征与典范。它们最初往往得自天然造化，自然赋予了它们或雄浑奇伟或秀美清雅的独特美景，历来为人们所赞赏和称颂。在

① S. C. 布拉萨：《景观美学》，中译本序，彭锋译，北京，北京大学出版社，2008。

千百年的文化演变过程中，这些文化景观遗产蕴含了极为深厚的历史文化，与其有关的物质遗存和精神遗产难以计数，且影响深远。例如我国甘肃的河西走廊，曾经是从欧洲、西亚、中亚和印度通往东亚的交通要道，是历史上移民、通商和战争最频繁的地区，经历了许多复杂纷繁的文化交流，遗留下大量独特的文化景观遗产。正因为这些文化景观在观念上的高度开放性，在内涵上的高度融合性，才使丝绸之路上的众多文化景观遗产，在经历了一次次整体性大破坏的战争、旷日持久的社会动乱、严重的自然灾害之后，能够逐渐修复创伤，依然保持旺盛活力，延续其特有的风貌特征，充分体现出我国传统文化内在的神奇力量，表现出文化景观遗产强大的生命力。

文化景观是一个生命系统，由多种文化与自然要素所构成，而其生命力就在于丰富多样性。文化景观的多样性对人类生存和发展具有重要价值，它使人们有可能多方面、多层次地持续利用文化与自然资源，为人类的生存环境提供保障，丧失文化景观的多样性，必然引起人类生存与发展的根本危机。2008 年 9 月，第 16 届国际古迹遗址理事会会议，通过了日本鞆丙之浦文化景观保护问题的决议。考虑到鞆丙之浦作为一个历史港口城镇，拥有建于 15 世纪的庙宇、典型的 18 世纪街道和商人住宅，石质港口设施和极其优美的海边景色，具有突出的文化遗产价值。会议决议认为鞆丙之浦的港口、城镇和景观是一个具有国际意义的独特整体，不能孤立看待，对其保护应该涵盖周边海域、岛屿和山脉的视觉景观环境，并考虑到它作为港口的历史角色，包括它的功能，尤其是作为联系日本和韩国的文化线路的一部分的功能。因此，国际古迹遗址理事会会议敦促日本政府暂停广岛市政府和福冈市政府的架桥项目，并要求广岛、福冈两市政府尊重鞆丙之浦的港口、城镇和文化景观作为一个不可分割的整体的价值，收回向国土、基础设施、交通和旅游部门的申请，重新考虑对这一独特的文化景观遗产整体不造成任何损害的其他可行方案[①]。

文化景观遗产作为一种文化资源，承载着大量人类文化和文明的信息，是人类

②《2008 年国际古迹遗址理事会第 16 届大会综述》，见《国际古迹遗址理事会第 16 届大会特刊》，第 1 页。

文明传承发展的见证。一方面，文化景观遗产存在稀缺性。由于文化景观是历史时期人类各种活动在自然环境中的痕迹，这些活动的痕迹保存至今经历了相当长的时间，大部分已经被自然和人类所破坏，留下的只是其中的很少部分，其数量极其有限。随着时间的推移、自然的风化、人类经济活动的影响，文化景观遗产保存的完好程度不断下降，数量不断减少。另一方面，要保持文化景观遗产在时代变迁中的生命力。文化景观在时代的前行中，其变化是必然的、常态的，这种流动的过程也正是文化景观具有活力和生命力的表现。文化景观与人类活动密切相关，对随时都在变化和动态中的人与自然进行合理的规划、保护和管理，是文化景观遗产保护的重要课题。文化景观遗产不仅具有历史价值，更重要的是它对人类的现实和未来具有的深刻启示和指导意义。文化景观遗产的保护如果只停留在一处处具体的物质单体上，伴随城市发展和环境变迁，其整体性就将被割断，这一处处物质单体必将沦为一处处文化“孤岛”，散布于城市环境之中，既渺小，又不协调，失去了文化景观往日的尊严，失去应有尊严的文化景观遗产将难以焕发活力，难以发挥出应有的价值和作用。

北京的城市中轴线，被认为是世界城市建设史上的一个奇迹。从永定门到钟鼓楼 7.8 km 的传统中轴线，“就像北京的一条文化血管，里面流淌的是一种北京的特有血液”。随着北京城市发展，中轴线不断向北延伸，特别是 2008 年奥运会在北京举办，在中轴线的北端建成奥林匹克公园，包括国家文化体育中心与国家森林公园，它的整体布局、空间组织、建筑造型，都对北京的城市文化景观产生了重要影响。北中轴线在新的时代确立了独特的城市文化气质，与南部传统中轴线形成时空上的衔接和呼应，共同构成世界上最成功的城市文化轴线和建筑艺术轴线。奥林匹克公园主山和主湖位于奥林匹克森林公园南区，主湖区占地面积 28.74 hm^2，略少于什刹海水域面积。主峰为 48 m，占地面积约为 42.4 hm^2。主峰、主湖的名称经过详细推敲得以确定，主峰名为仰山，主湖名为奥海。明清的皇城以“景山”为屏障，21 世纪新北京的中轴线则以奥林匹克森林公园主峰为新的屏障。北京奥运会，使人们重新审视城市中轴线的价值，审视中华传统文化的价值，审视城市的今天和未来。“四合院和‘鸟巢’共存，传统和现代同在，让北京不仅成为数百年前《马可·波罗游记》记载、流传全世界的纸上的永恒之城，更成为21世纪人类现实中的永恒之城”[①]。

从北京传统中轴线的发展与变迁中可以得到启示，对于众多历史性城市来说，在继承了文化景观遗产的同时，需要仔细了解它们的历史渊源，对保护状况进行深入分析，认识其过去的作用和今天的价值，加深对其在城市营建体系中独特作用的理解，这样才能在未来的城市发展中，切实保护文化景观遗产的传统精髓和精神实质。“不同于针对纪念物、建筑群、遗址而采用的传统的类似于博物馆保存、展示的方式，文化景观的保护更强调保护对象生命功能的延续性，即保护、保持文化景观的生命力和原有功能。由于对文化景观的保护涉及对自然环境和人工创造物的共同保护，这对保护工作提出了更高的要求”[②]。在文化景观遗产的保护中，要以人为核心去探索可持续发展的规律与途径，建立人、自然、文化的和谐关系。2002年以来，杭州连续多年实施西湖综合保护工程，实现“还湖于民”。西湖核心区内常住人口减少7000余人，水域面积扩大，景观绿地增加，使“一湖两塔三岛三堤”的西湖全景重返人间，取得明显的生态效益和景观效益。通过综合保护实践充分证明，保护西湖，不仅仅是保护已有的景点、景区，不是就事论事，而是立足高远，着眼于西湖文化景观的全面通盘考虑。“要用几何级数的眼光看问题，而不能简单地用加减法来看问题”。

世纪之交，保护非物质文化遗产取得广泛的共识。2003年10月，联合国教科文组织第32届大会通过了《保护非物质文化遗产公约》，这是迄今为止联合国有关非物质文化遗产保护最重要的文件。该组织在呼吁保护一般意义上的非物质文化遗产的同时，也注意到文化遗产整体环境的保护，在公约中关于非物质文化遗产的定

---

① 李斌：《让北京成为一座永恒之城》，载《中国建设报》，2008-08-19（3）。
② 吕舟：《第六批国保单位公布后的思考》，载《中国文物报》，2006-08-18（5）。

义里，曾经出现了一个重要的概念，即“文化空间”。无论是“一个集中举行流行和传统文化活动的场所，或一段通常定期举行特定活动的时间”，都分别可以看作一种内涵丰富、形式独特的“文化空间”。“文化空间”是指传统的或民间的文化表达方式有规律性进行的地方或一系列地方。这些文化空间兼具空间性、时间性、文化性，为三位一体的文化形式。当时，设立文化空间的目的表明，仅仅对文化遗产进行原状保护或是生态保护是不够的，还要大力保护这种特殊文化的存在空间，维持社区文化的存在环境，通过扶持、指导，使当地的礼仪、习俗等民俗传统文化继续保持在人们的生活方式中，在现实生活中自然传承和发扬。但是，关于文化空间的定义始终存在一些争议，以至于目前停止进一步的应用。然而，“文化空间”所表明的基本理念，在今天看来无疑仍然是正确的。

随着“文物保护”走向“文化遗产保护”的步伐加快，我国在文化遗产的保护形态方面，也从重视“物质要素”的文化遗产保护，向同时重视由“物质要素”与“非物质要素”结合而形成的文化遗产保护的方向发展。人们越来越认识到，物质与非物质文化遗产的区分只是其文化的载体不同，二者所反映的文化元素仍然是统一和不可分割的。非物质文化遗产往往属于精神领域，精神领域的内容也是客观而真实的存在，但是，它要展示出来、传承下去，就往往要依靠物质形式。所以非物质文化遗产的被感知、被保护，往往有一个物质化的收藏、研究、展示过程，即非物质文化遗产与物质文化遗产相互印证、相互支撑、相互融合的过程。因此，物质和非物质文化遗产必然是互为表里。“物质文化遗产记忆的是传统中的文化，而非物质文化遗产保持的是文化中的传统”[①]。同样，在文化景观保护领域，物质文化景观要素与非物质文化景观要素之间有着“内在的相互依存关系”，人类的创造力和审美力是非物质的，而其表现形式必然是物质的，两者不可分割。因此，要保护文化景观遗产的恒久魅力与传统精神，必须实现二者的统一。无论是城市类文化景观、乡村类文化景观、山水类文化景观和遗址类文化景观等不同地理形态的文化景观，还是

① 苏东海：《建立广义文化遗产理论的困境》，载《中国文物报》，2006-09-08（5）。

宗教类文化景观、民俗类文化景观、产业类文化景观和军事类文化景观等不同内容性质的文化景观，在着力保护物质文化遗产载体的同时，均应重视发掘和保存其蕴含的精神价值、思想观念和生产生活方式等非物质文化遗产，必须更积极地探索物质与非物质文化遗产保护相结合的科学方式和有效途径。

在我国城市化加速发展的背景下，保护和传承非物质文化遗产，成为新时期文化遗产保护的重要课题。面对这一紧迫任务，我国非物质文化遗产的保护正在积极开展，通过摸清家底、建立制度、科学研究、形成机制，克服“重申报、轻保护”，“重开发、轻管理”，随意滥用、机械复制、过度开发非物质文化遗产的现象发生，使保护工作不断推进。物质文化遗产与非物质文化遗产同属于文化现象，这是它们之间同质的方面，但是文化遗产存在的形式却具有较大的差异性。今天，人们对非物质文化遗产的关注与兴趣与日俱增。非物质文化遗产在不同程度地依附于物质文化遗产的同时，也给物质文化遗产以更生动的展示，延续着不同族群人们特有的传统文明，体现着生存与进步的价值与活力。因此，文化遗产往往在精神的层面上具有更加重要的价值。近年来，将文化遗产的内容由物质的、有形的、静态的，伸延到非物质的、无形的、动态的，显示了当今人类对于文化遗产认识的进步。但是，认识、抢救与保护非物质文化遗产，并使之与物质文化遗产事业统筹一致，在当前尚处于起步阶段。无论是基本概念的界定，还是保护准则的研制以及传承人制度的设立等，都在积极探索、求证和尝试，还不能标示这一新兴事业已经步入成熟，但是其魅力无限的发展前景则已展现。

非物质文化遗产广泛地存在于人们的生产生活当中，渗透在社会的方方面面，以鲜活的生产方式和流动的传承方式为基本特征，形成了生产传承的整体。不同的地域和族群，拥有不同的非物质文化遗产资源，在一些地区至今仍然保留着相对完整的传统艺术表现形式和原始的民风民俗，与周围的环境密不可分，形成一种独特的文化空间，成为人们生活的一部分。非物质文化遗产需要一代又一代、由那些将民族文化溶入血液的民众，用心灵及情感来传承。此时，非物质文化遗产已经不再是简单的一种手艺、一方习俗，而是一种地域文化，一种人们对故土的眷念和对祖先的崇敬。但是，随着经济的发展和外来文化的侵入，许多地方原有的非物质文化遗产逐步变异甚至消失，有一部分濒临消亡的重要的传统技艺、艺术表现形式，如果不及时进行抢救性记录和传承，将可能出现人亡艺绝，永远失去民族的记忆。为此，2006—2008年，国务院先后公布了两批“国家级非物质文化遗产名录”和“国家级非物质文化遗产项目代表性传承人”，其中“传统技艺”类项目共有186项传统手工技艺和78位代表性传承人。建立名录和认定项目代表性传承人的工作，为传统技艺保护工作全面而深入地开展奠定了基础。

在文化生态环境日益遭受经济全球化冲击的情况下，非物质文化遗产保护的关键在于切实地维护文化差异性。活态流变性是传统技艺类非物质文化遗产的重要特征。在长期的劳动实践中形成和发展的传统技艺，其技术内涵和文化属性，也只有在劳动实践的具体活动中才能得到展现和传承。因此，传统技艺的保护不应该是僵化的“消极保护”，而需要在不违背传统技艺内在传承规律的前提下，予以“积极保护”。我国丰富的非物质文化遗产是无比珍贵的文化资源，可以在合理利用中转化为文化生产力。扶持传统手工产业，振兴传统技艺，是推动非物质文化遗产保护由“消极保护”向“积极保护”转变的重大实践。针对我国的国情，扶持传统手工产业不仅关系非物质文化遗产的保护，还有着社会、民生等方面的诸多现实利益和长远利益。这些利益包括利用当地可再生资源、保护自然生态环境；发挥人力资源优势，扩大就业渠道；安民于本土，维护社会稳定；利用传统文化资源，发展各色文化产业；造就民俗类文化景观，促进文化旅游发展；丰富产品形态、满足个性化需求等。以传统技艺为支撑的手工产业投资小、见效快、布局广，可以成为发挥城乡协调发展，拉动内需，抵御国际金融危机影响，保障和改善民生的积极力量[①]。同时，在振兴传统技艺的过程中，应该格外关注和珍惜蕴含在手工产品中的情感内涵，使它们

①《生产性保护是“非遗”保护重要途径》，载《中国文化报》，2009-02-08（1）。

海南洋浦盐田（2010 年 2 月 4 日）

更为人们所珍爱，拥有更持久的生命力。

如果说物质文化遗产与一些历史、社会事件紧密相连的话，非物质文化遗产则和民众的生活记忆密切相关，它们共同组成文化遗产的整体，并在民众的物质和精神生活中深深地扎根。其中物质文化遗产是现存的或已废弃的文化现场及其遗存，不仅具有深刻的文化内涵，而且由于一些不可移动文物处于原址，具有更强的有机性和相关性，是人们了解传统文化的理想载体；而非物质文化遗产与人们的记忆以及文化传统相联系，使文化及民族精神代代相传，无论是生活方式、居住形式，还是饮食文化、节庆习俗等都具有很强的文化传承作用。物质文化遗产是看得见、摸得着的，是实体。比如文物器物、经典古籍、文化遗址、历史建筑等。非物质文化遗产则广泛得多，有时是看得见却摸不着，有时甚至看不见也摸不着。这中间包括民间习俗、民间文学、民间艺术、民间技艺等。同时，与那些物态化的文化遗产相比，它们是活态的、非物质的、口头或行动传承的，往往更能体现出人的存在价值，也更容易消逝。因此，可以说，保护物质文化遗产与保护非物质文化遗产具有同等重要的意义。从文化遗产存在形态来看，非物质文化遗产包含着较多随时代变迁和人群迁徙而易于湮没的文化记忆，因此更加具有保护的紧迫性。

今天，出于对自身命运的关切，人们开始认识到，必须认真思考人类生存与发展更加长期和更加根本的问题。追寻“我从何处来”，为的是明确“我向何处去”。文化景观遗产代表着自然与人类的共同结晶，展示出自然环境与人类创造共同作用下的社会变迁，指引着未来人类与环境和谐发展的方向，关系到人类社会的可持续发展。费孝通先生率先提出“文化自觉”这一概念，他认为文化自觉是指生活在一定文化中的人，对自己的文化有“自知之明”，即明白它的来历、形成过程、特色和发展趋向，从而增强自身文化转型的能力，并获得在新的时代条件下进行文化选择的能力和地位。此外，应具有世界眼光，能够理解别的民族的文化，增强与不同文化之间接触、对话、相处的能力。在这里，文化自觉是指对本民族文化的起源、形成、演变、特质和发展趋势的理性把握以及对本民族文化与其他民族文化关系的理性把握。同时，费孝通先生还指出：“人文资源是人类从最早的文明开始一点一点地积累、不断地延续和建造起来的。它是人类的历史、人类的文化、人类的艺术，是我们老祖宗留给我们的财富。人文资源虽然包括很广，但概括起来可以这么说：人类通过文化的创造，留下来的、可以供人类继续发展的文化基础，就叫人文资源。”

纵观文化遗产保护与自然遗产保护的发展历程，随着保护理念的演进，保护对象的深度和广度都在不断扩展。总体来说，在文化方面，经历了由文物、遗址、历史建筑，到历史文化街区、历史文化村镇、历史文化名城，再到文化线路、文化景观以及非物质文化遗产的持续拓展；在自然方面，则经历了由风景名胜、国家公园，到自然保护区、生物圈，再到物种遗产网络的持续拓展。文化遗产保护与自然遗产保护的核心价值也不断深化，经历了保护视觉美学价值、历史文化信息、生物多样性和文化多样性、再到人类与自然的和谐关系的持续拓展。在这一过程中，文化景观遗产以其非凡的精神世界的意义，帮助人类建立历史的坐标，认识生命的意义。文化景观遗产是人类的文化积累和文化创造，它不是今天才出现在人们的生活中，而是自古以来就已经存在。但是将其作为整体保护对象，则是文化遗产保护理念的进步。文化景观遗产保护的提出和深入发展，预示着跨越文化遗产和自然遗产界限、可移动和不可移动文物界限、物质和非物质遗产界限的广义的保护时代已经到来，并正在担负起保持和发展人类生存环境，传承和塑造人类精神的重要作用，具有极其深远的意义。

近年来，人们还在积极探讨原生态文化问题。所谓原生态文化，是借用了自然地理和环境科学的一种概念。原生态就是自然状态下的、未受或较少受到人为人工影响和干扰的原始生态或生态原状。原生态文化一词的出现，首先基于文化具有生态性的理解。文化的生态性主要表现在从地理、环境、自然、地域的角度来看待文化。由此海洋、内陆、高山、平原、森林、草原、热带、寒带、温带、潮湿、干旱等，都会产生迥然相异的文化，在人文地理视野中的文化就是多样性的文化。自然生态与文化生态密切关联，“没有森林，狩猎文化就无所依托；草原沙化或消失，游牧文化就失去了游走的自由；大象濒危，象牙雕刻自然式微；河流干涸，渔人自然绝迹，渔歌无从唱响……”。因此，“文化的多样性依赖于自然与物种的多样性，依赖于原生态的自然环境。原生态文化是来自于大自然的文化，是前工业时代的、自然的、野生的、乡村的、朴拙的、边远地区的、非城市化的、非市井的、非商业化的文化”[①]。原生态文化，其基本内涵包括：具有自然生态性，是民族民间的文化，是民族的、地域的、传统的文化，是与乡土环境、人文历史、民间习俗融为一体的文化，是非职业非专业的文化，是非城市化非商业化的文化。在原生态文化保护方面，更为重要的还在于真正把自然遗产与文化遗产资源整合起来。事实上，生物多

① 向云驹：《原生态文化是生活中的文化》，载《中国艺术报》，2007-06-15（6）。

样性丰富地区往往也是文化多样性丰富的地区。在今天全球化的背景下，这些地区“自然与人类联合工程”的传统知识，必须格外得到珍视。

5.3 建立文化景观遗产保护法规体系

高速推进的城市化进程，使文化景观遗产与城市发展在地理、经济、文化、社会等各个方面均发生着密切的关联，成为维系城市历史与城市空间的纽带。任何历史性城市都具有显著的文化特点，这种特点来源于对城市自然环境和文化特色的认识与强化，只有尊重城市的自然环境，不加以随意抹杀和伤害，同时不断对城市的文化特色进行保护、修复和提高，才能使城市成为杰出的文化景观遗产城市。文化景观的形成是一个漫长的过程，每个时代都按照当时的文化标准对文化景观施加影响，因此，文化景观被视为持续维护、不断完善的动态人文环境。正因为文化景观在时间和空间上不断发生着变化，从而造就了不同时代的不同文化特色。同时，不同民族、不同文化背景所创造的文化景观各具明显的特征，亦应根据不同类型进行具体分析，制定有针对性的专项保护法规。特别是对于深处城市发展用地之中的文化景观，在作为文化遗产加以保护的同时，也应作为城市开放空间参与到居民的现实生活之中，以整体保护理念为指导，从人们的现实生活和情感需要出发，统一文化景观遗产保护与经济社会发展的关系，带动文化景观遗产融入社会生活。正因为如此，当前文化景观遗产保护法规体系的建立，具有极为重要、极为紧迫的意义。

长期以来，一些发达国家，将文化景观控制规划的最终成果，以法规、条例、规章等制度文本加以公布实行，对规划原则、权利责任、法律程序、景观主体、公众参与、实施过程等作出详细的规定。在法国，文化遗产保护法规体系不断完善。1930 年出台的《风景名胜地保护法》，将天然纪念物和富有艺术、历史、科学、传奇及风貌特色的地点列为保护对象，其中包含了自然保护区、风景区、小城镇和村落等。这一法律可能是世界上最早将小城镇、村落划为保护对象的国家立法。1943 年

2 月通过的《纪念物周边环境法》规定，在“历史建筑”周围 500 m 半径的范围内采取保护措施，建筑与环境方面的变化都必须得到国家权威部门的批准。1962 年颁布的《保护地区法》《马尔罗法》明确指出：文物建筑与其周围环境一起加以保护。建筑外观的变化要自觉接受国家建筑师的干预，建筑的广告和招牌也要接受国家建筑师的监督。因为，文化遗产与其周边地区的空间有着密不可分的关系，其周边环境上的任何变更都会影响到对文化遗产的感受及其持续保护。1983 年和 1993 年法国又分别颁布《建筑和城市遗产保护法》与《风景法》，突破了文物建筑周围 500m 的保护半径，进入了对成片建筑群、自然风景、田园风光等广义的文化遗产实行区域性保护的阶段。目前，在法国，各类保护区覆盖了大面积的国土，涵盖了各个时期的建筑物群和自然风景，例如自然景区、考古遗址、历史城镇等①。截至 2000 年，法国受到国家保护的历史遗产有 4 万处，保护面积占法国国土面积的 6%，而在有些省份保护面积占比已达到 16%，在有些历史文化名城甚至高达 50%。今天，文化遗产及周围环境共同构成的文化景观，已经不容置疑地成为法国民众日常生活环境的重要组成部分。

在日本，1966 年颁布了《关于在古都保存历史风貌特别措施法》《古都保护法》。该法明确了实施保护的方法，即在古都的行政区域范围内划定若干“历史风貌保存区域”。其标准，一是重要文物古迹及其与之成为一体的环境。二是文物古迹的背景地区。所谓“背景”不仅指景观通视的视觉背景，而且广义地包括了自然环境“背景”和历史“背景”。三是各处文物古迹之间的连接地带，确定相应的保护区域，划出明确的保护界限。松本城位于松本城市历史中心，为了保护天守阁以及护城河外的东山景观，保持天守阁在人们心目中的重要地位以及维护松本城周围的环境，2001 年松本市在城市规划法规的基础上制定了高度控制区域。在松本域的周围划定四个区域实施分区控制，各个区域的建筑高度控制分别为 15 m、16 m、18 m 和 20 m。这些高度控制政策虽然遭到开发商的反对，但是对保护松本城文化景观起到了十分有效的作用，也得到了市民的大力支持②。在意大利，法律规定必须保持历史

① 刘金声：《法国对城市规划和遗产保护的监管机制：介绍法国国家建筑师驻省代表处》，载《国外城市规划》，2003（4），47 页。

② 苏东宾，聂志勇：《浅谈如何通过建筑物高度控制来形成良好的城市景观》，载《国际城市规划》，2007（2），104 页。

性城市的原有格局和风貌，不准以任何名义进行任何形式的破坏。保护区内所有建筑物的外部结构管理权属于国家。无论是居民和商店经营者，还是房产开发商，只能拥有房屋的所有权和内部的使用权，而不拥有对建筑物整体改造的权力。特别是对房屋外部结构做任何性质的维修，都必须按国家相关法律和获得批准的方案进行，不能自作主张。

在美国，20 世纪 80 年代就开始了“国家遗产区”保护行动。美国国会专门制定《国家遗产区伙伴关系法》，其中明确指出：“建立国家遗产区以鼓励遗产资源的保护、展示、增强以及经济可持续性，并让公众了解和欣赏美国丰富遗产中的许多资源地点事件和人物，这符合美国的国家利益，并有利于未来一代”。受此推动，国家遗产区蔚然成风，数量目前已达 40 个。值得注意的是，美国的国家遗产区均由美国国会认定，并且一区一法。由此可见国家遗产区在美国的重要地位。1976 年，美国国会通过了《民间文化保护法》。所谓民间文化是指美国民间不同地区、不同族裔及不同家庭、职业和宗教团体的传统文化，例如生活习俗、语言、文学、艺术、建筑、音乐、戏剧、舞蹈、手工艺制作技术等，一般是通过口头表述、模仿或表演得到传承。然而直到 20 世纪 80 年代，“非物质文化遗产”才成为与“物质文化遗产”相对而称的术语，成为人们普遍接受的文化概念。这些看不见、摸不着的文化形态，镌刻于人们的脑海里，铭记于人们的心目中，形成人们的集体记忆。这些因素虽然往往是无形的，但是具有更重要的价值和意义。同时，人们认识到，物质文化遗产与非物质文化遗产共同构成了人类文化遗产的整体，只有完整地对物质文化遗产和非物质文化遗产进行整体性的保护，才是对人类文化的完整的记录和延续。

在澳大利亚，南澳大利亚州自 1982 年开始设立第一个“州遗产区”，在该州的《遗产法》中规定，“鼓励遗产地的可持续利用与适应性利用，这些利用应能与高标准保护，保存遗产价值和相关的发展政策相一致”。无论是美国的“国家遗产区”还是南澳大利亚州的“州遗产区”，设置它们的目的中，都明确包含了保护和发展要求。在其他国家也有类似的行动。例如新西兰设立的威泰克里山遗产区，英国以铁桥峡谷为代表的工业遗产区，法国“区域公园”形式的遗产区，斯堪的纳维亚半岛的“生态公园”，西班牙以伊洛布里盖特河廊为代表的遗产区等。由此可见，这种集保护和发展于一身的遗产区管理方式，已被普遍接受。

2002 年 4 月，苏格兰自然遗产部和城市委员会组织撰写的《英格兰和苏格兰景观特色评价导则》（以下简称《导则》）正式出版。该导则是针对所有与城市景观特色工作相关的机构、组织和个人所编制的基础工作手册，系统地分析了景观特色的影响要素，并构建了景观特色的评价体系与评价方法，其目标是要求通过景观特色评价来推动城市特色的塑造，促进环境保护和资源有效利用，为英国城市可持续发展奠定基础。《导则》的最大特点就是将“特色识别”“作出判断”与“制定决策”通过独立步骤分别操作，以避免在“特色识别”过程中受到研究者主观价值判断的干扰，从而确保景观特色评价结论的公正客观。这种方法被业内人士誉为“一种系统化的、公正透明的评价方法”。自《导则》出版以来，在实践应用中赢得了广泛赞誉，被认为“该导则是对当代城市景观特色评价工作的最前沿的指导，是基于 1999 年以来关于景观特色评价等系列研究的综合研究成果，是所有景观工作者应当必备的工具。这里的景观并不是必须经过人工设计的，它既可以是乡村风光，城市公园，也可以是城市中的一片废弃地或洼地，是由环境中的自然要素（地理、土壤、气候、植被等）与文化要素（土地利用方式的影响、人类聚居形态等）根据不同组合方式所形成的结果”①。

2004 年 6 月，日本制定了《景观法》，适用于所有城镇和乡村，促进城乡良好景观的形成，以实现保护美好的国土风貌、创造丰富的生活环境以及富有个性与活力的地域社会的目标。在《景观法》的指导下，各地根据当地风土、自然、人文情况的不同，制定适合本土景观营造的相关政策。一是注重政府行为。从城市景观调查人手，对现有景观进行科学的分析、评价，在此基础上确立城市发展的基本理念、

① 吴伟，杨继梅：《英格兰和苏格兰景观特色评价导则介述》，载《国际城市规划》，2008（5），97 页。

目标和城市景观印象，并制定包括城市整体形象、轴线形象、各类型的景观形象等内容的景观基本计划和景观建设的方法、体制以及景观管理条例。二是注重市民参与。在发布新的都市景观管理办法时，都要先在市民中征询意见，然后进行广泛的宣传，如由政府机构派发宣传单、进行街头宣传等。三是注重文化保护。一方面，对传统街道、传统建筑、历史地区加以维护，改善市民生活条件，并尽可能不对居民的生活方式加以干预；另一方面，在新的环境设计中，注重对传统符号的提取，加深对传统文化精神的理解，使其贯穿在环境设计的始终。例如福冈市政府为了推行都市景观条例，还专门设置了“都市景观奖”，每年奖励景观环境出色的建筑、地区或者设施。该奖设立20年来，对于引导、鼓励和检验正确的城市设计和景观环境大有益处，历届获奖项目的成功做法都为福冈市的城市文化景观改善，起到了先导和范例作用。

在相关国际组织方面，1981年，世界建筑师大会的《华沙宣言》指出，“建筑学是为人类创造生存空间的环境的科学和艺术”，表达了强烈的环境意识观念。人们认识到，在规划城市、设计建筑时以追求环境科学与艺术的质量和文化品位为标志，就会大大提高城市规划、建筑设计的水平。《华沙宣言》所倡导的是衡量当代建筑观念的标尺。也就是说，按照当代建筑学的观念，建筑学应该是环境的科学和艺术，所以要达到当代建筑学的标准就必须达到相应的环境科学的高度和环境艺术的高度。顾孟潮先生指出：“建筑文化的本质特征就在于它是‘环境文化’、‘背景文化’。环境一经形成，就成为人们生活、生产、交际、娱乐种种行为的舞台，规定着人们的行为模式，影响着历史的进程和速度。”[①]建筑不仅要满足人们衣食住行的物质需要，还要体现政治、经济、科学、技术、哲学、宗教、艺术、美学观念等精神方面的要求，另外还要满足不同时代、不同地域、不同民族的生活方式、生产方式、思维方式、风俗习惯、社会心理等的需要。这种综合性使建筑成为人类每个历史阶段发展水平的重要标志。因此，建筑设计要从建筑、街巷、社区、城镇等各种物质构成的、

① 顾孟潮：《建筑文化的特征及价值》，载《中国建设报》，2009-04-13（3）。

大小不一的空间中，看到人们的需求变化，体察人们的思想、活动，了解人们的喜怒哀乐。只有结合一个地区的历史、社会、人文背景，用自己的理解与语言、用现代的科学技术，才能设计出有地方特色的建筑作品。

文化景观遗产代表着一个地理区域内人类与自然互动的结果，是特定的自然环境与人文精神共同作用的成果，它不仅强调其所保护的文化遗产单体，更强调文化景观遗产本身所赖以生存的环境，因此更体现出文化景观遗产在完整性方面的突出特色。2005 年 2 月《实施世界遗产公约的操作指南》中对文化遗产的完整性作出规定，即“对于文化遗产来说，遗产地的物理结构和其重要的特征应保存完好，并将绝大部分承载遗产价值的要素纳入世界遗产范围，且退化过程的影响应在可控范围之内。对于文化景观、历史城镇或其他以延续性为其特色的遗产地来说，其中的各种关系及动态功能应予以维持”。同时还指出，“纳入《世界遗产名录》中的文化景观范围应相对于其功能性和可识别性而言。任何一处作为‘样板’的文化景观都必须具备充足的要素来代表该处文化景观所要表达的全部内容”。“除了世界遗产通用的保护与管理准则之外，还应关注文化景观展现出的整体价值，无论它是文化的还是自然的”。要统筹城市土地资源与文化景观遗产的合理利用，整合保护需求与城市发展需求，谋求双方目标的协调一致，实现文化景观遗产保护与地方社会经济文化可持续发展的和谐关系，最终实现文化景观遗产价值的整体保护。

2008 年 9 月，第 16 届国际古迹遗址理事会会议在加拿大魁北克召开，会议通过了《文化遗产地阐释与展示宪章》。该宪章主要涉及认真高效的公共遗产宣传教育的方法与技术。会议认为，在当代社会环境和人为因素对遗产威胁愈加显著，以旅游创收而不是保护或教育为目的的遗产“主题公园”在世界各地的数量不断增加的情况下，在国际范围内通过一个针对遗产阐释与展示的宪章日益重要和必要。该宪章没有对遗产地展示规定具体的内容，也没有为如何向公众解释特定的古迹遗址或文化景观强加一个统一的形式，而是更着力于“享用权”“信息来源”“背景环

云南大理崇圣寺三塔（2006 年 7 月 16 日）

境”“真实性”“涵盖性”“可持续性”“研究、教育与培训”等基本问题的探讨，确保以上各方面问题得到认真的思考，并纳入包括游客、相关社区等所有利益相关者的公共沟通与地方教育体系。

历史街区是历史性城市保护的重点，其保护不是简单的规划问题，而是综合性的社会实践。20 世纪 60 年代以来，各国开始注重历史街区保护方面的制度建设。在英国，对于保护区内登录建筑的改建申请十分严格，一方面，规划部门在作出决定前必须告知公众，并通知指定的地方民间保护组织。在 21 天以内，地方当局进行检查，并听取公众意见，然后对申请作出决定。另一方面，在保护区内登录建筑的保护中，将民间团体的介入规定在法律程序之中，作为法律依据之一，使文化遗产的保护除政府和私人两方面外，增加了第三方的力量，强调了文化遗产的“公共属性”，使保护成为名副其实的民众广泛参与的运动。同时，英国努力将保护区中的居民参与规范化，通过制定保护区的详细规划指南，将专业的规划文件和管理规定转化为易于居民理解的管理手册。通过指南，居民能够了解自己因为拥有保护区内的地产而可能得到的政策优惠以及需要承担的责任和义务。这种方式既提高保护过程中居民参与的积极性，又使参与过程规范化[①]。事实证明，让公众参与历史街区保护，不但有利于提高决策的民主化与科学化，而且增强人们参与城市文化建设和文化遗产保护的积极性，提高市民的主人翁意识，体现尊重公众的知情权、参与权和监督权。

在法国，历史保护区制度，通过严格执行保护规划和充分运用各种政策来实现保护目标。法国历史保护区的保护实施具有以下特点：一是中央集权管理。法国的历史保护区管理是一种严格的自上而下的体系，由国家建筑师全程参与规划方案制定、决策和规划实施。中央政府的直接控制，能够确保历史保护区以保护优先，并且历史保护区的保护和发展最大限度地有利于整个社会，而不是一部分团体或个人受益。二是保护规划的协调。历史保护区确定规划的过程，实际上是协调多方利益的过程，保护规划需经过技术部门、政府部门和公众的共同磋商，过程较为艰苦而漫长，但是一旦达成一致，对所有相关人的责任和义务都有明确的规定。这种方式避免弱势群体利益受损，同时严肃了规划的法律效应。三是发展和保护的目标分别由不同规划类型实现。法国除历史保护区制度之外，还有“建筑、城市和风景遗产保护区”制度，从城市空间和景观的整体性角度，由地方政府对一定范围内的历史遗产进行保护。法国分别在历史保护区和历史保护区外围，进行历史保护区规划和“建筑、城市和风景遗产保护区”规划两种不同类型的规划，并区别保护和发展作为二者各自的侧重点，既保证保护和发展互不偏废，又使保护和发展的矛盾通过空间错位而减少冲突[①]。

在日本，1975 年对《文化财保护法》进行修正，增加了以历史街区为保护对象

① 王伟英：《看英国如何保护历史街区》，载《中国文化报》，2009-07-21（6）。

的部分。日本历史街区的保护实施具有以下特点：一是由市民自下而上推动的保存制度。日本历史街区保存制度的建立往往是由市民自下而上加以推动，自主推动历史街区保护的实施，并进而推动历史街区的立法保护。这种以居民为主体的保护，发挥了历史街区的社会价值，并且具有可持续性。目前，日本的历史街区保护还在积极探索形成以地方居民为中心，由行政、企业、技术三方参与组成的实务性体制，来实现历史环境保护的目标。二是历史街区保护工作的多部门合作。为创建有吸引力、有个性的城镇景观，文化厅、环境厅、国土厅、建设省等各部门均出台有关政策，设立的财政补助项目已经超过 50 种，体现出历史街区保护是一项需要多部门协作的综合性工作。三是地方和国家两级保存制度。在日本，人们普遍认为无论是保护还是再生，历史街区保护的着眼点都在如何使生活更美好，环境更宜人。这种非经济性的目的正是保护运动之所以能够在日本各地扩展开来的根本原因。在此基础上，设立国家级的"重要的传统建造物群保存地区"，进一步鼓励历史街区的保护行动，使保护历史街区及其环境作为国家事业在全国范围内加以推广[①]。

在我国，1986 年国务院在公布第二批国家历史文化名城的文件中提出了"历史文化保护区"的概念；2002 年，在新修订的《文物保护法》中定名为"历史文化街区"；2008 年，国务院公布实施的《历史文化名城、名镇、名村保护条例》仍然沿用了这一概念。近年来，北京市开展了历史文化街区综合保护修缮工程，采取以修缮为主、良性循环的推进方式，重在解危排险与保护古都风貌并举，实施整体保护性有机更新。2008 年北京市政府安排 10 亿元专项补助资金，对历史城区 44 条胡同的 1400 个院落，近万户居民的四合院民居，按照《北京旧城房屋修缮与保护技术导则》的要求进行保护修缮，并努力保持胡同、四合院民居的传统格局和古都风貌。大多数四合院民居内居住着多户居民，建筑师通过规划设计创新，针对不同院落进行个性设计，包括安排独立的厕所和厨房，努力营造多户合居的"宜居四合院"。修缮后的院落居民回迁后，不少产权单位都和承租居民签订了风貌保护公约，引导居民最

① 王伟英：《看日本如何保护历史街区》，载《中国文化报》，2009-07-14（6）。

大限度地将风貌保护与改善居住条件相结合。同时，施工单位按照清末民初北京民居的传统工艺进行修缮，使用“一檩三件”的老式工艺、“丝缝碱”的施工技法和停泥砖、清水枭混儿等传统材料，使修缮后的胡同、四合院保持了原汁原味[①]。

2009年3月，北京市又公布实施了《北京旧城历史文化街区房屋保护和修缮工作的若干规定（试行）》。这项规定使北京市旧城历史文化街区房屋保护和修缮以及所涉及的胡同整治、市政基础设施改造和居民疏散等相关工作有了更为严格的制度保障。规定指出，旧城历史文化街区房屋保护和修缮工作应坚持整体保护、有机更新，政府主导、多方参与，保护风貌、改善民生和促进发展相结合的原则。今后北京市旧城房屋保护和修缮方面，主要通过改建、大修、中修、小修等方式进行，应当符合以下要求：与历史文化街区的空间格局、建筑体量、尺度、形式、色彩等传统特征相协调；保存胡同机理、传统四合院的原有格局；保存不可移动文物和其他历史建筑及建筑构件等历史遗存；房屋修缮施工应当使用传统材料，采取传统做法，保持传统形式，修缮后应当达到结构安全、能源清洁、设施基本完善的要求，符合抗震和建筑节能标准。规定要求，对不同类别的房屋，采用不同方式进行保护和修缮：文物类建筑应依据有关文物保护的法律和法规对其进行严格保护；保护类建筑只可按原有建筑格局和建筑形式进行修缮，不得拆除、改建和扩建；如确需对其内部进行现代化改造的，应保留原有格局和外貌；旧城内被确定为保护院落的，按照保护类建筑进行管理；改善类建筑应以修缮为主；经鉴定为严重破损或危险房屋的，可按历史格局和外貌翻建。

近年来，各地根据文化景观遗产保护的实际需要，陆续出台了一些具有针对性的法规性文件。例如《红河哈尼族、彝族自治州红河哈尼梯田管理暂行办法》（2001年）、《杭州市西湖龙井茶基地保护条例》（2001年）、《承德避暑山庄及周围寺庙保护管理条例》（2003年）、《银川市贺兰山岩画保护条例》（2003年）、《南京城墙保护管理办法》（2004年）、《福建省“福建土楼”文化遗产保护管理办法》（2006年）、《洛

① 《北京西城让老街老院更古朴宜居》，载《光明日报》，2008-08-01（2）。

阳市汉魏故城保护条例》（2006 年）、《郑州市嵩山历史建筑群保护管理条例》（2007 年）等，这些法规性文件都对文化遗产的环境保护作出明确规定，为进一步实现文化景观遗产的保护奠定了基础。2007 年，《北京市限建区规划（2006—2020 年）》编制完成，该规划将北京市的土地划分为 3 大类：禁建区、限建区和适建区。禁建区包括绝对禁建区和相对禁建区。绝对禁建区严格禁止一切城乡建设，面积为 55.5 km^2，占全市面积的 0.3%；相对禁建区面积为 7130.1 km^2，占全市面积的 43.4%。限建区包括严格限建区和一般限建区。严格限建区面积为 4819.2 km^2，占全市面积的 29.4%，一般限建区面积为 3878.2 km^2，占全市面积的 23.6%。适宜建设区面积为 527.1 km^2，占全市面积的 3.2%。

在当前大规模的城市改造中，工业建筑作为 20 世纪数量最大的文化遗产类型，正带着城市发展的珍贵记忆，从人们的视野中悄然消失。“注重经济高速发展时期的工业遗产保护”的《无锡建议》认为，保护工业遗产应该通过以下途径实现，包括开展工业遗产资源普查，做好评估和认定工作；将重要工业遗产及时公布为文物保护单位，或登记公布为不可移动文物；加大宣传教育力度，发挥媒体及公众监督作用；编制工业遗产保护专项规划，并纳入城市总体规划；鼓励区别对待、合理利用工业遗产的历史价值；加强工业遗产的保护研究，借鉴国外工业遗产保护与利用的经验和教训。澳大利亚所制定的《巴拉宪章》中提出了“改造性再利用”的概念，获得了文化遗产领域的广泛认可，并在工业遗产保护项目上加以推广。这一概念强调，对某一场所进行调整使其容纳新的功能，这种做法因没有从实质上削弱场所的文化意义而受到鼓励推广。“改造性再利用”的关键是为历史建筑寻找恰当的用途，这种用途使该场所的重要性得到最大限度的保存和再现，而对重要结构的改变降低到最低限度，并使这种改变可以复原，具有可逆性。“改造性再利用”的意义在于该场所所容纳的新功能与文物建筑本体、环境和人们的利用相互兼容，不但使再利用后的场所呈现出历史延续感和文化兼容性，而且展现出独具特色的产业类文化景观。

江苏无锡鼋头渚景区（2010 年 4 月 10 日）

上海工业遗产保护起步于 20 世纪 80 年代，1989 年 8 月所推荐的 59 处优秀近代建筑中，就有上海邮政大楼和杨树浦水厂两处工业遗产建筑。2003 年 1 月起施行的《上海市历史文化风貌区和优秀历史建筑保护条例》中明确规定：建成 30 年以上，在我国产业发展史上具有代表性的作坊、商铺、厂房和仓库，必须列入优秀历史建筑，并实施有效保护。目前，工业遗产作为文化遗产的一个特殊类型，已有 40 余处被列入上海市优秀历史建筑保护名单，例如江南制造总局、外滩信号台、外白渡桥、四行仓库、上海造币厂、福新面粉公司、上海啤酒厂、怡和纱厂、工部局宰牲场等重要工业建筑均在这一保护名单之中。1907 年建成的外滩信号台，虽然在 1956 年就已停止运行工作，但是作为外滩地区的标志性构筑物，在市民们心中留有深刻印象。1993 年，外滩道路拓宽时，对其采取易地保护的措施，信号台塔楼向东南整体位移 18 m，复建的附属房屋也改作外滩历史陈列馆。建于 1924 年的上海邮电总局已有 80

余年历史，营业大楼经过全面修缮、改建，现仍作为邮局使用，并开设了陈列面积超过 8000 m^2 的全国第一家邮政博物馆，它不仅见证了中国邮政的发展历程，而且展示了中国邮政的发展历史[①]。

历史悠久的文化景观遗产，都是在延续着固有基因的同时又经过自然选择，发展进化而来；都是在内在和外部条件得到相应保障的前提下，才得以留存至今。无论是城市类文化景观还是乡村类文化景观以及其他类别的文化景观皆是如此，它们往往难以完全定格于某一历史阶段的景观特征，而是既具有某个特定的兴盛历史时期的主要特征，又能够适应时代变迁与环境变化，这也是文化景观遗产能够得到延续发展的生命活力所在。“可见，有机渐变是保持城市风貌和谐的根本原因所在”[②]。因此，对于文化景观遗产保护，应承认其物理空间以及区域内经济、政治、文化和社会背景下的动态变迁。国际古迹遗址理事会也认为变迁是城市发展中与生俱来的部分，特别是城市类文化景观作为人类社会活动在空间上的投影，其变化和演进必然是一个连续的动态过程。但是尽管如此，在保护规划中仍有必要强调延续、维系与保存的重要性，延续性的保持需要严格控制变迁，需要将文化景观遗产保护的视野贯穿至遗产调查、研究评估、规划管理、监控检测等各个阶段。对文化景观遗产实施的干预，应当建立在对文化景观价值和背景环境进行全面而详细分析的基础上，根据文化特色和集体记忆理解原有文化景观结构的合理性，对重要的建设项目进行严格的审核。

文物普查同样是富于创造性的保护行动，是文化景观遗产发现、认识、保护和发展过程的基石。今天，文化遗产保护部门有责任通过建立国家文化遗产普查名录，全面、系统地反映各个地区、城市的悠久历史与灿烂文化。2007 年 4 月，国务院发布《关于开展第三次全国文物普查的通知》，全国文物普查随即正式启动。今天，随着对文化遗产保护的发展趋势逐渐形成共识，许多文化景观遗产的价值和类型得以认识或重新认知，其蕴含的重要价值得以揭示，及时将这些文化遗产保护领域的新

① 文丹：《留住历史的辉煌与城市的记忆——就上海工业遗产保护访上海文物管理委员会副主任陈燮君》，载《中国文物报》，2008-11-28（5）。
② 张建华，刘建军：《城市历史空间延续中的介质协调方法研究》，载《城市规划》，2006（7），52 页。

成员纳入普查范围，予以认定登记，有利于实现文化景观遗产的全面、有效保护。伴随着文化景观遗产领域新的概念不断涌现，也必然需要不懈地寻访、调查、研究和整合。这里既包括大型古代城市遗址、乡土建筑遗产和商业老字号遗产等过去虽然有所关注，但是重视不够的文化遗产类别，也包括工业遗产、线型文化遗产和20世纪遗产等文化遗产领域的新成员。新的时代要求不断扩大文化遗产保护的专业视野，借鉴成熟的国际文化景观遗产保护经验，全面、多维地展现我国文化景观遗产的非凡气质，以更加“整体的观念”开展对文化景观遗产的综合研究，以更加“超前的视野”对待新时期文化遗产学科的发展，从整体上提升我国文化景观遗产保护水平，为影响和推动全球文化遗产事业发展作出贡献。

5.4 深化文化景观遗产保护专项规划

文化景观遗产保护规划不仅是文化遗产保护领域的新课题，更是现代城市规划与管理所面临的重要挑战。制定科学的文化景观遗产保护规划，需要对文化景观遗产区域以及相关地区的地质、地理、水文、植被、历史、人文等开展深入的科学考察和综合性研究，探讨历史上以及近数十年来自然与文化环境的演变趋势，为科学制定文化景观遗产保护规划提供依据。文化景观遗产包含各个历史发展阶段中逐渐积淀蕴藏的文化信息，其内容涉及政治、宗教、军事、科技、工业、农业、建筑、交通、水利等方方面面，具有规模宏大、价值突出、影响深远的特点。其极其丰富的文化内涵是其他列入保护的一桥、一塔、一组建筑群等所无法比拟的。文化景观的优势，在于它是一个系统，是一个整体。文化景观一旦失去系统性、整体性，其中的单体景观元素的价值也必将大打折扣。因此，在保护规划中对于山体、水面、洞壑、岛屿、植被、道路、建筑必须有一盘棋的考虑，从谋求可持续发展和实现整体审美效果的角度予以统一安排，并综合考虑区域内的社会功能、社区结构和视觉完整性。文化景观遗产保护规划中，“整体保护”既包含完整保护文化景观遗产本体及其环境，也包含了文化遗产保护与遗产地和谐发展的规划目标，即实现文化景观遗产及其背景环境的整体保护，持久保存全部历史信息，合理利用和充分展示其文化价值。

今天，引导城市空间健康有序地协调发展，已经成为城市规划管理和文化遗产保护不可推卸的共同责任。文化景观遗产是在一定的自然环境条件基础上，通过人类文明与自然造化之间长期的相互作用而缓慢形成的文化结晶。因此，针对每一处文化景观遗产的专项保护规划，应包括勘察、测绘、可行性研究和征询专家意见等前期工作；对文化景观遗产及其背景环境内的人口、建筑、环境、交通等提出有前瞻性的分期实施的规划目标；划定保护范围和缓冲区；围绕保护遗产本体价值、保存遗址现状等内容制定详细的保护措施；在统一规划的指导下，科学安排各项保护工作。保护规划应充分吸收当今世界文化景观遗产保护的先进理念，在专项保护规划中特别重视对文化遗产背景环境的控制性要求，要对周边地区的用地性质、功能分区、开发强度、道路布局、建筑布置、市政安排等提出专业意见。针对文化景观遗产及背景环境的问题，制定相关规划目标，并进一步制定有关系统监测与跟踪的规划对策，为多学科、多层面、多领域的背景环境保护措施提供科学的、有效的运行支撑。同时控制土地利用性质是对文化景观遗产保护范围内、外的城市化进程进行调控的具有实质性的规划措施，生态承载力控制则是文化景观遗产可持续保护的关键所在。

保护独具特色的文化景观，是人们最早萌生的关于城市文化景观控制的意识。在西方各国或城市中，文化景观都是通过数百年的文化创造而得以形成，多数国家关于保护地区、视线走廊、建筑控制线、建筑高度等方面的制度以及景观规划，均起源于对文化景观的控制规划。法国巴黎目前有 48 个历史纪念物和风景名胜地被列为“纺锤体”详细规划控制对象，即除了高度控制法规外，为了保护历史街道的文化景观，巴黎早在 1784 年就开始了建筑外轮廓控制，1784—1967 年，巴黎在 5 次修改城市规划的过程中，对城市道路与两边建筑高度的比例关系曾反复进行推敲，努力保持新旧建筑之间的和谐统一。由于巴黎始终坚持对临街建筑物的外轮廓控制，使城市沿街建筑和街道本身尺度和谐，从而达到传统街道景观的连续性和整体效果的统一和完整。伦敦圣保罗大教堂以其独特的造型和优美的城市轮廓线，成为城市标志性建筑。英国于 1938 年开始，针对圣保罗大教堂周边建筑高度所制定的景观规划，是在文化景观控制规划方面作出的最初尝试。高度控制对整个教堂的尺寸做了详尽的统计，同时在城市范围内调查现存的观看教堂的景点和区域，在此区域内作出限制建筑高度的规定，但是 1938 年的提议并没有法律效应，因此还是有很多建筑突破了高度限制。

伦敦在处理文化景观遗产保护危机的过程中，进一步探讨了战略性眺望控制问题。始于 1991 年的圣保罗大教堂战略性眺望景观，眺望点采用经纬度准确定位，除威斯敏斯特宫一处标高相对较高，其余均为公众可达性较好的公园等场所，通过对眺望点及眺望对象间的建筑高度控制进行文化景观保护。目前，伦敦市指定了 10 个眺望点，眺望对象为圣保罗大教堂和国会大厦。具体高度控制区域分为 3 个范围：第一个控制区域为眺望走廊，即从眺望点处设定宽 300 m 的区域，与眺望对象连接成为梯形的高度控制区域，区域的范围根据圣保罗大教堂穹顶的底部（52.1 m）和国会大厦的屋顶（43.5 m）的高度而定。高度超过控制区域的建筑原则上被禁止，对于现有不合格的建筑，在改建、扩建时适用。第二个控制区域为广角眺望协议区域。即区域内的建设项目虽然不设定严格的高度规定，但是影响眺望的建设项目一般不予许可。第三个控制区域为背景协议区域。即距离眺望对象 2.5~4 km 的区域，是眺望对象的后面的背景，对眺望对象的影响也不容忽略①。针对上述各个不同的控制区域，实行不同的高度控制管理，目的在于确保市民在城市内远距离欣赏文化景观的眺望权。因为这些文化景观遗产的价值无论对于城市还是社区来说，都是宝贵的物质与精神财富，有助于提高城市的环境质量和文化品质，同时能够服务于社会教育、

① 苏东宾，聂志勇：《浅谈如何通过建筑物高度控制来形成良好的城市景观》，载《国际城市规划》，2007（2），104 页。

休闲旅游等目的，并保证城市的魅力持久不衰。

文化景观遗产保护规划的基本原则包括根据遗产的环境特征实施分区保护。实践证明，要解决当前城市发展中文化景观遗产与现代化建设之间在尺度、肌理、形态等方面的冲突矛盾，首先应该设法减少两者之间硬性接触所形成的直接碰撞。因此，在两者之间实现一定的缓冲过渡，从而达到维系文化景观遗产和城市空间风貌协调的目的，这便是缓冲区的基本作用。根据这个原则可以探索和剖析文化景观遗产保护与城市建设发展之间的关系。当城市建设发生在核心区时，必然对文化景观遗产造成干扰或破坏，当城市建设发生在缓冲区时，也会对文化景观遗产造成影响或侵蚀，处理不当将对文化景观遗产保护产生负面影响。因此，在文化景观遗产保护规划中，有必要对其核心区和缓冲区进行定义，建立评估标准。划分核心区和缓冲区边界的依据是与文化景观遗产相关的价值。在历史性城市中，传统中轴线的形成与发展，虽然历经城市千百年沧桑变化，但是始终具有持久的活力与生命力，并适应发展和弹性变化的永恒性。其中，在考虑城市中轴线景观、天际线景观等文化景观遗产的保护时，其核心区和缓冲区往往是对大面积环境的界定，涉及更为广阔的环境，即将文化景观遗产保护范围的研究扩大到城市性质、城市规模、城市布局等宏观综合范畴。

在这样一个宏阔的环境背景下，文化景观遗产的核心区和缓冲区的作用更加突出。缓冲区的作用就是融合，就是过渡，从而保持不同空间的和谐联系。缓冲区的内容既可以是自然要素，如地形地貌、水体植被等，也可以是满足社会、经济、文化等功能方面的人工要素，如城墙、护城河、街道、民居等；既可以是单一种类的介质，也可以是复合种类的介质。例如古都南京的明城墙文化景观，以简洁流畅的形态穿行在城市不同时期的建筑环境之中，与自然山川、江河水系一起，在整合南京文化景观遗产方面起着不可低估的作用。在缓冲区范围内，基于建立文化景观遗产价值共识的基础上，使文化景观遗产保护规划与地区经济社会发展规划以及其他利益相关者建立起一种新型关系，在不损害历史延续性的前提下，对缓冲区内变迁的可能性及其限度进行界定。《维也纳备忘录》指出：“历史建筑、空地和当代建筑作为城市特点的品牌，极大地提升了城市的价值。当代建筑可以成为各城市有力的竞争工具，因为这种建筑吸引了游客、资本和定居者。因此，历史建筑和当代建筑共同构成了当地社区的一笔资产，它们应该用于提高城市环境的质量，同时又能够满足教育、休闲和旅游目的，并确保财产的市场价值。”

通过法定程序制定并公布保护规划，目前已经成为我国文化遗产法律体系框架的重要组成部分。实践证明，保护规划是保障文化遗产得到有效保护、合理利用、规范管理的基础，是文化遗产保护工作至关重要的环节。对于文化景观遗产的保护而言，保护规划具有规范性和权威性，既是保护管理的科学依据，也是具有特定职能的法规性文件，还是直接指导文化景观遗产保护与利用的操作规程，具有法律效力。编制保护规划的目的是使文化景观遗产得到有效保护，并在保护的前提下，发挥社会作用，促进文化景观遗产所在地区社会、经济、文化和环境的协调发展。保护规划的实施，有利于保护文化景观遗产的真实性、维护文化遗产环境的完整性；有利于指导文化遗产管理机构正确行使管理职能；有利于统筹安排和控制保护范围、缓冲区内的文化遗产保护工程及各类建设活动；有利于核定和控制文化景观遗产参观人数总量，限制超量接待对文化遗产的不利影响。因此，应根据各项文化景观遗产的特点，积极推动保护规划的编制工作。文化景观遗产保护规划应该具有世界眼光，时刻了解国际社会文化遗产事业的发展状况，了解文化景观遗产在全球经济、政治和文化中的独特作用，了解各国文化景观遗产保护的学术思想、先进理念、保护技术、管理制度等方面的创新实践。

城市是人口密集，工商、交通、文教、商业发达，人类活动频繁的地方，其所在环境已经有了较大的改变，原有生态系统基本不复存在。但是，事实上每个城市和地区都依然保留有文化景观较好的地段，这些地段或者是城市传统标志性建筑的周围，或者是城市中具有文化特色的街道和广场，或者是能够眺望山水风光的特定区域。这些文化景观遗产的保护为城市发展规划提供了文化与自然环境保护的新视点。对于这些具有良好文化景观的地段，或能够创造良好文化景观的地段，都应该开展文化景观的评估分析和规划设计。对于文化景观遗产的保护来说，首要的立足点应是对遗产本体及其环境的保护，而真实性与完整性是文化景观遗产保护与管理的重要原则。文化景观遗产作为人类与自然的结合之作，兼具文化遗产与自然遗产保护的要求和特性，更突出地反映了真实性与完整性相结合的保护与管理要求。以往在关于文化遗产的文献中，强调文化遗产的真实性和自然遗产的完整性。但是，随着对文化遗产价值的认识更加全面和深入，人们发现，无论是文化遗产还是自然遗产，对它们的评价与保护都应包括真实性与完整性两方面的要求，即文化遗产的完整性和自然遗产的真实性也应该受到重视。特别是真实性与完整性的结合运用更符合文化景观遗产保护的要求。

城市总体规划是城市建设的“龙头”，直接影响到城市未来的发展战略与布局。近年来，北京市在将文化景观遗产保护纳入城市总体规划方面进行了深入探讨，取得了重要的成果和明显的成效。例如《北京城市总体规划（2004 年—2020 年）》中，在突出旧城整体保护的前提下，明确规定了涉及文化景观遗产保护的 10 个方面的内容，即北京城中轴线的传统风貌特色；明清北京城“凸”字形城郭；皇城整体；旧城内的历史河湖水系；旧城原有的棋盘式道路网骨架和街巷、胡同格局；北京特有的“胡同－四合院”传统的建筑形态；旧城平缓开阔的空间形态；重要景观线和街道对景；旧城传统建筑色彩和形态特征；古树名木及大树。其中，将重要景观线和街道对景列入保护范围，对于城市文化景观来说意义重大。根据《北京城市总体规划》，在历史城区内划定成片的历史文化保护区，其中故宫外围的南池子大街、北池子大街、南长街、北长街、景山前街以及东华门大街、西华门大街等街巷、胡同和四合院民居系统所组成的历史街区，实质上也是故宫世界文化遗产与城市建设之间

北京石景山（2010 年 12 月 7 日）

的缓冲区，自从 1990 年由北京市政府确定为历史文化保护区，并于 2002 年正式批准保护规划以来，在保护故宫文化景观方面发挥出重要作用。

北京皇城是我国重要的城市类文化景观遗产。近年来，北京市将皇城作为整体加以保护，并于 2002 年 4 月开始编制《北京皇城保护规划》[①]，保护规划面积约 6.8 km^2 特别是在保护好故宫等文物保护单位的基础上，正确处理皇城保护与城市建设的关系。皇城内新的建设项目要服从保护的要求，保证皇城整体风貌与空间格局的延续，并努力改善皇城范围内居住条件和环境质量。在规划中确立了严格控制皇城内建设规模的原则；整体保护与分类保护相结合的原则；最大限度保存真实历史信息的原则；分层次、分阶段实施环境整治、基础设施改善和房屋有机更新的原则；逐步适度疏导人口的原则。在《北京皇城保护规划》中，文物保护单位是皇城保护的核心内容，皇城保护范围内共有各级文物保护单位 63 个，总占地面积约 369 hm^2，

① 注：2003 年 4 月，北京市政府批准实施《北京皇城保护规划》。

占皇城面积的54%。同时，对于皇城内尚未列为文物保护单位，但是建筑形态或院落空间反映典型明清四合院格局的院落以及具有真实和相对完整历史信息的近代建筑，亦按照文物保护的要求进行保护，并挂牌明示。在保护规划中，对原有的城市道路交通规划进行了修订，使皇城范围内的各类道路保持其现状宽度与尺度基本不变，维持现有街巷胡同的位置、走向和格局，保护并延续传统的街巷胡同名称。

2002年10月，北京市政府颁布实施《北京市历史文化名城保护规划》，将世界文化遗产颐和园及其周边背景环境列为清代“三山五园”保护区域的重要组成部分，不但严格控制颐和园保护区域内建筑物的高度、体量、形式，并承诺将逐步拆除影响文化景观构成的不和谐构筑物。根据相关法律，颐和园自2003年以来，依法制止了多起影响文化景观遗产保护的建设工程，并于2004年拆除了园外影响文化景观遗产环境的高压线塔，输电设施改为利用地下空间。十几年来，颐和园通过实施一系列的保护整治措施，使山水类文化景观逐步完善。先后恢复了苏州街（1990年）、景明楼（1992年）、澹宁堂（1997年），陆续修缮了仁寿殿、听鹂馆、排云殿、佛香阁、长廊和大船坞等文物建筑。特别是将行政办公搬迁至园外，改建为具有收藏、展示功能的文昌院文物库馆；恢复颐和园西区重要文化景观耕织图，从而使颐和园恢复到清漪园时期的完整版图。同时，颐和园逐渐完善湖山生态系统，实施园林生态保护工程，合理配置绿化植被灌溉水源，解决黄土裸露、水土流失、生态脆弱等问题，维持生态平衡。例如增植大量北京西郊乡土植物品种，实施招鸟工程；在昆明湖内恢复乡土水生植物的种植面积，复原历史植被景观。目前，颐和园内鸟类、园林植被种类以及水生生物，不但种类丰富而且数量不断增加，成为北京郊区生物多样性得到最佳体现的山水类文化景观①。

不同历史时期，城市规划中的人口规模、建筑布局必然不断发生变化，而城市中的河流水系、绿地走廊、生态湿地等所构成的生态系统，则永远为城市发展所必需，应保持恒常不变的稳定性。因此，面对城市化加速发展的时代背景，需要对城

① 颐宣：《科学管理促颐和园的可持续发展》，载《中国建设报》，2006-03-28（7）。

市规划方法进行逆向思维，即在区域尺度上首先规划和完善非建设用地，设计城市生态环境和文化景观保护系统与格局，以不变应万变。19世纪末，P. 赫得斯（P. Geddes）曾经提出"先调查后规划"的原则，提倡通过生态因子的层层叠加来确定土地利用格局的模式，为国际规划领域所广泛采纳。近年来，周干峙院士提倡"先底后图"的规划方法，就是首先根据生态结构完整性和用地适宜性的标准划定禁建、限建、适建、已建的区域，在此基础上再进行建设用地布局[①]。俞孔坚教授认为，设计要坚持3个原则：一是设计要尊重自然，使人在谋求自我利益的同时，保护自然过程和格局的完整性；二是设计要尊重人，包括作为一个生物人的所有需要；三是设计要关怀人类的精神需求，关怀个人、家庭和社会群体与土地的精神联系和寄托。这3个关于土地、人、精神的原则，要求当代城市建设者必须调整自身的定位和价值观。他建议城市空间规划可通过优先对不建设区域的控制来进行，也就是要先考虑生物、考虑生态、考虑乡土文化、考虑人们休憩需要等，再来考虑建设用地，也就是先考虑哪里不建设，再考虑哪里可以建设。

伴随着人类社会价值观念的演变，文化景观遗产保护观念也在不断发生变化，对文化多样性和生物多样性的尊重更加突出，保护领域更加丰富，保护内容更加广泛。在实践中人们认识到，任何一处文化景观遗产所蕴含的历史信息都不是单一的，而是多方面的，都往往具有多重价值，需要采取多学科手段进行综合研究，作出全面评价。同时，综合研究与全面评价，也促使人们从更广阔的视野、更深入的角度去分析和梳理文化景观遗产对于城市可持续发展的意义，探索和建立相应的保护方式、手段、体系。一座历史性城市往往经历了数千年文明的熏陶，拥有深厚的文化底蕴和独特的人文精神，成为城市充满自信的源泉，因此，文化景观遗产的保护必须先于城市发展规划和近期建设计划加以考虑。例如大理城市特色在于苍山、洱海以及山海之间的田园风光，它们共同构成独具特色的文化景观。近年来，大理加强文化景观遗产保护的力度，严格控制历史城区周边地区的建设规模，保持苍山洱海

① 周干峙：《对生态城市的几点基本认识》，载《城市规划》，2008（8），9页。

之间的生态环境和自然风光；控制城市各组团的建设规模，使之与“山、城、田、水”的空间格局相协调；在总体布局上继承与保护历史街区严谨、有序的传统空间格局以及由传统民居布局所形成的街巷空间组合关系；保护现有传统建筑，控制新的建筑体量，并使之融于山水风光。

迈入新世纪以来，一些历史性城市逐渐加大保护规划的执行力度，取得了积极的成果。例如杭州文化古都的身份越来越被强调，在解决文化景观遗产保护与发展的矛盾中一路探索，按照“保老城、建新城”的理念和“两疏散、三集中”的思路，把保护的重点放在老城区，把建设的重点放在新城区，不仅使老城区和西湖文化景观遗产得到了更好保护，而且有力地推动了城市沿江跨江发展；伴随现代化的进程，西安市编制了第 4 次城市总体规划（2004—2020 年），明确实行“新旧分治”，逐渐弱化和分离历史城区的行政、交通、居住等功能，强化文化旅游、文化交流功能，进一步改善历史街区与文化景观的品质，历史城区内原则上“只拆不建、多拆少建”，逐步降低居住人口密度，使老城墙以内的人口由 42 万逐步降低到 25 万，同时，历史城区内以公共交通为主要交通方式，自行车和步行交通为辅助；近年来，平遥古城的文化景观遗产保护和整体环境整治持续开展，已经有 80 多个机关和单位迁出古城，包括绝大多数的政府机构、学校和医院，使古城内的人口规模压力逐年减缓；2003 年，建在峨眉山金顶上，有着 30 多年历史的四川最高的电视发射塔被拆迁，为峨眉山文化景观保护让路；2004 年初，洛阳分流通过世界文化遗产龙门石窟的车辆，对景区进行封闭式管理，龙门石窟及其周边环境形成东西宽 1.5 km、南北长 4 km 的封闭式保护展示区，参观者可以在安全、安静的环境中感受文化景观遗产的无穷魅力。

早在 19 世纪，意大利王国在成立之初，开展行政区划布局调整时，曾将一些历史性城市确定为工业城市。但是，随着工业化的发展，城市建设与文化遗产保护之间矛盾突出。为此这些历史性城市按照文化遗产保护的特殊要求，及时进行行政区划调整，充分运用行政手段将古城完整地保护起来[①]。其中，罗马市具有通过适当行政区划调整，加强古城和文化遗产保护的典型经验。罗马是以欧洲文艺复兴运动为代表的西方文明的摇篮，穿行在罗马的街头，就仿佛走进一座古代建筑艺术的陈列馆，遍布全城的教堂、广场、雕塑和喷泉，使罗马成为公认的“永恒之城”。罗马古城的保护始终是罗马市政府的核心工作，重中之重。为更好地保护文物古迹和文化景观，罗马市将行政区划分为古城和新城两部分。其中，被古城墙环绕的古城面积仅占现代罗马市区的40%。新城位于古城南侧6~7 km，20世纪30年代末，罗马市政府有计划地在罗马古城的南郊建设大片现代建筑群，50年代中期新城基本建成，成为一座现代化花园城市，现为众多政府部门、公司总部的所在地。几十年来，罗马市政府始终将古城作为行政区划中的独立单位，统一制定保护政策和采取相应保护措施，加强具有针对性的管理。这样的行政区划和管理制度设置，有力支撑了罗马古城的整体保护和文化景观遗产资源的合理利用。

北京和罗马具有很多共同特点，都既是国家首都，又是文明古都。首都具有特定的城市功能，古都具有特殊的保护要求，因此不能建设成为无所不包、无所不能的全功能型城市，如果既要承担政治中心、文化中心职能，又要承担教育中心、科技中心职能，还要承担金融中心、贸易中心等各种职能，面面俱到的发展定位，必将引发城市人口的持续增加，难以遏止城市空间“摊大饼”式的扩张。北京历史城区位于古都保护的核心地区，仅62.5 km^2的土地面积，却被分为东城、西城、崇文、宣武4个行政区，不但在文化遗产保护方面难以形成合力，而且在经济发展上也容易攀比。近年来，历史城区内的各行政区，在经济发展方面不甘落后，形成激烈的竞争态势，为了增加本区的财政收入，各区不约而同地选择了商贸业和房地产业，于是竞相招商引资，引发一轮又一轮的对历史街区、传统胡同和四合院民居的大拆大建，大型商厦、写字楼不断涌现。伴随大规模“旧城改造”，虽然旧城内户籍人口不断减少，但是工作人口未减反增，原有居民迁出后新建的商贸区、金融区，吸引

① 李绍纯：《意大利行政区划布局与管理研究》，载《北京规划建设》，2008（3），81页。

更多的人流涌入历史城区就业与消费，使得历史城区的环境、交通以及基础设施不堪重负，体现城市特色的文化景观遗产更是不断消失。

从20世纪50年代著名的“梁陈方案”，到50年后吴良镛教授“京津冀地区城乡空间发展规划研究”，对于北京城市结构进行战略性调整，一直是人们思考和探索的重要领域，也曾经有过一些远见卓识的建议与方案，但是“以旧城为中心发展”和“摊大饼”式扩张，始终是北京城市发展的主流。造成这一状况的根本原因，就是缺少支撑北京历史文化名城和历史城区整体保护的体制机制。几十年来，在北京的历次城市总体规划中，控制城市人口和城市用地规模，一直作为主要规划目标提出，但是，从来没有能够控制住人口规模的持续增长和城市空间的不断扩张。长期以来，对于北京古都来说，没有能够从全国、从京津冀地区的视野，来支撑和缓解保护与发展的双重压力；对于北京历史城区来说，没有能够从市域、从整个市区的视野，来支撑和缓解保护与发展的双重压力，而是“就城论城”“就区论区”。因此，当前应打破就事论事、就地论地的行政与财政管理体制，重新进行行政区划调整和管理，坚决地、战略性地疏散和转移北京的城市职能，根据不同地区的功能定位，进行不同的制度设计，通过行政区划手段实现北京历史城区的整体保护。北京空间结构和行政区划的调整，不仅可以给北京经济社会发展提供更加广阔的空间和更加持久的竞争力，而且可以彻底改变北京新城旧城重叠的发展模式，从根本上解决各种功能互相干扰的问题。

5.5 加强文化景观遗产保护基础研究

长期以来，在人类与自然的关系中，始终和谐与矛盾共生。但是，最终人类必须面对现实，与自然和平共处。这里所指的自然，包括气候、水体、土地、植物、动物、地理、地形、资源、环境等。这些所构成的自然系统，是人居环境产生并发挥其功能的基础，是人类安身立命之所。自然资源是不可再生的资源，具有不可代替性，而自然环境的变化，则具有不可逆性和不可弥补性。今天，人们依靠不断创新的科学技术来影响自然环境，依靠不断进步的价值观念来合理调整生态系统，努力使生态系统在从自然景观改变为文化景观的过程中健康地发展。因此，人们需要不断以文化理念为基础，对生态环境进行评估，对人们在自然中的地位作出预测，对不同类型的文化景观进行评价。文化景观遗产的价值评估是实施保护的前提。长期以来，人们根据个人的态度和价值观念观察文化景观，从中发现许多不同的信息。当前，亟须从历史、科学、文化和艺术等不同角度，建立起文化景观遗产价值评估的理论框架，高屋建瓴地进行分析判断，以宏阔的文化视野，解析不同类型文化景观遗产的历史意蕴和文化价值以及它们在人类发展的时空中和历史文化的长河中存在的必然性，探索不同类型文化景观遗产对当代以及后世所具有的深刻意义和深远影响。

关于文化景观遗产的价值评估问题，虽然已经有过很多深入论证，但是针对不同类型的文化景观遗产的价值评估标准，尚未开展深层次的研讨。对于文化景观遗产来说，价值评估应首先基于遗产特质和要素组成加以考虑，尤其是对于关键的核心要素，必须被充分认识和理解，才能纳入保护规划与管理系统之中。文化景观遗产的内涵超越了以往单体不可移动文物以及考古遗址的范畴，其所包括的物质层面，小到单体不可移动文物，大到田野、山川、河谷等地理区域，同时还涉及非物质文化遗产的要素。因此，传统意义上对建筑物群、历史园林、考古遗址等文化遗产的价值评估，并不完全适用于文化景观遗产。不仅需要对文化景观遗产的布局、形式、材料的价值进行确认，而且应该包括对于那些具有功能延续的传统社区和区域中保持的文化价值进行确认。与其他类别的文化遗产相比较，文化景观遗产更加突出本体与环境不可分割与统一协调的特征。要克服将文化景观遗产作为一系列文化遗产单位叠加的习惯性认识，克服只要对每处文化遗产单位妥善保护，文化景观的保护问题就能够迎刃而解，文化景观价值就能够得到凸现的认识。因为，文化景观遗产涵盖了内部的与外部的、个体的与群体的、历史的与现在的、物质的与非物质的诸多方面的相互关系。

文化景观遗产的概念代表了文化景观中所有物质要素与非物质要素，一般情况下，包括自然山水、城镇布局、街巷肌理、建筑空间、树木植被、传统习俗等以及它们之间的相互关系。因此，对于文化景观遗产价值评估，必须充分体现文化景观的性质和特征，对保护的整体状况进行深入研究。首先，文化景观遗产由不同景观元素所构成，它们可以是构成自然环境的一片湖泊、一座山丘、一组树木等，也可以是构成文化环境的一片街区、一条街巷、一座建筑等，还可以是构成生活环境的一种习俗、一门艺术、一项技术等景观元素。其次，没有完全相同的景观元素，根据不同的地理位置，不同的功能性质，可以体现出不同的规模、不同的层次、不同的内涵，以及不同空间结构形态和内在景观特质。“一个独具特色的景观是不可替换的，因为它是物质的、文化的和地方特性的独特混合体。而且，变化的景观非常像是历史条件的函数。”①再次，这些景观元素之间的关系，往往是长时间以来经济、政治、文化和社会不断变化作用而产生的结果，相互关联，相互影响，通过有机结合，形成整体。最后，任何一个或一些景观元素的变化，都可能改变景观元素之间的关系，导致文化景观整体的变化，甚至导致文化景观遗产价值的改变。

山西运城市蒲津渡遗址（1）（2005年7月11日）

山西运城市蒲津渡遗址（2）（2005年7月11日）

① 王紫雯，王媛：《城市传统景观特质的整体性分析研究——以杭州市环湖地区为例》，载《城市规划》，2004（7），15页。

山西运城市蒲津渡遗址（3）（2005 年 7 月 11 日）

山西运城市蒲津渡遗址（4）（2005 年 7 月 11 日）

人作为文化精神的秉承者，对文化景观遗产的理解和维护，在保护与发展发生矛盾时所持有的立场，对于文化景观遗产的保护无疑是至关重要的因素。文化景观的研究必须重视人的感知过程。近年来，在文化景观的研究中对人的关注呈现出增长的趋势，对个体的行为、意识、态度等方面的探讨在文化景观遗产的保护、感知、评价研究中日渐增多，极大地拓展了研究的深度与广度。由于考虑了公众的利益与要求，研究成果的实用价值也得以大幅度提高。在研究理论与方法上，除了涉及地理学、生态学、文化遗产保护理论和城市规划理论以外，还融合社会学、心理学、行为学、历史学、人类学、美学等众多学科，这些学科不仅有助于研究理论与方法的多样性，而且大大提高了研究的广度与深度。同时，在研究工作中采用最新的科技手段，并结合实地调查，综合运用大量研究成果和新的研究模式，使文化景观研究逐步走向成熟。文化景观遗产不仅是物质实体，而且是文化意识的产物。保存文化景观的场所精神与保护文化景观本身同等重要，文化景观遗产保护和管理的根本任务，不仅要维护城市或地区的文化特色，而且要捍卫城市或地区的文化精神。而文化精神的保持正是凭借着文化景观遗产的恒久性以及其所蕴含的文化特性和集体记忆，使人们得到独特而真实的感悟。

文化景观遗产有效保护的目的是真实、完整地保存并延续其历史信息及全部价值。因此，最少干预才能真正使其“祛病延年”。所有保护决策都应基于对历史信息及价值的全面了解与评估，并在充分认识到各类保护措施对其价值的影响程度之后，再作出合理的选择。所谓真实性，即要求保持文化景观遗产的现状，尊重文化景观遗产在各个不同时期遗存的时代烙印，不能简单地恢复文化景观遗产的原始面貌，这在文化景观遗产保护中具有划时代的作用，其意义在于避免“复原性保护”和“美学修复”的误区。所谓完整性，则要求把文化景观遗产的各个部分作为一个整体看待，并包括文化景观遗产和背景环境的统一关系，即对于文化景观遗产来说，既不能臆断偏废，也不能拆分迁移。例如遗址类文化景观的观赏性不是一个孤立的问题，而是与考古遗址本身所承载的信息量、信息的表达方式、人们对文化信息的接受能力有关。因此，提高考古遗址观赏性的方法，一是充分挖掘考古遗址的文化信息，二是改善文化信息的接受能力。其中文化信息的挖掘需要依靠考古学家、历史学家以及相关学科的不懈努力；人们对文化信息接受能力的提高，则需要通过广泛的社会文化教育来实现。这两者都不是一朝一夕能做到的，需要大量基础研究支撑和长期持续不断的努力。

要积极寻求文化景观的可持续发展，这一概念首先应纳入文化景观遗产的管理程序，谋求新的建设与文化景观遗产之间的和谐与平衡。工业革命以前的城市发展具有渐进性，传统文化能够有效地指导城市建设，使城市空间和存量建筑保持着连续性，虽然建筑类型和风格也有某种程度的差异，但是在整体上往往表现出协调与呼应，为人们了解不同时期的城市发展提供了持续的例证。如今，由于城市化发展的速度日渐加快，城市规模不断扩大，城市建设与文化景观遗产保护之间的矛盾也异常突出。因此，在城市发展项目的论证中，应将多学科的综合规划研究纳入土地利用规划和建筑环境管理过程。例如澳大利亚的众多城市，依托优越的土地资源条件，在生态思想的影响下，规划建设“自然中的城市”，城市绿地系统规划以河流、湿地为骨架，形成“楔向网状”的布局结构，使整个城市处于绿色环抱的自然环境之中。开展文化景观遗产保护规划研究，旨在对城市整体景观构成进行有意识的保护和引导。在一些城市则更多地表现为对区域景观的控制管理和对农地、山林的保护，其目的在于保护与文化景观遗产浑然一体的周边自然景观以及能从城市生活中切身体验到城市周边的河流、山脉等自然景色。

我国敦煌莫高窟处于被戈壁沙漠包围的绿洲之中，风沙对莫高窟崖体和壁画的磨蚀，凝结水对壁画的损坏，游客数量持续增加对洞窟和壁画造成的伤害等，是保护中的难题，其环境中的不良因素也逐渐作用于石窟，造成潜在的和明显的保护隐患。近年来，敦煌研究院加大了保护监测的力度，监测的内容包括对莫高窟环境监测、洞窟文物本体监测、莫高窟安全防范监测、游客调查与监测等内容，科学的监测为莫高窟的保护、管理起到了积极的推进作用。同时，敦煌研究院利用不同时期的卫星图片进行比对，监测莫高窟保护范围内植被、人为建设活动的变化，为保护生态环境提供依据。大泉河流量、水质监测，莫高窟崖顶生物固沙林带以及窟前林带灌溉水监测，莫高窟土壤水分监测等，为全面保护文化景观的自然环境作出了积极的探索。老挝的琅勃拉邦列入《世界遗产名录》后，规定将寺庙的屋顶作为城市的最高点，即新建的建筑高度不得超过寺庙的高度，一般控制在 9 m 以下。琅勃拉邦的绿化保护区还包括了 180 处鱼塘，这些鱼塘是在不同时代由土地主人所开挖，对人们的日常生活具有历史与现实的作用，包括养鱼、种菜、蓄水等。因此，在该区域内不但要对鱼塘进行保护，而且还要改善鱼塘的环境，使它成为文化景观的重要组成部分[①]。

在我国文化遗产保护的国家层面，当前十分紧迫的任务是抓紧制定长城、大运河和丝绸之路等文化遗产的保护总体规划，这些巨型、线型文化遗产地域跨度大、年代跨度长，无论在保护理念上，还是在保护方法上，都具有较强的特殊性，通过保护规划所确立的制度和所具有的法律约束力，使这些文化遗产沿线的省、市、县各级政府和有关部门凝聚力量，在保护工作中更好地分工和合作。近年来，将长城

① 贝波再:《老挝古都琅勃拉邦城的遗产保护与发展》，载《城市规划》，2004 (8)，70 页。

作为一项完整的文化遗产保护项目，纳入统一保护管理体制，成为军事类文化景观遗产保护工作的重要目标。在这一指导思想下，编制了《长城保护工程总体工作方案》，并随即进入全面实施。一是全面开展长城资源调查，努力摸清长城的长度、保存范围以及沿线的基本状况；二是制定长城保护专项法规，即在《长城保护条例》的法规框架下，逐步建立起完善的长城保护法规体系；三是编制《长城保护总体规划》，在对长城进行全面研究评估的基础上，就保护区划、保护措施、相关环境治理和生态保护以及展示开放、管理等方面，作出具有实际指导意义的规定；四是加强重点地段的长城抢险维修；五是加强长城保护科学研究，对长城保护理论和保护技术、长城管理体制和管理方式等相关问题进行深入研究。

从古代建筑到近代建筑，再到现代建筑，上海的城市文化有着丰富的历史积淀。上海近代建筑中最多的是里弄建筑，历经沧桑，留存至今。作为一种独特的建筑形式，上海里弄建筑群的产生、发展，是城市历史、城市形象的重要组成部分。被围合在传统街道内，低层坡顶，连片成群，密集布局的新老里弄建筑群，适应上海的气候特点和市民生活，成为城市独特的文化景观，构成了城市浓郁的底色。但是，在 20 世纪 90 年代以来的城市改造和房地产开发中，里弄建筑被大量拆除，成为城市快速发展的沉重代价。如今上海高楼林立，现代化进程加速推进，然而，无论城市的面貌如何变化，这些建于 20 世纪前期的历史建筑，依然默默地诉说着上海的历史、社会、经济和文化。历经几十年甚至近百年的风雨，有些里弄建筑已经呈现出明显的老化和损坏现象。为了使这些优秀的里弄建筑延年益寿，重新焕发出新的风采，目前上海市已经划定了 12 片风貌保护区，挂牌保护的优秀历史建筑有 2000 多栋，并陆续出台了有关保护条例、规定等，使包括里弄建筑在内的历史建筑的留存有了法律保证。近年来，通过修缮保护，这些里弄建筑成为上海城市历史的见证和无可替代的城市类文化景观。

文化景观遗产保护的实践证明，每一座文物建筑，只有坐落在建筑群体中才能获得它的完全价值，其价值远远大于它们被分离出来作为孤立个体所具有的价值。因为它们的某些价值存在于群体建筑的互相联系之中。每一栋建筑产生的原因、社会功能、形制、位置以及艺术表现力都和建筑群落息息相关，脱离了建筑群体环境，单体建筑往往就会失去多方面的意义和价值，它们就不会被充分理解。因此，对于历史文化街区，重在保护整体风貌。2002 年英国历史建筑和古迹委员会发表的报告《变化的伦敦：一个变化的世界中的古老城市》指出，“伦敦所有最繁华、最有吸引力的地方，那些人们最愿意居住、工作和参观的地方，是那些历史环境保持完整的地方”。法国全国统计和经济研究所发表的研究报告指出，法国老房子价格在 1998—2004 年间上涨了 70%，而同期法国居民收入只增加了 24%。该调查显示，巴黎的老房子房价蹿升尤其快，6 年间上涨了 83%[①]。据报载，北京文昌胡同 48 号是一座逾 550 m^2 的院落。这套晚清时期兴建的院子现在价值 3800 万元。“这恐怕是唯一不受金融危机影响的房地产领域，每座院子都有几十个买家在考察”[②]。目前，各地传统民居的稀缺性，引发人们越来越浓厚的兴趣，而这些传统民居的真正价值不在物质而在文化。

过去，在江南乡镇网络中，13—19 世纪的水乡古镇随处可见。但是 20 世纪 80 年代以来，随着社会经济的迅速发展，受到城市化的巨大冲击，大多数的水乡古镇文化景观和传统风貌不复存在。值得庆幸的是，西塘水乡古镇早在 1986 年，就及时编制了科学合理的乡镇规划，提出“保护古镇、开发新城”的思路，开辟了城镇新区，把医院、学校、政府机关、企事业单位、大型商场等功能置换到新区，优化了古镇功能布局结构。同时，开展了以保护传统风貌和改善居民生活质量为目标的综合整治，对流经古镇的河道进行清淤，保证河道的畅通和水质的改善；对古镇区内 1300 m 长的驳岸进行维修、整理；对被拆除或损坏的 9 座古桥进行修复或整治；采用原结构、原材料、原工艺的修缮方法，对沿河廊棚和房屋进行维修，使西塘古镇独有的传统风貌特色得以原汁原味地保存；对沿街立面、路面等景观风貌进行整治，

① 流沙：《城市的自信》，载《人民日报》，2008-11-25（16）。
② 丁文亚：《四合院的经济账每年自然增值 20%》，载《北京晚报》，2009-04-19（18）。

将电力、电信、有线电视等线路全面入地，并增设污水管道为居民享用现代卫生设施提供良好条件，使古镇风貌和居民生活条件得到了明显改观。如今，西塘水乡古镇面积近 2 km^2，完好地保存着 25 万 m^2 的明清古建筑群，是目前保存最完整，保存面积最大的水乡古镇，原汁原味地保留着千百年的人文信息和传统习俗，7000 多原住居民依然延续着千百年的传统生活方式。

上海市在工业遗产和产业类文化景观的保护方面，走在了全国的前列。由于工业生产、交通运输、给排水等条件和因素的影响，上海历史城区中心区的苏州河沿岸，集中了众多近代工业建筑。近年来，结合沿河地区的整治，依托其人文资源，以穿城而过的河道为轴线，修复沿岸厂房、仓库、商铺和码头以及其他历史遗存，再现河道两岸传统风貌，形成工业建筑与河岸风光交相辉映的产业类文化景观带。如今苏州河沿岸 10 多处老工厂、旧仓库被改建成为艺术家工作室、画廊和创意园区。有着 143 年历史的江南造船厂，将在原厂址建立规模空前的造船博物馆。据报道，2008 年 4 月江南造船博物馆正式开工建设，项目用地面积接近 5 万 m^2。博物馆主体是江南造船厂的最大车间——压力容器车间，在保持老厂房主体结构的前提下，通过对其内部空间和外部立面重新设计，满足博物馆的展示功能要求，博物馆建筑面积将逾 3 万 m^2，成为上海规模最大、面积最齐全的行业博物馆①。工业类文化景观既是见证上海工业文明与城市历史变迁的宝贵物质遗产，又是彰显城市个性和城市精神的非物质文化载体，更是上海城市历史文化底蕴的魅力所在、特色所在、根脉所系，对它们的保护具有整体性的战略意义。

与一般文化遗产的保护相比，工业遗产的保护更为关注的是对这些工业建筑物、构筑物进行适当的再利用，让它们重获生机。对工业遗产的保护与利用，国际上比较通行的做法是改建为专业博物馆，建设成为主题文化公园，作为区域历史陈列馆或文化艺术创意中心，或成为购物与旅游相结合的商业场所。无论哪种保护模式，都要因地制宜，从工业遗产本身的功能特征、建筑特点、文化特色等方面进行考虑。

① 丁波：《上海开建最大造船博物馆》，载《解放日报》，2008-04-04（9）。

在尽可能地保留、保护其工业生产类建筑历史信息的前提下，注入新的空间元素，激发新的功能，不仅要使旧建筑留存下来，更重要的是要复苏工业建筑的生命力，使之能够融入当代城市生活之中。2004 年 10 月，上海杨浦区利用滨江工业地带形成了滨江创意产业园。立足于保护滨江近代工业建筑群，充分体现其文化景观价值，规划建成集环境设计、建筑设计、工业设计、音像设计于一体的现代服务业基地。原来饱经沧桑的老工业厂房，已经变成设计沙龙、学术交流、创意展示等文化场所。在尊重原有空间形态和历史架构的前提下，将车间外墙、窗口、屋顶、钢筋混凝土结构全部保留，将整个厂房建筑内部空间视为社区开放空间，设计、办公、会议、图书等应用空间，则以“建筑中的建筑”的形式配置其中，在大型车间的特色空间中塑造出如同街道、广场一样的流动空间。

2005 年 4 月，上海公布了第一批 18 家创意产业集聚区，其中如泰康路“田子坊”视觉创意设计基地、昌平路广告动漫影视基地、重庆南路“八号桥”、周家桥“创意之门”、西康路“同乐坊”等创意产业区，都是利用老厂房、旧仓库进行保护性改建利用的成功案例。尤其是原工部局宰牲厂宰牛场，建筑本身就极具上海老工业建筑特点，整个空间和厂房，按照牛的屠宰流程来设计，体现了生态和环保的理念意识，现在经过改造成为文化产业中心。莫干山路 50 号地块，过去曾是民族资本家荣氏家族、孙氏家族的工厂和仓库的聚集地。房地产开发商原想拆除这些老的建筑，但是由于艺术家和媒体的及时呼吁使这些工业建筑得以保留，避免了面目全非的大规模改造，成为有名的艺术仓库。上钢十厂位于淮海西路 570 号，创建于 1956 年，1989 年生产转型后一直处于闲置状态。2005 年上海成功利用钢厂部分车间的特殊空间，建设城市雕塑艺术中心。这一城市公共环境艺术机构，利用原轧钢厂房，对长 180 m、宽 18~35 m 的主体建筑进行保护性再利用，形成总建筑面积达 6280 m^2、目前国内最大的雕塑艺术馆，成为一处集展示交流、艺术创作、雕塑储备、普及教育于一体，具有开放性、国际性、公益性的文化空间。

20 世纪 70 年代，法国色彩学家 J. P. 朗克洛（J. P. Lenclos）提出“色彩地理学”的概念，认为自然地理和人文地理两方面的因素共同决定了一个地区或城市的色彩。1968 年，法国巴黎规划部门完成了对巴黎地区城市色彩的规划调整，形成奶酪色和深灰色的城市色彩基调，给巴黎城市文化形象带来了广泛的赞誉。同时，巴黎新城则以灰色为主色调，工业时代特征明显。日本也于 1981 年以立法的形式推出“城市空间的色彩规划”法案，规定色彩专项设计作为城市规划或建筑设计的最后一个环节，必须得到由专家组成的委员会的批准，整个规划或设计才能生效实施。世界上许多历史性城市长期追求色调上的和谐统一，取得明显的效果。例如在意大利，著名山城锡耶纳的城市主色调为红色；热那亚的城市主色调为黑白色；水城威尼斯的城市主色调为金色；佛罗伦萨的城市主色调丰富多彩，搭配和谐，具有很强的整体感；而以橙黄色系与橙红色系为基调色的罗马老城，则很好地保存了岁月遗留的最具历史厚度与魅力的色彩。在德国，历史城区和传统乡镇往往以红砖色和原木色为主，而工业区以蓝灰白系列为主。科学有序的城市色彩规划实施，使许多城市拥有了个性鲜明，和谐统一，赏心悦目的城市文化景观，也为这些城市带来了难以估量的无形资产。

文化的“软实力”是历史性城市的核心竞争力，文化景观遗产则是其中最具独特性的比较优势，既不能模仿，也无法复制。在城市文化景观中城市色彩是最活跃的因素之一。城市色彩直接诉说着城市历史对于今天的文化意义，使市民直接体会到城市的文化精神。在某种意义上，城市色彩体现着城市的个性，体现着城市的形象，体现着城市文明的发展程度。“人们对城市形象的把握极大地借助于其色彩的构成，当我们一提起某些富有特色的城市，相伴而来的就是对该城市或凝重、或浪漫、或明快等印象的色彩联想，良好的城市色彩构成能使居于其中的人们得到愉悦的视觉享受，反之则会带来视觉环境污染。不同城市的色彩构成还反映出不同的文化背景，这能从世界范围内不同地域的城市形象中得到印证”[①]。城市色彩的美感建

① 胡春明：《色彩：城市的霓裳》，载《中国建设报》，2009-07-16（6）。

立在和谐的秩序之上，这种和谐应体现于城市环境中的统一与变化的关系之中。在城市中，以往的传统建筑由于取材于自然，取材于当地，因此受到稳定而持久的文化观念、伦理习俗的影响，能够获得协调的色彩效果，并为当地民众所接受和延续。和谐的城市色彩可以使人们身心愉悦，有利于营造文明、健康、稳定、和谐的生活工作环境，有利于提升整个城市的形象品位，对大众的文化审美水平起着潜移默化的作用，并使人们对于自己生存的城市产生荣誉感和责任感。

事实上，我国众多历史文化名城的城市色彩也曾经非常鲜明，不少城市建筑群的主色调也富有特色。例如北京以大面积青砖灰瓦的四合院传统民居，烘托着红墙黄瓦的巍峨宫殿建筑群；苏州一直保持着“黑、白、灰”的城市色彩，有粉白墙、黛黑瓦、青石桥等文化载体的支撑；青岛则以“红瓦、黄墙、绿树、碧海、蓝天、

四川成都市新都区杨升庵祠与桂湖（2009年5月7日）

白云”而著称于世。著名作家张抗抗对城市色彩有着深刻的文化感悟，她从哈尔滨的城市色彩中看到了这座城市的文化追求和文化理想，“有人说哈尔滨是一座米黄色的城市——那样温暖和抒情的米黄色，在冰雪中是火焰，在绿树间是阳光，它在那些灰色的、黑色的或是完全没有颜色的无数个城市中，显得那么与众不同，一种多汁而多元的文化气氛，从那澄澈的米黄色中流泻出来”[①]。目前，越来越多的城市开始对自己的城市色彩进行理性思考，深入研究和审慎定位。例如：无锡选择城市整体色调为清新淡雅的浅色调；成都考虑当地气候及自然环境选择了复合灰颜色；石家庄将米黄、微红暖色调作为城市主色调；长沙将城市主色调定位为灰色、土黄色和赭石色；重庆主城区的城市色彩则以淡雅明快的暖灰为主，并辅以局部冷灰色调。

城市雕塑是20世纪80年代初以刘开渠先生等为代表的一代老雕塑家提出的新概念。在城市雕塑兴起初期阶段，艺术家们满怀艺术热情和精品意识，创作了大批质量很高的城市雕塑，这些作品丰富了城市的文化特色和市民的文化生活，也使我国的城市雕塑开始具有了自己体系，形成既区别于前苏联的纪念碑雕塑．又区别于西方的公共艺术概念的中国特色。城市雕塑作为一种环境艺术，强调城市空间的独特性，其实也是在强调城市的个性，强调城市的文脉。一座城市雕塑是不是成功，要看它与城市空间的相互关系，城市空间包含了城市的特殊性，例如城市的独特区位、历史事件、民众心理、社会习俗、城市建筑、文化景观等，这些内容都体现于城市文化空间。城市雕塑创作不能只讲“普通话”，更重要的是讲“方言”。历史背景、地域特征、民族文化都应成为今天城市雕塑创作的时代背景。“城市雕塑不能一哄而上，搞大跃进，‘可持续发展’应该是城市雕塑建设原则，也是城市雕塑科学的发展观。城市的空间就这么大，空地就这么多，我们还要为后人留下发展空间，不能目光短浅，像进行填空竞赛一样，把城市空间都塞满”[②]。因此，每一座城市均应紧密结合自身的文化传统和城市空间环境，根据民众的文化与审美需求，结合建筑、道路、公园的规划建设，进行空间艺术设计，综合、审慎、有序地规划建设城市雕

① 范源：《城市的颜色》，载《中国建设报》，2009-07-16（6）。
② 孔德芳：《城市雕塑要说出自己的方言》，载《文化月刊》，2008（8），16页。

塑。

近年来，一些城市在绿化工程中，青睐外来树种，排挤本土植物，甚至不计成本，动员巨大人力、财力，在偌大的城市广场上，铺设进口的草坪，引进昂贵的热带树种，从深山密林移来大树，希望它们能为城市景观增光添彩，以至于在城市中心区不少当地树种几尽绝迹。但是，辽宁省锦州市近年来在城市绿化中注重科学建绿，大规模应用本土植物品种，既美化了城市，又维护了文化景观，还节省了大量财政支出。他们认为人们最希望看到的是当地的乡土树木、浅水绿草、自然野趣，城市绿化并不需要花费大量人力物力引进、栽植外地名贵的树种，只要在城市公园和广场中合理选用本地花草树木，把本土的传统植物搭配好、维护好、利用好，物尽其用，城市绿化同样能够做得精彩。于是他们通过研究遴选出 50 余个乡土品种，把这些看似不起眼的乡土树木、花草请到了城市中来，不但取得了良好的绿化效果，而且每年降低绿化成本 1000 余万元[①]。事实上，生态基础设施从本质上讲是城市所依赖的自然系统，是城市及其居民能持续地获得生态服务的基础，这些生态服务不仅包括城市绿地系统，而且包括一切能够提供生态服务的绿色空间，例如森林生态系统、农田保护系统等，还包括能够提供新鲜空气的休闲娱乐空间。

5.6 探索文化景观遗产保护有效机制

文化景观遗产的保护既不是为了阻碍发展，也不是为了冻结建设。可持续发展才是文化景观遗产保护的核心，也是其最终目标。保证城市有机更新与保护文化景观遗产之间需要达成平衡，这是实现可持续发展的关键。因此，在保护与发展之间建立积极的协作关系十分必要，文化景观遗产的未来取决于这种协作关系的不断加强与调整。对文化景观遗产的利用不应是没有节制的无偿索取，而应是在尊重自然规律的前提下进行的改善、修复、美化和提高。一些历史性城市的决策者，往往为导致文化景观遗产永久性伤害的开发行为进行辩解，理由是为了更好地营造吸引投

---

① 吴学安:《城市绿化要戒奢侈之风》，载《中国建设报》，2009-07-16（4）。

资的环境。实际上，国际会计准则对投资的理解，是一种具有潜在长期利益的支出，而文化景观遗产的保护和管理恰恰符合这一理解。文化景观遗产保护的综合效益极为显著，而破坏文化景观遗产所付出的代价将难以偿还，谁也无法为破坏文化景观遗产负责。通过了解人类不断变化的生存条件，正确评价人们的居住环境以及通过广泛的社会教育，将正确的文化景观遗产保护理念传给后代，是一个持续的过程。在这一过程中，如果文化景观遗产保护作为可持续的方式，促进经济、文化和社会发展，保护行动将更加深入人心和获得更加广泛的支持。

支撑一座城市可持续发展的根本动力，来自当地民众所秉持的精神信仰、哲学理念、道德观念、价值取向、审美意识及人生理想等文化因素。一座城市中文化景观存在的最大意义和作用，就体现在其对于人们的关爱和体恤，而人们的精心呵护，也使文化景观遗产拥有更加深厚的历史底蕴和文化内涵。现代人类面临的最严重的问题就是归属感、安全感的缺失。一座有文化理想追求的城市，就是要努力创造城市良好的文化氛围，为人们的生活提供安定、轻松、和谐的环境，为人们的发展提供必要的精神动力和智力支持，使人们在日常紧张的生活中能够体会到轻松和惬意，在喧嚣的世界中能够寻找到温馨和安宁，缓解人类在心理、精神和道德方面的种种压抑，使人类生活得更加健康和充满活力。城市类文化景观应该担当起这一责任，庇护人们的生存，关照人们的健康，为人们的生活提供良好的条件和环境，使生活其间的人们拥有更加自由的发展空间，使人们的创造能力得到更大限度的发挥，使人们的自我价值得到更好的体现。一座拥有良好文化景观的城市在各个方面也会拥有和谐良好的关系，这将为城市的发展提供各个方面的积极因素，使城市间的各个部分能更好地相互协作，从而促进城市整体可持续地发展。

文化景观遗产的保护首先需要得到当地民众的理解和支持。1982 年，一个开发商计划在费城市中心的里顿豪斯广场地区建造一个 14 或 15 层玻璃墙面的办公大楼。要达到这个目的，就不得不拆掉 3 幢 19 世纪末 20 世纪初的建筑。为此，大约有 18

个社团组织结成了里顿豪斯保护联盟对开发商的计划作出反应。此外，该联盟印制了一个 24 页的关于该问题的报告，组织了一个由几百位邻近居民参加的社区会议，并且帮助起草了一个保护受威胁建筑和周围社区建筑的区划修正条例。在引起这场争议以前，为数不少的邻近居民似乎不太可能对受威胁建筑的保护价值具有专门知识。但是这种知识的缺乏并不妨碍他们对于开发商的计划作出范围广泛的消极反应。一封由市中心居民委员会负责人写给当地报纸编辑的信中，强调了保护这个社区生活质量的重要性。现存的高层建筑物、商业店铺和优良的居民住宅的混合使得市中心成为一个美好的生活和工作地区，这种充满活力的环境是一个富有吸引力的和令人激动的家园[①]。

世纪之交，北京市在文化景观遗产保护方面，开展了一系列颇有声势的行动。其中明城墙遗址公园建设和故宫筒子河清淤整治，在社会上引起较大反响。城墙作为军事防御设施，在漫长的城市发展史中，经历了从土筑、土石混筑到砖石砌筑，从单重城墙到宫城、皇城、内城、外城重重拱卫的不断发展。北京作为五朝古都，留下了大量历代城墙遗存。但是，随着冷兵器时代的结束，城墙作为军事防御工事的作用逐渐淡化和消亡，成为一些人眼中阻塞交通、妨碍城市建设的累赘和桎梏。许多地方开始逐步拆除城墙，用来修建穿城大道，拆下的城砖也成了建筑材料。幸运的是，近年来越来越多的人逐步认识到保护城墙，对于传承文化遗产、保护城市文化特色和精神根脉的重要意义。从 1996 年北京市文物部门为抢救北京城最后一段明城墙而开展的“爱北京城、捐城墙砖”活动，到 2001 年实施的北京明城墙遗址保护工程，都得到了广大市民的热情支持。上至八旬白发苍苍的老专家，下至不足十岁稚气未脱的学童，络绎不绝地前往城墙修缮工地捐赠城砖。一家祖孙三代在 87 岁的马宗臣老人带领下，一次次把城砖运到城墙遗址；一位市民行程几十里用自行车送来了两块城砖；还有一位市民坚持每天下班用自行车驮几块古城砖到城墙遗址，先后捐赠了数百块城砖；更有数以百计的北京市民冒着严寒、踏着残雪到明城墙修

---

① S.C. 布拉萨：《景观美学》，中译本序，彭锋译，北京，北京大学出版社，2008。

复工地义务劳动。2002 年北京明城墙遗址公园建成，古老的城墙再度走进人们的生活，流淌着城市的血脉，诉说着历史的沧桑，焕发出青春的光彩。

筒子河是体现故宫整体文化景观的重要内容，也是北京城历史河湖水系的重要组成部分，与城市发展史有着极为密切的关系。但是，在环境治理前，除靠近紫禁城城墙的东西筒子河内侧原有 115 间古代建筑外，自 20 世纪 60 年代以来，陆续修建了 400 多间简易平房，住有居民 300 多户，并有 2 个街道工厂和一个单位。一些居民和单位长期以来在河堤上搭建房屋，直接或间接威胁着筒子河安全。河道、河岸设施年久失修，护岸条石多处风化和坍塌。向筒子河内排放污水的管道口多达 480 余处，沿岸单位和居民倾倒大量垃圾和渣土，河底淤积逐年增加，河水受到严重污染。这些情况不但破坏了故宫的文化景观遗产，造成安全隐患，还直接威胁到紫禁城城墙以及与其相连的故宫内河的水质。1998 年 4 月，经过大量前期现状调研和规划、设计、施工准备，筒子河治理工程开始进行，该工程涉及拆迁安置、文物修缮、河道清理、污水截流、园林绿化等多项内容。筒子河治理工程恢复了故宫的周边环境，排除了环境安全隐患，进一步完善了故宫周边地区雨、污水分流系统，河水还清，输水通畅，达到观赏型河道水质标准，恢复驳岸、宇墙，展现出明清时期的文化景观原貌。

世界各国在不同阶段大都经历过或正在经历快速城市化和大规模城市改造进程。在此过程中，一些虽然表面破败却具有文化意义的历史街区的存废，始终作为敏感问题提出。20 世纪 50—60 年代，日本经济高速发展，许多城市经历过大拆大建。但是，自 70 年代起，民众开始反思这样的“开发改造”方式对自身生活质量的影响，认识到保留城市文化景观和文化传承的重要性。一些有责任感的市民结成保护团体，积极为城市中的历史街区保护提出建议，使它们参与到城市保护与更新之中，一时间在全日本范围内掀起了保护历史街区的民众运动。在长野县，有条全长 500 m 的“妻笼宿”，是江户时期过往商旅的中途驿站，由于地处群山之中，一直未被开发改造，呈现着100多年前的风貌。1968年，当地政府计划拆除“妻笼宿”，遭到居民们的强烈反对。1971年，民众发起制定保护宪章，明确规定对当地传统房屋“不卖、不租、不拆”；1975年，当地政府也出台了相关制度，控制大拆大建式改造、保护传统文化风貌。如今，“妻笼宿”已经成为著名的文化景观。在日本以地缘为纽带的民众保护团体与地方政府的关系既不是对立的，也不是完全依赖的，政府既是管理者，又是被监督者。在这一过程中，当地民众不仅提高了社会地位和扩大了自身影响，还提升了自身文化素质，而公民素质的提高对整个社区的和谐、稳定与发展起着至关重要的作用。

城市是以街区为单元形成的一个有机整体。城市的细胞是街区，城市的生命力也在街区，没有街区的个性，就没有城市的特色，而历史街区是城市内涵浓缩的精华。平江历史街区位于苏州古城东北隅，面积约为116.5 hm^2，是苏州迄今保存最完整、规模最大的历史街区，其中最为核心的部分是平江路。对照宋代《平江图》以及明末《苏州府城市水道总图》，可以看出平江路基本延续了唐宋以来的城坊格局，仍然保持着“水陆并行、河街相邻”的双棋盘格局以及“小桥流水、粉墙黛瓦”的独特风貌，有些街巷、河道、桥梁的名称，至今都可以与《平江图》中的名称相对应。平江历史街区内有为数众多的传统建筑，许多古桥、古井、古牌坊散落其中，街区内至今还保留着苏州古城墙遗址。2002年，以迎接第28届世界遗产委员会会议在苏州召开为契机，苏州市启动了平江路的保护与环境整治。按照保持古城格局、展现传统风貌、美化环境景观、传承历史文化的基本要求，实施河道清淤、码头修整、驳岸加固、绿化补种、路面改善、管线入地工程以及完善停车场等静态交通体系，平江路的保护与环境整治取得显著成效。2005年，平江路荣获联合国教科文组织颁发的亚太地区文化遗产保护奖。评委会对平江路的评价是，“该项目是城市复兴的一个范例，在历史风貌保护、社会结构维护、实施操作模式等方面的突出表现，证明了历史街区是可以走向永续发展的。”①

① 《平江路的改造历程》，载《中国文化报》，2009-04-21（5）。

平江路风貌保护与环境整治，从规划编制阶段，就鼓励公众参与，及时听取社会各界，特别是当地居民关于历史街区保护与发展的建议，通过社区等层面动员民众参与文化资源的挖掘。在规划实施过程中，保护与环境整治采取公示方式，所采取的办法得到了居民的理解和支持，既保护了民众的基本利益不受损害，又有利于历史街区保护的顺利实施。在重要历史建筑的保护修缮方面，鼓励民间资本参与，解决资金保障和合理利用的问题。如今，平江路仍然保持着独特的文化景观，居民生活设施得到改善，生活环境进一步优化，街区成为居民幸福生活的依托。风貌保护与环境整治后，平江路的居民基本保持着原有的生活方式，这种清新、质朴的生活形态，激发了外来参观者的浓厚兴趣，他们纷纷走入小巷，品味寻常百姓生活。在此基础上，苏州市又以基础设施完善、街巷环境改善、生活设施优化、服务功能

江苏林溪精舍（2004 年 5 月 28 日）

提升、文化底蕴凸现为目标，以污水支管到户、整修居民院落、改造环卫设施、修复破损路面为重点，以维护历史街区生态环境、优化居民生活品质为依托，对平江历史街区总面积 7.8 hm^2 的 70 条街巷进行了环境综合整治，全面优化历史风貌与生态环境。同时，一些具有浓厚文化底蕴的客栈、旅舍、会所、画廊、茶楼、会馆等相继落户，增加了历史街区的活力。

在经济全球化的背景下，对于历史性城市来说，只有城市肌理的不同要素按照一定的组织规则有机联系起来，才能组成一个充满活力的城市，创建和谐、高效和富有美感的文化景观。文化社区是文化特质的社区分类，文化社区与行政社区不同，行政社区只是一个行政管理的区域单位，而文化社区则是不同文化特质的空间载体；行政社区是由人为划分，而文化社区则是在一定地理环境中形成。社区文化对于人们的心理、性格、行为有着深刻的影响。不同文化社区的特质不仅造就了人们特殊的习性，而且在一定程度上决定着人们的价值取向。最早使用“社区文化”一词的是美国学者 O. T. 梅森（O. T. Mason），他曾把拉丁美洲的土著文化划分成 18 个“社区文化”。但美国的“社区文化”观念有偏颇之处，一是他们都是着重物质文化特质的复合体，二是他们对社区文化往往以静态的形式进行分析。事实上，提升社区民众生活品质，就应该做到既关注市民衣食住行等物质生活条件的提高，更要关注市民心理满足、价值实现等精神生活的丰富；既关注市民当前的物质消费生活，更要关注市民未来的文化创造实践；既关注经济指标的增加，更要关注人文环境质量的提升，从而实现经济、文化、社会、环境生活品质的互为支撑、同步提升、和谐发展。

历史街区是历史文化名城保护的重点，它的保护不是简单的文物保护和城市规划问题，而是一个综合的社会实践，需要特别关注保护实施中的政策和方法问题。大量实践中的经验教训证明，凡是需要保护的历史街区，就不可能在短期内就地平衡资金，凡是按照一般房地产开发方式进行的运作，均没有取得预期的效果。一些城市的历史街区虽然编制了科学的保护规划，但是由于盲目引进房地产开发进行主导建设，为了就地平衡资金、追求利润最大化，使保护规划得不到贯彻，其结果是历史街区和城市规划建设均达不到预期的目标。目前，不少地方提出对历史街区实施“人房分离”和“绅士化”的改造方式，即全部迁出原住居民，把传统建筑重新修缮后再高价卖出，或变成有钱人居住的高档生活社区、或变成高档娱乐休闲场所、或变成专供旅游参观的设施，这些都不是历史街区保护的目的与方向。将大量原住居民成片迁出，割断了他们与原有社区的世代联系，不但会给弱势群体带来生活困难，而且严重伤害历史街区的文化内涵。实际上原住居民是永远有利于文化景观遗产的保护与发展的积极力量，让一些原住居民继续在文化景观区域中生产生活，实际上是积极保护的一种体现，也是在法律框架下实现保护的一种途径。对于传统商业街区也应该按照市场规律，首先改善基础设施和整治环境，而应避免成街成片地大拆大建，建成仿古一条街。

同时，历史街区的保护有着自身的要求和方法。在保护要求方面，首先，历史街区要保存真正的历史建筑本体和文化信息，对历史建筑进行抢救、维护、修整，不可将仿古造假作为保护的手段。其次，历史街区重在保护街区外观的整体风貌。不但要保护构成历史风貌的文物古迹、传统建筑，还要保护构成整体风貌的所有要素，例如道路、街巷、院墙、河道、小桥、古井、古树等。最后，历史街区是成片保护的地区，有大量居民在此生活，是“活态的”文化遗产，有着特定的社区文化，因此不能只保护历史建筑的躯壳，还应该保存它承载的文化，保护非物质形态文化要素，保护文化多样性，以维护社区传统，保持社会生活的延续。在保护要求方面，一是对历史街区中未公布为文物保护单位的传统建筑，在保持外观的前提下，可以进行室内的更新改造，适应现代生活的需要。对历史建筑要按原样维修整饰，对后人不合理的改动，维修时可以恢复其原貌，对于影响整体风貌的新建建筑可以适当改造，恢复历史原来的风格。二是积极改善基础设施，提高居民的生活质量。历史街区内的基础设施大多十分落后，社会要发展，生活要改善，因此必须满足生活其中的社区民众逐步改善生活质量的需求，以增强当地民众对所居住社区未来生活的信心。三是要逐步整治环境，避免大拆大建，实现小规模、渐进式、微循环的有机更新方式，对历史建筑和环境要精心设计与施工，尽可能保存更多真实的历史遗存，逐步改善生活环境，保持地区经济社会发展活力。

针对历史街区的保护，一些历史性城市转变观念，探索可持续性的保护与更新措施。在广州，老西关恩宁路骑楼街曾交给投资商进行开发改造，2007 年 7 月，广州市政府决定收回这一历史街道的开发权，保留骑楼街原貌，加以修缮保护，并根据使用需要，适当完善基础设施，形成一条功能完整的骑楼街①。在绍兴，仓桥直街历史文化街区保护中采用政府主导、居民参与的模式，实施渐进式改善。对于传统建筑保护维修，政府承担 55%，居民出资 45%，基础设施由政府负责。原住居民愿意回迁的可以选择回迁，不愿意回迁的，政府给予一定补贴，购买经济适用房。实施结果是 80% 的原住居民选择了回迁，既解决了传统建筑的维修问题，又保留了原有的生活形态。福州三坊七巷的保护经验引人注目。2009 年 7 月，为期两天的“老城保护与整治——三坊七巷国际学术研讨会”在福州召开，来自海内外的 60 多位专家学者通过了《三坊七巷宣言》，就城市文化遗产保护提出理念共识和行动倡议。《三坊七巷宣言》表示，自 20 世纪中叶至 21 世纪初，记载着城市历史溯源与人文底蕴的古建筑为钢筋混凝土建筑取代的同时，以多样性著称的世界城市文化正以惊人的速度消失；保存城市历史建筑及其周边环境，即是使其所反映的地区文化与民族特质得以保存。

我国是古老的农业大国，五千年文明史从某种意义上说，就是一部农业文明史。农村人口历来占我国总人口的绝大部分，因此乡村一直是全国各类聚落的主要形式。乡村与城市一样，都是人类活动的中心，它们既是人们居住、生活、休憩和进行各种社会活动的场所，又是人们进行生产劳动和商品交换的场所。今天，影响和制约乡村发展的因素，除社会物质生产方式这个根本要素外，还包括地理位置、区域经

① 张祖刚：《立足生态环境 挖掘人文内涵》，载《中国建设报》，2008-10-07（6）。

济基础、历史过程及本身建设条件等因素。特别是我国农村正在经历着与西方不同的城市化道路，农业生产的机械化和工业化、农民生活的城市化与现代化，都将迅速地改变乡村面貌。在这一过程中，乡村类文化景观将如何变化，成为亟须进行深入研究的课题。研究乡村类文化景观，要涉及经济、社会、建筑、技术、历史、艺术等多方面内容。要实现乡村的可持续发展和健康的乡村生活，还必须意识到需要保持特色鲜明、充满魅力的村容镇貌，必须关注整个乡村地区的自然环境和人文环境，主要体现在维护生态环境、乡村面貌、传统民居、民间习俗、价值观念的和谐统一，其中文化景观的保护应该成为促进和谐统一的积极力量。实践证明，只有满足当地民众对生活家园的精神需求，民众才会倾心地进行乡村类文化景观遗产的保护。

自 2001 年，世界遗产委员会决定将第一处《世界遗产名录》中的文化景观遗产菲律宾伊富高梯田列入《濒危世界遗产名录》以来，乡村类文化景观在社会、经济和管理上的脆弱状态引起人们的关注。在乡村类文化景观的保护过程中，浙江省的诸葛村曾经走过弯路，也创造了经验。1996 年，当地政府认为诸葛村体制机制不活，为了旅游开发，成立了以镇政府为主管的“诸葛旅游公司”，由于乡土建筑产权为集体和村民所有，旅游公司既没有资产，也没有资金投入，反而经营起原本不属于自己的旅游项目，使村民十分无奈，进而产生抵触情绪，严重影响了保护的积极性。1998 年之后，当地政府退出对旅游公司的直接管理，经营权重新归还给诸葛村集体和村民，解决了产权经营层面上的矛盾，村民保护的积极性被调动起来，加大生态环境改善、基础设施建设的力度，使整个乡村类文化景观形成有机的整体。同时摸索出适合自身特点的旅游运作体制，即所有资产属村集体所有，村民也就是股东，资产管理集体化、旅游经营市场化。这一运行机制得到村民普遍认可。经过几年艰苦努力，村落旅游业健康发展，同时带动了交通运输业、餐饮住宿业等相关产业的发展，增加了集体和村民的收入，并将所有可支配的集体资金集中用于乡土建筑保护和旅游发展。

如今，对于一直持续使用的诸葛村而言，被称为“活着的古村落”，居民基本维持着原有的生活方式，传统建筑与使用者的生活密不可分。近年来，诸葛村成立了“古村落保护专家组”，定期与村委会进行沟通，对保护工作中遇到的各类问题给予指导。文物保护专家经过深入的社会调查，详细了解村落中居民的生活状态，制定出具有可操作性的保护规划，在保护村落整体布局的同时，注重维持独具特色的乡村类文化景观。在这一过程中，村民的意愿得到尊重，村民的保护意识也由此得到增强。诸葛村在专业人员的指导下，逐步培养出一批由村民组成的乡土建筑维修人员，负责全村传统建筑的日常保养，使一些乡土建筑工程做法得到传承，传统建筑也在循环维护中保持良好的状态。其中一座 20 世纪 70 年代建造的大礼堂，在形式、颜色、体量上与传统建筑差别较大，原计划待经济条件允许时着手拆除。但是由于游客数量持续增长，暂时保留作为游客中心，利用率较高。然而随着文化遗产保护理念的进步，考虑到村落内应尽量保留各个时代的历史信息，由于大礼堂的独特风貌体现出村落发展的特殊阶段，对其价值有待进一步评估，因此决定对大礼堂加以修缮保留。

针对各地大量历史文化村镇被破坏的状况，近年来，建设部、国家文物局共同设立了“历史文化名镇”和“历史文化名村”制度，先后公布了四批共 251 处国家历史文化名村、名镇。多年来历史文化名村、名镇的评选，对推动历史文化村镇和乡土遗产保护起到了不可替代的作用。但是，历史文化村镇原有的定义与保护方式，已经无法涵盖保护的全部内涵。例如历史文化村镇在我国文化遗产保护领域，长期被作为文物建筑或历史建筑群来看待，然而，一个完整的历史文化村镇不仅是其中的文物建筑或历史建筑群，还应当包括人们生产劳动的场所，包括村镇赖以存在的自然环境，包括当地民众的传统行为方式。因此，应该强调历史文化村镇的整体保护。按照合理的文化遗产分类体系，历史文化村镇应当归属于乡村类文化景观。乡村类文化景观是在长期历史发展过程中形成的，并具有持续发展和不断变化的特点。保护乡村类文化景观不仅要保护村落的传统建筑，还要保持村落的经济形态和人们的行为模式。文化脉络的完整与延续，必须成为乡村类文化景观保护的核心。当地民众是乡村类文化景观的重要组成部分和保护的主要力量，在保护的过程中，应重视村镇发展中当地民众的利益诉求，维护乡村类文化景观发展途径的多样性。

自20世纪初期至70年代，美国的城市、郊区和工业发展指数成倍增长，对文化遗址的“建设性”破坏事件也急剧增多。伴随有利可图的文物交易市场得到扩展，也使对考古遗址的毁灭性盗掘日益猖獗，对文化遗存的破坏达到了一种空前的、令人担忧的程度。为了应对这一挑战，在60年代末至70年代初，美国考古学界提议制定一个全方位的保护计划，该计划被后来颇有影响的发言人C. R. 麦克基米西（C. R. McGimsy）命名为“公共考古”[①]。目前在美国，几乎每一个州都有自己的考古教育计划和项目。在专业团体的指导和密切合作下，联邦、州政府的这些计划和项目，大大地促进了公众对文化资源保护意识的提高。实践证明，美国公共考古教育的发展得益于考古学界与教育界之间、专业机构与业余组织之间的紧密合作。20世纪80年代后期，美洲考古协会创立了“为了未来而挽救过去”工程。该口号已经被许多以教育为导向的北美考古工作者广泛使用。只有通过公众教育，使人们认识到保护文化资源是自己的责任和义务，并形成自觉行动，保护文化遗产的任务才能完成。公共考古教育，既是保护文化资源的需要，也是公众自身的需要。公众需要了解自己的过去，关注自己的现在，展望自己的未来。

民间艺术的土壤在民间，根基在民间，其艺术生命也在民间，因此，非物质文化遗产保护传承要扎根民间，逐步深入民间传说、民间乐器、民间技艺、民间歌舞、民间制造等领域，对其表现形式、流传区域、历史沿革、传承现状、保护价值等进行调查登记，有针对性地研究保护传承方式。重保护更要重延续。昆曲被称为“百戏之祖”，明朝发源于苏州昆山一带，是我国现存传统戏曲中最古老的剧种之一，融

① 崔玉范:《美国的公众考古教育》，载《教育学研究》，2007（8），123页。

文学、戏剧、表演、音乐、舞蹈、美术于一体，集我国古典艺术与美学之大成，是东方艺术的杰出代表。南新仓位于北京东四十条22号，明代永乐七年（1409年）在元代北太仓基础上建造而成，是古代京杭大运河南粮北运的终点。南新仓建筑四季恒温，湿度适宜，是我国最原始的物理性生态建筑。2007年5月18日，在入选世界非物质文化遗产名录6周年之际，昆曲在南新仓找到了理想的展示空间。600年的南新仓与600年的昆曲的联姻，是物质文化遗产与非物质文化遗产的完美结合，厅堂版昆曲《牡丹亭》依托南新仓这一特殊文化景观，呈献给人们特殊的文化享受。田青先生说："在娱乐盛行的舞台上，厅堂版《牡丹亭》能够让我们有一种精神上的享受，让喧嚣浮躁的现代人感受到宁静，欣赏到优雅，触摸到婉约。"

由于历史沿革和城市区划的原因，一座城市往往被分解成为许多社区，人们在社区内及其附近几个社区范围内可以获得各种生活需求和体验。对于居住在社区内部的许多民众来说，他们住所周围的社区，就相当于他们生活的整座城市，而城市中大多数的标志性公共建筑则与他们的日常生活基本无关。他们主要通过各种特殊的社会活动以及礼仪庆典来认识和熟悉邻里。通常，每年的节庆日都会激发居民走出家门，参加社区的各类活动。H. 列斐伏尔（H. Lefebvre）将上述这种空间看作"生活的空间"或"居住空间"。城市中这些历经沧桑的空间，正是因为人们的居住和生活，才获得了各具特色的文化性格与特征，因此这些空间也称为"文化空间"。这些空间与城市中以标志性建筑群为主形成的空间截然不同，它们充满了温馨与情感。法国人类学家M. 奥格（M. Auge）将诸如机场车站、购物中心、宾馆酒店等地标类型的空间称为非场所空间。"文化空间"与非场所空间截然不同，"文化空间"无法经过设计在短时期内建造出来，因为"文化空间"具有内在的生活方式和生活规律，"文化空间"离开了人们的居住和生活便失去了存在意义。

文化空间保护是一种整体保护文化遗产的理念和行动。文化空间保护更加注重物质文化遗产、非物质文化遗产、自然遗产的全面保护，多层面、多形式、多渠道

阿根廷圣伊格纳西奥米尼村遗迹居住建筑遗址（2011 年 2 月 17 日）

地综合保护文化遗产，弘扬地域文化。文化空间是非物质文化遗产保护的重要场所，是民众通过各种实践、表演、技能、表现等形式，共同寻找一种认同感、历史感和归属感的地方。文化空间中的原生态文化是生活中的文化。它往往按历史传统、岁时节令和民间习俗演示，在特定的文化时间和空间中就地展现。所以，任何经过迁移、模仿、改变、移动、人为变化后的演示，都难说是真正的原生态文化。要欣赏真正的原生态文化只有到田野去，尊崇当地风俗习惯，在人生体验中体味这种天籁般的文化[①]。原生态文化是一种生活，是人类文化多样性的生动现实，文化传承的精神血脉。文化空间虽然没有围墙，但是存在于一定的范围之内，即物质与非物质文化遗产的地区分布。然而，这一空间往往并不仅限于一个村寨或数个村寨的范围，一个人口较少民族的集中居住地区，可能都是它传承和展示的空间。物质与非物质文化遗产所构成的文化空间，从进行保护到实施管理，都必须避免外界力量的过度

① 向云驹：《原生态文化是生活中的文化》，载《中国艺术报》，2007-06-15（6）。

介入，尊重当地民众的自决权和参与权，鼓励当地民众对自己生活环境乃至自身命运发展的选择。

文化空间是在文化的原生地保护物质文化遗产、非物质文化遗产和自然遗产，对文化遗产更加强调整体保护，它的范围往往涵盖整个文化社区。文化空间保护努力使文化拥有者自己成为文化遗产的主人。这种思维方式为非物质文化遗产的保护提供了一种动态的、鲜活状态下的保护模式，即将非物质文化遗产保护在其孕育和发展的原生环境之中，并由原生环境中的人作为载体延续传承，使当地民众、保护对象和原生环境和谐地融合在一起，也只有通过这种方式才能客观地见证非物质文化遗产的发展和演变过程。保护人们世代生活其中的文化景观和文化空间，是当地民众的共同愿望。尊重与保护民众赖以生存的村庄、住宅和生产生活设施，维护他们的物质财富和文化权益，不仅是一种社会良知，更是号召全体民众以自己的双手建设美好家园的基础。只有充分尊重各个民族所创造和保有的文化景观和文化空间，充分调动民众的积极性、自主性和创造性，鼓励民众成为保护的主人，文化景观和文化空间的保护才能有效地开展，才能使保护行动成为安民工程、惠民工程，保护的目标才能最终得以实现。在我国，公众参与应从鼓励当地居民参与保护自己的生活环境，保护家乡的文化景观和文化空间为起点，逐步发展成为全国性的公众参与机制。

文化传承是指文化从一代人传到另一代人的文化传播过程，也称文化继承；文化扩散是指某种文化事象从源地通过各种形式由一地到另一地的过程，也称文化迁移。没有文化传承与文化扩散就没有文化的发展，因此文化传承和文化扩散是文化传播的重要形式，是文化历史发展的反映，也是社会生产力发展的必然趋势。在我国，手工制作涉及人们生产实践和生活需要的各个领域，有着完整而发达的手工生产体系，形成了诸如木作、雕琢、烧造、冶炼、铸造、錾锻、纺织、印染、缝纫、刺绣、编结、彩扎、髹饰、装潢、制笔、造纸、印刷、制革、酿造、榨取、烹饪、炮制等难以尽数的专门技艺、技巧和知识。以手工生产方式为基础的我国传统技艺，是蕴含中华民族文化精神和创造智慧，彰显中华文明独特品格和民族气质，凝聚中华造物技术思想和实践经验，体现各族人民卓越创造力和雅致生活情趣的珍贵非物质文化遗产[①]。今天，对于手工制作专门技艺的保护，不能将它们从生存的环境和背景中割裂出来，这样只会切断自我更新、自我创造的能力，最终使根基受损，而要尊重其内在的丰富性和生命特点，为手工制作专门技艺的文化传承提供宽松的环境和条件。

近年来，针对控拜村落文化空间及村落文化集体记忆可能断裂的风险，由贵州省文物部门支持、贵州师范大学实施的控拜村银饰技艺保护与传承项目，在这方面进行了有益的尝试。项目的重点是探索保护苗族银匠生存的文化土壤——控拜村落文化景观，延续银匠技艺传承的文化精神，这是当前文化遗产，尤其是文化景观遗产保护的热点和难题。在项目研究中，坚持以村寨民众参与为基础，始终把控拜村落文化空间作为保护对象，控拜银匠作为保护主体。在问题识别和需求评估中，对留在村里和长期在城市生存的银匠给予了同样的关注。在调研的基础上，从构建村落文化集体记忆人手，根据需求评估，项目实施小组、村民和银匠共同讨论制定村落文化空间保护活动，探索村落文化集体记忆构建下的村落文化空间保护模式。以村落文化空间为保护对象，就是要把村落依存的山、水、林、田、路作为文化诞生的摇篮，把村落中的房屋、道路、公共活动空间和与日常生产、生活相关的一切活动作为文化的载体，把村落的各项活动作为文化集体记忆的对象，延续留存在村民脑海中过去的文化记忆，维护村落文化景观的演进性，保持村落文化空间的生命力和感染力，进而实现把村民和银匠作为文化遗产保护的主体。

以村落文化集体记忆构建为目的的项目活动，使控拜村落文化空间承载了共同的文化事项，将村落文化的物质形态和精神价值完整结合，让村民们充满了对村落集体文化的自信心和自豪感，实践了文化空间的可持续保护。贵州省文物部门经过

① 《生产性保护是“非遗”保护重要途径》，载《中国文化报》，2009-02-08（1）。

调查，明确了制约控拜村落发展与文化景观保护的一些关键问题，包括：村落基础设施条件差、个人市场应对能力弱、村民生活资料负担重等；现阶段在村落文化空间保护中，往往轻视正常的文化变迁规律，只注重静态地保护村落中有形的文化遗产，机械地维持村落中非物质文化遗产的原生态，而忽视了村民内在的追求现代生活的动力，影响了村落的发展能力。针对这些问题，制定了从构建社区文化集体记忆人手，根据需求评估，示范性地开展了村落基础设施集体建设、银饰制品集体创作、村落记忆集体收集与展示等活动，探索文化集体记忆构建下的村落文化景观保护模式以及吸引银匠回到控拜村传承银匠技艺，保护苗族银匠诞生的文化土壤的项目目标，探索基于发展的控拜村寨文化景观保护与传承的模式。这一系列具有特色的项目活动和保护措施，成功地激发了控拜村落民众对本民族和本村落文化遗产的关心，抒发了建设家乡的极大热情，自觉地维护控拜银匠村落的荣誉和独特的村落文化景观[①]。

民俗类文化景观始终贯穿于民间生活之中，涉及乡规民约、节庆风俗，集壮丽美与朴素美于一身。近年来，我国绍兴古城加强对整体文化景观的保护，重点保护和延续古城山形水系，宋代以来的街巷格局，小巷小弄的传统韵味；保护和延续“南高北低”“西高东低”的空间形态，确保古城空间轮廓和视线走廊的通透性；保护和延续古城的传统风貌，保持小桥、流水、人家的生活意境；保护和延续粉墙、黛瓦、坡顶、青石板的建筑格调，使古城的文化景观达到整齐、美观、和谐。同时，保护和延续以鲁迅为代表的名人文化，以黄酒为代表的物产文化，以越剧为代表的戏曲文化，以兰亭为代表的书法文化，以乌篷船、乌干菜、乌毡帽为代表的民俗文化，使古城绍兴始终沐浴在浓厚的文化气息之中，既展示出城市文化景观的特色，又彰显出城市历史文脉的个性。无锡市在文化遗产保护的蓝图中，把民俗类文化景观遗产保护放到了重要位置。按照“护其貌、显其颜、铸其魂、扬其韵”的基本思路，努力抢救、发掘、保护历史文化村镇和乡土建筑遗产，而且不断扩大保护的范

① 但文红：《控拜苗族的村落文化集体记忆传承与保护》，载《中国文物报》，2009-01-02（8）。

围，使更多的民众参与其中，凭借当地民众熟悉地方风土人情的优势，使保护的数量持续增加，并通过乡土建筑和文化景观遗产的保护，使文化旅游得到发展。

为了使独具特色的非物质文化遗产得以保留和弘扬，必须坚持“整体保护”的原则，对非物质文化遗产及其生存空间实施全方位保护。非物质文化遗产的保护是一项长久的、浩繁的工程，需要统筹考虑。因此，要把抢救作为重中之重，要在保存记录现存的非物质文化遗产的同时，对珍贵的濒危的非物质文化遗产进行优先保护。要统筹协调各种保护措施。非物质文化遗产的保护措施多样，包括调查、保存、确认、传承、发展、教育、研究、宣传、传播、利用、命名、表彰、实行区域性整体保护等。这些保护方式，有的适用于所有非物质文化遗产，有的适用于多种非物质文化遗产，有的仅适用于一类非物质文化遗产。因此，在开展保护工作时，应该针对非物质文化遗产的现状采取不同的保护措施，防止“一刀切”。非物质文化遗产所涉及的不仅仅有国家的利益、社会的利益，还有族群的利益、社区的利益和个体的利益。它既有创造者的利益，也有使用者的利益；既涉及精神权益，也涉及物质权益。因此，应该设立相应的机制，确认维护创造并传承非物质文化遗产的相关群体或个人的文化话语权、文化发展权、文化选择权，从而唤起文化自觉，实现保护与利用的双赢。与此同时，还要平衡公众利益和专有权利的关系，使各方利益得到平衡。

5.7 创新文化景观遗产保护实现方式

考古遗址及其环境的整体保护，是国际文化遗产保护领域的一项重要课题，涉及文化遗址保护、生产发展、城乡建设等各个方面，需要协调解决社会、经济、文化、生态等诸多问题。我国的考古遗址占地规模较大，小则数万平方米、大则数十平方公里，甚至达到上百平方公里，其规模特点决定了这些考古遗址的保护和利用与周边地区的社会生活、经济发展、生态环境具有直接的、显著的利益关联。特别是考古遗址背景环境的保护，更是文化遗产保护领域中保护措施综合性最强，经费需求最多，受社会发展和人口、资源、环境影响制约最明显的内容。由于相当数量的考古遗址较早地被公布为各级文物保护单位，它们得以比较完整地保存到了今天。几十年来考古发掘出土的遗址中的城墙、城门、城壕、宫殿、宗庙、邸宅、作坊、池苑、墓葬等各类遗址和数量众多的可移动文物，对古代历史的研究发挥了重要作用。按照《威尼斯宪章》所确定的基本原则，考古遗址保护既要“保持它们的整体性”，又要“用恰当的方式清理和展示它们”。今天，如何将这些随时可能消失的考古遗址妥善保护并留存后世，又要在精心呵护它们的同时，发挥其揭示史实、交流文化、陶冶情操、激发爱国热情的作用，已经成为遗址类文化景观保护亟待解决的现实问题。

在意大利，注重保护遗址发掘出土时的原状，不进行所谓的“重建”或“修复”。他们认为，在历史遗迹之上制作任何一种复制品，都将破坏遗址的历史真实性，扭曲它所传达的历史信息。在位于罗马市中心的著名“古罗马广场遗址”，除了凸凹不平的石板路、恺撒将军的墓室和仍然傲立苍穹的元老院石质门柱等少数遗迹之外，其余几乎全部是当年各类公共建筑物的残墙和地基。但这片规模宏伟的废墟，却强烈地映射出古罗马文化的辉煌和一代帝国的气势，成为不加任何“重建”或“修复”的露天博物馆，堪称当今遗址类文化景观遗产科学保护和合理利用的典范[①]。每年来此参观的数百万游客，可以在这里贴近历史，怀古思今。而专家学者们则可借助这片废墟，探索当年的经济、文化和社会形态，揭示考古遗址的多重价值。近年来，我国无锡鸿山遗址的保护实践，探索了文化景观遗产保护的新思路，在保护与整治过程中，并没有简单地将文物保护与遗址所在区域的经济社会发展视为一对矛盾，而是在充分评估遗址所在区域各方面资源对文物保护影响的基础上，在有效保护遗址真实性和完整性的前提下，通过不同级别保护区的划定与管理，在有限的区域内成功地实施了区域资源的整合，将遗址保护展示与环境整治、生态保护、农

① 穆方顺：《意大利让文物古迹与历史衔接》，载《光明日报》，2007-06-08（8）。

民生产生活改善和地方社会经济发展有机结合，实现了遗址类文化景观保护与区域经济社会发展的双赢。

面对大遗址保护状况日益恶化的形势，面对大遗址所在地人们对人居环境改善的渴望，文化遗产保护必须要有明确的对策，对城市发展和民众生活给予充分的关注，其核心问题是如何处理好减缓和制止大遗址保护范围内的城市化进程，与妥善处理当地民众脱贫致富、发展生产、改善生活的关系。例如为了从根本上缓解城市化进程对良渚遗址保护形成的压力，良渚、瓶窑两镇制定了“跳出遗址区求发展”的规划战略，在遗址区外开辟新的发展空间，实现建设重心的转移，并逐步吸引遗址区内人口向外转移。这一战略思路的成效逐步显现，瓶窑镇已将政府机构和公共设施迁至保护区外，以带动城镇中心的转移，两镇主要的工业企业也已从遗址区内转移至遗址区外。以政府收购、外迁安置等多种形式，搬迁了莫角山遗址上的10余家企业，拆除占压遗址的建筑，使遗址核心区的保护有了实质性推进，并对良渚遗址区周边的石矿全部实现关停整治，使环境风貌有了较大改观，104国道也已经避开遗址区南移绕道改建。良渚遗址管委会制订了相应的引导策略，规定重点保护区内原有建筑需改扩建的，必须向非重点保护区迁移，一般保护区内的也要创造条件向遗址区外转移，先后解决了遗址区内600多户危房户和住房困难户的住房问题，部分缓解了保护与发展之间的矛盾冲突。

我国的每一座历史性城市都有自己的发展特点，这些城市遗址是文化遗产中最宝贵的部分。特别是唐宋以后，这些城市的位置基本固定，使城市中心区成为“重叠式的城市”。虽然历朝历代都有变化，但是由于当时生产力水平低下，城市的基本规模和街道布局很难改变。这些大遗址中蕴含着极其丰富的历史文化信息，是我国考古学研究的重点。大遗址考古的每一项重要成果都会对我国考古学的发展产生积极影响。通过全面、系统地调查文化遗存分布状况，建立价值评估体系和记录档案，制订大遗址保护总体规划，完善科学规范的监测体系，将大遗址保护纳入科学化、系统化、规范化的轨道。在这些大遗址中有系统的文化遗存，将考古学、历史学与大遗址保护结合起来是十分有效的研究途径，针对一处大遗址可以从不同角度进行研究，以考古学研究为主，更多地吸收各个学科的方法和知识，将不同学科研究成果综合起来，逐渐接近研究对象的原貌。与此同时，面对大遗址内复杂的遗迹现象，必须树立发掘对象本身往往就是保护的主体、发掘的过程往往就是对历史信息的破坏过程的理念，考古发掘工作的每一个步骤都应在认真论证的基础上，充分考虑今后保护、研究和展示的需要，慎之又慎地确定取合。

成都市组织考古工作者开展的考古调查和抢救性发掘上千项，出土各类文物标本达 20 余万件，发现以府南河为主要标志、面积达 20 km^2 的成都旧城区，是一处从先秦一直延续到明清时期的特大型遗址，考古发现已清楚勾勒出秦、汉、唐、宋、元、明、清各不同时期成都城市格局的发展演变历程。特别是 2001 年 2 月，在成都青羊大道西侧金沙村一带发现了商、西周时期的金沙遗址。把成都旧城区作为一处特大型遗址保护，有利于制定完善的保护规划和措施。通过考古勘探、发掘，对旧城区文化遗存的年代、性质、分布范围有了较为清晰的认识：该区域内已知最早的人类活动可以追溯到 4000 多年前宝墩文化时期；距今 3000 多年前约当商代中、晚期的蜀文化遗址在旧城的西部和南部沿古河道广泛分布；西周至春秋战国时期文化遗址密度明显加大，呈现向东扩展趋势；秦汉时期文化遗址继续向东、向南扩展；唐代中晚期成都城向东、北、南 3 个方向大规模增扩城池，开始形成以府南河为重要标志的成都城市格局；宋、元、明、清城内街道布局虽然发生变化，但总体格局依然保存。通过考古调查发掘可以证明，成都的建城史已由原来距今 2300 多年提前到了 3000 年前左右，不仅极大地丰富了成都历史文化名城的文化内涵，而且为城市的发展注入了新的活力。

张忠培先生指出，“中国的现代城市下面都有古代的城市，乃至史前聚落。总之，现代城市是古代城市的延续，存在着一部由遗存表述的历史”。人们通过考古发

四川成都市新都区杨升庵祠与桂湖（2009 年 5 月 7 日）

掘，认真做好绘图、照相和文字等记录，对文化遗址予以研究，揭示遗存的历史、科学和艺术价值，这些都是对文化遗存的重要保护手段。但考古发掘本身，则是对文化遗存的破坏。“所以考古对遗存来说，具有两面性，即破坏与保护”。任何时代的考古学都有局限性。如果我们不能慎重考虑目前考古手段的局限性，正视目前科技保护的发展水平，就草率地实施考古发掘，所带来的破坏将是难以估量和无法弥补的。因此，要尽量减少用考古发掘的手段来揭示遗址，做好遗址的原状保护。实际上，今天由于科学保护、学术研究和陈列展示的需要，以考古手段进行发掘不可避免，那么在什么样的情况下才可以进行考古发掘呢？张忠培先生提出了 3 个条件：一是要有把握做到基本上能科学地揭示遗存，并且能从遗存中吸取它所包含的信息；二是要有把握做到对所揭示出来的必须保存的遗存能进行妥善的保存和保护；三是在现有的条件下，只能对有可能替代的遗存进行发掘。上述 3 个条件，是一个整体，能否发掘，必须对这 3 个条件同时进行考量[①]。

大遗址保护是一项牵涉多学科的综合工程，因此必须作为一个开放的系统进行谋划。树立大遗址是全社会的文化遗产，文化遗产的保护必须由社会全体成员来承担的理念，积极倡导多部门广泛参与和各领域密切合作，动员社会各方面力量投入到大遗址保护中来。尤其要加强大遗址保护相关法律和政策研究，解决好大遗址保护的资金支持问题，开辟资金多元化筹集渠道，使大遗址保护走上更加广阔的发展道路。大遗址保护最重要的目的在于激活湮灭的历史，传承悠久的文明，让公众了解大遗址所传达的历史信息和文化内涵。要高度重视大遗址的展示系统，积极探索丰富多彩的大遗址展示方式。特别是位于城市中心区的大遗址，除了遗址区本身的展示外，还要在整个城市设计中规划大遗址的视觉形象系统，通过多种方式讲述历史事件和历史人物，让人们能够走进历史，实现与历史的对话和交流。大遗址保护必须走法制化的道路。每一处大遗址都有其独一无二的历史价值，继承和保护都要严格遵守其特定的规律，在严肃、严密的法律法规框架内进行。要进一步提升大遗址保护规划的法律地位，大遗址保护规划应由地方人大审议通过，获得与城市发展战略规划和城市总体规划同等的法律约束力。同时，重要的大遗址都应制定单独的保护管理规定或条例，使大遗址保护管理有法可依。

近年来，殷墟考古遗址公园创新遗址展示的方法和手段，在国内首次综合采用了大规模地表植被、砂石标识地下遗迹形制，遗址本体地下封存等保护展示方法。例如：对宫殿宗庙区的建筑基址采取地下保存、地上标示的方法进行保护展示；对重要墓葬及随葬品进行复原展示；对王陵区采取建设大型保护设施和地下封存、地表标示相结合的保护方法。特别是以这种方法为主要展示手段的王陵遗址，形象地展现出地下遗址的分布和形制，既保护了深埋地下的遗迹，又取得了良好的展示效果。殷墟遗址博物馆虽然距离遗址区较近，但是由于布置在遗址一侧靠近河道的树

① 张忠培：《城市考古与广州的城市考古》，载《中国文物报》，2008-08-01（7）。

从中，达到了隐蔽的要求。同时，殷墟遗址博物馆修建于地下，地表用植被覆盖，充分保护了遗址的原有面貌。殷墟遗址公园的现场主要展示不可移动的文化遗迹，而对于可移动并且体量较小的文物或不宜置于室外的实物资料，则汇集起来存放于殷墟遗址博物馆内展出，避免散失或在自然条件下遭受进一步的破坏。馆内集中展示了 50 多年来在殷墟发掘出土的 500 多件文物精品。所有这些努力，使殷墟遗址成为集遗址保护、文化展示和生态景观观赏为一体，极具综合效果的大型考古遗址公园。近年来，殷墟遗址年均接待海内外游客由原来的不足 10 万人次，增至现在 40 万人次，间接旅游综合收入更是大幅度提升。

景德镇生产陶瓷已有 1000 多年历史，延续不断，在长期的生产实践中积累了丰富的经验。景德镇御窑厂遗址，是专门为明清宫廷生产瓷器的皇家窑场，总面积约为 13.1 万 m^2，自明代洪武二年开设，持续烧造时间近 600 年。1982—2004 年，考古工作者多次对御窑厂遗址进行考古发掘，出土大量瓷片和窑炉遗迹，其中有许多重要的新发现，为研究明清御窑厂历史文化提供了新的信息、新的资料，对复原御窑厂的生产面貌和探讨御窑厂的管理制度等方面有重要的学术价值。近年来，景德镇市政府开展御窑厂遗址的保护，将遗址内包括市政府在内的所有单位搬迁。同时，实施湖田窑遗址围墙、界桩、界碑建设，重建了马蹄窑、葫芦窑保护设施，并对遗址重点保护区周边环境进行整治。景德镇御窑厂遗址保护实施以来，成为展示景德镇陶瓷文化遗产最重要的组成部分，带动了景德镇老城区的文化遗产保护。湖田窑遗址，位于景德镇市东郊湖田村，是全国重点文物保护单位中最早的一处古瓷窑遗址，其保护范围 26 万 m^2，是我国目前发现的生产规范最大、延续烧造时间最长的窑业遗存，是景德镇千年陶瓷文化的发祥地之一。湖田窑遗址保护实施以来，提高了遗址的品位和观赏性，改善了遗址周边环境，延长了参观展线，外来旅游人数显著增加，促进了文化遗产保护与经济社会协调发展。

含经堂在《圆明园遗址公园规划》中曾被列为重点重建项目。2001 年 4 月，考古单位对含经堂遗址进行系统的考古发掘，共发掘遗址面积近 4 万 m^2，发现蕴真斋、淳化轩、看戏殿、扮戏楼、理心斋等规模宏伟的早期建筑遗址，揭示出重要宫殿建筑基址和景点近 20 处。从实际发掘情况来看，含经堂遗址保存状况较好，类型多样，各种建筑基址形状、规格、结构关系清楚；发现的排水系统和地下供暖设施在已知历史文献和档案中未曾明确记载；保存有相当多的构件，反映出当时庭院布置、建筑的局部构造等技术细节。此外，含经堂遗址区发现了大量当年英法联军焚毁圆明园的遗迹，如大片已经迸裂的宫殿地面和被烧焦炭化的木桩、戏台地板、古树及各种文物等。这些发现具有极高的历史研究价值，成为圆明园内又一处对我国近代历史具有见证意义的大型遗址，其自身价值超过重建所能体现的价值。经过专家论证，最终确定不再进行建筑复原，而对遗址实施全面保护。从 2002 年 11 月开始，含经堂遗址展开大规模保护工程，对所有遗址的保护都采取了“可读”“可逆”的做法。“可读”，即遵照历史真实性原则，明确平面柱位、墙体、甬道、台阶位置；广泛收集散落的建筑构件，认真查对后原位归安，原有残迹与现代增加的保护设施作出区别。“可逆”，即在严格保留遗址遗存的前提下，将遗址以三合土填夯、封闭；对于某些必须暴露的残迹展示，建造可拆卸的保护棚罩。通过以上做法，含经堂遗址较为真实地反映了其携带的历史信息，所附加的现代手段和保护设施也能够与原有遗迹相协调。从 2003 年开始，圆明园又开始实施九州清晏景区山形水系的保护性整治，所采取的措施仍然是按照原有的版图，对山形水系和考古遗址实施保护，同样不进行建筑复原。

三峡地区包括西起重庆，东至宜昌，长江及其支流流经的地域。作为一个相对独立的地理单元，同时也是沟通四川盆地和江汉平原的咽喉地带，千百年来的人类活动留下了众多的遗址和文化景观。三峡水库的建设将使原有文化景观彻底改变。三峡工程库区涉及文物保护项目共有 1087 个，其中地下考古发掘项目 723 个，地面文物保护项目 364 个，按计划都将在 2009 年三峡工程四期蓄水前得到抢救与保护。

其中地下文物的总勘探面积达 1600 万 m^2，考古发掘面积为 187 万 m^2。一时间，全国 110 余家考古科研单位、文物保护工程单位和高等院校师生，累计 5000 余名专业人员云集三峡工程库区，考古发掘出土大量城址、居住址、墓葬群和冶铸遗址、盐业遗址和窑址等。在地面文物方面，发现古代枯水题刻 6 处和宋代以来洪水题刻 10 余处，东汉石阙和唐宋明清的摩崖造像、碑碣、摩崖诗文题刻几十处。另有庙祠、民居、桥梁等明清建筑近 300 处，包括数处规模巨大的古栈道、纤道等。其中忠县石宝寨、涪陵白鹤梁、云阳张飞庙、秭归屈原祠，被列为 4 大地面文物保护项目。石宝寨以抬升寨墙的方式进行原地保护，白鹤梁水文题刻采取措施在水下原址保护，而云阳张飞庙和秭归屈原祠则采取异地搬迁复建方式保护。

石宝寨位于四川忠县长江北岸，其寨楼是我国现存体积最大、层数最多的穿斗式木结构建筑。玉印山独有的自然风貌与寨楼建筑紧密融为一体，产生出特有的审美效果，整个建筑组群因依傍长江的独特位置，采取灵活巧妙、因地制宜的布局形式，创造了文化景观与自然环境紧密结合的独特价值。但是，当三峡水库蓄水水位达到 175.0 m 时，石宝寨周围包括寨门将全部被淹没，成为孤岛。针对石宝寨保护问题，先后有原址围堰、迁移保护等多种方案。在此过程中，人们认识到一旦失去真实的环境依托，石宝寨的杰出价值必将受到很大影响，因而采取原址保护方式，整体保存寨楼和环境的关系具有充分的必要性。同时，经过深入的价值评估、保护状况评估和地质勘测调查，证明了原址保护的可行性，并获准实施。考虑到玉印山地质状况和水库运行方式，保护方案几经修改。由最初提出的“围堰”方案，而后提出的“护坡加仰墙”方案，到最终确定的“护坡加钢闸门”方案，经历了积极而慎重的决策过程。实施方案为沿石宝寨四周砌筑围堤，但在寨门前留约 50 m 豁口，以活动钢闸门代替部分仰墙。高水位时可关闭闸门保护寨门，低水位时可打开闸门，恢复寨楼、寨门外观完整。实践证明，原址保护方式可以真实保存石宝寨的历史、科学、艺术价值，从而相对完整地保存其杰出的文化景观。

白鹤梁是位于重庆涪陵城北长江中的一条长约1600 m、宽10~15 m的天然巨型石梁。其上有自唐至清代众多文人镌刻的石刻题记165段，3万余字，反映了1200余年间的水位情况。石梁上刻有石鱼18尾，记录枯水变化，可以推出长江枯水位和枯水发生的周期，具有重要的科学价值。白鹤梁题刻是我国乃至世界上目前所发现的时间最早、延续时间最长且数量最多的枯水水文题刻。虽然在埃及尼罗河等世界大江大河中也有一些水文石刻，但是在时间和数量上均不能与白鹤梁题刻相比。因此，联合国教科文组织称其为“保存完好的世界唯一古代水文站”。由于三峡水库蓄水，白鹤梁题刻将淹没水下、沉于江中。同时，由于泥沙磨损和深水压力，题刻损坏也将加剧。如果实施迁移保护将会彻底改变题刻与其历史环境的相对关系，对真实性改变最大。而如果将大部分题刻封存江底，又将使其历史信息得不到充分展示，且会破坏题刻的完整性。为了保护这一世界独有的文化景观，经过科学论证，最终选定了“无压容器”方案，建设白鹤梁水下博物馆。即在原址修建壳体保护设施使题刻不受泥沙磨损，并调整壳体内外水压相等，使题刻免受深水压力影响。同时从岸边修建参观廊道，使游人可以进入水下参观题刻原物，真实地在原址保护了题刻的历史信息和突出价值，并使其得到充分展示。

2005年5月，西安市为配合大明宫御道、丹凤门遗址的保护展示，从加强大遗址保护、改善城市生态环境出发，采取长效性的根本措施，对含元殿遗址前御道区域不合理占压遗址的建筑进行一次性整治，完善了遗址保护展示设施和保存环境，实现了含元殿遗址正式对外开放。2008年8月，《大明宫遗址公园总体规划》通过专家论证。总体规划涉及考古规划、遗址保护与展示、景观及绿化、道路交通组织、主要服务设施、遗址管理等方面，体现了新时期文化遗产保护与推进城市现代化生活、调整周边产业结构的新思路，使文化遗产真正成为现代城市的资源，同时也成为人民生活的乐园。2008年9月，《大明宫遗址考古工作计划》也通过了专家论证。随即大明宫遗址区保护工程正式启动，对素以脏、乱、差著称的大明宫遗址及周边道北地区进行全面整治。规划整治面积为19.16 km^2，其中大明宫考古遗址公园面积为3.2 km^2，拆迁建筑面积达350万 m^2，涉及10万人口，投入资金80亿元。目前，大明宫遗址区拆迁任务已经完成，遗址环境得到全面改善。大明宫考古遗址公园将于2010年建成对外开放，届时，考古遗址公园周边区域也将通过环境整治，建设成为功能完备、环境优美、文化特色鲜明的文化城市示范新区。

一处过去生态环境恶劣、基础设施落后、不具投资潜力的地方，如今变成了令人向往的地方，大明宫考古遗址公园的建设获得了可喜的综合效益。在文化方面，城市获得了一个意义非凡的考古遗址公园，使大明宫遗址得到整体保护；在经济方面，考古遗址公园建成后改善了周边的投资环境，大大提升了周边的土地价值，吸引更多投资，增加城市经济收益；在生态方面，实现了城市中心的大型公园绿地，改善周边生态环境；在民生方面，解决了当地民众的居住条件改善，并满足人们日后的文化休闲需求。“当大明宫国家遗址公园像一块巨大宝石镶嵌在城市的中央并平和地融入西安人民的现实生活时，世人能感受到的仍然是震撼！”①2009年6月，国家文物局和杭州市人民政府共同举办了主题为“大遗址保护与考古遗址公园建设”的良渚论坛，在广泛交流和研讨的基础上，形成了建设考古遗址公园的《良渚共识》，该文件指出：“考古遗址公园立足于遗址及其背景环境的保护、展示与利用，兼顾科研、教育、游览、休闲等多项功能，是中国大遗址保护实践与国内国际文化遗产保护理念相结合的有益尝试，是加强大遗址保护、深化大遗址利用与展示的有效途径，具有鲜明的中国文化遗产保护特色，符合现阶段大遗址保护的实际需要。”②

洛玻集团始建于1956年，经40多年的建设和发展，已成为集科研开发、生产经营、进出口贸易为一体的大型企业集团，厂区占地877.7亩，总资产41.6亿元，年产多种色调、规格的优质浮法玻璃2000多万重量箱。近年来，由于设备陈旧、老化问题日益突出，市场的冲击和环境保护的压力增大，洛玻集团整体效益下滑，生产线面临更新改造。洛玻集团厂区位于隋唐洛阳城宫城核心区，紧邻宫城中轴线西

① 周冰：《唤醒对历史的共同承担》，载《中国文物报》，2008-12-03（6）。
② 论坛全体代表：《关于建设考古遗址公园的良渚共识》，载《中国文物报》，2009-06-24（2）。

侧，文献记载和现有考古资料表明，该区域分布着九州池等重要考古遗址。九州池遗址位于宫城西北部的高地上，唐代为皇子、公主所居之地。由于隋唐洛阳城的地势西北高东南低，九州池内的水向宫城辐射，构成了水网密布、殿台楼阁点缀其间的宫苑园林胜景。文献记载这一区域内有仁智院、集仙殿、瑶光殿、德昌殿等重要宫殿建筑。要实现隋唐洛阳城核心区的全面保护，洛玻集团厂区搬迁势在必行。对洛玻集团现有生产线、办公区以及其他附属设施实施整体搬迁改造，实施上述遗迹保护展示，有利于扩大隋唐洛阳城核心区保护展示规模，使明堂、天堂、应天门区域同九州池区域连成一片，形成一个整体，特别是洛玻集团目前正准备全面进行炉窑改造、更新，此时实施搬迁，工程量小，成本较低，而错过这个时机，改造完成后再搬迁就很难实现。

当前，虽然我国总体上还处于工业化的中期，但是沿海城市和中心城市以及一些传统工业城市的经济社会结构正在发生着根本性的变化。这些城市中的工业发展，必将由制造业为主体开始向服务业转型，管理方式从政府为主体向市场和公众管理转型，增长方式从数量扩张向质量内涵提升转型，发展内容从注重经济向注重文化和服务社会转型等。在这一转型过程中，必将伴随产业类型、空间结构、社会形态、意识行为等方面的变化。在这一迅速转型和激烈变化的形势下，如何使更多的优秀工业遗产得到妥善保护，如何形成我国工业遗产保护的整体思路和方法，是需要不断思考和实践的重要课题。当前的行动应当包括，将工业遗产作为重要的普查对象，对工业遗产的认定、保护和合理利用制定相应的标准；开展工业遗产保护相关法规、规章的制定，使经认定具有重要意义的工业遗产通过法律手段得到强有力的保护；对于列入文物保护单位的具有重要意义的工业遗产，最大限度地维护其功能和景观的真实性和完整性，原状保护必须始终得到优先考虑；通过持续性和适应性的合理利用来证明工业遗产的价值，进而使人们自觉地投入保护行列，并引导社会力量进入工业遗产保护领域；注重工业遗产保护的宣传与教育，使专业性工业博物馆和处于妥善保护和开放状态下的工业遗产地成为宣传工业遗产价值和保护事业的重要场所。

近年来，上海在加大工业遗产保护力度的同时，对100余处工厂、仓库等近代工业建筑进行保护性再利用。老厂房、旧仓库等蕴含着大量历史文化信息，内部空间又适宜改建利用，为文化创意产业发展提供了外部条件。工业遗产保护是城市文化发展的组成部分，与城市文化发展战略紧密相关，而工业遗产再利用的实践将催生新的文化诞生，可以实现文化创新与经济发展的双重目标。工业遗产保护与再利用应结合旧城更新、滨水地区复兴，大型城市活动等加以文化创造，取得意想不到的效果。2010年举世瞩目的世界博览会将在上海举办，各国场馆的建设，城市基础设施的完善，在一定程度上改变了城市原有的格局和空间规划，应该说是上海城市发展的机遇。目前，世界博览会场址的确定，以“正生态”环境建设为规划目标的

上海青浦课植园（2009年7月5日）

同时，包括利用老工业厂房建造大型会展设施等，一系列工业遗产保护与利用项目，为上海工业遗产保护提供了契机。世界博览会要向世界全面客观地展示上海的城市风貌，其中40%利用的是原有建筑，在这一过程中，尽量保留工业建筑的原有文化信息，同时，尽量满足世界博览会的多样化需要，展示上海工业建筑群的风采，实现工业遗产的独特价值。

长期以来，随着南通工业结构重组，发展重心南移，唐闸镇多数传统产业终因种种原因被时代抛在了后面，成为一座孤岛型的老工业城镇。城镇中不少企业停产、商业凋敝、环境恶化，曾经创造奇迹的近代工业建筑群，成为城市沉重的历史包袱。在持续了20多年的衰落、萧条之后，百年工业老镇的工业遗产，却在被人遗忘中由历史的包袱，变为城市的宝贵的财富，虽然也经历了小规模的拆建改造，但是近代唐闸的空间布局没有被现代建筑所破坏，仍然保持着20世纪20年代工业城镇的肌理，这在我国的近代工业遗存中已经难以寻觅。例如完整保留下来百年工业老镇的基本格局，保留下来大生企业群体的众多工业遗存，保留下来包括大生纱厂、复兴面粉厂、资生铁冶厂、广生油厂、大生织物公司、大达内河轮船公司、通成纸厂以及实业小学、敬孺中学、唐闸工人子弟小学等一系列工业遗产和近代建筑，留下了通扬运河两岸密布的具有西洋风格的近代商业建筑群、规模宏大的近代仓储建筑群、高门大院的传统民宅建筑群以及红楼、医院、戏院、公园、码头、菜场、船闸等全套社会生活历史景观，构成运河两岸工业遗产与河岸风光交相辉映的文化景观带，形成具有标志性的地域特色与生态环境，从而为今天保留下来一个近代中国著名工业重镇的历史风貌①。

今天，我国在经济转型发展过程中，在和平崛起的历史时期，更应该用综合性的眼光看待工业遗产，不仅关注工业遗产本身，还应该关注和挖掘与之相关的事件、人物以及特定的历史阶段，从物质和非物质的角度全面认识产业类文化景观，才能更有利于工业遗产的保护和利用。辽宁阜新海州露天矿是我国第一个五年计划156

---

① 姜平，张廷栖：《唐闸近代工业遗产》，载《江海文化研究》，2007（6），1页。

项重点项目之一，因煤资源枯竭于2005年5月关闭。其遗址长4 km，宽2 km，深350 m。海州露天煤矿全景式展示了现代我国工业文明百年发展的历史，曾被选为我国普通邮票和人民币背景图案，其丰富的人文遗迹和特殊的文化旅游资源极其罕见。今天，作为世界上最大的废弃人工矿坑之一，阜新海州露天矿将改建成为国家矿山公园，包括电镐、蒸汽机车、牵引机车、潜孔钻机等大型采掘设备，每一件展品的后面都有一串故事。此外，总建筑面积达5000 m^2的A、B双体矿山博物馆正在紧张布展。博物馆将用高新科技手段揭秘煤从形成到被开采出来的全过程，用丰富实物展现煤化石、硅化石、玛瑙、玄武岩柱等罕见化石，再现不同年代矿工生活场景。矿山公园还将利用现存的85辆国内外生产的蒸汽机车和电机车，建设蒸汽机车博物馆，利用15 km矿山铁路，向参观者提供驾驶蒸汽机车、摄影观光等文化旅游项目①。

1958年，北京焦化厂开始筹建。仅仅一年时间，在北京东南郊近2 km^2的低洼荒芜的土地上，巨大的烟囱拔地而起，体形庞大的焦炉开始作业。我国自主研制的第一座炼焦炉生产出了第一炉焦炭，并第一次将人工煤气通过管道输送到北京市区，从此结束了北京没有煤气的历史。从第一座炼焦炉投产以来，这里共为首都输送商品煤气148亿 m^3，替代燃煤2000多万t。在不断扩大生产规模的进程中，发展成为国内最大的商品焦炭供应和出口基地。进入21世纪，伴随天然气进京以及城市建设的快速发展，焦化厂所处的地理位置和生产状况已不符合首都城市建设尤其是环境保护的要求。1958年，北京焦化厂因环境保护而建，48年后，北京焦化厂又因环境保护而停产搬迁，每年为北京减少二氧化硫排放量7500 t，减少烟尘排放量7321 t，减少污水排放量750 t。2006年7月，工厂全面停产后，计划于2008年3月前完成所有建筑物、构筑物、设施设备的拆除工作。但是，2007年，北京市“两会”期间，50余位人大代表、政协委员，针对北京焦化厂工业遗产保护问题，提出了6件人大建议和政协提案，同时，北京焦化厂职工对工厂情感深厚，也希望能加强工业遗产保护。由此，有着近半个世纪辉煌历史的北京焦化厂的命运发生了重大转折，由夷

① 魏运亨：《世界上最大的废弃人工矿坑成为中国工业遗产旅游示范区》，载《中国文物报》，2009-05-01（1）。

为平地转向了抢救性保护，由拆迁实施房地产开发转向了工业遗产保护[①]。

5.8 提高文化景观遗产保护能力建设

我国是幅员辽阔的文明古国，也是当代世界最大的发展中国家，既有悠远多姿的古老文明和丰富多彩的文化遗产资源，又有逐渐强盛的综合国力和与日俱增的国际影响。在这一背景下，应当致力于以新的观念对待新时期文化遗产学科的发展，时刻关注国际社会一切与文化遗产相关的新视点，不断针对我国的文化遗产保护实际加以研究分析，推进并开拓文化遗产保护工作，应对新挑战，提出新观念，谋求新发展。因此，要建立起新的文化景观遗产资源观念，既要以对我国文化遗产资源的深刻认识为基点，又要站在中华文明应对人类文化遗产事业作出卓越贡献的高度，使对文化景观遗产的认知水平不断提高，认知领域不断扩大，建立起多元一体的文化景观遗产资源认知体系，构建起负责任的文化遗产资源大国的应有形象。在保护实践中，为文化景观遗产寻找保护性再利用的方式越来越受到重视，人们在制定保护规划的基础上，通过保护性再利用，使文化景观遗产的重要性得以最大限度地保存和再现。保护规划应该在更宽广的范围内，为保护性再利用引领方向，以使更多的文化景观遗产融入人们的社区生活，既使它们得到有效保护，又使它们发挥出综合效益，为社会提供可持续的服务。

人类文明的传播与影响，在今日世界上留下为数甚多的文化景观遗产，而对于文化景观遗产价值的发现与认知永无止境。当前，全社会对文化景观遗产保护的认识不断提高，参与范围不断扩大，跨学科合作渐成风气，在文化景观遗产的保护实践中，将环境、气象、地质、物理、生物、化学、旅游、农林等多种科学和技术综合运用，进行了广泛探索。同时，在文化景观遗产科学研究领域聚集了众多学科的专家学者，参与文化景观遗产保护的专业人员不但包括历史学、考古学、人类学、建筑学、城市规划学、园林学等领域的学者，而且包括地理学、岩石学、水文学、

---

① 刘月月：《辉煌 拆除 重生》，载《中国建设报》，2008-11-18（2）。

地震学、矿物学、昆虫学、植物学等领域的学者，还包括社会学、经济学、档案学、统计学等领域的学者以及文物建筑修缮、文物修复、文物鉴定等领域的专家。由此可以看出，文化景观遗产保护是一项复杂的巨系统工程，需要众多学科之间的通力合作。通过组织跨学科、跨领域、跨行业、跨部门的力量，利用现代科学技术，开展农业、矿产、水利、交通、营造、制造、纺织等领域的系列文化遗产专项调查；采用文献学方法、考古学方法、实验室方法、工程模拟方法、国际对比方法，多学科交叉渗透、多重证据相互印证的方法以及系统综合方法，深入挖掘实证我国古代发明的历史价值、艺术价值和科学价值，全面提升文化景观遗产保护研究、展示传播的整体水平。

文化景观遗产是不可再生的文化资源，风沙、洪水、海啸、冰雪、地震、雷电、泥石流等自然灾害都可能对其造成损害甚至损毁，如何提高文化遗产防灾减灾能力，建立科学的防灾减灾工作机制，有效应对重大自然灾害的威胁，是对文化景观遗产保护工作提出的新课题。我国是一个自然灾害多发的国家，要求在生产、生活等各个领域、各个方面都牢固树立防灾意识，采取对自然灾害的预防、预警措施，文化景观遗产也是如此。树立科学的文化景观遗产防灾意识，就是树立文化遗产安全的忧患和危机意识，即有针对性地采取科学、有效的措施，有意识地主动避免自然灾害对文化景观遗产的损害。针对文化景观遗产的防灾减灾，首先，要对其所处的地质地貌和天文气候等自然地理环境进行科学研究和分析，明确可能危害文化景观遗产安全的主要自然灾害，为采取科学有效的防灾措施提供科学依据，进而加强利用科技手段的防范；其次，文物行政主管部门应与气象、地质、地震等相关部门保持经常的联系与沟通，及时取得和掌握自然地理和气候变化的准确信息资料，为防灾减灾工作提供依据；最后，做好增强灾害防范意识的宣传教育，使文化遗产保护工作者和相关人员树立防灾意识，提高全员防灾能力。

我国文化景观遗产分布广泛，很多地区又是地震灾害多发区。2008 年四川汶川特大地震给当地民众和社会经济带来重创，同时对灾区文化遗产也造成了巨大损失。在文化遗产保护领域，防灾减灾的重大课题已列入国家研究序列，如何针对不同类型的不可移动文物提出符合实际的风险评估，在保护维修工程中指导实行预防性干涉力度，防止文化遗产在自然灾害中发生毁灭性破坏，为文化遗产保护行政管理提供科学决策依据，是当前的重要任务。在意大利，对文化遗产进行风险评估，是中央以及地方政府进行文化遗产保护的前期工作。针对这一工作，早在20世纪70年代，意大利政府便有了建立文化遗产风险评估系统的构想，直至90年代逐渐发展成熟，1990年，意大利发布84、90法令，正式将其命名为“国家遗产风险图”，其基本原理是采集、优化和降低文物退化风险的各技术单元及其指标数据，以便确定最适宜的管理方法和修复方法，减少和避免其意外风险的发生。意大利国家文化遗产风险评估系统是一种区域信息系统，用于管理文化遗产保护过程中有关遗产降解退化因素的相关技术数据，能识别和量化文化遗产所遭受的风险，确定文化遗产保护优先级别，为相关科学研究和管理规划提供信息支持，是意大利文化遗产保护政策的重要工具[①]。

利益相关者（stakeholder）的概念，最初来源于企业管理。1927年美国通用电气公司的一位经理在其就职演说中，首次提出公司应该为利益相关者服务的思想。1963年，斯坦福研究院首次提出利益相关者概念。在文化遗产领域，2002年，盖蒂研究所出版的《考古遗址的管理规划》一书中，明确提出文化遗产的利益相关者以及他们在文化遗产管理规划中的作用，将利益相关者理论广泛的运用于文化遗产管理领域。文化遗产的利益相关者是指能影响文化遗产保护目标实现，或受实现过程影响的个人和群体。在文化遗产保护领域，社区居民或遗产地居民一直是被忽略的利益团体。作为文化遗产的利益相关者，他们不但影响各类文化遗产项目的决策，而且受到实施项目的影响。例如我国的考古遗址多处于城市或近郊区，考古遗址区内分布有大量的居民、建筑物和基础设施，有些聚落甚至直接叠压于考古遗址本体

① 詹长法：《从风险图看意大利文化遗产风险评估系统》，载《中国文物报》，2009-05-08（5）。

之上。在保护考古遗址时，这些居民和聚落该如何处置，是保护实施面临的棘手问题。居民作为考古遗址的利益相关者，应享有知情权，了解考古遗址区内将采取怎样保护措施以及可能带来的影响。在此基础上，居民应具有管理参与权，参与各种保护策略的制定和实施，在保障切身利益的前提下，参加到考古遗址保护的活动之中。

随着文化景观遗产保护对象的扩大化和复杂化，所涉及的单位和个人也逐渐增多。地方政府、社区公众、企事业单位、专家学者等利益相关者与文化景观遗产保护的关系研究，已成为急需关注的问题。2006 年 5—6 月，第二届文化遗产保护与可持续发展国际会议在我国绍兴召开，会议通过的《绍兴宣言》指出，“目前仅仅是在有关发展的所有主要决策制定之后，才通过信息分享的方式使社区和文化遗产保护的利益相关者参与进来。这种做法既没有效果，也会造成冲突。应当让所有层次的利益相关者都在一开始就到发展规划的制定中来”。“应使当地社区最大限度地参与到文化遗产的规划、管理和人员雇佣中，并能够平等地享受经济利益的分配”。2007 年，在新西兰召开的第 31 届世界遗产委员会会议，将世界遗产的全球“4C”战略（保护、信誉、能力建设、交流）增补为“SC”，增加了社区公众的协调和参与。当前，国际社会特别强调要建立完善的评估体制，量化原住民聚居地对世界自然遗产地的影响程度。同时，联合国通过的《原住民土地宪章》（1992 年）和《关于原住民权利宣言的草案》（1993 年）指出“不能为了搬迁移民或进行其他形式的经济活动而把原住民从他们的土地上搬走”，“要防止任何目的在于剥夺他们的土地、领土或资源的行动或影响，要防止具有侵犯或损害他们权利为目的或后果的任何形式的人口迁移”，均体现出对利益相关者的尊重。

我国的文化景观遗产的保护范围，普遍是人类栖居地，甚至是人口稠密区。而且在相当多的情况下，居民实际上就是原住民，他们本身就是文化景观遗产真实性和完整性的重要组成部分，既是保护对象，也是保护的依靠力量。要通过一系列惠民、便民、安民的措施，吸引和留住原住民，使当地居民成为传统文化的传承者和创造者。因此，在众多文化景观遗产的保护过程中，既不能采用大量外迁移民方式，也不能采取让当地社区牺牲发展的方式，要寻找融保护与发展为一体的发展路径。在妥善保护文化景观遗产的同时，又能依靠文化景观遗产的巨大能量和感召力，推动保护区域的经济社会发展，并使人们看到，文化景观遗产保护带动经济社会发展和民众生活质量提升的实际成效。为了使文化景观遗产保护由政府单向承担转变为全民支持参与的互动，为了凝聚民众的文化归属感和向心力，文化景观遗产保护不能只采取自上而下的单向保护，各级政府和文物行政部门不能只把保护作为一项文化事业而包办一切，这样只能造成沉重的负担，而且显得势单力薄。只有将文化景观遗产保护定位为全民的共同事业，对于保护的倡导和管理才能引起民众的广泛响应，才能使文化景观遗产保护达成全民的共识，才能由少数业内人士的奋争，到唤起全民的关注。

文化景观遗产保护的主要目的，是兼顾人类社会可持续发展与人居环境改善，实现长远利益与短期利益、整体利益与局部利益的结合，以保护文化多样性为内涵，以提升品质生活和综合文明素质为内容，最终推动人类社会的交流、尊重、对话、了解、理解、合作，达到共同繁荣，这就是文化景观遗产概念提出的真正意义。在文化景观遗产的保护中，必须要首先考虑生活其中的主体，即当地民众，因为民众是文化景观遗产的真正主人，是地域文化发展的根本动力。国际上通过的有关保护和尊重土著民族或原住民权利的公约，与我国政府保护原住民平等权利的努力相一致。因此，文化景观遗产保护政策的制定，必须慎重权衡社会文化与经济发展的关系，以居民自愿自觉为基础，设置合理的动态机制，重视与原住民的充分协商，考虑和尊重原住民的知情权、参与权、决策权和监督权，体现社会的公平性。若要有效保护文化景观遗产的延续性，并使之发展成为更具生命力和生态保护价值的文化景观，关键在于当地民众对于文化景观遗产所包含的传统文化和精神信仰是否充分认同并愿意持续保持。所以，在对文化景观遗产的保护上，要始终关注社会发展与当地民众的关系，将其作为文化景观遗产保护中的重要方面进行整体考虑。

对于城市类文化景观遗产，应该成为保护与延续城市文脉的有用工具。通过探索不同类型城市类文化景观的保护措施，鼓励历史性城市制定文化、景观与环境可持续发展的管理体系，使之成为控制与延续历史环境的有效方法。因此，必须以城市重大文化资源的角色，使文化景观遗产进入城市总体规划层面，协调城市发展目标与文化景观遗产保护的关系，甚至直接介入土地利用、交通组织、生态保护等相关发展要素的专项规划之中。针对不同性质和特点的文化景观遗产，提出明确的核心保护区与核心保护区周围一定范围的缓冲区以及对于与核心保护区有联系的更广阔的区域实行某些方面的控制。《维也纳备忘录》警告“应该特别小心，确保在世界遗产城市开发当代建筑能够补充历史城市景观的各种价值，同时遵守限制要求，不损害城市的历史景观”，并认为“对历史城市景观的优质管理旨在永久维护和提高空间、功能和设计方面的价值。在这方面，必须特别重视使当代建筑融入城市的历史景观中”。在城市类文化景观中进行结构性干预和建造当代建筑需要慎重考虑，必须与有关利益相关者进行磋商，这样一个过程可以逐案采取充分、适当的行动，审查新旧建筑之间的空间联系，同时尊重传统格局、背景环境的真实性与完整性。

浙江绍兴稽山园（2008 年 6 月 22 日）

对于乡村类文化景观遗产，在具有一定自然容量的乡村类文化景观区域内，保留部分传统生产的存在，保留一定数量传统民居的正常生活，不仅不会影响文化景观的文化品格，反而能给文化景观区域增加生机和活力，增添它的美学意境和情趣，并与缺乏日常生活气息的文化遗产地形成不同的文化氛围。今天，乡村类文化景观遗产的保护，具有保护民族文化和消除地区贫困的双重任务。首先要从全局和整体发展出发，做好文化景观遗产保护规划。在规划中不仅仅考虑一些单体建筑或单方面要素，还应包括文化、经济、社会、人口、环境、教育、科技、道德、宗教、民族心理、传统习俗等方面的综合内容。通过开展普查摸清文化资源状况，对文化底蕴深厚、文化景观独特、生态环境优美的历史文化村镇重点开展保护研究，通过规划实施解决传统风貌维护、街巷肌理保持和人口规模控制等问题，还要保护好山体、溪流、林木等自然景观，古道、古井、古民居等人文景观以及传统生产生活器具等多方面内容。根据不同乡村类文化景观特色制定相应的保护管理办法，确定保护项目和整治目标，提出具体保护措施。有条件的地区还可以通过建立生态博物馆群，实现增强社区职能、保持传统文化，发展区域经济等目标。

对于山水类文化景观遗产，由于通常空间尺度较大，在自然条件中融入了较为复杂的人地关系要素，形成极其丰富的类型，因此在保护实践中，必须注重原有山水格局的生态性、完整性和协调性，采取具有针对性的保护方式，建立起自然、文化、经济、社会的复合生态系统，形成由宏观到微观、由总体到局部、可持续发展的、人类与自然共生的文化景观模式。历史的经验表明，在山水类文化景观区域内，任何新建建筑物、构筑物的位置、规模、体量、形式等，都将成为影响景观的重要因素。只有在尊重自然环境的前提下进行建筑项目合理的选址和布局，重视控制建筑物、构筑物的体量，才能保持文化景观遗产环境的和谐。必须制止山水类文化景观遗产保护区域内经营性项目的建设，旅游服务设施亦应该受到严格限制，特别是大体量的旅游设施应该在文化景观遗产保护区域外安排。山水类文化景观遗产的保护，应着眼于对客观规律的尊重，构筑起理想的生态框架，实现对自然的修复和提高。同时，将文化景观遗产的保护和相关环境整治当作文化行为来看待，善于将工程与艺术结合起来，既解决实际问题，又着力营造文化艺术的理想境界。

对于宗教类文化景观遗产，作为人类社会活动所形成的独特景观，经过历代的营造，形成众多名胜古迹，体现出独特的文化和精神需求。它们往往具有庞大的体量和规模，文化遗产本体及其与本体共存的人文、自然、生态、景观环境和山形水系，都具有珍贵的价值，需要实施整体保护。应严格控制宗教类文化景观遗产核心区内新的建设，不得影响或削弱文化景观地位，不得破坏自然环境。对于缓冲区内新的建设，不但应严格控制其高度，而且对于其形式体量、立面特点和装修色彩等，亦应进行严格评估，使之与宗教类文化景观遗产的文物建筑及特色景观相协调。与其他事物的发展规律一样，现存的宗教类文化景观总是建立和依附在前一历史阶段的文化景观基础之上，而现存的文化景观也必然成为今后文化景观发展的前提和依托。鉴于各地经常性宗教活动的持续开展，不断存在着原有文化景观遗产保护与新建、扩建之间的冲突，因此，应充分尊重宗教类文化景观遗产延续的客观规律，全面深刻认识现存的文化景观遗产价值，并在充分论证的基础上，最大限度保护原有文化遗存，作为文化景观遗产得以延续的历史基因，使之与后续的发展相互呼应。

对于遗址类文化景观遗产，作为城市中内涵丰富的优秀文化载体，应是环境优美，并融入现代社会生活的文化景观。如果众多考古遗址继续维持甚至恶化目前状况，被看作城市发展的负担和包袱，保护的结果是基础设施落后，人民生活贫穷，社会环境脏乱，保护就得不到民众的理解，得不到社会的支持，得不到地方政府的重视。解决上述问题的最佳办法是通过建设考古遗址公园，将二者在空间上分开，即将“不可移动”的考古遗址在原地妥善保护，将“可移动”的农民、城市居民和企事业单位在考古遗址外妥善安置。同时，每一处考古遗址反映的都是特定历史时期一定地域人类群体的生存信息，因此通过考古遗址公园搭建起一座平台，可以使访问者通过这一平台，跨越时空隧道，走进历史，与祖先进行对话和交流，了解他们的生活、他们的信仰和审美观念等，实现考古遗址的宣传教育功能。因此，对于发掘揭露的大面积考古遗址实施整体保护，以考古遗址公园或遗址博物馆等形式，将出土时考古遗址的状况全面完整地保护起来，并在确保考古遗址安全的前提下实现科学展示。只有考古遗址的文化价值被充分挖掘出来，只有考古遗址的价值在区域社会经济中的作用得到充分发挥，也只有当地政府和群众意识到考古遗址能够给区域社会发展带来推动作用的时候，考古遗址的安全才会得到保证。

对于民俗类文化景观遗产，关键在于当地社区民众对于传统文化和精神信仰是否充分认同并愿意持续参与。民俗类文化景观遗产难以通过外在强制力量达到保护的目的，而需要通过民众的文化遗产保护意识和能力得以实现。从某种意义上说，只有使当地民众成为文化遗产保护的受益者，进而成为自觉自愿的参加者，才能形成公众积极参与文化遗产保护的局面。要通过对民俗类文化景观遗产及其相关物质及非物质环境的保护，使文化遗产的历史信息得到最大限度的保存与展现。对于保留尚好的文化遗产本体，保护本身就成为展示的手段。将最真实的历史信息展示给民众。而对于已不复存在的历史遗址，则可以通过适度的手段加以再现。因此，需要运用多学科知识，梳理文化基因，延续文化空间，展现文化价值，通过深入挖掘民俗类文化景观的深刻内涵，反映出民族迁徙、文化交流、建筑技能、生产方式、社会环境、历史事件等各方面的历史信息，创造出具有优美环境和浓郁生活气息的文化空间，激发传统社区的社会活力，满足人们日益增长的物质文化需求，使文化空间与文化景观获得可持续发展的动力。通过慎重权衡社会文化与经济发展的关系，以居民自愿自觉为基础，设置合理的保护和引导机制，则民俗类文化景观有望在其演变中积极地保持传统延续，进而体现出更具生命力和生态保护的价值。

对于产业类文化景观遗产，其完整的外观特征和遗迹保存状况，应在受到任何破坏以前载入记录档案，因为如果在生产活动停止或者工业场所关闭之前做好记录，将可以获得并保留更为真实的信息。必须注意到近现代工业遗产所用材料相对于历经风雨的古代文化遗产，往往寿命更短，老化的速度更快。没有适当的保护措施，体现产业类文化景观遗产重要价值的一些因素就得不到妥善的保护。因此，在实施保护方面，需要同时应对实践和技术两方面的问题，更重要的是通过持续性和适应性的合理利用来证明它的价值。保护性再利用是赋予产业类文化景观遗产新的生存环境的一种可行途径，在严格保护好外观及主要特征的前提下，审慎适度地对其用途进行适应性改变通常是比较经济可行的保护手段，可以为社会所接受和理解。新的用途必须尊重产业类文化景观遗产的原有格局、结构和材料特色，维护原始的人流活动，并且尽可能与初始或主要用途兼容。当保护性再利用方案中的利用功能与遗产价值明显不相适应时，应重新进行调整。要对产业类文化景观进行统一设计，努力创造和设计出既属于现在和未来、同时也记录和体现过去劳动创造成就的空间形态，同时根据原有产业及产品性质，设立各种门类的工业技术博物馆、厂史展示馆、企业纪念馆或专题博物馆是产业类文化景观遗产保护利用的重要途径。

对于军事类文化景观遗产，作为一种特殊的文化资源，其价值认定、记录和研究首先在于文化遗存的发现，而普查是发现的基础和保证。应注意军事类文化遗产的认定标准与其他文化遗产类别认定标准的差异，既应注重其广泛性，避免因为认识不足而导致文化遗存在不经意中消失，又应注重其代表性，避免由于界定过于宽泛而失去重点，保证把那些最具典型意义、最有价值的军事类文化景观遗产保留下来。对军事类文化景观遗产的各类不可移动现状遗存，应进行准确勘察、测绘，对各类可移动实体档案应进行系统的发掘整理，并根据保护需要制定系统的研究计划。特别是对于古往今来的“兵家必争之地”，应通过对不同区域、不同时代和不同类型的遗存调查，判别其保护范围。军事类文化景观研究需要组织跨学科、跨领域、跨部门的力量，需要从事历史、军事、建筑等多领域专业人员的参与，同时，由于众多军事活动之间所具有的相互依赖性，需要通过不同领域研究成果的资源共享、协调行动实现综合研究。对于大型和线型军事类文化景观遗产的保护，通过设立遗址公园可以成功地将散在的文化遗存保存于新的环境之中，从而达到整体保护的目的，并应创造条件保留一定能够记录和解释原始功能的军事区域，用于展示和解说曾有的军事用途与战争史实。

结语

当本书即将完成之时，我收到了北京大学考古文博学院宿白教授的来信，信中写道："近闻云南古水电站，将上马修建，并将全部淹没西藏芒康盐井盐田，为此我深感痛心！"宿白教授呼吁："鉴于芒康盐井盐田在我国西南地区历史、文化、文物、景观、自然、民族、宗教等多方面的重要性以及巨大的潜在遗产和文物价值，特别是它作为一部现存的活的历史在当今世界各地极为罕见，因此，无论如何都应该负责任地把这处中华民族的珍贵遗产保护下来。"带着宿白先生所提出的问题和期望，我们一行 6 人，于 2009 年 8 月 26 日，开始了西藏芒康盐井盐田保护状况调查之行。西藏芒康地处澜沧江流域，两岸山体呈南北走向，区域内形成以高山深谷为主的峡谷地貌。我们从云南迪庆出发，大约 8 小时车程，途中沿江两岸绝大部分地段山高、坡陡、谷深，有少量台地及泥石流冲积扇，零星分布于高山峡谷之间，村落及耕地就位于这些台地与泥石流冲积扇形成的平缓坡地上。这一区域史前时期就是人类活动的重要地区，已有考古研究成果证明其悠久的历史沿革。沿途我们考察了多处茶马古道遗存。时至今日，尽管已经有了公路，但是有些茶马古道段落因其特殊的地理位置，仍然在滇、藏两地的民间交往中发挥着重要作用，虽然历经千年，一些古驿道、古渡口、古驿站仍然较完整地保存了下来，成为整条茶马古道中保存较为完好、文化内涵较为丰富、特点较为集中、具有代表性的茶马古道遗存。

傍晚，我们终于到达西藏芒康盐井，顾不得休息，马上投入现场考察和专题座谈，对这一地区盐井盐田的分布状况、结构布局、生产工艺以及周边环境和各类文化遗存进行调查了解。盐井地区在唐代属于吐蕃盐川城，历史上是茶马古道上最重要的物资交换集散地，同时也是连通川、滇、藏地区各民族的经济文化走廊。芒康盐井盐田海拔 2300 m 左右，位于澜沧江两岸，左岸属于纳西乡，右岸属于曲孜卡乡。盐井盐田沿澜沧江岸边顺山势走向而建，高低错落有致。其中，南侧盐田因主要分布于缓坡地，其最宽处超过 110 m；而北侧盐田则全数建于陡峭的崖边，最宽处仅有 50 m 左右，最窄处仅有约 20 m。最上层距江边约 120 m，高出江面达 70~100 m。制盐设施根据功能可分为 3 类：盐井、公共卤水池及晒盐作业区。盐井位于江边，用不规则的石块垒砌而成；公共卤水池位于江岸近盐井处；晒盐作业区总数有上百个，位于坡地或陡崖之上，依山势层层修建，最多处达到 10 层，由私有卤水池和晒盐田两部分组成。晒盐田数以百计，均为土木结构，顺山势走向竖立联排并列木柱，木柱长短视地表高低不同而各不相同。朝阳下，站在加达吊桥、澜沧江岸、陡崖之上，遥望芒康盐田盐井，壮美的文化景观令人感到无比震撼，对千百年来各族民众在“世界屋脊”青藏高原上的辉煌文化创造充满敬意。

芒康盐井分为上盐井和下盐井两个居民聚落，其中下盐井的居民以纳西族民众为主，而上盐井以藏族民众为主，也有少量的纳西族民众。当地一些藏族民众信奉天主教，而一些纳西族民众则信奉藏传佛教。经过千百年的文化冲突与融合，盐井地区形成了包括不同民族、不同文化、不同宗教在内的丰富多彩的文化面貌。考察期间，我们还对位于曲孜卡乡的加达村民族村寨、位于纳西乡扎谷西沟内吐蕃时期摩崖石刻、位于上盐井村的天主教堂①等进行了考察，对于当地丰富的文化与自然景观，当地民族构成、宗教信仰、文化面貌所具有的多样性以及千百年来盐井地区的历史文化变迁有了一定认识：盐井地区不但拥有历史悠久的产业类文化景观，拥有独具特色的山水类文化景观，而且拥有丰富多彩的乡村类文化景观、民俗类文化景观和宗教类文化景观。特别是芒康盐井盐田虽然具有上千年的悠久历史，至今仍为当地藏族、纳西族民众传承沿用，是典型的活态文化遗产。而拟建中的古水水电站水库，将使芒康盐井盐田处于水库淹没区内，伴随水库的修建，这处珍贵的文化景

① 注：上盐井天主教堂为西藏地区唯一一座天主教堂。

观遗产将被全部淹没。同时，水库淹没区涉及的茶马古道，在2000多年前就已形成，是我国西南与西北各族先民进行民间交往的重要通道，也将被永远淹没于水下。因此，水库建设方案应另行考虑，不能因水库建设使珍贵的文化景观遗产遭到彻底破坏。

井盐是与海盐、池盐、湖盐并列的人类四大产盐方式之一。我国是世界上井盐生产最早的国家。近年来的考古成果证明，我国西部地区早在商周时期就有井盐生产的历史。西藏昌都一直是我国早期自然盐泉制盐的地区之一，而至今仍在继续生产的只有芒康盐井盐田。据史料记载，盐井地区的盐业生产不晚于唐代，而当地目前的钻井取卤方式，仍然属于自然盐泉和浅井阶段，保持着北宋以前的钻井和取卤技术，这种原始的制盐工艺是重要的非物质文化遗产。因此，可以说芒康盐井盐田是目前世界上仅存的最原始的盐业生产的活化石，具有极高的历史文化价值。在国际上，奥地利“海尔施达特盐矿遗址”，拥有从2000多年前的古罗马时期延续至今的文化遗迹，以及周边秀美的自然风光，被作为文化与自然混合遗产列入《世界遗产名录》。在我国，四川自贡的“燊海井”以其世界上最深的采盐井，于1988年被公布为全国重点文物保护单位。与这两处与古代盐业有关的文化遗产相比。我们认为，西藏芒康盐井盐田，不但是目前世界上仅存的最原始的盐业生产遗存之一，而且是连通川、滇、藏地区茶马古道上特殊地理位置的重要节点，还是世界上海拔最高、自然环境相对恶劣条件下盐业生产的杰出范例，因此，具有突出的普遍价值，应作为产业类文化景观申报世界文化遗产。

文化景观遗产保护是一个持续的过程，人类社会所关注的生物多样性、文化多样性等诸多焦点，都可以从文化景观遗产保护的实践中得到启示。文化景观遗产保护带给我们的启示，首先是观念的变化，如生态的观念、宏观的观念、综合的观念、传承文脉的观念，民众参与的观念等。今天，在城市化加速进程中，我国面临着人地关系的严重危机，能源问题、生态问题、社会问题逐渐显现，因此，积极倡导文化景观遗产保护，具有更为紧迫的现实意义。我们生活在一个非同寻常的快速变革的时代，其中文化变革影响到每个人、每个国家和全球社会的方方面面。全球化给文化景观遗产保护带来了新的挑战，也正是这些挑战给我们提供了前所未有的机遇，使我们有机会分享全球经验，提高能力建设。“我们就是我们所讲述的故事的一部分，这意味着我们必须面对这一挑战；尊重人们讲述自己文化历程的故事的权力，尊重人们为形成他们自己社区和民族的东西赋予意义的权力”[①]。

当前，虽然保护文化景观遗产的理念逐渐为社会各界和广大民众所接受和理解，但是由于文化景观遗产保护发展时间短，理论研究方面还相对薄弱，迄今为止，在我国还没有适用于指导文化景观遗产保护的专项法规、标准规范和实施准则。同时，文化景观遗产保护作为一项可持续的历史性事业，不应该仅局限在保存和维护现有的文化景观遗产上，而要以更加开放的思维、长远的眼光，将具备潜力的文化创造成果培育成为未来的文化景观遗产，新的时代要有新的创造，只有不断地创新，才能有文化景观遗产保护的持续发展。早在20世纪80年代，张光直先生就说他“相信中国研究能在社会科学上作重大的一般性贡献”[②]。文化景观遗产保护理论，最早来自西方文化遗产保护的历史经验，现时的相关理论与标准也是按照以欧洲为中心的文化遗产特点加以提出和制定的。因此，我国开展文化景观遗产研究、实施保护管理时，不能一味照搬现有的理论与标准，应当根据我国文化景观遗产的特点进行创造性实践，丰富和完善国际文化景观遗产保护理论，这也是我国文化遗产界的责任。今天，在我国“文物保护”走向“文化遗产保护”的时代背景下，只有通过不断研究与开拓，探索适合我国国情的保护理论体系，才能走出中国特色的文化景观遗产保护实践道路。

① 阿历桑德拉·康明斯：《21世纪博物馆的核心价值与新责任》，载《中国文物报》，2008-12-12（6）。
② 尹宏兵：《中国文明起源的理论分析》，载《华夏考古》，2007（2），135页。